지역농협 6급 최종합격을 위한
추가 학습 자료 6종

본 교재 인강
2만원 할인쿠폰

K6D8AF63K278F000

해커스잡 사이트(ejob.Hackers.com) 접속 후 로그인 ▶
사이트 메인 우측 상단 [나의 정보] 클릭 ▶
[나의 쿠폰 - 쿠폰/수강권 등록]에
위 쿠폰번호 입력 후 강의 결제 시 사용

* 쿠폰 유효기간: 2026년 12월 31일까지(ID당 1회에 한해 등록 가능)
* 본 교재 인강 외 이벤트 강의 및 프로모션 강의에는 적용 불가,
쿠폰 중복 할인 불가합니다.

지역농협 6급 온라인 모의고사
응시권

C567AF64245DF000

해커스잡 사이트(ejob.Hackers.com) 접속 후 로그인 ▶
사이트 메인 우측 상단 [나의 정보] 클릭 ▶
[나의 쿠폰 - 쿠폰/수강권 등록]에 위 쿠폰번호 입력 ▶
[마이클래스 - 모의고사]에서 응시 가능

* 쿠폰 유효기간: 2026년 12월 31일까지(ID당 1회에 한해 등록 가능)
* 쿠폰 등록 시점 직후부터 30일 이내 PC에서 응시 가능합니다.

KB189467

인적성검사 모의 테스트(PDF)
지역농협 6급 합격족보(PDF)
모듈이론공략 200제(PDF)

D4BBC89374P3RG3E

해커스잡 사이트(ejob.Hackers.com) 접속 후 로그인 ▶
사이트 메인 중앙 [교재정보 - 교재 무료자료] 클릭 ▶
교재 확인 후 이용하길 원하는 무료자료의 [다운로드] 버튼 클릭 ▶
위 쿠폰번호 입력 후 다운로드

* 쿠폰 유효기간: 2026년 12월 31일까지

FREE

무료 바로 채점 및 성적 분석 서비스

해커스잡 사이트(ejob.Hackers.com) 접속 후 로그인 ▶
사이트 메인 상단 [교재정보 - 교재 채점 서비스] 클릭 ▶ 교재 확인 후 채점하기 버튼 클릭

* 사용 기간: 2026년 12월 31일까지(ID당 1회에 한해 이용 가능)

▲ 바로 이용

* 이 외 쿠폰 관련 문의는 해커스 고객센터(02-537-5000)로 연락 바랍니다.

지역농협 최종 합격!
선배들의 비결 알고 싶어?

해커스
지역농협 6급
NCS 실전모의고사

해커스

서문

지역농협 6급 NCS,
어떻게 준비해야 하나요?

지역농협 6급 NCS는 시험 유형별 출제 경향이 모두 다르고, 지역마다 출제되는 시험 유형에 변동 가능성이 있습니다. 때문에 단순히 문제를 많이 풀어보는 것만으로는 시험을 충분히 대비하기 어렵습니다. 따라서 시험 유형별 실전 문제를 풀어 보며 최신 출제 경향을 정확하게 익히고, 자신의 취약점을 파악해 보완하는 것이 중요합니다.

지역농협 6급 NCS의 최신 출제 경향을 반영한 문제를 통해 효과적으로 실전에 대비할 수 있도록,
본인의 약점을 확실히 파악하고 시험 전까지 완벽하게 극복할 수 있도록,
체계적인 시간 관리 연습으로 빠르고 정확하게 실전 문제를 풀 수 있도록,

해커스는 수많은 고민을 거듭한 끝에
「해커스 지역농협 6급 NCS 실전모의고사」를 출간하게 되었습니다.

「해커스 지역농협 6급 NCS 실전모의고사」는

01 최신 출제 경향을 반영한 교재로, **지역농협 6급 NCS에 보다 철저하게 대비할 수 있습니다.**

02 **지역별 시험 유형에 맞게 구성된** 실전모의고사 6회분을 통해 **단기간에 실전 대비를 할 수 있습니다.**

03 취약 영역 분석표를 통해 자신의 약점을 파악하여 취약 영역을 중점적으로 학습함으로써 **약점을 극복할 수 있습니다.**

04 해커스잡 사이트(ejob.Hackers.com)에서 무료 제공하는 인적성검사 모의 테스트로 인적성 **검사까지 대비할 수 있습니다.**

「해커스 지역농협 6급 NCS 실전모의고사」를 통해 지역농협 6급 필기전형의 합격을 이루고 성공적인 취업을 향해 한 걸음 더 나아가기를 바랍니다.

해커스 취업교육연구소

목차

NCS 실전모의고사 문제집

약점 보완 해설집 (책 속의 책)

 OMR 답안지 [부록]

 인적성검사 모의 테스트 (PDF) / 지역농협 6급 합격족보 (PDF) / 모듈이론공략 200제 (PDF)

 지역농협 6급 온라인 모의고사

지역농협 6급 NCS에 합격하는

4가지 필승 비법!

1 최신 지역농협 6급 NCS 문제로 전략적으로 실전에 대비한다!

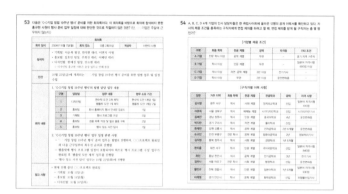

NCS 실전모의고사(6회분)

교재 수록 모의고사는 총 6회분으로, 가장 최근 시험의 출제 경향이 반영된 실전모의 고사로 구성하여 실전에 완벽하게 대비할 수 있다.

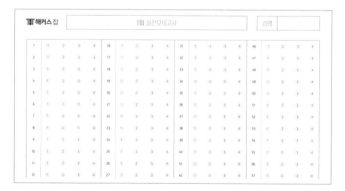

OMR 답안지

OMR 답안지에 직접 답을 체크하여 풀어 보면서 실전 감각을 극대화할 수 있다.

3일 완성 학습 플랜

하루에 2회씩 실전모의고사를 모두 풀고 난 후 해설을 통해 틀린 문제와 풀지 못한 문제를 다시 한번 꼼꼼히 확인함으로써 단기간에 효과적으로 지역농협 6급 직무능력평가를 대비할 수 있다.

	날짜	학습 내용
1일	__월 __일	□ 1회 풀이 및 채점 □ 1회 복습 □ 2회 풀이 및 채점 □ 2회 복습
2일	__월 __일	□ 3회 풀이 및 채점 □ 3회 복습 □ 4회 풀이 및 채점 □ 4회 복습

3일 완성 맞춤형 학습 플랜

본 교재에서 제공하는 '3일 완성 학습 플랜'에 따라 학습하면 혼자서도 단기간에 전략적으로 지역농협 6급 직무능력평가를 대비할 수 있다.

2 상세한 해설로 **완벽**하게 **정리**한다!

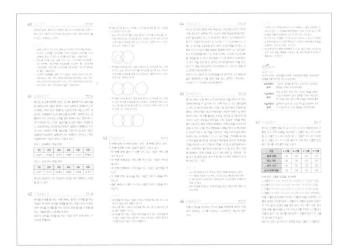

약점 보완 해설집

문제집과 해설집을 분리하여 보다 편리하게 학습할 수 있으며, 모든 문제에 대해 상세하고 이해하기 쉬운 해설을 수록하여 체계적으로 학습할 수 있다.

빠른 문제 풀이 Tip & 더 알아보기

'더 알아보기'로 관련 이론 및 개념까지 폭넓게 학습할 수 있고, '빠른 문제 풀이 Tip'을 통해 복잡한 수치 계산 문제를 빠르게 푸는 방법까지 익힐 수 있다.

3 취약점은 반복 훈련으로 극복한다!

취약 영역 분석표

취약 영역 분석표

영역별로 맞힌 개수와 정답률을 적고 나서 취약한 영역이 무엇인지 파악해 보세요.
정답률이 60% 미만인 취약한 영역은 틀린 문제를 다시 풀어보면서 확실히 극복하세요.

영역	의사소통능력	수리능력	문제해결능력	자원관리능력
맞힌 개수	/20	/20	/10	/5
정답률	%	%	%	%

※ 정답률(%) = (맞힌 개수/전체 개수) × 100

취약한 영역을 파악하고, 틀린 문제를 반복하여 풀면서 취약 영역에 대한 집중 학습을 할 수 있다.

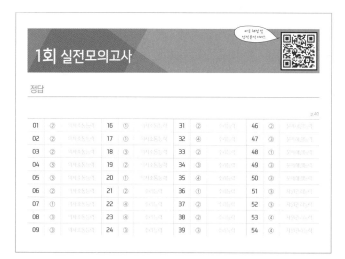

무료 바로 채점 및 성적 분석 서비스

해커스잡 사이트(ejob.Hackers.com)에서 제공하는 '무료 바로 채점 및 성적 분석 서비스'를 통해 응시 인원 대비 본인의 성적 위치를 확인할 수 있다.

4 동영상강의와 온라인 자료를 활용한다!

NCS 지역농협 6급 인강

해커스잡 사이트(ejob.Hackers.com)에서 유료로 제공되는 본 교재 동영상강의를 통해 교재 학습 효과를 극대화할 수 있다. 또한, 강의 수강 중 궁금한 점은 게시판을 통해 선생님께 1:1로 질문할 수 있다.

| 유형1 | 점수 척도형 |

다음 문항을 읽고 ① 전혀 아니다, ② 그렇지 않다, ③ 그렇다, ④ 매우 그렇다 중에서 본인에게 해당된다고 생각하는 것을 선택하여 표기하시오

1	아랫사람에게 엄하게 대한다.	①	②	③	④
2	화를 참지 못하는 편이다.	①	②	③	④
3	적은 것을 여럿이 나누는 것보다는 한 사람에게 주는 것이 좋다.	①	②	③	④
4	나는 어린 시절 친구가 별로 없었다.	①	②	③	④
5	타인의 충고를 잘 받아들이는 편이다.	①	②	③	④
6	나에게 주어진 일에 대해서 보람을 느낄 때가 많다.	①	②	③	④
7	어린 시절 어두운 밤길도 별로 두려움 없이 잘 다녔다.	①	②	③	④
8	어린 시절 부모로부터 칭찬보다 꾸지람을 더 들었다.	①	②	③	④
9	나에게 맡겨진 일 이외에는 관심이 없다.	①	②	③	④
10	남들이 쉽게 배우는 것을 나는 어렵게 배우는 편이다.	①	②	③	④
11	물건을 보면 평가하고 연구하려는 마음이 생긴다.	①	②	③	④
12	물품의 규격이 정확하지 않은 것은 사지 않는다.	①	②	③	④
13	학교에는 형식적인 것이 많다고 생각한다.	①	②	③	④
14	규격이 정확한 것보다는 다소 융통성이 있는 것이 좋다.	①	②	③	④

인적성검사 모의 테스트

해커스잡 사이트(ejob.Hackers.com)에서 무료로 제공하는 '인적성검사 모의 테스트'를 통해 직무능력평가(NCS)뿐만 아니라 인적성검사까지 대비할 수 있다.

기간별 맞춤
학습 플랜

※ 자신에게 맞는 일정의 학습 플랜을 선택하여 학습 플랜에 따라 매일 그날에 해당하는 학습 분량을 공부하고, 학습 완료
   여부를 □에 체크해 보세요.

3일 완성 학습 플랜

하루에 2회씩 실전모의고사를 모두 풀고 난 후 해설을 통해 틀린 문제와 풀지 못한 문제를 다시 한번 꼼꼼히 확인함으로써
단기간에 효과적으로 지역농협 6급 직무능력평가를 대비할 수 있다.

	날짜	학습 내용
1일	__월 __일	□ 1회 풀이 및 채점 □ 1회 복습 □ 2회 풀이 및 채점 □ 2회 복습
2일	__월 __일	□ 3회 풀이 및 채점 □ 3회 복습 □ 4회 풀이 및 채점 □ 4회 복습
3일	__월 __일	□ 5회 풀이 및 채점 □ 5회 복습 □ 6회 풀이 및 채점 □ 6회 복습

* 심화 학습을 원한다면, 해커스잡 사이트(ejob.Hackers.com)에서 유료로 제공되는 본 교재 동영상강의를 수강하여 심화 학습할 수 있다.

7일 완성 학습 플랜

하루에 1회씩 실전모의고사를 모두 풀고 난 후 해설을 통해 틀린 문제와 풀지 못한 문제를 다시 한번 꼼꼼히 확인하고, 전 회차를 다시 복습함으로써 지역농협 6급 직무능력평가에 완벽하게 대비할 수 있다.

	날짜	학습 내용
1일	__월 __일	□ 1회 풀이 및 채점 □ 1회 복습
2일	__월 __일	□ 2회 풀이 및 채점 □ 2회 복습
3일	__월 __일	□ 3회 풀이 및 채점 □ 3회 복습
4일	__월 __일	□ 4회 풀이 및 채점 □ 4회 복습
5일	__월 __일	□ 5회 풀이 및 채점 □ 5회 복습
6일	__월 __일	□ 6회 풀이 및 채점 □ 6회 복습
7일	__월 __일	□ 1~6회 복습

* 심화 학습을 원한다면, 해커스잡 사이트(ejob.Hackers.com)에서 유료로 제공되는 본 교재 동영상강의를 수강하여 심화 학습할 수 있다.

농협 소개

비전

변화와 혁신을 통한 새로운 대한민국 농협'
· 지금까지와는 다른 변화와 혁신을 통한 새로운 농협의 면모를 강조
· 중앙회 중심 경영, 열위한 사업 경쟁력, 구조적 비효율을 벗어나, 근본적인 패러다임의 대전환을 추진(인식, 사람, 조직, 제도 등)

인재상

시너지 창출가	항상 열린 마음으로 계통 간, 구성원 간에 존경과 협력을 다하여 조직 전체의 성과가 극대화될 수 있도록 시너지 제고를 위해 노력하는 인재
행복의 파트너	프로다운 서비스 정신을 바탕으로 농업인과 고객을 가족처럼 여기고 최상의 행복 가치를 위해 최선을 다하는 인재
최고의 전문가	꾸준한 자기계발을 통해 자아를 성장시키고, 유통·금융 등 맡은 분야에서 최고의 전문가가 되기 위해 지속적으로 노력하는 인재
정직과 도덕성을 갖춘 인재	매사에 혁신적인 자세로 모든 업무를 투명하고 정직하게 처리하여 농업인과 고객, 임직원 등 모든 이해관계자로부터 믿음과 신뢰를 받는 인재
진취적 도전가	미래지향적 도전의식과 창의성을 바탕으로 새로운 사업과 성장동력을 찾기 위해 끊임없이 변화와 혁신을 추구하는 역동적이고 열정적인 인재

핵심가치

국민에게 사랑받는 농협	지역사회와 국가경제 발전에 공헌하여 온 국민에게 신뢰받고 사랑받는 농협을 구현
농업인을 위한 농협	농업인의 행복과 발전을 위해 노력하고, 농업인의 경제적·사회적·문화적 지위 향상을 추구
지역 농축협과 함께하는 농협	협동조합의 원칙과 정신에 의거협동과 상생으로 지역 농축협이 중심에 서는 농협을 구현
경쟁력있는 글로벌 농협	미래 지속가능한 성장을 위하여 국내를 벗어나 세계 속에서도 경쟁력을 갖춘 농협으로 도약

농협이 하는 일

교육지원 부문	농업인의 권익을 대변하고 농업 발전과 농가 소득 증대를 통해 농업인 삶의 질 향상에 도움을 주고 있다. 또한 '또 하나의 마을 만들기 운동' 등을 통해 농업·농촌에 활력을 불어넣고 농업인과 도시민이 동반자 관계로 함께 성장·발전하는 데 기여하고 있다.
경제 부문	농업인이 영농활동에 안정적으로 전념할 수 있도록 생산·유통·가공·소비에 이르기까지 다양한 경제사업을 지원하고 있다. 경제사업 부문은 크게 농업경제 부문과 축산경제 부문으로 나누어지며, 농축산물 판로확대, 농축산물 유통구조 개선을 통한 농가소득 증대와 영농비용 절감을 위한 사업에 주력하고 있다.
금융 부문	농협의 금융사업은 농협 본연의 활동에 필요한 자금과 수익을 확보하고, 차별화된 농업금융서비스 제공을 목적으로 하고 있다. 금융사업은 시중 은행의 업무 외에도 NH카드, NH보험, 외국환 등의 다양한 금융 서비스를 제공하여 가정경제에서 농업경제, 국가경제까지 책임을 다해 지켜나가고 있다.

지역농협 6급 채용 소개

모집 시기

- 지역농협 6급 신입사원 채용은 2024년 기준 상반기와 하반기에 각 1회씩 시행되었다.
- 모집 시기는 변동 가능성이 있다.

지원 자격 및 우대 사항

기본 자격	· 연령, 학력, 학점, 어학점수 제한 없음 · 채용공고일 전일 기준 본인 또는 부모 중 1인의 주민등록상 주소지가 응시가능 주소지 내에 있는 자 · 남자는 병역필 또는 면제자에 한함
우대 사항	· 일반관리직: 유통관리사 1급, 물류관리사, 농산물 품질관리사 자격증 소지자

※ 2024년 하반기 채용 기준

채용전형 절차

서류전형

· 채용공고문에 따라 접수 기간에 지원서 및 자기소개서를 작성하여 접수하는 단계이다.

· 지원서 입력 시 응시 지역의 채용 단위 중 하나를 선택해야 한다. (채용 단위별 중복 지원 불가)

· 채용 홈페이지를 통한 온라인 접수만 가능하며, 허위 작성 또는 허위 증빙자료 제출 시 합격이 취소되므로 오기재하지 않도록 주의해야 한다.

· 서류전형 및 온라인 인적성검사 합격자에 한해 필기시험에 응시하게 된다.

필기시험

· 채용의 적정성 여부 판단 및 직무에 필요한 능력을 측정하기 위한 단계이다.

· 필기시험은 직무능력평가와 인적성검사로 구성되어 있다.

면접전형

· 적합한 인재 선발을 위한 최종 단계로, 농협이 추구하는 인재상 부합 여부 및 잠재적 역량과 열정 등을 평가하는 단계이다.

· 면접은 하루에 진행되며, 인성 및 역량 관련 질문에 답변을 하는 '인성 면접'과 무작위로 뽑은 주제에 대해 1~2분의 준비 시간 후 발표하는 '주장 면접'으로 구분된다.

※ 출처: 농협 채용 사이트

지역농협 6급 채용전형별 합격 가이드

1 서류전형

서류전형 소개

입사지원서 및 자기소개서를 통해 지원자의 가치관, 역량, 직무 이해도 등을 평가하는 단계이다.

서류전형 구성 및 특징

입사지원서와 자기소개서를 작성해야 하며, 서류전형 평가 결과에 따라 필기시험의 응시 여부가 결정된다.

입사지원서	직무를 성공적으로 수행할 지원자를 선별하기 위한 것으로, 채용공고문을 통해 모집하는 분야의 직무수행에 필요한 교육, 경력, 경험, 성과, 자격 등을 기재할 수 있도록 구성되어 있다.
자기소개서	지원자의 지원 동기 및 조직 적합성, 직무수행능력을 평가하기 위한 질문 문항으로 구성되어 있다. 지원자가 작성한 자기소개서는 입사지원서에서 작성한 교육, 경력, 경험, 성과, 자격 등에 대한 사실 여부 판단에 활용되며 작성한 내용은 지역농협의 기준에 따라 평가된다.

서류전형 대비 전략

① 지원 직무와 자신과의 적합성 여부를 객관적으로 판단한다.

채용공고문을 확인하고 본인이 지원하고자 하는 직무를 수행하는 데 필요한 자격과 능력을 갖추었는지 확인한다. 만약 직접적인 직무 관련 경험이 없다면 자신의 경험을 토대로 잠재력을 발현시킬 수 있는 직무인지 확인하도록 한다.

② 자기소개서 작성 시 두괄식으로 명확하고 간결하게 작성하는 것이 좋다.

자기소개서 질문에 대한 답변을 명확하게 전달하기 위해서는 결론부터 먼저 제시하고, 그 이후에 결론을 뒷받침하는 근거를 제시하는 구조로 작성하는 것이 좋다. 또한, 자기소개서를 작성할 때는 시간의 흐름에 따른 나열 방식은 지양하고, 자신의 지원 동기와 조직 적응력 등을 잘 드러낼 수 있는 내용을 선별하여 간결하게 작성하도록 한다.

③ 자기소개서 작성 후, 제출 전에 스스로 첨삭을 해 본다.

자기소개서를 제출하기 전에 자신의 주장, 생각, 경험 등이 분명히 드러나는지, 작성한 문장에서 의문점이 떠오르지 않는지 다시 한번 확인하도록 한다. 또한, 주어와 서술어의 호응이 올바른지, 맞춤법 및 띄어쓰기가 정확한지 마지막으로 확인한다.

2 필기시험

필기시험 소개

지역농협 6급 필기시험은 직무능력평가와 인적성검사로 구성되어 있다.

구성	영역	평가요소
직무능력평가	의사소통능력	문서이해능력, 문서작성능력, 경청능력, 의사표현능력, 기초외국어
	수리능력	기초연산능력, 기초통계능력, 도표분석능력, 도표작성능력
	문제해결능력	사고력, 문제처리능력
	자원관리능력	시간관리능력, 예산관리능력, 물적자원관리능력, 인적자원관리능력
	조직이해능력	경영이해능력, 체제이해능력, 업무이해능력, 국제감각
인적성검사	인성	가치관

※ 2024년 시험 기준

필기시험 특징

① 지역별로 상이한 시험 유형

지역농협 6급 시험 유형은 60문항/70분, 60문항/60분, 70문항/70분 시험 세 가지로 나뉜다. 지역별로 출제되는 시험 유형이 다르며, 지역별 시험 유형은 고정되어 있지 않고 변동될 가능성이 있다.

② 농협 및 농업 관련 문제 출제

농협의 조직현황, 진행 사업 등 농협 관련 지식을 평가하는 문제가 다수 출제되며, 농협 및 농업과 관련된 자료나 글이 문제에 제시되기도 한다.

■ 지역별 2024년 필기시험 출제 영역 일람표

① 60문항/70분

- 2024년 상반기: 대전, 충남세종, 전남, 대구, 경북, 울산, 제주
- 2024년 하반기: 인천, 전북, 대구, 부산, 경북, 충북, 충남세종, 전남, 광주, 제주

구성	영역	문항 수	제한 시간
직무능력평가 (NCS)	의사소통능력	60문항	70분
	수리능력		
	문제해결능력		
	자원관리능력		
	조직이해능력		
인적성검사	인성	151문항 또는 210문항	20~30분

※ 인적성검사 문항 수 및 제한 시간은 지역에 따라 달라질 수 있음

② 60문항/60분

- 2024년 상반기: 서울, 인천, 강원, 전북
- 2024년 하반기: 서울, 강원

구성	영역	문항 수	제한 시간
직무능력평가 (NCS)	의사소통능력	60문항	60분
	수리능력		
	문제해결능력		
	자원관리능력		
	조직이해능력		
인적성검사	인성	151문항 또는 210문항	20~30분

※ 인적성검사 문항 수 및 제한 시간은 지역에 따라 달라질 수 있음

③ 70문항/70분

- 2024년 상반기: 경기, 광주, 경남
- 2024년 하반기: 경기, 경남

구성	영역	문항 수	제한 시간
직무능력평가 (NCS)	의사소통능력	70문항	70분
	수리능력		
	문제해결능력		
	자원관리능력		
	조직이해능력		
인적성검사	인성	151문항 또는 210문항	20~30분

※ 인적성검사 문항 수 및 제한 시간은 지역에 따라 달라질 수 있음

■ 필기시험 출제 유형

영역	문제 유형	유형 설명
의사소통능력	어휘력	어휘의 의미를 고려해 문맥에 맞는 어휘를 판단하고, 여러 어휘 간의 의미 관계를 유추하는 문제
	문서작성기술	어법에 대한 지식을 바탕으로 올바르게 문서를 작성 및 수정하는 문제
	독해력	문서의 중심 내용과 세부 내용을 이해하고, 문서에 대한 이해를 통해 업무를 수행하는 문제
	기초외국어	문서이해나 문서작성, 의사표현, 경청 등 의사소통을 외국어로 파악하는 문제
수리능력	기초연산	주어진 조건을 이용하여 식을 세우고 답을 도출하는 문제
	수/문자추리	주어진 숫자, 문자, 기호 등에 적용된 규칙을 파악하여 빈칸에 들어갈 알맞은 숫자 또는 문자를 유추하는 문제
	도표분석	주어진 도표를 분석하거나 항목의 값을 이용하여 계산하는 문제
문제해결능력	사고력	주어진 조건을 바탕으로 내용의 옳고 그름을 판단하거나 결론을 도출하는 문제
	문제처리	주어진 상황과 정보를 바탕으로 문제의 해결 방안을 도출하는 문제
자원관리능력	자원계산	주어진 자료를 분석하여 업무 수행에 소요될 자원의 양을 계산하는 문제
	자원분석	자원에 관한 자료를 종합적으로 검토하여 최선의 방안 및 자원관리 방법을 결정하는 문제
조직이해능력	조직체제	조직체제에 대한 이해를 바탕으로 부서별 담당 업무를 파악하는 문제
	경영이해	조직의 운영과 관련된 기본적인 경영 지식이 출제되는 문제
	비즈니스매너	직장생활에서 필요한 기본 예절 및 국제 상식이 출제되는 문제

■ 필기시험 합격 전략

① 응시할 지역의 시험 유형을 파악한다.

지역농협 6급 시험 유형은 60문항/70분 시험, 60문항/60분 시험, 70문항/70분 시험 세 가지로 나뉜다. 지역별로 출제되는 시험 유형이 다르며, 지역별 시험 유형은 변동될 가능성이 있다. 따라서 자신이 응시할 지역의 최근 시험 유형을 파악하고 해당 시험 유형에 맞춰 연습을 하되, 시험 유형이 변동될 수 있음을 염두에 두고 다른 시험 유형에도 대비하는 것이 좋다.

② 한국산업인력공단 NCS 직업기초능력 워크북을 확인한다.

NCS는 업무 수행에 필요한 능력을 체계화한 것으로 한국산업인력공단에서는 이 능력들에 대한 기본적인 이해를 도울 수 있는 워크북을 제공하고 있다. 이를 확인하여 핵심이론을 숙지하는 것이 NCS 학습의 첫걸음이다.

※ NCS 직업기초능력 워크북 다운로드 : 국가직무능력표준 사이트(www.ncs.go.kr) 접속 ▶ [NCS 및 학습모듈검색] 클릭 ▶ [직업기초능력] 클릭 ▶ 영역별 학습자용/교수자용 파일 클릭

③ 응시할 지역의 시험 유형에 따라 시간 안배 연습을 한다.

모든 유형의 시험에 영역별 제한 시간이 없으나, 유형별로 출제 문항 수와 제한 시간이 다르므로 자신 있는 영역과 취약한 영역을 고려하여 시간을 적절히 배분하고 문제를 푸는 연습을 하는 것이 중요하다.

3 면접전형

면접전형 소개

지역농협 6급 면접은 서류전형과 필기시험을 보완하여, 농협이 추구하는 인재상과의 부합 여부 및 지원자의 잠재적 역량과 열정 등을 평가하는 단계이다.

면접전형 구성 및 특징

지역농협 6급 면접은 블라인드 집단 면접으로 진행된다.

1차 면접(인성 면접)	기본 인성, 지원 동기, 시사 상식 등 공통 질문과 개별 질문에 대한 답변 내용을 평가한다.
2차 면접(주장 면접)	농협, 경제/경영 상식, 시사 상식 등 제시된 특정 주제에 대한 지원자의 답변 내용을 평가한다.

면접전형 대비 전략

① 자신을 분명하게 드러낼 수 있는 자기소개를 준비한다.

약 1분의 짧은 시간 내에 자신을 분명하게 드러낼 수 있는 자기소개를 미리 준비한다. 자신의 개별 신상과 관련된 내용을 나열하기보다는 자신을 표현할 수 있는 키워드를 준비하거나 농협의 인재상 및 비전과 관련지어 자신의 입사 후 포부를 포함하여 마무리하는 식의 자기소개를 준비하는 것이 좋다.

② 지역농협 면접 기출 질문에 답변하는 연습을 한다.

인성, 가치관, 직무 관련 질문들은 매해 면접에서 반복적으로 나오는 경향이 있으므로 지역농협 면접 기출 질문을 찾아보고, 이에 대해 답변하는 연습을 해야 한다.

③ 농협의 최근 사업 방향 및 농협 관련 시사 이슈를 파악한다.

면접 전에 농협의 최근 사업부 변화나 농협과 관련된 사회적 이슈에 대해 미리 찾아보고, 이와 관련된 기본적인 내용을 틈틈이 숙지해 두어야 한다. 또한, 경제/경영 분야의 개념을 학습해 두는 것이 좋다.

④ 최신 사회적 이슈나 농업 관련 이슈에 대한 자신의 의견을 정리한다.

2차 면접에서는 최신 사회적 이슈 또는 농업 관련 이슈에 대한 자신의 주장을 이야기하거나 찬성 또는 반대 의견을 이야기해야 한다. 이에 대비하기 위해 최근에 사회적으로 크게 논란이 되었던 문제나 농업 관련 문제에 대한 자신의 견해를 정리해 보고, 찬성과 반대의 관점을 모두 정리해 두는 것이 좋다.

⑤ 두괄식으로 답변하는 연습을 한다.

자신의 의견을 명확하게 전달하기 위해 결론부터 먼저 말한 후, 결론을 뒷받침하는 근거를 말하는 연습을 해야 한다.

지역별 2024~2013년 면접 출제 문제

자신이 지원할 지역의 면접 기출 질문을 확인하고, 답변하는 연습을 해 본다.

① 서울 면접 출제 문제

1차 면접	· 자기소개를 해보시오. · 자기계발 활동으로 무엇을 하고 있는가? · 생활의 신조는 무엇인가? · 결혼관은 무엇인가? · 자신이 원하는 배우자의 조건은? · 갑자기 10억 정도의 일확천금이 생기게 된다면 어떻게 할 것인가? · 살면서 가장 후회되는 것은? · 가장 감명 깊게 읽은 책은 무엇인가? · 어떤 각오로 농협에서 일할 것인가? · 농협에서 어떤 일을 하고 싶고, 어떻게 성장할 것인가? · 희망하는 연봉은 어느 정도인가? · 농협에 대해 어떻게 생각하는가? · 농협의 단점은 무엇이라고 생각하는가? · 축협 한우프라자에 방문해 본 적이 있는가? · 농협의 향후 발전 방향은 어떤 것으로 생각하는가? · 농협과 삼성그룹에 동시에 합격하게 된다면, 어디에 입사할 것인가? · 주말에 농촌 봉사활동을 할 수도 있는데 할 수 있겠는가? · 본인이 농협에서 근무하고 있는데 본인의 어머니가 가진 천만 원의 여유자금을 금리 7%인 타 은행에 예치하려고 한다면, 어떻게 해서 어머니가 농협으로 천만 원을 예치할 수 있도록 할 것인가? · 조직 생활이란 무엇이라고 생각하는가? · 상사와 갈등이 있다면 어떻게 해결할 것인가? · FTA를 체결한 이후, 수출을 활성화할 방안은 무엇인가? · FTA에 대응하기 위해 농협은 어떤 준비를 해야 하는가? · 애플의 CEO 스티브 잡스에 대해 어떻게 생각하는가? · 하나로마트에서 수입산 바나나를 판매하는 것에 대해 어떻게 생각하는가? · 사회 환원과 봉사의 차이에 대해 설명해보시오. · 지급유예(모라토리엄)에 대해 설명해보시오. · 구상권에 대해 설명해보시오. · SSM에 대해 설명해보시오. · 그린오션에 대해 설명해보시오. · 버핏세에 대해 설명해보시오. · 은행세에 대해 설명해보시오. · 더블딥에 대해 설명해보시오.

2차 면접	· 자립형 사립고 폐지에 대한 찬성 또는 반대 의견을 말하시오. · 기초선거구 정당 공천제 폐지에 대한 찬성 또는 반대 의견을 말하시오. · 밀양 송전탑 건설에 대한 찬성 또는 반대 의견을 말하시오. · 대형마트 주말 의무 휴업(영업 규제)에 대한 찬성 또는 반대 의견을 말하시오. · 농협의 수입 농산물 판매에 대한 찬성 또는 반대 의견을 말하시오. · 한중 FTA에 대한 찬성 또는 반대 의견을 말하시오. · 대학기부금 입학제에 대한 찬성 또는 반대 의견을 말하시오. · 정리해고에 대한 찬성 또는 반대 의견을 말하시오. · 오디션 프로그램에 대한 찬성 또는 반대 의견을 말하시오.

② 인천 면접 출제 문제

1차 면접	· 자기소개를 해보시오. · 지원동기는 무엇인가? · 자신이 생각하는 성실함이란 무엇인가? · 존경하는 인물은 누구이며, 그 사람으로 인해 어떤 영향을 받았는가? · 자신의 장점(특기)은 무엇인가? · 자기계발 활동으로 무엇을 하고 있는가? · 체력(건강)관리는 어떻게 하는가? · 동아리 활동을 해 본 적이 있는가? 맡았던 직책과 어려웠던 점은 무엇이었는가? · 결혼한 후 배우자와 가사분담을 어떻게 할 것인가? · 봉사활동 경험이 있다면 느꼈던 점은 무엇인가? · 도전적이거나 창의적으로 무엇을 이루어 낸 성과가 있는가? · 농업과 관련된 경험이 있는가? · 조직 생활에서 중요한 것은 무엇이라고 생각하는가? · 상사가 부당한 것을 요구할 때 해결 방안은 무엇인가? · 어떤 각오로 농협에서 일할 것인가? · 농협의 최근 이슈는 무엇인가? · 농협이 다른 기업과 비교해 더 성장할 수 있는 방향은 무엇인가? · 농협은행 지점에 방문해 본 적이 있는가? 직원들의 친절도는 타 은행에 비해 어떠한가? 개선할 점은 없는가? · 농협의 성장 가능성과 잠재력은 무엇이라고 생각하는가? · 한국 경제의 문제점은 무엇이라고 생각하는가? · 햇살론에 대해 어떻게 생각하는가? · FTA에 대해 어떻게 생각하는가? · 성과연봉제에 대해 설명해보시오. · 쌀 직불금에 대해 설명해보시오. · 스미싱에 대해 설명해보시오. · G20에 대해 설명해보시오. · 옐로우칩에 대해 설명해보시오. · 바나나 현상에 대해 설명해보시오. · 립스틱 효과에 대해 설명해보시오. · 무어의 법칙에 대해 설명해보시오.
2차 면접	· 특정 지역을 선택한 후, 그 지역에서 나오는 특산품과 관광객을 유치하기 위한 전략을 말하시오. · 초·중·고교생의 9시 등교제에 대한 찬성 또는 반대 의견을 말하시오. · 농협의 수입 농산물 판매에 대한 찬성 또는 반대 의견을 말하시오. · 농촌의 고령화를 해소하기 위해 청년층의 농촌 유입을 유도할 수 있는 방안에 대해 말하시오.

③ 경기 면접 출제 문제

	· 자신이 농협에 적합한 이유가 무엇인가?
	· 지원동기는 무엇인가?
	· 스스로 무언가를 한 경험이 있는가?
	· 원하지 않는 부서로 배정되면 어떻게 할 것인가?
	· 남을 위해 무엇을 한 경험이 있는가?
	· 자신이 가장 박식하다고 여기는 분야는 무엇인가?
	· 일을 제외하고 개인적으로 이루고 싶은 일은 무엇인가?
	· 존경하는 역사적 인물은 누구인가?
	· 입사를 위해 준비한 것은 무엇인가?
	· 거짓말을 한 경험이 있는가? 거짓말을 했던 이유는 무엇인가? 다시 그 상황에서 선택할 수 있다면 어떻게 할 것인가?
	· 존경하는 인물은 누구이며, 그 사람으로 인해 어떤 영향을 받았는가?
	· 살면서 가장 올바른 의사결정은 무엇이었는가?
	· 조직을 위해 헌신했던 경험이 있는가?
	· 조직 내 첨예한 갈등이 생겼을 때는 언제이며, 그 상황을 어떻게 해결했는가?
	· 오늘 옆 지원자와 얘기를 한 적이 있는가? 있다면 옆 지원자가 사교적이라고 생각하는가?
	· 자기계발 활동으로 무엇을 하고 있는가?
	· 봉사활동 경험이 있다면 느꼈던 점은 무엇인가?
	· 자신이 손해를 보게 되더라도 정직하게 행동했던 경험이 있는가?
	· 성공의 기준은 무엇인가?
	· 희망하는 연봉은 어느 정도인가?
	· 바람직한 직장 분위기 조성을 위해 필요한 것은 무엇인가?
	· 상사가 진행하는 일이 본인의 생각과 다르다면 어떻게 할 것인가?
1차 면접	· 농협이 하는 사업에 대해 자신이 알고 있는 것을 말해보시오.
	· 농협이 하는 사업에 대해 어떻게 생각하는가?
	· 농협인으로서 갖춰야 할 품성(덕목)은 무엇이라고 생각하는가?
	· 농협에 노동조합이 필요하다고 생각하는가?
	· 농산물의 가격은 어떻게 책정되어야 한다고 생각하는가?
	· 하나로마트에서 수입 농산물을 판매하는 것에 대해 어떻게 생각하는가?
	· 잡셰어링에 대해 설명해보시오.
	· 인구절벽에 대해 설명해보시오.
	· 공동화 현상에 대해 설명해보시오.
	· 식물공장에 대해 설명해보시오.
	· 레몬마켓에 대해 설명해보시오.
	· 6차산업에 대해 설명해보시오.
	· 치킨게임에 대해 설명해보시오.
	· 임금피크제에 대해 설명해보시오.
	· 농지의 기능에 대해 설명해보시오.
	· 워킹푸어에 대해 설명해보시오.
	· 미국의 양적 완화 정책에 대해 설명해보시오.
	· SSM에 대해 설명해보시오.
	· 저관여제품에 대해 설명해보시오.
	· 딤섬본드에 대해 설명해보시오.
	· 한국의 기준금리에 대해 설명해보시오.
	· 갈라파고스 이론에 대해 설명해보시오.
	· 크라우드 펀딩에 대해 설명해보시오.
	· 바이오시밀러에 대해 설명해보시오.

1차 면접	· 농협의 역사와 나아갈 방향에 대해 설명해보시오. · 우리나라 농업의 현안과 시사점을 설명해보시오.
2차 면접	· 핀테크 산업의 전망에 대한 본인의 의견을 말하시오. · 농촌 창업 육성 방안에 대한 본인의 의견을 설명해보시오. · 농협 특화 금융상품에 대해 설명해보시오. · 금리인상에 대한 본인의 의견을 말하시오. · 스마트팜의 해외 사례를 국내에 적용할 방안에 대해 말하시오. · GMO 식품에 대한 자신의 견해와 GMO 식품으로 인한 피해를 최소화할 방안에 대해 말하시오. · 핀테크로 인해 변화된 환경과 그에 대한 금융권(은행)의 대응 방안을 말하시오. · 대형마트 주말 의무 휴업(영업 규제)에 대한 찬성 또는 반대 의견을 말하시오. · 정리해고에 대한 찬성 또는 반대 의견을 말하시오. · 인원 감축과 임금삭감 중 하나를 선택해야 한다면, 어떤 것을 선택할 것인지 말해보시오. · 학교 체벌 금지에 대한 찬성 또는 반대 의견을 말하시오. · 협동조합의 의의와 농협의 발전 방향에 대해 설명해보시오. · 코로나19의 영향으로 경제가 침체되고 있는 와중에 주식 시장이 호황인 이유를 설명해보시오. · 무점포 비대면 거래에 대한 지역농협의 대처 방안에 대해 설명해보시오. · 사회적 이슈를 수용할 때 객관성을 지키는 방법을 설명해보시오.

④ 강원 면접 출제 문제

1차 면접	· 자신의 장점(특기)은 무엇인가? · 지원동기는 무엇인가? · 취득한 자격증을 말해보시오. · 생활신조는 무엇인가? · 봉사활동 경험이 있다면 느꼈던 점은 무엇인가? · 갑자기 10억 정도의 일확천금이 생기게 된다면 어떻게 할 것인가? · 개인이 아닌 팀으로 일해본 경험과 그 과정에서 얻은 것은 무엇인지 설명해보시오. · 농협을 다섯 글자로 표현해보고, 그 이유를 설명해보시오. · '농협'으로 2행시를 지어보시오. · 지역농협은 어떤 기관이라고 생각하는가? · 지역농협이 개선해야 할 점은 무엇이라고 생각하는가? · 농협은행이 아닌 지역농협에 지원한 이유는 무엇인가? · 경제파트와 신용파트가 분리가 되면 경제파트는 어떻게 이익을 내야 할 것인가? · 농협의 인재상에 대해 말해보시오. · 농협에 입사하면 어떤 업무를 하고 싶은가? · 농협의 장단점은 무엇이라고 생각하는가? · 농협에 입사하기 위해 준비한 것은 무엇인가? · 고객이 막무가내로 화를 낼 경우 어떻게 대응할 것인가? · FTA에 대해 설명해보시오. · DTI에 대해 설명해보시오. · 하이브리드 채권에 대해 설명해보시오. · 군청과 농협의 차이에 대해 설명해보시오. · 순이자마진에 대해 설명해보시오. · 피치마켓에 대해 설명해보시오. · 좀비기업에 대해 설명해보시오. · 자본잠식에 대해 설명해보시오.

1차 면접	· 블랙스완에 대해 설명해보시오. · 협동조합에 대해 설명해보시오. · 지금까지 가족, 친구, 친척, 지인에게 받은 칭찬 중 최고의 칭찬은 무엇인가? · 편견으로 인해 타인과 생긴 갈등을 어떻게 풀 것인가? · 본인 삶의 가치관이 무엇인가?
2차 면접	· 지하철 여성 전용칸에 대한 찬성 또는 반대 의견을 말하시오. · 지상파 중간광고 도입에 대한 찬성 또는 반대 의견을 말하시오. · 베이비박스에 대한 찬성 또는 반대 의견을 말하시오. · 기부금 세제 혜택에 대한 찬성 또는 반대 의견을 말하시오. · 대형마트 주말 의무 휴업(영업 규제)에 대한 찬성 또는 반대 의견을 말하시오. · 한중 FTA에 대한 찬성 또는 반대 의견을 말하시오. · 개인회생제도에 대한 찬성 또는 반대 의견을 말하시오. · 무상급식/보육에 대한 찬성 또는 반대 의견을 말하시오.

⑤ 대전 면접 출제 문제

1차 면접	· 자기소개를 해보시오. · 지원동기는 무엇인가? · 자신의 장단점은 무엇인가? · 자신의 장점(특기)은 무엇인가? · 결혼한 후 배우자와 가사분담을 어떻게 할 것인가? · 봉사활동 경험이 있다면 느꼈던 점은 무엇인가? · 농협이 하는 사업에 대해 자신이 알고 있는 것을 말해보시오. · 농협의 장단점은 무엇이라고 생각하는가? · 농협이 수행해야 할 사회적 책임은 무엇이라고 생각하는가? · 농협에 입사하면 어떤 업무를 하고 싶은가? · FTA에 대해 설명해보시오. · PF에 대해 설명해보시오. · 립스틱 효과에 대해 설명해보시오. · 노블레스 오블리주에 대해 설명해보시오. · 버핏세에 대해 설명해보시오. · 사이드카에 대해 설명해보시오.
2차 면접	· 제주 해군기지 설립에 대한 찬성 또는 반대 의견을 말하시오.

⑥ 충북 면접 출제 문제

1차 면접	· 자기소개를 해보시오. · 자신의 장점(특기)은 무엇인가? · 지원동기는 무엇인가? · 최근에 인상 깊게 읽은 책은 무엇인가? · 인생의 멘토는 누구인가? · 결혼한 후 배우자와 가사분담을 어떻게 할 것인가? · 인간관계에서의 중요한 점은 무엇이라고 생각하는가? · 바람직한 직장 분위기 조성을 위해 필요한 것은 무엇인가? · 희망 연봉과 그 이유에 대해 말해보시오. · 농협에 입사하면 어떤 업무를 하고 싶은가? · 외곽 지역으로 발령을 받게 된다면 어떻게 할 것인가? · 상사가 불합리한 일을 시킬 때 어떻게 하겠는가? · 상사와 갈등이 있다면 어떻게 해결할 것인가? · 농협에서 근무할 경우 농협은 주5일제를 전면적으로 실시하지 않고 있으므로 주말에 근무할 수도 있는데 이에 대해 어떻게 생각하는가? · 농협은행 지점에 방문해 본 적이 있는가? 있다면 어느 지점이었는가? · 여러 업무 중 자신이 싫어하는 업무에 배정되었을 때 어떻게 할 것인가? · 고객이 막무가내로 화를 낼 경우 어떻게 대응할 것인가? · 배춧값 폭락으로 한 농민이 농협에 배추를 가져와 판매해달라고 할 경우 어떻게 대응할 것인가? · 인구절벽에 대해 설명해보시오. · 핀테크에 대해 설명해보시오. · FTA에 대해 어떻게 생각하는가? · 쌀 한 가마니의 가격은 얼마인가? · 양적 팽창에 대해 설명해보시오. · MOT에 대해 설명해보시오. · 커플링 효과에 대해 설명해보시오. · 노블레스 오블리주에 대해 설명해보시오. · PF에 대해 설명해보시오. · GCF에 대해 설명해보시오. · 워킹푸어에 대해 설명해보시오. · 쌀 직불금에 대해 설명해보시오. · 출구전략에 대해 설명해보시오. · 지금까지 본인의 견해를 지지받은 경험을 말해보시오. · 본인의 주장이 좋은 평가를 받았던 경험을 말해보시오.
2차 면접	· 지역축제와 농협은 어떤 관련이 있는지 설명하고, 지역축제 활성화를 위해 농협이 해야 할 일에 대해 말하시오. · 스쿨존 내 호텔 건립 허용에 대한 찬성 또는 반대 의견을 말하시오. · 범죄 수사 시 휴대전화 감청에 대한 찬성 또는 반대 의견을 말하시오. · 원자력 발전소 설립에 대한 찬성 또는 반대 의견을 말하시오.

1차 면접

· 친해지기 어려운 사람은 어떤 사람인가?
· 의견이 서로 다를 때 어떤 방식으로 조율하는가?
· 농협인으로서 가져야 하는 자세는 무엇인가?
· 한류문화에 대한 본인의 의견을 말해보시오.
· 삼권분립에 대해 설명해보시오.
· 자신이 친구에게 영향력을 끼친 경험을 말해보시오.
· 많이 알려진 사람 중에 자신과 성격이 유사한 사람을 소개해보시오.
· 직장의 의미는 무엇이라고 생각하는가?
· 동아리 활동 경험에 대해 말해보시오.
· 자신의 장점을 말하고, 그것을 농협 업무에 어떻게 접목할 수 있는지 말해보시오.
· 자기계발 활동으로 무엇을 하고 있는가?
· 가장 존경하는 사람에 대해 말해보시오.
· 힘들었던 경험이 있는가? 있다면 어떤 일이었으며 어떻게 극복하였는가?
· 살아오면서 부모님을 제외하고 본인에게 도움을 준 사람은 누구인가?
· 최근 본 뉴스에서 가장 인상 깊었던 것은 무엇이었는가?
· 조직 생활에서 중요한 것은 무엇이라고 생각하는가?
· 농협에 입사하기 위해 어떤 노력을 했는가?
· 농협에 입사 후에 어떤 계획을 갖고 있는가?
· 어떤 각오로 농협에서 일할 것인가?
· 농협에 입사하여 어떤 업무를 맡고 싶은가?
· 자신의 역량 중에 어떤 역량이 입사 후에 고객들에게 어필할 수 있을 것인가?
· 회사 생활을 하면서 실수를 한다면 어떻게 할 것인가?
· 팀원 중 업무 능력이 낮은 사람이 있다면 어떻게 할 것인가?
· 자신을 상품화하여 고객에게 판매한다면 어떤 상품으로 어떻게 판매할 것인가?
· 아침에 시험장에 왔을 때 농협의 느낌은 어땠는가?
· 지역농협이 타 시중은행과 다른 점이 무엇인가?
· 농협, 농촌, 농업과 관련된 경험이 있는가?
· 농협이 하는 사업에 대해 자신이 알고 있는 것을 말해보시오.
· 농협인으로서 갖춰야 할 품성(덕목)은 무엇이라고 생각하는가?
· 세대 갈등을 경험한 적이 있는가? 있다면 어떻게 극복하였는지 설명해보시오.
· 혼자 할 때보다 팀으로 일함으로써 시너지를 발휘한 경험이 있는가?
· 직장생활을 하면서 착한 거짓말이 필요할 때가 있다고 생각하는가?
· 체리피커에 대해 설명해보시오.
· 디마케팅에 대해 설명해보시오.
· 사물인터넷에 대해 설명해보시오.
· 자유학기제에 대해 설명해보시오.
· 추심에 대해 설명해보시오.
· 헤지펀드에 대해 설명해보시오.
· 파레토 법칙에 대해 설명해보시오.
· 이중곡가제에 대해 설명해보시오.
· 하우스푸어에 대해 설명해보시오.
· 8:2의 법칙에 대해 설명해보시오.
· 90:9:1의 법칙에 대해 설명해보시오.
· ODM에 대해 설명해보시오.
· TPP에 대해 설명해보시오.
· 애그플레이션에 대해 설명해보시오.

<table>
<tr><td>1차 면접</td><td>
· 분수효과에 대해 설명해보시오.
· 구제역의 정의와 해결 방안에 대해 설명해보시오.
· 쌀 직불금에 대해 설명해보시오.
· 수직농장에 대해 설명해보시오.
· 녹비작물에 대해 설명해보시오.
· 역전세난에 대해 설명해보시오.
· 본인 삶의 가치관이 무엇인가?
· 농협에 대해 알고 있는 것을 말하고, 그에 대해 본인이 할 수 있는 노력은 무엇인가?
· 코로나19가 농협과 농업에 미치는 영향과 그에 대한 본인의 의견을 설명하시오.
· 본인의 인생에서 가장 중요한 사건을 말해보시오.
· 평소에 즐겨 보는 유튜브 채널은 무엇인가?
</td></tr>
<tr><td>2차 면접</td><td>
· 은행 PB 상품 구축 방안에 대한 본인의 견해를 말하시오.
· 탄소중립 시대에 대한 본인의 견해를 말하시오.
· 4차 산업혁명 시대에서 농협이 발전할 수 있는 방안에 대한 본인의 견해를 말하시오.
· 농협이 청소년 금융 교실을 운영하고 있을 때, 어떠한 전략으로 추진할 것인지 말하시오.
· 다양한 농협 홍보 채널 중에서 자신이라면 어떤 채널을 이용할 것인지 말하시오.
· (현재 농식품의 트렌드가 제시되고) 농식품을 트렌드에 맞게 어떻게 홍보할 것인지 말하시오.
· (크라우드 펀딩의 개념이 제시되고) 크라우드 펀딩의 장점과 농업에 어떻게 크라우드 펀딩을 활용할 수 있는지와 크라우드 펀딩을 이용하여 어떻게 투자를 끌어낼 수 있는지를 말하시오.
· 귀농 인구가 감소하는 이유와 귀농 인구를 증가시킬 방안을 말하시오.
· 추석 이후로 농가들의 실적이 나빠지고 있는데, 홈쇼핑에서 어떤 제품을 팔면 좋을지 말하시오.
· 도농 교류의 일환으로 특성화 도시 조성 및 여러 가지 사업을 펼치고 있지만 정작 관광객들은 해외로 나가는데 이에 대한 대처 방안을 말하시오.
· 지상파 광고 총량제에 대한 찬성 또는 반대 의견을 말하시오.
· 흉악범의 신상 공개에 대한 찬성 또는 반대 의견을 말하시오.
· 대체휴일제의 도입에 대한 찬성 또는 반대 의견을 말하시오.
· 선행학습 금지법에 대한 찬성 또는 반대 의견을 말하시오.
· 무상급식/보육에 대한 찬성 또는 반대 의견을 말하시오.
· 제4 이동통신사의 허가에 대한 찬성 또는 반대 의견을 말하시오.
· 살충제 달걀 파동과 관련하여 농협이 양계농가에 도움을 줄 수 있는 방법에 대해 말하시오.
· 농협은 AI, 구제역 등 가축방역 앱을 운영하고 있다. 다른 창의적인 앱에 대한 아이디어를 말하시오.
· 아프리카돼지열병으로 인한 돼지고기 가격 변동 추이를 예상하고, 이러한 질병 발생 시 농협이 해야 할 일에 대해 말하시오.
</td></tr>
</table>

⑧ 광주 면접 출제 문제

<table>
<tr><td>1차 면접</td><td>
· 지원동기는 무엇인가?
· 자신의 장점(특기)은 무엇인가?
· 농협에 지원한 이유는 무엇인가?
· 다른 사람의 의견을 수용한 경험은 무엇인가?
· 코로나19가 끝나면 가장 하고 싶은 일은 무엇인가?
· 가장 존경하는 사람은 누구인가?
· 10년 후 자신의 모습은?
· 인간관계에서의 중요한 점은 무엇이라고 생각하는가?
· 봉사활동 경험이 있다면 느꼈던 점은 무엇인가?
· 성공은 무엇이라고 생각하는가?
</td></tr>
</table>

1차 면접	· 결혼한 후 배우자와 가사분담을 어떻게 할 것인가?
	· '농협'이라고 하면 생각나는 것을 말해보시오.
	· 상사가 불합리한 일을 시킬 때 어떻게 하겠는가?
	· 농협에 입사하면 어떤 업무를 하고 싶은가?
	· 상사가 진행하는 일이 본인의 생각과 다르다면 어떻게 할 것인가?
	· FTA에 대해 설명해보시오.
	· 임금피크제에 대해 설명해보시오.
	· DTI에 대해 설명해보시오.
	· 옐로칩에 대해 설명해보시오.
	· 콜금리에 대해 설명해보시오.
2차 면접	· 대출금 확대에 따른 농협의 대처 방안에 대한 본인의 견해를 말하시오.

⑨ 전북 면접 출제 문제

1차 면접	· 지원동기는 무엇인가?
	· 교양을 쌓은 경험에 대해 말해보시오.
	· 신뢰를 얻었던 경험에 대해 말해보시오.
	· 행복의 기준은 무엇인가?
	· 성공의 기준은 무엇인가?
	· 무언가를 열심히 했던 기억이 있는가?
	· 가장 존경하는 사람은 누구인가?
	· 인간관계에서의 중요한 점은 무엇이라고 생각하는가?
	· 결혼한 후 배우자와 가사분담을 어떻게 할 것인가?
	· 농협에 대해 어떻게 생각하는가?
	· 농협의 장단점은 무엇인가?
	· 어떤 각오로 농협에서 일할 것인가?
	· 농협에 입사하면 어떤 업무를 하고 싶은가?
	· 상사가 불합리한 일을 시킬 때 어떻게 하겠는가?
	· 입사하게 되면 상사, 동료, 후배집단이 생기게 된다. 집단들의 우선순위와 그 이유를 말해보시오.
	· 농협의 유니폼에 대해 어떻게 생각하는가?
	· 농협을 찾은 고객에게 어떻게 인사하겠는가?
	· 농협이 개선해야 할 점은 무엇이라고 생각하는가?
	· 농협이 더 발전하려면 어떻게 해야 한다고 생각하는가?
	· FTA에 대해 설명해보시오.
	· 바나나 현상에 대해 설명해보시오.
	· 후원금과 뇌물의 차이에 대해 설명해보시오.
	· 립스틱 효과에 대해 설명해보시오.
	· 유리천장에 대해 설명해보시오.
	· 경제민주화에 대해 설명해보시오.
	· 쌀 직불금에 대해 설명해보시오.
	· 핀테크에 대해 설명해보시오.
	· 4차산업혁명에 대해 설명해보시오.
	· 수직농장에 대해 설명해보시오.
2차 면접	· 농촌 활성화 방안에 대한 본인의 견해를 말하시오.
	· 국내 농산물이 나아가야 할 방안에 대한 본인의 견해를 말하시오.
	· 청년 농업인 유입 방안에 대한 본인의 견해를 말하시오.

2차 면접	· 금융 마케팅 방안에 대한 본인의 견해를 말하시오. · 밀양 송전탑 건설에 대한 찬성 또는 반대 의견을 말하시오. · 여성의 군 복무 의무제에 대한 찬성 또는 반대 의견을 말하시오. · 원자력 발전소 설립에 대한 찬성 또는 반대 의견을 말하시오. · 설악산 국립공원 케이블카 설치에 대한 본인의 견해를 말하시오. · TV 프로그램 중간에 삽입되는 중간광고에 대한 본인의 견해를 말하시오.

⑩ 전남 면접 출제 문제

1차 면접	· 자신의 장점은 무엇인가? · 자신을 어느 정도 신뢰하는가? · 자신의 직업관은 무엇인가? · 상대방에게 신뢰를 받은 경험은 무엇인가? · 입사 후 하고 싶은 일은 무엇인가? · 세계화 시대에서 농업은 어떻게 될 것으로 생각하는가? · 어려운 사람을 도운 경험이 있는가? · 디지털 시대로 변하는 상황에 맞추어 농협은 어떻게 변해야 하는가? · 농협이 하는 사업 중 가장 긍정적으로 평가하는 것은 무엇인가? · 자신이 끈기를 가지고 끝까지 노력했던 경험은 무엇인가? · 사람들과 친해지기 위한 자신만의 방법은 무엇인가? · 함께 일하기 싫은 사람은 어떤 사람인가? · 자신만의 향후 목표는 무엇인가? · 혼자 여행을 다녀온 경험에 대해 말하시오. · 10년 후 자신의 모습은? · 자신의 가치를 돈으로 환산한다면 얼마인가? · 가장 감명 깊게 본 책이 있다면 무엇인가? · 봉사활동 경험이 있다면 느꼈던 점은 무엇인가? · 성공의 기준은 무엇인가? · 가장 존경하는 사람은 누구인가? · 자신의 가치를 높이기 위해 노력했던 경험과 그 성과는 무엇이었는가? · 공무원의 공금횡령에 대해 어떻게 생각하는가? · 가장 최근에 본 뉴스에서 인상 깊었던 뉴스와 이에 대한 자기 생각을 말하시오. · 직장동료와 갈등이 있다면 어떻게 해결할 것인가? · 주5일제에 대해 어떻게 생각하는가? · 농협에 입사하기 위해 어떤 노력을 했는가? · '농협' 하면 떠오르는 것은 무엇인가? · 농협 하나로마트를 운영하면서 주변 상권과의 마찰이 예상될 때, 어떻게 해결해 나갈 것인가? · 농협인으로서 갖추어 할 품성(덕목)은 무엇이라고 생각하는가? · 여러 업무 중 자신이 싫어하는 업무에 배정되었을 때 어떻게 할 것인가? · 외곽 지역으로 발령을 받게 된다면 어떻게 할 것인가? · 첫 월급을 받으면 어떻게 쓰겠는가? · 고객이 방문하여 불편사항을 토로하면 어떻게 할 것인가? · 업무를 처리하다 실수를 했을 때 어떻게 대처할 것인가? · 팜스테이에 대해 설명해보시오. · 쌀 직불금에 대해 설명해보시오. · 6차산업에 대해 설명해보시오. · 잡셰어링에 대해 설명해보시오.

1차 면접	· 알뜰 주유소에 대해 설명해보시오. · 후원금과 뇌물의 차이에 대해 설명해보시오. · 출구전략에 대해 설명해보시오. · 순이자마진에 대해 설명해보시오. · 세이프가드에 대해 설명해보시오. · 미소금융에 대해 설명해보시오. · 승자의 저주에 대해 설명해보시오. · 양적 완화에 대해 설명해보시오. · 모라토리엄에 대해 설명해보시오. · 한우 이력제에 대해 설명해보시오. · 녹비작물에 대해 설명해보시오. · 역전세난에 대해 설명해보시오.
2차 면접	· 대출 증가로 인한 농협의 대응 방안에 대해 본인의 견해를 말하시오. · 저금리 시대에서의 농협의 대응 방안에 대해 본인의 견해를 말하시오. · 비대면 물류 및 금융에 대해 본인의 견해를 말하시오. · 농산물 마케팅 방안에 대해 본인의 견해를 말하시오. · 청년 농업인 유입 방안에 대한 본인의 견해를 말하시오. · 1인 가구 증가에 따른 부작용에 대한 대응 방안을 말하시오. · 1인 방송에 대한 본인의 견해를 말하시오. · 로컬푸드 홍보 방안에 대해 말하시오. · 공무원 연금 개혁안에 대한 찬성 또는 반대 의견을 말하시오. · 초·중·고교생의 9시 등교제에 대한 찬성 또는 반대 의견을 말하시오. · 기초선거구 정당 공천제 폐지에 대한 찬성 또는 반대 의견을 말하시오. · 대형마트 주말 의무 휴업(영업 규제)에 대한 찬성 또는 반대 의견을 말하시오. · 상속법 개정안에 대한 찬성 또는 반대 의견을 말하시오. · 사내 유보금 과세에 대한 찬성 또는 반대 의견을 말하시오. · 무상급식/보육에 대한 찬성 또는 반대 의견을 말하시오. · 선거연령 하향에 대한 본인의 견해를 말하시오. · 아프리카돼지열병으로 인한 파급효과와 대처방안에 대해 말하시오.

⑪ 대구 면접 출제 문제

1차 면접	· 지원동기는 무엇인가? · 자신의 장점(특기)은 무엇인가? · 가장 존경하는 사람은 누구인가? · 인간관계에서의 중요한 점은 무엇이라고 생각하는가? · 성공이란 무엇이라고 생각하는가? · 농협에 입사하면 어떤 업무를 하고 싶은가? · 은행세에 대해 설명해보시오. · SSM에 대해 설명해보시오. · DTI에 대해 설명해보시오. · 사이드카에 대해 설명해보시오. · 사회적 기업에 대해 설명해보시오. · 임금피크제에 대해 설명해보시오. · 출구전략에 대해 설명해보시오. · 밴드왜건 효과에 대해 설명해보시오. · 바나나 현상에 대해 설명해보시오.

1차 면접	· 자신의 강점은 무엇인가? · 친구들이 말하는 자신의 장점은 무엇인가? · 가장 존경하는 사람은 누구인가? · 성공의 기준은 무엇인가? · 희망하는 연봉은 어느 정도인가? · 첫 월급을 받으면 어떻게 쓰겠는가? · 남들이 꺼리는 일을 나서서 도맡아 처리한 경험이 있는가? · 봉사활동 경험이 있다면 느꼈던 점은 무엇인가? · 조직을 위해 헌신한 경험이 있는가? · 농협에 지원하기로 결심한 계기는 무엇인가? · '농협'이라고 하면 생각나는 것을 말해보시오. · 농협의 핵심가치에 대해 말해보시오. · 농협의 인재상에 대해 말해보시오. · 농협의 장점은 무엇이라고 생각하는가? · 농협이 더 발전하려면 어떻게 해야 한다고 생각하는가? · 힘든 일을 하게 될 수도 있는데 할 수 있겠는가? · 자신이 성과를 잘 낼 수 없는 업무가 계속해서 주어질 경우 어떻게 할 것인가? · 껄끄러운 상사와 일해본 경험이 있는가? · 나이 많은 동료와 함께 일해본 경험이 있는가? · 상사와 갈등이 있다면 어떻게 해결할 것인가? · 농협에 대해서 주변에서 비판하는 내용이 있다면 무엇인가? · 어떤 각오로 농협에서 일할 것인가? · 최저 임금 인상에 대해 어떻게 생각하는가? · NLL에 대해 어떻게 생각하는가? · 레몬마켓에 대해 설명해보시오. · 구황작물에 대해 설명해보시오. · 선지급에 대해 설명해보시오. · 임금피크제에 대해 설명해보시오. · 햇살론에 대해 설명해보시오. · 예대마진율에 대해 설명해보시오. · 노상권 청구에 대해 설명해보시오. · 후원금과 뇌물의 차이에 대해 설명해보시오. · 순환출자에 대해 설명해보시오. · 경제민주화에 대해 설명해보시오. · 쌀 직불금에 대해 설명해보시오. · 스태그플레이션에 대해 설명해보시오.
2차 면접	· 양심적 병역거부에 대한 찬성 또는 반대 의견을 말하시오. · 운동선수의 군 면제에 대한 찬성 또는 반대 의견을 말하시오. · 대형마트 주말 의무 휴업(영업 규제)에 대한 찬성 또는 반대 의견을 말하시오. · 제주 해군기지 설립에 대한 찬성 또는 반대 의견을 말하시오. · 합법적 낙태 허용에 대한 찬성 또는 반대 의견을 말하시오. · 성폭행범의 신상공개에 대한 찬성 또는 반대 의견을 말하시오. · 고졸 채용확대에 대한 찬성 또는 반대 의견을 말하시오. · 교내 휴대폰 사용에 대한 본인의 견해를 말하시오.

⑬ 부산 면접 출제 문제

1차 면접	· 자기소개를 해보시오. · 가장 존경하는 인물은 누구인가? · 직업관은 무엇인가? · 자신의 장단점은 무엇인가? · 자신이 원하는 배우자의 조건은? · 자신이 좋아하는 사람의 유형과 싫어하는 사람의 유형은 무엇인가? · 농협에 입사하기 위해 어떤 노력을 했는가? · 상사와 갈등이 있다면 어떻게 해결할 것인가? · 농협이 하는 사업에 대해 자신이 알고 있는 것을 말해보시오. · 농협인으로서 갖춰야 할 품성(덕목)은 무엇이라고 생각하는가? · 고객이 막무가내로 화를 낼 경우 어떻게 대응할 것인가? · SSM에 대해 설명해보시오. · DTI에 대해 설명해보시오. · 경제민주화에 대해 설명해보시오. · NIM에 대해 설명해보시오. · 구상권에 대해 설명해보시오. · GMO에 대해 설명해보시오. · 다우지수에 대해 설명해보시오. · 헤지펀드에 대해 설명해보시오. · 더블딥에 대해 설명해보시오.
2차 면접	· 결혼이나 취업을 위해 성형을 하는 것에 대한 찬성 또는 반대 의견을 말하시오.

⑭ 울산 면접 출제 문제

1차 면접	· 성격의 장단점은 무엇인가? · 특기는 무엇인가? · 가장 존경하는 사람은 누구인가? · 자기계발 활동으로 무엇을 하고 있는가? · 봉사활동 경험이 있다면 느꼈던 점은 무엇인가? · 직업관은 무엇인가? · 농협의 장단점은 무엇이라고 생각하는가? · 농협이 하는 사업에 대해 아는 것을 모두 말해보시오. · 어떤 각오로 농협에서 일할 것인가? · 농협인으로서 갖춰야 할 품성(덕목)은 무엇이라고 생각하는가? · 상사와 갈등이 있다면 어떻게 해결할 것인가? · 농협에 입사하면 어떤 업무를 하고 싶은가? · 콜금리에 대해 설명해보시오. · 더블딥에 대해 설명해보시오. · 모기지론에 대해 설명해보시오. · 헤지펀드에 대해 설명해보시오. · SSM에 대해 설명해보시오. · FTA에 대해 설명해보시오. · GMO에 대해 설명해보시오.

⑮ 경남 면접 출제 문제

1차 면접

· 자기소개를 해보시오.
· 자신의 장점은 무엇인가?
· 인생에서 꾸준히 노력해 본 것이 무엇인가?
· 지원한 지역을 지원한 이유가 무엇인가?
· 농촌 지역을 여행한 경험을 말해보시오.
· 농협에서 아쉬운 점과 보충해야 할 점을 말해보시오.
· 대인관계에서 가장 중요한 것은 무엇이며 그것을 어떻게 길렀는가?
· 자신의 인생에 가장 큰 영향을 미친 사건과 그 이유는 무엇인가?
· 타인을 위해 가장 크게 희생해 본 경험은 무엇인가?
· 전공은 무엇이고, 어떤 자격증을 취득했는가?
· 학창시절에 가장 집중적으로 준비한 것은?
· 가장 감명 깊게 본 영화 혹은 책이 있다면 무엇인가?
· 혼자 할 때보다 팀으로 일함으로써 시너지를 발휘한 경험이 있는가?
· 첫 월급을 받으면 어떻게 쓰겠는가?
· 자신보다 나이가 많은 사람을 설득해 본 경험이 있는가?
· 회사 생활을 하면서 실수를 한다면 어떻게 할 것인가?
· 농협이 하는 사업에 대해 자신이 알고 있는 것을 말해보시오.
· 농협의 장단점은 무엇이라고 생각하는가?
· 농협의 인재상에 대해 말해보시오.
· 농협이 수행해야 할 사회적 책임은 무엇이라고 생각하는가?
· 농협에 입사하면 어떤 업무를 하고 싶은가?
· 농협에서 10년 후 자신이 무엇을 하고 있을 것이라고 생각하는가?
· 힘든 일을 하게 될 수도 있는데 할 수 있겠는가?
· 축사에서 악취가 많이 나는 문제가 발생할 경우, 어떻게 해결할 것인가?
· 고객이 터무니없는 요구를 할 때 어떻게 대응할 것인가?
· 스미싱에 대해 설명해보시오.
· 바이럴 마케팅에 대해 설명해보시오.
· 브렉시트에 대해 설명해보시오.
· 출구전략에 대해 설명해보시오.
· 구제역에 대해 설명해보시오.
· FTA에 대해 설명해보시오.
· 자신의 지역에서 나는 특산물 중 한 가지를 고르고, 그 특산물의 판매량을 어떻게 늘릴 것인지에 대해 설명해보시오.
· 이상기후 현상에 대해 설명해보시오.
· 핀테크에 대해 설명해보시오.

2차 면접

· 탄소중립 실천 방안에 대한 본인의 견해를 말하시오.
· 6차산업 활성화를 위해 농협과 정부가 나아갈 길에 대해 말하시오.
· 폭염에 대비하기 위해 농협이 해야 할 일에 대해 말하시오.
· 쌀 소비량 부진의 주된 이유와 해결 방안을 말하시오.
· 농촌 고령화의 이유와 해결 방안을 말하시오.
· 농업마케팅 방안과 발전 방향을 말하시오.
· 농산물 판매를 촉진하는 방안을 말하시오.
· 농민 월급제에 대한 찬성 또는 반대 의견을 말하시오.
· 주민등록번호 폐지에 대한 찬성 또는 반대 의견을 말하시오.
· 비만세 부과에 대한 찬성 또는 반대 의견을 말하시오.

2차 면접	· 어린이집 CCTV 설치 의무화에 대한 찬성 또는 반대 의견을 말하시오.
	· 대학생들의 무분별한 스펙 쌓기 문제에 대한 찬성 또는 반대 의견을 말하시오.

⑯ 제주 면접 출제 문제

1차 면접	· 지원동기는 무엇인가?
	· 자신의 장점은 무엇이고, 그것을 농협 업무에 어떻게 접목할 수 있는지 말해보시오.
	· 농협은행이 아닌 지역농협에 지원한 이유는 무엇인가?
	· 농협의 사회공헌과 가치창출에 대해 말해보시오.
	· 자신의 5년 후 모습에 대해 말해보시오.
	· 농협인으로서 갖춰야 할 자질은 무엇이고, 그 근거가 되는 사례는 무엇인지 말해보시오.
	· 요즘 즐겨보는 드라마가 있다면 무엇인가?
	· 외곽 지역으로 발령을 받게 된다면 어떻게 할 것인가?
	· 체력(건강)관리는 어떻게 하는가?
	· 자신만의 고객관리 전략은 무엇인가?
	· 기저효과에 대해 설명해보시오.
	· 더블딥에 대해 설명해보시오.
	· 광해군과 인조반정에 대해 설명해보시오.
	· 풍년과 기근에 대해 설명해보시오.
	· 출구전략에 대해 설명해보시오.
	· 커플링전략에 대해 설명해보시오.
	· DTI에 대해 설명해보시오.
	· 애그플레이션에 대해 설명해보시오.
	· 헤지펀드에 대해 설명해보시오.
	· 바나나 현상에 대해 설명해보시오.
	· RCEP에 대해 설명해보시오.
	· 구글세에 대해 설명해보시오.
2차 면접	· 원자력 발전소 설립에 대한 찬성 또는 반대 의견을 말하시오.
	· 초·중·고교생의 9시 등교제에 대한 찬성 또는 반대 의견을 말하시오.
	· 단통법에 대한 찬성 또는 반대 의견을 말하시오.
	· 반값 등록금제 시행에 대한 찬성 또는 반대 의견을 말하시오.
	· 여성의 군 복무 의무제에 대한 찬성 또는 반대 의견을 말하시오.
	· 결혼이나 취업을 위해 성형을 하는 것에 대한 찬성 또는 반대 의견을 말하시오.
	· 인원 감축과 임금삭감 중 하나를 선택해야 한다면, 어떤 것을 선택할 것인지 말해보시오.
	· 6차산업의 활성화 방안에 대해 말하시오.
	· 자연재해에 관한 농협의 대처방안에 대해 말하시오.

NCS 실전모의고사

1회 실전모의고사

제한 시간(70분)을 참고하여 문제 풀이 시작과 종료 시각을 정하고,
실전처럼 모의고사를 풀어보세요.

시   분 ~   시   분 (총 60문항/70분)

- 본 실전모의고사는 총 60문항으로 구성되어 있으며, 영역별 제한 시간 없이 70분 이내로 모든 영역의 문제를 풀어야 합니다.
- 의사소통능력, 수리능력, 문제해결능력, 자원관리능력, 조직이해능력 문제가 출제됩니다.
- 맨 마지막 페이지에 있는 회독용 OMR 답안지와 해커스ONE 애플리케이션의 학습 타이머를 이용하여 실전처럼 모의고사를 풀어본 후, 60번 문제 하단에 있는 '바로 채점 및 성적 분석 서비스' QR코드를 스캔하여 응시 인원 대비 본인의 성적 위치를 확인해 보시기 바랍니다.

01 다음 밑줄 친 부분과 바꿔 쓸 수 있는 것은?

> 그는 어렵게 공천을 받아 국회의원 선거에 출마하였으나, 막강한 후보와 맞붙는 바람에 큰 표 차로 떨어지게 되었다.

① 낙상하게   ② 낙방하게   ③ 쇠락하게   ④ 쇠퇴하게

02 다음 밑줄 친 단어 중 의미가 서로 비슷한 것을 모두 고르면?

> ㉠ 난숙한 귤이 바구니에 담겨 있다.
> ㉡ 귤을 바구니에 덜퍽지게 담아 놓았다.
> ㉢ 바구니에 담긴 귤들이 숙수그레했다.
> ㉣ 귤 바구니가 다소 빈약해 보였다.
> ㉤ 귤이 바구니에 소담하게 쌓여 있다.

① ㉠, ㉢   ② ㉡, ㉤   ③ ㉣, ㉤   ④ ㉠, ㉡, ㉣

03 다음 지문의 내용과 관련 있는 한자성어를 고르면?

> 청년 창업가 A는 대학 시절 우연히 개발한 앱으로 투자금을 유치하며 성공을 거두었다. 이 앱은 당시 시장에서 큰 주목을 받았고, A는 창업가로서의 가능성을 인정받았다. 그러나 그는 첫 번째 앱에서 얻은 작은 수익에 만족하며 그 성공에 안주하기 시작했다. 동료들이 새로운 기술 개발과 시장 변화의 중요성을 강조했지만, A는 이러한 조언을 외면했다. 경쟁사들은 혁신을 거듭하며 빠르게 성장하는 동안 그는 여전히 몇 년 전 개발한 낡은 앱에 집착하여 A의 회사는 점차 경쟁력을 잃어갔다. 그럼에도 A는 과거의 성공만을 회상하며 현실을 직시하지 못했고, 결국 A의 회사는 시장에서 도태되고 말았다.

① 마부위침(磨斧爲針)   ② 수주대토(守株待兔)   ③ 연목구어(緣木求魚)   ④ 문경지교(刎頸之交)

04 다음 밑줄 친 단어와 의미가 반대되는 것은?

> 국회에서 산업안전보건법 개정안이 발의되었으나 <u>통과</u>하지 못하고 보류되었다.

① 가결   ② 표결   ③ 부결   ④ 판결

05 다음 밑줄 친 단어와 같은 의미로 사용된 것은?

> 주변이 아무리 소란스러워도 그는 수학 문제를 <u>푸는</u> 데 여념이 없다.

① 상자를 단단히 싸매고 있던 보자기를 <u>풀었다</u>.
② 평생의 한을 <u>풀게</u> 돼서 정말 행복했다.
③ 누군가가 비밀번호를 <u>풀고</u> 출입 제한 구역에 잠입했었다.
④ 내용이 너무 어려워서 쉽게 <u>풀어서</u> 설명해 주었다.

06 다음 밑줄 친 단어를 한자로 바르게 표기한 것은?

> 대통령은 농업단지를 방문하여 수출농업 육성을 위해 노력하겠다는 <u>의지</u>를 표명하였다.

① 依支   ② 意志   ③ 意義   ④ 決意

07 다음 빈칸에 들어갈 단어로 가장 적절한 것은?

> 타인이 자신에게 관심을 보이거나 기대를 하게 되면 이에 부응하기 위해 노력을 하여 좋은 결과를 얻거나 능률이 향상되는 것을 '피그말리온 효과'라고 일컫는데, (   ) 낮은 성적을 유지하던 학생이 선생님의 지속적인 격려에 힘입어 성적이 향상되는 것이 여기에 속한다.

① 이를테면   ② 그러므로   ③ 게다가   ④ 그뿐 아니라

08 다음 중 어법상 적절하지 않은 문장을 모두 고르면?

> ㉠ 교육은 부나 명예를 얻기 위한 수단이 아닌 잠재력과 소질을 계발하기 위한 원동력이 되어야 한다.
> ㉡ 현재 자동차 운전면허 발급과 갱신에 부과되는 비용이 지나치게 많다는 지적이 쏟아지고 있다.
> ㉢ 우리 학교의 야간 수업을 듣는 학생 중 70% 이상이 직장인임에도 불구하고 출석율이 매우 높다.
> ㉣ 스승의 날을 맞이하여 고등학교 동창들끼리 모여 20년만에 담임 선생님을 뵈러 가기로 하였다.
> ㉤ 다이어트 계획을 짤 때 같은 운동이더라도 운동량에 따라 소모되는 칼로리량이 다름을 고려해야 한다.

① 1개   ② 2개   ③ 3개   ④ 4개

09 다음 중 맞춤법에 맞지 않는 것은?

① 핏불테리어는 상대를 한번 물면 절대 놓지 않는다.
② 독자들은 소설가가 만들어낸 허구의 세계에 빠져들었다.
③ 일단은 그가 하라는대로 잠자코 있을 수밖에 없었다.
④ 다음 주에 사업차 지방에 갈 일이 있어 회의를 앞당겼다.

10 상생협력처 사회공헌부에서 근무하는 귀하는 보고서 작성 방법을 참고하여 상사에게 보고할 주간 업무 보고서의 초안을 작성하였다. 보고서의 일부를 수정하여 내용을 보완하고자 할 때, 가장 적절하지 않은 것은?

[보고서 작성 방법]

- 업무를 진행하는 과정에서 작성되는 경우가 많으므로 도출하고자 하는 핵심 내용을 구체적으로 제시한다.
- 간결하고 핵심적인 내용을 도출하는 것이 최우선이므로 내용이 중복되지 않도록 주의한다.
- 도표나 그림을 활용하여 복잡한 내용을 간결하게 작성한다.
- 참고자료는 정확하게 제시한다.
- 보고서는 개인의 역량을 평가하는 기본요인이므로 제출 전 최종점검을 한다.
- 업무상 상사에게 제출하는 문서이므로 궁금한 점에 대한 질문을 받을 수 있음을 인지하고 이에 대비한다.

10월 1주 차 주간 업무 보고

기간	20X2. 10. 1.(월)~20X2. 10. 5.(금)		
작성자	김은혜	**부서명**	사회공헌부
하반기 주요 사업	1. 지역아동센터 학습환경 개선(20X2. 9. 1.~20X2. 11. 20.) 2. 신재생에너지 가로등 설치(20X2. 10. 1.~20X2. 12. 10.)		

내용

1. **지역아동센터 학습환경 개선 사업**
   가. 금주 월요일에 심사 관련 업무 완료하였으며, 이어서 집행 관련 업무 진행 중
      - 구체적인 심사 기준은 작년 공고문을 참고하여 하기 첨부한 사업 공고문에 수록하였으며, 공고문에 제시된 심사 기준에 따라 별도의 심사위원회가 진행하였음
   나. 현장 방문
      - 10. 3.(수)~10.17.(수) 동안 지역아동센터 학습환경 개선 사업에 선정된 경인 지역 6개소를 방문하여 현장 실사를 진행할 예정이며, 본인과 공은지 사원이 함께 수행하여 추후 관련 내용을 보고할 예정임

2. **신재생에너지 가로등 설치 사업**
   가. 기획 업무
      1) 금주 금요일에 안전 취약 지역 신재생에너지 가로등 설치 사업 기획안 확정(완료일: 10. 5.(금))
   나. 사업 공모
      1) 사업 지원 대상자 선정을 위한 심사위원회를 섭외하여 다음 주 중으로 계약 체결 완료 예정(완료 예정일: 10.12.(금))
      2) 다음 주 수요일까지 공고문 초안 작성하여 부장님께 검토 요청 예정(사업공고 예정일: 10. 12.(금))
         - 사업 개요, 지원 대상, 신청서 접수 방법, 신청서 접수 기간, 심사 기준을 반드시 포함하도록 하며, 구체적인 심사 기준은 하기 첨부한 작년 공고문을 참고하도록 함

3. **참고자료**
   - 20X1년 지역아동센터 학습환경 개선 사업 공고문.docx
   - 20X2년 지역아동센터 학습환경 개선 사업 공고문.docx

---

① 업무 진행 과정이 구체적으로 드러나지 않으므로 '1. 가.'의 세부 업무 진행 상황과 완료일을 추가한다.
② '2. 가.'에 업무 완료일이 중복되므로 '금주 금요일에'를 삭제하여 중복된 내용 없이 간결하게 작성한다.
③ 복잡한 내용이 나열되고 있으므로 '1. 나.'의 기간, 업무, 완료일, 담당자를 구분하여 표로 제시한다.
④ 보고서의 참고자료명은 최대한 간결하게 제시해야 하므로 참고자료명을 '사업 공고문 2부'로 수정한다.

11 다음 대화를 논리적 순서대로 알맞게 배열한 것은?

> (A) No, Not at all. I'd be glad to give a hand.
> (B) Can I help you organize your desk?
> (C) Sure. If you don't mind.

① (A) – (B) – (C)
② (B) – (A) – (C)
③ (B) – (C) – (A)
④ (C) – (B) – (A)

12 다음 글의 빈칸에 들어갈 말로 가장 적절한 것은?

> 보통 운동 능력이라고 하면 근육에 필요한 산소를 최대한 효율적으로 많이 공급할 수 있는가를 알아보는 유산소 운동 능력을 의미한다. 유산소 운동은 산소 공급을 통해 탄수화물을 에너지화하여 소모하는 전신 운동으로, 유산소 운동에 필요한 산소는 혈액을 통해 운반된다. 혈액은 심장의 수축과 이완을 통해 전신으로 순환되므로 결국 유산소 운동 능력은 심장 기능과 직결된다. 심장 기능은 심장이 적게 뛰면서 혈액 공급량이 많을수록 효율적이다. 따라서 유산소 운동 능력을 향상하는 데 가장 중요한 점은 심장 기능을 강화하는 것이다. 심장 기능은 일정 강도의 운동을 통해 높일 수 있다. 이때 (   ) 운동 강도가 높아지면 심장은 근육에 더 많은 혈액을 공급하기 위해 빠르게 박동하기 때문이다. 개인의 심장 기능을 강화할 수 있는 운동 강도를 가리켜 타깃존이라고 하는데, 최대심박수의 65~80%를 타깃존이라고 한다. 최대심박수는 사람마다 다르므로 정확한 타깃존을 알기 위해서는 자신의 최대심박수를 알아야 한다. 최대심박수란 1분 동안 개인이 도달할 수 있는 심박수의 최댓값으로, 가장 높은 강도로 운동할 때의 분당 심박수를 의미한다. 최대심박수는 운동을 꾸준히 한 사람이 그렇지 않은 사람보다 상대적으로 높을 수 있지만, '220 – (자신의 만 나이)'라는 공식을 통해 일반적인 평균치를 구할 수 있다. 예를 들어 만 30세의 경우 최대심박수는 평균적으로 220 – 30 = 190이며, 최대심박수의 80%인 152는 타깃존의 최고점, 65%인 123.5는 최저점이 된다. 즉, 분당 심박수가 123.5~152인 강도로 운동할 때 가장 안전하고 효과적으로 심장 기능을 향상할 수 있다. 꾸준한 운동을 통해 심폐 기능이 향상될 경우 최대심박수가 올라가며, 이때의 타깃존은 변동된 최대심박수 기준 65~80%로 재설정한다.

① 심장 기능은 운동 강도와 반비례한다.
② 최대심박수가 낮을수록 유산소 운동 능력이 향상된다.
③ 운동 강도는 심박수를 통해 측정할 수 있다.
④ 심장 기능은 운동 빈도가 높을수록 강화된다.

13 다음 글의 주제로 가장 적절한 것은?

태음력은 이번 그믐달에서 다음 그믐달이 돌아오는 기간을 한 달로 정하여 만든 달력으로, 1년 열두 달을 한 달에 29일인 달과 30일인 달이 번갈아 나오도록 구성한다. 태음력을 기준으로 1년을 환산하면 354일이 되는데, 이는 365일을 기준으로 삼는 태양력과 11일의 차이가 생긴다. 이 부족한 11일을 모아서 평균적으로 3년에 한 번씩 끼워 넣은 달을 '윤달'이라고 한다. 윤달은 달을 기준으로 하는 태음력을 사용할 때, 해를 기준으로 하는 태양력과 날짜를 맞추는 것이 힘들뿐더러 계절을 확실하게 예측하기 어렵다는 점에서 날짜와 계절의 불일치 문제를 해결하고자 만든 치윤법(置閏法)에서 파생된 개념이다. 만약 태음력에서 윤달을 추가하지 않는다면 17년 후에는 오뉴월에 눈이 내리고, 섣달그믐에 무더위로 고생하는 상황을 맞이하게 된다. 윤달은 1년 12개월 외에 몇 년에 한 번씩 더 있는 달이기 때문에 여벌달, 남은달, 덤달 등이라는 명칭으로 불리기도 한다. 이로 인해 예로부터 덤으로 얻은 윤달에 하는 모든 일은 부정을 타지 않고 액이 끼지 않는다고 여겨져 윤달에 이사나 결혼을 하고, 산소를 손질하거나 집안을 수리하는 경우가 흔했다. 역사적으로 윤달을 두는 방법에 관하여 다양한 방법이 제안되었는데, 가장 널리 사용되는 방법은 19태양년에 7개월의 윤달을 두는 19년 7윤법이다. 19태양년이 365.24일 × 19 ≒ 6,939.56이고 235태음월이 29.53일 × 235 ≒ 6,939.55로, 일수가 동일하다는 점에서 착안되었다. 여기서 6,939일은 동양에서는 B.C. 600년경에 중국의 춘추시대에 발견되어 장(章)이라고 일컬으며, 서양에서는 B.C. 433년에 그리스의 천문학자이자 수학자인 메톤에 의해 발견되어 메톤 주기라고 명명된다. 19년 7윤법에 따르면 태양력 만 3년을 채우기 전에 윤달이 돌아오는데, 윤달은 5월에 가장 잦게 들고 11월과 12월, 1월은 드물게 든다. 이처럼 태음력의 오차를 윤달을 삽입함으로써 보완하여 날짜와 계절의 불일치를 어느 정도 없앤 것을 '태음태양력(太陰太陽曆)'이라고 이르며, 오늘날 우리가 사용하고 있는 음력이 바로 태음태양력에 해당한다.

① 윤달에서 치윤법이 파생된 과정
② 윤달의 등장 배경과 윤달을 두는 법
③ 동서양에서 윤달을 두는 방법의 차이점
④ 19년 7윤법의 계산 방법과 특징

14 다음 문단을 논리적 순서대로 알맞게 배열한 것은?

(가) 지역별 음악적 특색을 드러내는 토리는 우리나라 민요의 선율적인 특징을 나타내기 위해 사용되는 용어라는 점에서 의의가 있다. 일례로 서양 음악에서는 대개 선법을 통해 민요 선율의 특성을 규명하는데, 우리나라 민요는 동일한 민요에도 다양한 종지음이 나타나 선법을 규명하기 힘들다. 실제로 선법은 종지음으로 민요를 규명하는데, 수심가토리의 종지음은 레 혹은 라이고, 메나리토리의 종지음은 미 혹은 라이기 때문에 종지음으로 선법을 규명하는 것이 불가능하다. 그뿐만 아니라 같은 선법으로 정리되어도 시김새에 차이가 있어서 변별되는 특성으로 인해 '토리'라는 별도의 용어를 사용하는 것이다.

(나) 토리는 민요나 무악(舞樂) 등에서 지역에 따라 독특하게 구별되는 노래의 투, 다시 말해 우리나라 기층 음악의 선율에 특유의 지역별 음악적 특징을 의미한다. 우리나라의 민요권은 태백산맥을 기준으로 크게 동부와 서부로 나뉘며, 서부는 다시 북부 지역인 평안도와 황해도, 중부 지역인 경기도와 충청도, 남부 지역인 전라도로 구분된다. 같은 민요권 내에서는 민요의 구성음, 구성음 간의 음정, 시김새, 음의 기능, 발성법, 장식음 등이 유사하게 나타나는데, 이를 대표적인 민요의 이름을 따서 범주화한 것이 토리이다.

(다) 이와 같이 특정 민요권의 총체적인 음악적 특징을 일컫는 토리의 종류를 살펴보면, 우선 경토리는 경제, 경드름이라고도 불리며 서울, 경기, 충청도를 포함한 경기 지역 민요의 전형적인 특징을 보인다. 하위 개념으로 창부타령토리에 해당하는 진경토리와 한강수타령토리에 해당하는 반경토리라는 용어가 사용되기도 한다. 경토리는 보통 빠르기의 장단을 사용하여 가볍고 맑으면서도 서정적인 느낌을 준다. 평안도, 황해도 등 서북 지역에서 보이는 수심가토리는 평성, 요성, 퇴성 등의 시김새를 사용하며 수심에 잠긴 애수를 느낄 수 있다.

(라) 전라도를 포함한 서남부 지역에서 특징적으로 나타나는 육자배기토리는 메나리토리와 마찬가지로 3음의 계면조를 이룬다. 이로 인해 가락이 느리고 구성지면서도 애처로운 느낌을 준다. 시김새로는 격렬하게 떨거나 애절하게 꺾는음을 자주 사용한다. 한편, 제주도 민요는 고유의 사투리와 수수한 가락이 매력적이지만 〈서우젯소리〉 외에는 제주토리로 규정할 수 있는 민요가 없다. 즉, 제주토리는 여러 지역 토리의 특징이 혼재되어 있기 때문에 제주도만의 독자적인 토리로 정리하기는 어렵다.

(마) 메나리토리는 경상도와 강원도, 함경도를 포괄하는 동부 지역에서 나타나는 토리이지만, 동부 지역에 한정되지 않고 우리나라 전역에서 폭넓게 사용되었다는 점에서 다른 토리와 차별점을 갖는다. 실제로 전래 동요라고 불리는 지역별 향토 민요 중에는 메나리토리가 사용된 음악이 매우 많다. 메나리토리는 '미', '라', '도'가 중심이 되는 계면조로, 경상도 지역의 민요는 명랑하고 활동적인 반면 강원도와 함경도 지방의 민요는 애원하는 느낌의 슬픈 느낌을 주는 곡도 많다.

① (가) - (나) - (다) - (라) - (마)
② (가) - (다) - (마) - (라) - (나)
③ (나) - (다) - (가) - (마) - (라)
④ (나) - (다) - (마) - (라) - (가)

15 다음 글의 내용과 일치하지 않는 것은?

우리나라의 전통적인 시가 양식 중 가장 오래된 갈래인 시조는 고려 시대에 시작된 것으로 추정된다. 시조가 본격적으로 지어지고 발전한 시기는 조선 시대였는데, 조선 전기와 후기에 따라 성행하던 시조의 주제와 형태, 시조의 중심 향유층 등이 다른 모습을 보인다. 조선 전기에 성행하던 시조는 일반적인 3장 6구 형식의 평시조로, 그것의 향유층이 양반 중심이 됨에 따라 주제 또한 학문, 임금에 대한 충성심, 자연의 아름다움 등이 주를 이루었다. 자연과 학문을 노래한 이황의 〈도산십이곡〉, 4계절에 따라 변하는 자연의 모습과 그 속에서 삶의 행복을 이야기하는 맹사성의 〈강호사시가〉가 그 예이다. 조선 후기에는 조선 전기와는 다른 형태의 시조가 성행하기 시작했는데, 그것이 바로 사설시조이다. 사설시조는 중장과 종장이 평시조에 비해 길지만 3장 구분은 가능하며, 율조를 따르지 않고 사설체의 어조를 사용한다는 특징이 있다. 사설시조는 서민인 상인, 부녀자, 기생 등을 비롯해 중인, 몰락한 양반 등 다양한 계층에서 향유되었으며, 부패한 양반을 풍자하는 〈두터비 파리를 물고〉, 임을 향한 사랑을 드러내는 〈귀또리 저 귀또리〉와 같이 그 주제 또한 매우 다양한 양상을 보였다.

① 이황의 시조 〈도산십이곡〉은 평시조이다.
② 사설시조는 서민층을 시작으로 여러 계층에 전파되었다.
③ 사설시조는 초장, 중장, 종장을 구분할 수 있다.
④ 시조가 처음 등장한 것은 고려로 추측된다.

16 다음 글의 서술상 특징으로 가장 적절한 것은?

역사를 바라보는 관점은 매우 다양하지만, 크게 객관적 의미의 역사와 주관적 의미의 역사 두 가지로 나눌 수 있다. 전자의 경우 역사적 자료 그 자체에 충실하면서 사료를 분석하는 데 있어 개인의 편견이나 선입견을 담지 않고 객관적인 입장에서 역사를 서술하는 관점이다. 이는 독일의 역사학자인 랑케에 의해 발전되었으며, 흔히 실증주의 사관이라고도 불린다. 랑케는 역사가란 사실을 전달하는 역할을 하는 사람이기 때문에 이를 위해 사료를 엄밀하게 점검하여 그 신뢰성을 확보하여야 하며, 중립적인 태도로 사료 그 자체를 서술해야 한다고 주장하였다. 이와 달리 주관적 의미의 역사는 역사가의 학문적 검증에 의해 선별된 자료들을 주관적으로 재구성하여 서술하는 관점을 말한다. 따라서 역사 연구 과정에서 역사가의 주관과 가치관이 필연적으로 포함될 수밖에 없으며, 과거 사실은 역사가가 어떻게 해석하느냐에 따라 달리 표현되기 때문에 상대주의 사관이라고 불리기도 한다. 대표적인 역사학자로는 에드워드 카가 있는데, 그는 자신의 저서인 〈역사란 무엇인가〉에서 역사란 과거와 현재의 끊임없는 대화로 역사가와 과거 사실이 상호작용한 결과라고 논하였으며 역사의 주관적 재구성을 강조하였다. 객관적 의미의 역사와 주관적 의미의 역사 중 어느 것이 더 옳은 관점이라고 말할 수는 없다. 그러나 과거 사실을 바르게 이해하여 연구하기 위해서는 역사를 기록하는 다양한 관점을 이해하고 역사가가 어떠한 관점을 갖고 역사를 기록하였는지를 파악할 필요가 있다.

① 서술 대상에 대한 상반된 주장을 대조하는 방식으로 논지를 전개하고 있다.
② 서술 대상에 대한 두 가지 의견을 제시한 후 하나의 의견을 옹호하고 있다.
③ 서술 대상으로 인한 부정적인 결과를 다양한 예시를 제시하며 설명하고 있다.
④ 서술 대상에 대해 예상되는 다른 의견을 비판함으로써 주장을 강화하고 있다.

17 다음 글의 서술상 특징으로 가장 적절한 것은?

인도에 대해 설명할 때 빠지지 않고 등장하는 제도가 있다. 바로 카스트로, 신분을 나누는 계급 제도를 의미한다. 하지만 카스트는 70년 전에 사양하기로 한 제도인데, 왜 아직까지 카스트에 대한 언급이 끊이지 않고 인도 사회 내 관련 범죄도 지속적으로 발생할까? 카스트에 의한 차별은 금한다는 법이 만들어졌음에도 불구하고 실생활에서는 여전히 존재하여 사람들에게 영향을 미치고 있기 때문이다.

카스트란 인도로 이주한 아리아족이 통치권 확보를 위해 만든 신분 차별 제도이다. 승려 계급의 브라만, 왕족 및 무사들이 속하는 크샤트리아, 농·상·공업에 종사하는 평민들이 속하는 바이샤, 노예 및 천민으로 구성된 수드라 총 4개의 계급으로 구분되는데, 이와 같은 계급을 만든 이유는 당시 원주민보다 수가 적었던 아리아족이 지배계층인 자신들과 원주민의 구분을 분명히 지어 놓음으로써 원주민과 혼합이 이루어지지 않도록 함에 있었다.

다만, 이후의 인도인들은 카스트의 존재를 '윤회'와 '업'을 통해 설명하였다. 즉, 이전 생에서 올바르지 못한 삶을 살았기 때문에 낮은 계급으로 태어난 것이며, 높은 계급의 사람은 이전 생에서 덕을 쌓은 사람이라고 여겼다. 이는 힌두교의 영향으로, 힌두교에서는 현재 삶에서 행하는 자신의 업의 선악에 따라 선한 일을 많이 행할 경우 신 또는 사람으로, 악한 일을 많이 행할 경우 동물로 태어난다고 믿었다. 하지만 이에 그치지 않고 사람으로 태어나더라도 다시 본인의 업에 따라 차등을 두어 태어나게 되고, 그것이 곧 계급으로 귀결된다고 생각하였다.

물론 모든 인도인들이 카스트에 순종했던 것은 아니다. 비폭력 불복종 운동으로도 유명한 마하트마 간디 역시 인도에서 가장 심각한 사회 문제로 자리 잡은 카스트를 해결하고자 여러 노력을 기울였지만, 시간이 경과하면서 발생 초기에 계급적으로 이루어졌던 분리는 세습적인 세부 계층으로 더욱 나누어지게 되었고, 각 계급은 엄격한 폐쇄적 상태에서 생활하게 되었다.

오늘날의 카스트의 경우 대도시에서는 차츰 차별이 해소되었다는 평이 있긴 하지만, 아직까지 지방에서는 주요하게 자리 잡은 제도이다. 인도 정부에서는 카스트로 인한 피해자들을 구제하고자 장학금 제도를 신설하고, 의석 일부를 할당하는 등의 정책을 펼치고 있어 점차 해체되어 가는 추세이긴 하지만, 다른 카스트 간 혼인을 금지하는 것과 같은 차별은 여전히 존재하는 상태이다. 카스트가 인도 사회에 뿌리 깊게 자리 잡았다는 점에서 단순히 정책적인 개선으로는 구조적 모순을 해결하기 어렵다는 비판적 시각이 존재하는 이유가 바로 여기에 있다.

① 자문자답의 문장을 사용하여 논지를 확대 및 강화한다.
② 다양하고 구체적인 사례를 통해 논지를 제시한다.
③ 특정 기준에 따라 서술 대상을 분류하고 있다.
④ 시간의 흐름에 따라 대상의 변화 과정을 설명하고 있다.

18 다음 글의 핵심 내용으로 가장 적절한 것은?

구리는 우리 주변에서 흔히 사용되는 광물이다. 동전이나 그릇과 같은 일상생활 물품에는 물론이고, 전기가 흐르도록 하는 전력선, 통신선 등 산업재에도 이용된다. 특히 4차 산업혁명 시대를 살고 있는 오늘날에는 앞으로 더 중요해질 원자재로 여겨진다. 이는 전기자동차, 5G 장비, 신재생에너지 전력생산 등에 구리 활용이 필수적이기 때문으로, 친환경 신사업의 발전과 더불어 구리 수요 역시 급등하고 있다.

구리를 사용하는 산업은 매우 다양하지만, 그중에서도 수요 증대에 큰 역할을 하는 것은 전기자동차이다. 그린 뉴딜 정책이 전 세계적으로 확산되면서 전기자동차 산업 육성이 활성화되었고, 그에 따라 구리 소비 역시 늘어나게 된 것이다. 전기자동차는 모터 구성에서부터 구리 코일이 사용된다는 점에서 전기자동차 1대를 만들기 위해서는 내연기관 자동차 대비 약 4배인 100kg의 구리가 필요하다. 2020년 자료에 따르면 세계 자동차 시장의 전기자동차 누적 판매 대수는 총 850만 대로, 전체 자동차 판매량의 0.6%에 불과하지만, 2030년에는 누적 판매 대수가 1억 1600만 대가 될 것이며, 시장 점유율도 10%에 달할 만큼 커져 구리 소모량 역시 증가할 것으로 예측된다. 단순히 전기자동차 부문만 고려하더라도 2030년에 이르면 약 1,000만 톤의 구리가 필요하게 될 수 있다.

구리는 오랜 기간 경기 선행 지표로서 활용되어 왔고, 구리 가격 상승은 곧 경기가 회복되고 있다는 신호로 받아들여져 온 만큼 코로나19로 위축되었던 경기가 되살아나면 4차 산업 관련 사업도 크게 발전하며 구리 수요 및 가격이 크게 상승하게 될 것이다. 따라서 구리의 신규 수요와 초과 수요를 모두 충족시키려면 기존 구리 광산에서 생산량을 증대시키거나 새로운 구리 광산을 개척해야만 한다. 문제는 대형 구리 생산 플랜트는 구축에만 수 조 원이 소모되는 대규모 설비이고, 구리 매장량에 맞추어 생산설비를 건설한다는 점에서 기존 광산을 통한 생산량 증대는 쉽지 않은 상황이다. 그뿐만 아니라 새로운 구리 광산을 개척하고자 하여도 탐사 시작부터 인허가까지 20년은 소요되므로 즉각적으로 구리 수요를 모두 해소하기는 쉽지 않다.

전기자동차와 풍력 발전 등 4차 산업과 함께 친환경 산업이 개화함에 따라 앞으로 최소 20년 이상은 구리의 초과 수요 현상이 나타날 것임이 자명하다. 특히 영국과 중국에서는 2035년까지 내연기관을 폐기하겠다고 발표했고, 세계 각국 정부에서도 2040년까지는 내연기관을 폐지할 예정이므로 전기자동차 생산 증대와 더불어 구리의 초과 수요를 단기간에 해소하기란 쉽지 않아 보인다. 하지만, 앞으로도 중요도가 높은 원자재라는 점에서 유한한 구리의 원료 공급을 확대하고 이를 통한 새로운 수요 창출, 원가 절감, 품질 제고를 이루어 내는 국가가 미래 산업은 물론 경제를 이끌어 갈 것으로 예측된다.

① 전기자동차 충전 인프라 확대에 따른 구리 수요 증대
② 경기 선행 지표로서 구리 가격의 역할
③ 친환경 신사업 발전에 따른 구리 원료 공급 확대의 필요성
④ 구리 소비량 증대를 위한 내연기관 자동차의 생산량 증가 방법

19 다음 글의 내용과 일치하지 않는 것은?

오늘날 노동시장의 흐름을 살펴보면 많은 기업이 단기 고용 형태로 근로자를 채용하는 모습을 쉽게 목격할 수 있다. 예를 들어 차량 공유 서비스를 제공하는 미국의 한 기업은 차량 운전자를 직접 고용하는 대신 차량 소유자를 파트너로 계약하여 운영하며, 대규모의 유통회사에서는 고객들이 제품을 빠르게 받아볼 수 있는 서비스를 제공하면서 차량을 소유한 일반인들에게 배송 업무를 맡기는 등 단기 근로자를 적극적으로 활용한다.

이처럼 기업에서 필요한 때에 근로자를 임시로 채용하여 업무를 맡기는 경제 방식을 일컬어 긱 경제라 한다. 일시적 일자리를 의미하는 긱은 1920년대 미국 재즈클럽에서 단기로 고용한 연주자를 긱이라고 부른 것에서 유래하였다. 당시만 하더라도 긱은 프리랜서나 1인 자영업자를 지칭하는 용어로 사용되었다. 하지만, 2007년 발생한 글로벌 경제 대공황 이후 비용 절감을 위해 정규직 대신 비정규직을 고용하는 기업이 증가하게 되고, 정보통신 기술의 발달로 고객이 원하는 서비스나 제품을 온라인 혹은 모바일 네트워크를 통해 제공하는 주문형 경제가 활성화되며 긱의 의미 역시 확장되었다.

특히 오늘날에는 디지털 플랫폼이 더욱 발전해 일자리 현황을 쉽게 공유할 수 있기 때문에 긱 경제는 이전보다 더 활성화될 전망이다. 즉, 일자리를 구하는 사람은 직접 기업에 찾아가지 않아도 되고, 고용주 역시 인력이 필요할 때만 고용할 수 있어 긱 경제를 활용하는 이가 증가할 수밖에 없다. 또한, 긱 경제하에서는 근로자가 자신의 시간을 효율적으로 활용하여 노동에 안배하는 시간을 조절할 수 있어 자신의 역량과 능력에 따라 여러 개의 직업을 선택하는 등 직업 선택의 폭이 넓어지게 된다. 고용주도 장기 고용으로 인해 발생하는 고용보험 등의 비용을 줄일 수 있어 긱 경제는 근로자와 고용주 모두에게 이익을 가져다줄 수 있다.

그러나 긱 경제를 바라보는 부정적인 시선도 적지 않다. 현재 긱 경제의 대부분을 차지하고 있는 업무의 진입장벽이 상대적으로 낮아 누구나 쉽게 근로자가 될 수 있고, 이로 인해 근로자 간 경쟁이 심화될 가능성이 크다. 경쟁이 심화될 경우 계약 성사를 위한 가격 경쟁으로 이어져 고용의 질이 하락하기도 하며, 불규칙한 근로 시간과 더불어 소득이 불안정한 이가 늘어나고, 일과 삶의 균형을 이루지 못하는 이 역시 증가할 수 있다. 그렇지만 긱 경제의 이점 역시 분명하다는 점에서 긱 경제의 활성화와 함께 최저 임금 보장이나 건강보험 혜택과 같은 제도 등을 통해 보완된다면 효용성을 극대화할 수 있을 것이다.

① 디지털 플랫폼 기반의 경제가 활성화될수록 긱 경제의 성장 속도도 빨라질 것이다.
② 긱 경제의 성장으로 노동자는 단기 일자리 시장에 진입하기 더욱 어려워졌다.
③ 긱 경제하에서는 일과 삶의 균형이 무너진 근로자들이 쉽게 관찰된다.
④ 글로벌 경제 대공황 이후 비정규직을 고용하여 기업 경영 비용을 줄이고자 하는 기업이 증가하였다.

20 다음 글의 내용과 일치하지 않는 것은?

일반적으로 인간은 정보를 습득할 때 80% 이상을 시각에 의존한다. 즉, 청각, 촉각, 후각보다 눈으로 볼 때 더 많은 정보를 습득하고 자극을 받게 된다. 이러한 인간의 특성 때문에 정보 또한 인간의 시각을 강하게 자극하여 전달력을 높이는 것에 기준을 두고 발달하고 있다. 그중에서도 인포그래픽(Infographic)을 활용한 정보 전달이 주목받고 있는데, 디지털화되어가는 오늘날에는 인포그래픽을 통해 정보의 경쟁력을 높이는 경우가 많다.

인포그래픽이란 인포메이션(Information)과 그래픽(Graphic)이 합쳐져 탄생한 용어로, 복잡하거나 양이 많은 데이터를 단순하고 신속하게 전달하기 위해 차트나 그래프, 비디오 등의 자료로 시각화하여 표현하는 것을 말한다. 정보 전달 시 텍스트가 많을 경우 정보를 직관적으로 이해하기 어렵기 때문에 텍스트를 최소화한 인포그래픽을 활용하면 사람들의 이목을 빠르게 집중시킬 수 있고, 사람들은 신속하게 정보를 습득할 수 있다. 인포그래픽 사용의 효과를 극대화하기 위해서는 천편일률적인 방법을 활용하기보다는 주로 전달할 정보를 정확히 이해한 뒤 이해한 바를 바탕으로 정보의 특징과 목적 및 정보를 습득하는 타깃 고객층에 따라 다양한 형태의 시각 자료로 나타내는 방법을 사용하게 된다.

오래전부터 인포그래픽은 다이어그램이나 수학적 그래프 등과 같이 단순한 형태로 활용되어 왔으나, 대중 매체 등에서는 한 장의 정보를 시각화하는 원페이지 인포그래픽, 사용자의 선택을 바탕으로 반응하는 인터랙티브 애니메이션, 그래픽스를 영상으로 표현하는 모션그래픽스와 같이 다양한 형태로 구현되며, 과학 분야 혹은 교통 지도, 도로 표지판 등 여러 분야에서 사용되고 있다. 특히 지하철 노선도와 같은 복잡한 정보를 전달할 때 효과적이다.

정보 전달 측면에서 높은 경쟁력을 갖추고 있는 인포그래픽은 앞으로도 아날로그와 디지털 매체의 경계를 넘나들며 활발하게 사용될 전망이다. 다만, 단순히 미적 요소만을 위해 인포그래픽을 활용하거나 인포그래픽과 함께 그래픽 요소를 추가로 사용하는 것은 오히려 인포그래픽의 장점을 억제할 수 있다. 그래픽 요소가 전달하려는 정보의 성격에 맞게 활용될 때는 정보 이해에 도움을 주는 반면 관련성 없이 과하게 사용될 경우에는 정보의 직관적 이해에 악영향을 미칠 수 있기 때문이다. 따라서 인포그래픽을 제작하기 전에 전달하고자 하는 정보에 적합한 기획이 이루어져야 한다. 인포그래픽이 많은 양의 데이터를 담아내야 한다는 점에만 집중하여 지나치게 많은 양을 담으려고 하기보다는 정보 전달을 위한 명확한 목적을 설정하는 것이 매우 중요하다.

① 인포그래픽 활용의 효율성을 극대화하기 위해서는 다량의 정보를 담아내는 것을 우선시해야 한다.
② 인터랙티브 애니메이션은 정보를 활용하는 사람들의 선택에 반응을 보이도록 하는 인포그래픽 기법이다.
③ 인포그래픽 활용에 따른 장점을 극대화하기 위해서는 여타 그래픽 요소를 함께 사용하지 않는 것이 좋다.
④ 사람은 청각이나 촉각 등에 기반한 자료를 볼 때보다 시각에 기반한 자료를 볼 때의 습득력이 더 높다.

21 반지름의 길이가 4cm인 구 모양의 공 내부에 지름의 길이가 4cm인 구슬이 들어있다. 내부에 있는 구슬의 부피를 제외한 공의 부피는 구슬의 부피의 몇 배인가?

① 6배 ② 7배 ③ 8배 ④ 9배

22 $6x + 2y = 4$이고 x는 $-5 \leq x \leq 3$일 때, y의 최댓값과 최솟값의 차이는?

① 4 ② 6 ③ 10 ④ 24

23 부산으로 가는 버스는 매일 오전과 오후에 모두 출발하며, 오전에 출발하는 버스는 3대, 오후에 출발하는 버스는 5대가 있다. 입사 동기인 5명이 부산으로 여행을 가기 위해 같은 날 오전에 출발하는 팀과 오후에 출발하는 팀, 두 팀으로 나누어 버스 티켓을 예매할 때, 버스 티켓을 예매하는 방법은 총 몇 가지인가? (단, 각 버스 좌석은 한 자리씩 남아 있다.)

① 525가지 ② 1,325가지 ③ 3,800가지 ④ 6,600가지

24 전체 집합 U = $\{x|x$는 15 이하의 자연수$\}$의 세 부분집합 A = $\{x|x$는 14의 약수$\}$, B = $\{x|x$는 15 이하의 소수$\}$, C = $\{x|x$는 2의 배수 또는 3의 배수$\}$에 대하여 다음 각 집합의 원소의 개수가 바르게 짝지어진 것은?

	$A^C \cap C$	$B \cap C^C$	$A^C \cap B^C \cap C$
①	7개	4개	6개
②	7개	5개	6개
③	8개	4개	7개
④	8개	5개	7개

25 미진이네 고등학교 운동장 트랙의 너비는 60m로 일정하며 길이의 비가 4:1:2인 세 개의 구간 a, b, c로 나누어진다. 미진이가 트랙의 가장 안쪽을 따라 세 개의 구간을 차례대로 걸었을 때 걸린 시간과 같은 시간 동안 트랙의 가장 바깥쪽을 따라 세 개의 구간을 차례대로 걸으려면 속력을 1.2배로 높여야 할 때, 구간 a의 길이는? (단, 직선 구간을 제외한 구간은 완벽한 반원의 형태이며, 원주율은 3으로 계산한다.)

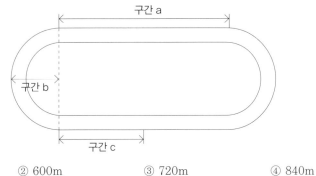

① 480m   ② 600m   ③ 720m   ④ 840m

해커스 지역농협 6급 NCS 실전모의고사

26 다음은 제품 a, b, c, d의 선호도를 조사한 결과이다. 전체 가중평균점수가 66점일 때, a의 평균점수는?

제품	a	b	c	d
평균점수(점)	( )	70	60	65
참여자 수(명)	30	20	30	20

① 55점   ② 60점   ③ 65점   ④ 70점

27 광희는 두부 가게에서 1모당 정가가 2,000원인 두부 10모를 구매하려고 한다. 마감 이벤트로 총 구매금액의 10%를 할인받고 추가로 두부 2모를 더 받았을 때, 광희가 가지고 있는 두부 1모당 할인율은?

① 10%　　　　　② 15%　　　　　③ 20%　　　　　④ 25%

28 한 아파트에서 물탱크에 물을 가득 채우려고 한다. A 호스로만 물을 가득 채우려면 9시간이 걸리고, B 호스로만 물을 가득 채우려면 12시간이 걸린다. 처음 2시간 동안은 A, B 호스만 이용해 물을 넣다가 이어서 C 호스도 추가로 이용해 1시간 동안 물을 넣어 물탱크를 가득 채웠다고 한다. C 호스로만 물을 가득 채울 때, 걸리는 시간은?

① 2시간　　　　② 2시간 12분　　　③ 2시간 20분　　　④ 2시간 24분

29 은진이는 쪽지 시험으로 OX형 3문제와 사지선다형 2문제를 풀었다. 채점 결과 5문제 중 적어도 2문제 이상 맞힐 확률은? (단, 사지선다형 문제의 정답은 1개이다.)

① $\frac{9}{128}$　　　　② $\frac{21}{64}$　　　　③ $\frac{83}{128}$　　　　④ $\frac{43}{64}$

30 $-x + 13 > 2x - 5$와 $\dfrac{2}{3}x + 2 > \dfrac{1}{3}$을 동시에 만족하는 모든 자연수 x의 평균은?

① 2.5   ② 3.0   ③ 3.5   ④ 4.0

1회

2회

3회

4회

5회

6회

해커스 지역농협 6급 NCS 실전모의고사

31 20XX년 1월 1일부터 ○○카드를 이용하고 있는 A의 1분기 이용실적과 ○○카드 포인트 적립 방법이 다음과 같을 때, 20XX년 1분기에 적립된 월평균 포인트는 약 얼마인가? (단, 가입 첫 달에는 전월 이용실적이 없는 것으로 간주하며, 포인트는 소수점 아래 자리를 버림하여 계산한다.)

[A의 20XX년 1분기 이용실적]

구분	1월	2월	3월
이용실적	834,000원	1,132,000원	756,000원

[○○카드 포인트 적립 방법]

구분	전월 이용실적			
	30만 원 미만	30만 원 이상 100만 원 미만	100만 원 이상 200만 원 미만	200만 원 이상
적립률	0.7%	0.8%	0.9%	1.0%

※ 당월 적립 포인트(P) = 당월 이용실적 × 전월 이용실적에 대한 적립률

① 6,804P   ② 7,232P   ③ 8,066P   ④ 8,537P

32 승현이는 주식에 투자하여 배당금을 받으려고 한다. 배당률 및 배당수익률과 기업별 주가 정보를 고려하였을 때, 제시된 기업 중 주식 1주당 배당수익률이 가장 높은 기업은?

[배당률 및 배당수익률]

1. 배당률
   - 주식 1주의 액면가에 대해 지급되는 배당금의 비율
2. 배당수익률
   - 주식 1주의 현재 주가에 대해 지급되는 배당금의 비율

[기업별 주가 정보]

구분	A 기업	B 기업	C 기업	D 기업
1주당 액면가(원)	5,000	2,000	500	1,500
1주당 현재 주가(원)	6,000	10,000	2,500	4,000
배당률(%)	6	20	20	16

① A 기업　　　　② B 기업　　　　③ C 기업　　　　④ D 기업

33 다음 제시된 수의 일정한 규칙을 찾아 빈칸에 들어갈 알맞은 수를 고르면?

$$\frac{1}{4} \quad 1 \quad (\quad) \quad 2 \quad 1 \quad 4 \quad 2$$

① $\frac{1}{4}$ ② $\frac{1}{2}$ ③ 1   ④ 2

34 다음 숫자가 규칙에 따라 나열되어 있을 때, 빈칸에 공통으로 들어갈 알맞은 것을 고르면?

85	22	79	40	73	58	( )
13	82	31	76	49	70	( )

① 45   ② 51   ③ 67   ④ 73

35 제시된 문자의 규칙을 찾아 빈칸에 들어갈 알맞은 문자를 고른 것은?

$$N \quad T \quad E \quad U \quad (\quad)$$

① M   ② N   ③ O   ④ P

36 다음은 농촌 인력 부족과 고령화 속에서 적기 영농 실현 정책 마련을 위한 기초 자료이다. 자료를 올바르게 분석한 사람을 모두 고르면?

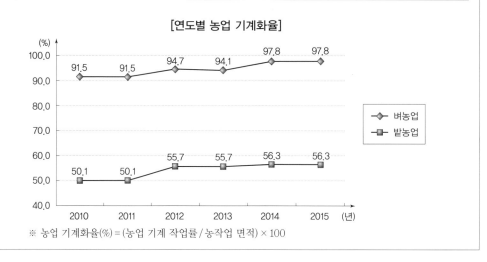

[연도별 농업 기계 보유 대수]

(단위: 천 대)

구분	2010년	2011년	2012년	2013년	2014년	2015년
트랙터	265	268	273	278	277	283
콤바인	81	79	79	79	76	79
이앙기	276	254	245	236	220	213
경운기	698	667	653	640	610	598
합계	1,320	1,268	1,250	1,233	1,183	1,173

[연도별 농업 기계화율]

※ 농업 기계화율(%) = (농업 기계 작업률 / 농작업 면적) × 100

지연: 벼농업 기계화율은 매년 밭농업 기계화율의 1.5배 이상이다.
주은: 경운기 보유 대수는 꾸준히 줄어든 반면 트랙터 보유 대수는 꾸준히 늘어났다.
성호: 2015년 농업 기계 보유 대수에서 경운기 보유 대수가 차지하는 비중은 5년 전 대비 줄었다.
준필: 벼농업과 밭농업의 기계화율이 모두 전년 대비 변함없는 모든 해에 콤바인과 이앙기 각각의 보유 대수는 전년 대비 늘어났다.

① 지연, 성호　　　② 성호, 준필　　　③ 지연, 주은, 성호　　　④ 지연, 성호, 준필

37 다음은 1년간 1회 이상 봉사활동에 참여한 성인 자원봉사자의 연도별 참여 증감률에 대한 자료이다. 2015 년 성인 자원봉사자 수가 2,000명일 때, 2018년 성인 자원봉사자 수는 약 몇 명인가? (단, 소수점 첫째 자 리에서 반올림하여 계산한다.)

[연도별 자원봉사 참여 증감률]

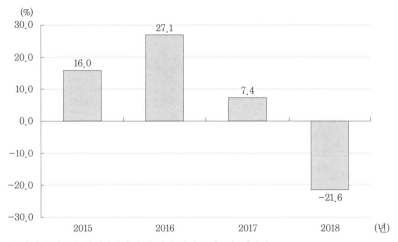

※ 참여 증감률은 자원봉사자 수의 전년 대비 증감률을 의미함

※ 출처: e-나라지표(행정안전부, 자원봉사자 등록 및 활동 현황)

① 1,868명   ② 2,140명   ③ 2,483명   ④ 2,945명

38 다음은 발전소별 전력 현황에 대한 자료이다. 제시된 발전소 중 2023년 전력 잉여량이 가장 적은 발전소의 2024년 설비용량의 전년 대비 증가량은?

[발전소별 전력 생산량 및 소비량]

(단위: GWh)

구분	2023년		2024년	
	생산량	소비량	생산량	소비량
A 발전소	1,120	740	1,885	1,260
B 발전소	845	535	980	580
C 발전소	1,165	890	1,680	1,260
D 발전소	1,860	1,380	2,430	1,980
E 발전소	760	470	1,145	775

[발전소별 전력효율지수]

※ 1) 전력효율지수(%) = {(생산량 + 소비량) / 설비용량} × 100
   2) 전력 잉여량 = 생산량 − 소비량

① 450GWh　　　② 500GWh　　　③ 650GWh　　　④ 740GWh

39 다음은 A 은행 환율과 환전 수수료 우대율에 관한 자료이다. 승희가 300달러를 현찰로 살 때, 비회원으로 이벤트 우대율을 적용한 환전 수수료와 회원으로 기본 우대율을 적용한 환전 수수료의 차이는?

[A 은행 환율]

(단위: 원)

구분	현찰 살 때	현찰 팔 때	송금할 때	송금받을 때	매매기준율
미국 USD	1,206	1,165	1,197	1,174	1,186
일본 JPY	1,139	1,100	1,130	1,108	1,119
유럽 EUR	1,442	1,387	1,429	1,401	1,415

[환전 수수료 우대율 안내]

(단위: %)

구분	기본 우대율	이벤트 우대율	환전가능 최소금액
미국 USD	50(비회원 50)	90(비회원 80)	10달러
일본 JPY			1,000엔
유럽 EUR	50(비회원 50)	80(비회원 70)	10유로

※ 1) 환전 가능한도: 비회원 100만 원, 회원 1,000만 원 이내
   2) 환전 수수료 = 현찰 살 때 금액 - 매매기준율

① 600원　　　　② 1,200원　　　　③ 1,800원　　　　④ 2,400원

40 다음은 신규 구인·구직 및 취업자 수에 대한 자료이다. 자료에 대한 설명으로 옳은 것을 모두 고르면?

[연도별 신규 구인·구직 및 취업자 수]

(단위: 천 명)

구분	2016년	2017년	2018년	2019년	2020년	2021년	2022년
신규 구인 인원수	1,225	1,771	1,742	1,779	1,763	1,696	1,670
신규 구직자 수	2,733	2,755	2,560	2,518	2,881	2,934	2,997
취업자 수	670	702	656	732	853	870	897

※ 1) 구인 배수 = 신규 구인 인원수 / 신규 구직자 수
   2) 취업률(%) = (취업자 수 / 신규 구직자 수) × 100

a. 2017년부터 2022년까지 신규 구직자 수와 취업자 수의 전년 대비 증감 추이는 동일하다.
b. 신규 구인 인원수가 가장 많은 해와 가장 적은 해의 신규 구인 인원수 차이는 554천 명이다.
c. 취업자 수가 가장 적은 해의 구인 배수는 약 0.45배이다.
d. 2020년 취업률은 2017년 대비 4%p 이상 증가했다.

① b　　　　② a, b　　　　③ b, c　　　　④ b, d

41 다음은 A, B, C, D, E 은행의 정기예금 특판 상품 금리에 대한 내용으로, 은행별 금리는 2% 이상 3% 이하로 모두 다르다. 제시된 조건을 모두 고려하였을 때, 항상 옳은 것은?

- C 은행과 E 은행의 금리 차이는 0.02%p이고, E 은행의 금리가 가장 높은 것은 아니다.
- C 은행과 D 은행의 금리 차이는 0.32%p이다.
- B 은행의 금리는 A 은행과 E 은행의 금리 차이와 D 은행의 금리를 합한 것과 같다.
- A 은행의 금리는 2.15%이고, D 은행과 0.5%p 차이가 난다.

① 정기예금 금리가 2.30% 이하인 은행은 두 곳이다.
② E 은행의 금리는 2.40% 이상이다.
③ 정기예금 금리가 두 번째로 낮은 은행은 C이다.
④ A 은행과 B 은행의 금리 차이는 0.66%p 이상이다.

42 다음 중 A의 논증에 대한 B의 대응을 가장 잘 설명한 것은?

A: 최근 한 국회의원이 라디오방송에서 군대 기피 현상이 나타나는 것을 비판하며 젊은이들에게 국방의 의무를 강조하는 발언을 했습니다. 그런데 군대를 면제받은 그가 하는 주장이라 그런지 설득력이 떨어지더군요.
B: 그 국회의원이 어떤 이유로 군대를 면제받았는지는 알려지지 않았습니다. 그런데 단지 그가 군대를 면제받은 사람이라는 점 때문에 그의 의견이 타당한지를 따져보지 않고 무시하는 것은 올바른 태도가 아니라고 생각합니다.

① A가 상대방의 논증에 직업을 연관시키는 오류를 범했음을 언급하고 있다.
② A가 논증과 논증하는 사람을 분리하여 판단한 것에 대해 비판하고 있다.
③ A가 주장 자체를 비판하지 않고 주장한 사람을 공격하고 있음을 지적하고 있다.
④ A가 상대방의 주장보다 자신의 상황을 먼저 고려하고 있음을 공격하고 있다.

43 다음 명제가 모두 참일 때, 항상 참인 것은?

> - 공과대학 학생이 아닌 사람은 봉사활동에 참여한다.
> - 책가방을 메지 않는 사람은 운동화를 신지 않는다.
> - 봉사활동에 참여하는 사람은 약학대학 학생이며 1학년 학생이 아니다.
> - 학교 잠바를 입거나 책가방을 멘 사람은 1학년 학생이다.

① 책가방을 멘 사람은 약학대학 학생이 아니다.
② 봉사활동에 참여하는 사람은 운동화를 신는다.
③ 공과대학 학생이 아닌 사람은 학교 잠바를 입는다.
④ 운동화를 신는 사람은 공과대학 학생이다.

1회

2회

3회

4회

5회

6회

44 다음 전제를 읽고 반드시 참인 결론을 고르면?

전제	공격적인 성향이 강하지 않은 모든 동물은 무리 생활을 한다.
	무리 생활을 하지 않는 어떤 동물은 육식 동물이다.
결론	

① 어떤 육식 동물은 공격적인 성향이 강하지 않다.
② 공격적인 성향이 강한 어떤 동물은 육식 동물이다.
③ 공격적인 성향이 강하지 않은 어떤 동물은 육식 동물이다.
④ 모든 육식 동물은 공격적인 성향이 강하지 않다.

45 다음은 관리부 신입사원(이상화, 우경화, 원훈희, 이정윤, 신수정) 5명이 각자 1장씩 소지하고 있는 카드의 정보이다. 신입사원 소지 카드 관련 정보를 모두 고려하였을 때, 신입사원과 신입사원이 소지한 카드명을 바르게 연결한 것은?

[신입사원 소지 카드 목록]

카드명	종류	연회비	할인 혜택(총결제액 기준)		
			커피 전문점	영화관	교통비
THE-K	신용카드	10,000원	20%	4,500원	10%, 월 최대 7,000원
THE-A	하이브리드카드	2,000원	10%	3,000원	5%, 월 최대 5,000원
THE-W	체크카드	없음	10%	15%	5%, 월 최대 7,000원
THE-F	체크카드	없음	5%	20%	10%, 월 최대 5,000원
THE-Q	신용카드	5,000원	15%	5,000원	5%, 월 최대 7,000원

[신입사원 소지 카드 관련 정보]

- 원훈희 사원과 이상화 사원은 서로 다른 종류의 카드를 소지하고 있다.
- 이정윤 사원이 이번 달에 카드로 결제한 교통비는 138,500원이고, 카드 혜택으로 할인받은 금액은 6,925원이다.
- 우경화 사원의 카드는 연회비가 있으며, 원훈희 사원의 카드는 연회비가 없다.
- 우경화 사원은 이정윤 사원보다 최대로 할인받을 수 있는 교통비 금액이 더 적다.
- 원훈희 사원이 커피 전문점에서 12,300원을 카드로 결제한 후 카드 혜택으로 할인받은 금액은 1,230원 미만이다.
- 이상화 사원과 이정윤 사원은 서로 같은 종류의 카드를 소지하고 있지 않다.
- 신수정 사원의 카드 연회비는 이상화 사원보다 비싸다.

① 이정윤, THE-F
② 신수정, THE-A
③ 원훈희, THE-W
④ 이상화, THE-Q

46 박 씨는 가로, 세로 길이가 같은 하나의 밭을 두 개의 줄을 이용하여 A, B, C, D 네 구역으로 나눈 후, 서로 다른 농작물을 심었다. 제시된 조건을 모두 고려하였을 때, A, B, C, D 네 구역에 심어진 각 농작물이 바르게 짝지어진 것은?

- A, B, C, D 네 구역은 서로 다른 크기의 직사각형 모양이다.
- 면적이 가장 큰 구역에 수수를 심지 않았다.
- 가지와 수수를 심은 면적의 합은 참깨와 콩을 심은 면적의 합보다 크다.
- 참깨와 콩을 심은 구역은 서로 접해있지 않다.
- 면적이 두 번째로 큰 구역은 D가 아니다.
- 면적이 가장 작은 구역은 A이다.
- 콩을 심은 구역보다 면적이 작은 구역은 한 개뿐이다.
- A는 C와 접해있지 않다.

① A – 가지   ② B – 참깨   ③ C – 콩   ④ D – 수수

47 다음은 회사 동기인 A, B, C, D, E 다섯 명의 진술이다. 이 중 한 명만 진실을 말했을 때, 진실을 말한 사람과 지각한 사람을 올바르게 짝지은 것은? (단, 지각한 사람은 한 명이다.)

- A: E가 지각했어.
- B: 나는 지각하지 않았어.
- C: B는 거짓을 말하고 있어.
- D: A는 진실을 말하고 있어.
- E: C는 거짓을 말하고 있어.

	진실을 말한 사람	지각한 사람
①	B	C
②	B	E
③	C	B
④	C	E

해커스 지역농협 6급 NCS 실전모의고사

48 ○○공사는 도시별 철도 이용자 수와 철도 이용률을 고려하여 정차역을 신설할 도시를 결정하려고 한다. 정차역 신설 계획안의 일부가 다음과 같을 때, 옳은 것은?

[정차역 신설 계획안]

1. 개요
- 도시별 인구수와 철도 이용률을 고려하여 정차역을 신설할 도시를 결정하기 위함

2. 도시 선정 기준 우선순위
1) 2023년 현재 철도 이용자 수가 24,000명 이상인 도시
2) 최근 3년간 철도 이용률의 전년 대비 평균 증감률이 2.5%p 이상인 도시
   ※ 2가지 선정 기준을 모두 충족한 정차역을 신설할 도시의 후보로 선별하며, 선별된 후보 도시 중 우선순위에 따라 정차역을 신설할 도시를 결정함

3. 도시별 정보

[도시별 인구수]

(단위: 명)

구분	2020년	2021년	2022년	2023년
A 도시	29,900	30,400	30,800	30,200
B 도시	35,700	35,700	35,500	35,100
C 도시	41,100	40,800	40,300	39,700
D 도시	45,000	44,400	43,500	44,200
E 도시	32,700	32,400	31,900	31,300

[도시별 철도 이용률]

(단위: %)

구분	2020년	2021년	2022년	2023년
A 도시	66	69	67	74
B 도시	60	66	68	69
C 도시	59	62	58	64
D 도시	53	52	59	61
E 도시	65	67	65	72

※ 철도 이용률(%) = (철도 이용자 수 / 인구수)

---

① B 도시는 2가지 선정 기준을 모두 충족하여 정차역을 신설할 도시의 후보로 선별된다.
② A 도시는 최근 3년간 철도 이용률의 전년 대비 평균 증감률이 2.5%p 미만으로 도시 선정 기준을 충족하지 못한다.
③ C 도시는 2023년 현재 철도 이용자 수가 24,000명 미만으로 도시 선정 기준을 충족하지 못한다.
④ E 도시는 2023년 현재 철도 이용자 수가 5개 도시 중 가장 적다.

49 귀하는 ○○은행 기획부에 근무하며 11월 8일에서 14일 사이에 진행할 재테크 세미나를 기획하게 되었다. 11월 2주 차 세미나실 예약 현황과 팀장님의 지시를 토대로 세미나실을 예약할 때, 귀하가 판단한 내용으로 가장 옳지 않은 것은?

[11월 2주 차 세미나실 예약 현황]

구분	8일(일)	9일(월)	10일(화)	11일(수)	12일(목)	13일(금)	14일(토)
12:00~13:00							
13:00~14:00	예약		예약				
14:00~15:00	예약		예약		예약		
15:00~16:00		예약				예약	
16:00~17:00	예약		예약	예약			예약
17:00~18:00							
18:00~19:00		예약	예약		예약		
19:00~20:00				예약		예약	
20:00~21:00							
21:00~22:00	예약						

※ 예약: 예약 완료

[재테크 세미나 일정]

구분	1차	2차
소요 시간	3시간	2시간

팀 장: 재테크 세미나는 참가자들이 대부분 직장인으로 예상되어 평일에는 17시 이후에 시작하고, 1차와 2차 세미나는 서로 다른 요일에 시간대가 같지 않도록 기획해 주세요. 또한, 매일 12시부터 13시, 17시부터 18시는 세미나실 예약이 불가능하다고 합니다. 마지막으로 참가자들의 복습시간을 고려해 1차 세미나를 진행한 후 4일이나 5일 뒤에 2차 세미나를 진행해 주세요.

① 가장 **빠른** 일자에 세미나를 진행한다면 1차 세미나는 9일 19시에 시작하겠군.
② 평일 12시부터 18시까지는 제외하고 나머지 시간으로 알아봐야지.
③ 13일 20시에 2차 세미나를 진행할 수 있겠어.
④ 1차 세미나를 평일에 진행하면 2차 세미나는 14일에 진행해야겠네.

50 다음 자료를 읽고 SWOT 분석 결과의 강점에 해당하는 내용을 모두 고르면?

SWOT 분석이란 기업 내부의 강점(Strength)과 약점(Weakness), 기업을 둘러싼 외부의 기회(Opportunity)와 위협(Threat)이라는 4가지 요소를 규정하고 이를 토대로 기업의 경영전략을 수립하는 기법이다. SO(강점-기회) 전략은 시장의 기회를 활용하기 위해 강점을 적극 활용하는 전략이고, WO(약점-기회) 전략은 약점을 보완하며 시장의 기회를 활용하는 전략이다. ST(강점-위협) 전략은 시장의 위협을 회피하기 위해 강점을 활용하는 전략이고, WT(약점-위협) 전략은 시장의 위협을 회피하고 약점을 최소화하는 전략이다.

내부환경 외부환경	강점(Strength)	약점(Weakness)
기회(Opportunity)	SO(강점-기회) 전략	WO(약점-기회) 전략
위협(Threat)	ST(강점-위협) 전략	WT(약점-위협) 전략

[○○항만공사의 SWOT 분석 결과]

강점(Strength)	• 해공운송이 가능한 국제공항과 인접한 지리적 접근성 • 신항 개장을 통한 항만 인프라 확대
약점(Weakness)	• 단순한 사업구조로 인해 임대료·사용료에 집중된 수익구조 • 취약한 배후단지 및 물류기반시설로 인한 항만 경쟁력 약화 • 신항의 항만시설을 운영하고 관리할 전문인력 부족
기회(Opportunity)	• 세계 경제 개선으로 인한 컨테이너 물동량 증가 추세 • 동북아시아 경제 활성화 및 임해 지역 중심의 물류·생산 거점 이동 추세
위협(Threat)	• 컨테이너 선박의 대형화 경향 • 노후화된 항만 시설에 대한 지역사회의 민원 발생 • 중국과 지리적으로 인접한 국내 항만공사 간의 경쟁 심화

ⓒ 해안의 얕은 수심으로 인해 선박 통행이 제약된 입지 조건
ⓒ 환경친화적 항만 운영 경력
ⓒ 소속 항구의 자유무역지역 내 투자 규모 확대
ⓒ 육로 교통망과의 우수한 연계성

① ⓒ, ⓒ   ② ⓒ, ⓒ   ③ ⓒ, ⓒ   ④ ⓒ, ⓒ

51 오미소 대리는 월요일에 서울 본사에서 출발하여 대전 지점을 거쳐 울산 지점으로 이동하며 각 지점에서 진행되는 회의에 참석한 후, 출장 마지막 날에는 본사에서 진행되는 회의에 참석할 예정이다. 오미소 대리는 출장 중 하루에 한 번만 열차를 이용하고, 회의 시작 직전에 도착하도록 열차를 선택하려 한다. 각 역에서 회사까지 이동하는 데 20분씩 걸린다고 할 때, 오미소 대리가 출장 동안 지출하는 열차 운임은?

[회의 일시]

구분	대전 지점	울산 지점	서울 본사
날짜 및 시작 시각	6/10(월) 11:00	6/11(화) 14:00	6/12(수) 15:00

[KTX·SRT 구간별 열차 운행표]

구분	서울 → 대전		대전 → 울산		울산 → 서울	
	출발 시각	소요 시간	출발 시각	소요 시간	출발 시각	소요 시간
KTX	09:45	1시간	13:03	1시간	11:23	2시간 20분
SRT	09:20		11:47		12:33	

[KTX·SRT 구간별 열차 운임표]

구분	서울 → 대전	대전 → 울산	울산 → 서울
KTX	23,700원	30,100원	53,500원
SRT	20,100원	27,100원	46,800원

① 94,000원　　② 97,600원　　③ 100,700원　　④ 103,700원

52 다음은 H 회사의 신입사원 채용에 관한 면접 전형 평가 기준이다. 20XX년 상반기 신입사원의 채용 인원은 3명일 때, 20XX년 상반기에 채용된 신입사원을 모두 고르면?

[면접 전형 평가 기준]

- 합격자 선발 기준
  - 합격 배수: 채용 인원의 1배수 선발
  - 직무 면접 점수와 필기 전형 점수의 합인 총점이 높은 응시자 순으로 합격함
  - 동점자는 성품, 직무 적합성, 조직 적합성, 성장 가능성 순으로 점수를 비교하여 점수가 높은 응시자가 합격함

- 배점

구분	만점	비고
직무 면접 점수	100점	성품 25%, 직무 적합성 25%, 조직 적합성 25%, 성장 가능성 25%의 가중치를 적용하여 합산함
필기 전형 점수	50점	필기시험 점수의 50%를 적용함

[H 회사 면접 전형 결과]

구분	직무 면접 항목별 점수				필기시험 점수
	성품	직무 적합성	조직 적합성	성장 가능성	
갑	95점	85점	90점	80점	80점
을	85점	90점	95점	80점	95점
병	80점	95점	80점	95점	85점
정	85점	75점	90점	80점	88점
무	75점	85점	80점	100점	100점
기	85점	80점	85점	85점	98점
경	90점	80점	85점	80점	98점
신	100점	85점	75점	100점	80점
임	85점	90점	85점	90점	82점
계	90점	90점	90점	90점	84점

① 갑, 을, 신   ② 갑, 임, 계   ③ 을, 무, 경   ④ 무, 기, 경

53 물적 자원을 바람직하게 활용하지 못한 사례로 가장 적절하지 않은 것은?

① 교사인 철희는 수업 기자재를 분실하였으나 해당 수업 전까지 기자재를 재구매하였다.

② 지혜는 지갑에 넣어 둔 줄 알았던 주민등록증이 지갑에 들어있지 않아 할아버지 제사에 필요한 정종을 구매하지 못하였다.

③ 형식이는 A4 용지를 보관해 두었던 창고에 빗물이 새 A4 용지를 사용할 수 없게 되어 더욱 품질이 좋은 A4 용지를 구매하였다.

④ 사내 워크숍 물품 관리 담당인 미희는 점심 식사 때 사용할 젓가락이 모자랄 것을 대비하여 여분 젓가락을 구매하였다.

54 다음 각 빈칸에 들어갈 단어를 차례대로 나열한 것은?

> 실제 업무수행에서의 자원은 시간, 예산, 물적자원, 인적자원으로 분류되며, 모든 유형의 자원은 공통적으로 (   )을 가진다. 따라서 자원을 효과적으로 확보하고 유지 및 활용하기 위해서는 자원관리능력을 습득하는 것이 매우 중요하다. 또한, 경쟁력을 갖추기 위하여 낭비되는 자원을 제대로 활용하려는 자세가 필요하다. 자원 낭비요인은 매우 다양하지만 크게 충동적이고 즉흥적인 비계획적 행동, (   ) 추구, 자원에 대한 인식 부재, 노하우 부족 4가지로 나눌 수 있다.

① 무한성 – 과시성
② 내구성 – 우연성
③ 제한성 – 필연성
④ 유한성 – 편리성

55 N 기업에 재직 중인 이 대리는 강 팀장으로부터 지시를 받고 환경 기술 세미나에 참석하고자 한다. 세미나에 참석한 사원들은 모두 세미나 장소 부근의 N 기업 제휴 숙박업소에서만 숙박하고, 이 대리는 총출장비가 최소로 소요되는 숙박업소를 예약하였을 때, 이 대리와 신입사원 5명의 총출장비는?

[제3회 환경 기술 세미나 개요]

• 일자 및 장소

구분	일자	장소
1회차	20XX년 4월 9일(목)~4월 10일(금)	대전 ○○컨벤션센터 1층
2회차	20XX년 4월 15일(수)~4월 16일(목)	전주 □□컨벤션센터 2층
3회차	20XX년 4월 20일(월)~4월 21일(화)	부산 △△컨벤션센터 1층

※ 세미나는 회차별 동일한 프로그램 및 내용으로 진행됨

• 등록 기간 및 방법
1) 등록 기간: 20XX년 2월 3일(월)~2월 14일(금), 매일 09시부터 18시까지
2) 등록 방법: 공식 홈페이지에서 온라인 접수 후 세미나 당일 안내데스크에서 명찰 발급
3) 유의사항: 각 회차 중 한 회차만 선택하여 접수 가능하며, 오프라인 등록 및 현장 등록은 불가함

[N 기업 제휴 숙박업소 정보]

구분	숙박		식사		위치
	비용	투숙 가능 인원	가격	종류	
A 호텔	102,000원/박	6명	10,000원/인	한식	전주 □□컨벤션센터 부근
B 호텔	118,000원/박	6명	8,000원/인	뷔페	대전 ○○컨벤션센터 부근
C 호텔	62,000원/박	3명	7,000원/인	중식	부산 △△컨벤션센터 부근
D 호텔	51,000원/박	3명	8,000원/인	양식	전주 □□컨벤션센터 부근
E 호텔	48,000원/박	3명	11,000원/인	뷔페	부산 △△컨벤션센터 부근
F 호텔	125,000원/박	6명	6,500원/인	일식	대전 ○○컨벤션센터 부근

※ 숙박비와 투숙 가능 인원은 한 객실당 숙박비와 투숙 가능 인원이고, 식사비는 한 끼당 식사비에 해당함

강 팀장: 이 대리님, 4월에 제3회 환경 기술 세미나가 개최된다는 안내문 확인하셨죠? 우리 회사에서 매년 참석하는 세미나인데, 올해는 일정상 이 대리님이 신입사원 5명과 1박 2일로 다녀와야 할 것 같아요. 세미나가 3회차까지 열리지만 회차별로 동일한 프로그램과 내용으로 진행되므로 한 회차만 참석하시면 됩니다. 어느 회차에 참석하든 관계없기 때문에 숙박업소의 위치에 따라 참석할 회차를 선택해 주세요. 출장비에는 숙박비와 식사비만 포함되고, 출장이 1박 2일일 경우 식사비는 첫째 날 석식과 둘째 날 조식만 지원된다는 점 잊지 마세요.

① 192,000원　　　② 198,000원　　　③ 203,000원　　　④ 208,000원

56 다음 중 농협이 축산물의 가공 및 유통단계 혁신을 위해 시행 중인 노력이 아닌 것은?

① 안정적으로 축산물을 공급하고 원활하게 유통하기 위하여 축산물 공판장과 가공 공장을 운영하고 있다.

② 산지와 소비지의 판매가격이 연동된 온라인 직영 축산물쇼핑몰 농협라이블리를 운영하고 있다.

③ 축산유통단계별 위생관련 법정교육을 실시하기 위해 NH하나로목장을 오픈하였다.

④ 우리 고기만을 100% 사용하는 농협 축산 분야의 최장수 대표 브랜드인 농협목우촌을 운영하고 있다.

57 다음 중 분석의 대상이 되는 항목들을 서로 중복되지 않으면서도 모였을 때는 각각의 합이 완전한 전체를 이루도록 하는 분석적 사고 방법은?

① VRIO 분석   ② 파레토 법칙   ③ MECE 원칙   ④ 피터의 원리

58 다음 글의 빈칸에 들어갈 말로 가장 적절한 것은?

( )은 국제표준화기구(ISO)에서 추진하고 있는 기업의 사회적 책임에 대한 국제표준이다. 이는 모든 사회 조직과 기업의 활동 및 의사결정이 소속 사회의 이익이 되도록 환경, 인권, 노동 등과 관련된 책임을 규정한 것이다. 구체적으로는 산업, 정부, 소비자, 노동, 비정부기구 등 7가지의 경제 주체를 대상으로 인권이나 노동 관행, 환경, 공동체 참여와 개발 등 7가지 의제를 사회적 책임으로 정의하여 이에 대한 실행지침을 담고 있다. 이는 국제표준화기구가 2005년 11월 1일에 처음으로 발표한 이후 꾸준히 진행되었으며, 국제표준에 어긋난 행동을 취할 경우 국제사회의 판단 기준에 따라 무역 마찰을 빚을 수 있다.

① ISO 9000   ② ISO 9001   ③ ISO 14000   ④ ISO 26000

59 사업에서 경쟁우위를 확보하기 위한 조직의 경영전략 중 대표적인 것이 마이클 포터의 본원적 경쟁전략이다. 다음 ㉠~㉢의 설명에 해당하는 마이클 포터의 본원적 경쟁전략의 유형을 바르게 연결한 것은?

> ㉠ 조직이 생산한 상품이나 서비스를 고객에게 가치 있고 독특하게 인식되도록 하는 전략
> ㉡ 타사에서 소홀히 대하고 있는 한정된 시장을 공략하는 전략
> ㉢ 대량생산이나 새로운 생산기술을 개발하여 해당 산업에서 유리한 위치를 선점하는 전략

	㉠	㉡	㉢
①	집중화 전략	원가우위 전략	차별화 전략
②	집중화 전략	차별화 전략	원가우위 전략
③	차별화 전략	원가우위 전략	집중화 전략
④	차별화 전략	집중화 전략	원가우위 전략

60 다음 글의 빈칸에 들어갈 말에 대한 설명으로 가장 적절하지 않은 것은?

> 지혜가 있는 사람을 뜻하는 호모 사피엔스는 현생 인류의 직접적인 조상에 해당하는 종(種)으로 분류된다. 호모 사피엔스는 약 4~5만 년 전부터 지구 곳곳에 분포되어 후기 구석기 시대 문화를 발달시켰는데, 가장 주목할 만한 점은 그들의 사냥방식이 (   )적인 형태를 갖추었다는 것이다. 호모 사피엔스는 불을 활용하여 자신보다 큰 동물을 몰아 사냥한 이후 생활 근거지로 되돌아오는 등 활용 가능한 모든 자원을 체계적으로 다루어 생활 양식을 유지했다. 또한, 이들은 집단을 이루어 집단 내부와 집단 외부 사이에서 사회적 행위를 주고받았을 것으로 추측되며, 이는 현대의 원시 집단에 가까운 형태였을 가능성을 시사한다.

① 두 사람 이상이 공동의 목표를 달성하기 위해 구성된 행동의 집합체를 의미한다.
② 공식성에 따라 제도적으로 결성된 집단과 인간관계를 토대로 형성된 집단으로 나뉜다.
③ 구성원은 목적을 달성하기 위해 서로 협력하고 외부 환경과 긴밀한 관계를 형성한다.
④ 영리성에 따라 분류할 때 학교, 병원, 시민단체 등은 영리 목적으로 형성된 것이다.

약점 보완 해설집 p.2

무료 바로 채점 및 성적 분석 서비스 바로 가기
QR코드를 이용해 모바일로 간편하게 채점하고 나의 실력이
어느 정도인지, 취약 부분이 어디인지 바로 파악해 보세요!

2회 실전모의고사

제한 시간(70분)을 참고하여 문제 풀이 시작과 종료 시각을 정하고,
실전처럼 모의고사를 풀어보세요.

시   분 ~   시   분 (총 60문항/70분)

- 본 실전모의고사는 총 60문항으로 구성되어 있으며, 영역별 제한 시간 없이 70분 이내로 모든 영역의 문제를 풀어야 합니다.
- 의사소통능력, 수리능력, 문제해결능력, 자원관리능력, 조직이해능력 문제가 출제됩니다.
- 맨 마지막 페이지에 있는 회독용 OMR 답안지와 해커스ONE 애플리케이션의 학습 타이머를 이용하여 실전처럼 모의고사를 풀어본 후, 60번 문제 하단에 있는 '바로 채점 및 성적 분석 서비스' QR코드를 스캔하여 응시 인원 대비 본인의 성적 위치를 확인해 보시기 바랍니다.

01 다음 밑줄 친 단어와 의미가 유사한 것은?

> 그녀의 <u>농농한</u> 향수 냄새가 온 방에 퍼졌다.

① 그윽한　　　　② 은은한　　　　③ 짙은　　　　④ 싱그러운

02 다음 한자어의 의미와 유사한 한자어를 고르면?

> 勝利

① 始作　　　　② 敗北　　　　③ 得捷　　　　④ 理解

03 다음 밑줄 친 단어와 같은 의미로 사용된 것은?

> 금메달을 목에 건 그 선수의 얼굴에는 기쁨이 가득 <u>차</u> 있었다.

① 확신에 <u>차</u> 있는 그의 목소리에 모두 귀를 기울였다.
② 사람들이 가득 <u>찬</u> 지하철은 몹시 더웠다.
③ 결과물이 양에 <u>차지</u> 않아서 속상했다.
④ 수강 인원이 다 <u>차서</u> 학원에 등록할 수 없었다.

04 다음 밑줄 친 부분과 바꿔 쓸 수 있는 것은?

> 그 선수는 눈 깜짝할 새에 상대 팀의 타자를 삼진으로 <u>가볍게 물리쳤다</u>.

① 휩쓸었다　　　　② 일축했다　　　　③ 몰아쳤다　　　　④ 공격했다

05 다음 ㉠~㉢의 의미에 해당하는 한자성어를 바르게 연결한 것은?

> ㉠ 말이 조금도 사리에 맞지 아니함
> ㉡ 남에게 입은 은혜가 뼈에 새길 만큼 커서 잊히지 아니함
> ㉢ 실제 사물의 이치를 연구하여 지식을 완전하게 함

	㉠	㉡	㉢
①	語不成說	刻骨難忘	格物致知
②	重言復言	刻骨難忘	捲土重來
③	語不成說	刻骨痛恨	捲土重來
④	重言復言	刻骨痛恨	格物致知

06 다음 빈칸에 들어갈 단어로 가장 적절한 것은?

> 청년취업난이 가중될수록 젊은 세대들의 경제적 어려움 또한 심화하고 있다. 이로 인해 젊은 세대들이 경제적으로 부모로부터 독립하려 하지 않고, (   ) 결혼까지 기피하게 되면서 경기 침체와 저출산이라는 사회적 문제가 나타나고 있다.

① 반면에　　　　　　② 요컨대　　　　　　③ 대신에　　　　　　④ 심지어

07 다음 빈칸에 들어갈 단어로 가장 적절한 것은?

> 팀에 새로 들어온 신입사원은 꼼꼼하지 못한 성격으로 몇 차례 사고를 쳤던 전적이 있다. 오늘 새로운 프로젝트를 기획하는 과정에서 업무 담당자를 잘못 기입하여 또다시 (   )을/를 일으켰다.

① 사단　　　　　　② 사상　　　　　　③ 사태　　　　　　④ 사달

08 음향기기를 제조하는 B 기업은 새로 개발한 스피커 출시를 준비하고 있다. 출시에 앞서 B 기업의 기술개발팀은 제품에 동봉될 설명서의 초안을 작성해 고객지원팀에 검토를 요청하였다. 다음 설명서를 검토한 고객지원팀 직원의 반응으로 가장 적절하지 않은 것은?

[제품 구성]

- 멀티 스피커 본체 1개
- Mini USB 전원용 케이블(1m) 1개
- 보조 스피커 1개
- 3.5 Stereo 3극 연결 케이블(1m) 1개
- 제품설명서 1부

[제품 본체 명칭]

구분	전면	후면	측면
윗부분	음향 출력구	전원 연결구	−
중간부분	전원 스위치	보조 스피커 연결구	음량 조절 버튼
아랫부분	전원 표시등	오디오 연결구	−

[제품 사용 방법]

1) 전원 연결하기: Mini USB 전원용 케이블의 한쪽을 전원 연결구에 연결하고, 다른 한쪽은 전원이 들어온 상태의 PC에 연결하면 스피커를 구동할 수 있습니다. (전원 표시등에 불이 들어오면 바르게 연결된 상태입니다.)

2) 음원 재생기기 연결하기: 3.5 Stereo 3극 연결 케이블의 한쪽을 오디오 연결구에 연결하고, 다른 한쪽은 PC, MP3 플레이어, MP4 플레이어, 스마트폰 등 음원 재생기기의 이어폰 잭에 연결합니다.

3) 재생 음원 감상하기: 스피커와 음원 재생기기가 연결된 상태에서 전원 스위치를 한 번 누르면 스피커를 통해 재생 음원을 감상할 수 있습니다.

4) 음량 조절하기: 재생 음원을 감상하는 중에 음량 조절 버튼을 이용하면 적절한 음량으로 음원을 감상할 수 있습니다.

5) 보조 스피커 연결하기: 보조 스피커를 연결하고 싶다면, 제품 본체의 보조 스피커 연결구에 보조 스피커의 연결 잭을 꽂으면 됩니다.

[제품 사용 시 주의 사항]

1) 제품 사용 전 반드시 설명서를 숙지하시오.
2) 제품의 표면은 중성세제를 묻힌 부드러운 천으로 닦으시오.
3) 제품이 직사광선에 노출되지 않도록 하시오.
4) 제품을 물기가 있는 곳에서 사용하지 마시오.
5) 제품을 임의로 분해하거나 개조하지 마시오.
6) 제품 사용 시 각 연결구에 케이블이 바르게 연결되어 있는지 확인하시오.

[제품 증상에 따른 조치 사항]

증상	조치 사항
소리가 나지 않을 경우	스피커와 PC에 Mini USB 전원용 케이블이 잘 연결되어 있는지, 스피커의 음량이 최소화되어 있는지 등을 확인하시오.
음량이 고르지 않을 경우	음원 재생기기에서 재생되는 음원 파일이나 3.5 Stereo 3극 연결 케이블이 손상되어 있는지 확인하시오.
심한 잡음이 들릴 경우	PC의 사운드 믹서와 스피커의 음량을 조절하시오.

① 갑 사원: '제품 증상에 따른 조치 사항' 항목의 '조치 사항'을 보면 한 문장에 여러 내용이 담긴 부분들이 있는데, 정확한 내용 전달을 위해서라도 한 문장에는 하나의 내용만 포함되도록 수정해야겠어요.

② 을 사원: 사용자의 빠른 이해를 위해 '제품 구성', '제품 본체 명칭' 항목에 제품 그림이나 사진을 포함하는 것이 어떨까요?

③ 병 사원: 설명서는 내용이 풍부할수록 사용자에게 친절하다는 느낌을 줄 수 있으므로, '제품 본체 명칭', '제품 증상에 따른 조치 사항' 항목을 표로 간단히 제시하기보다는 문장으로 풀어서 전달해야겠어요.

④ 정 사원: 전체 내용으로 보았을 때 제품 구입을 유도하기보다는 제품의 사용법을 자세히 알려주는 데에 목적이 있는 설명서네요.

09 다음 중 맞춤법에 맞지 않는 것은?

① 나뭇가지 끄트머리에 앉은 참새를 보았다.
② 키가 짧다랗고 얼굴이 허연 사내가 걸어왔다.
③ 열대야 때문에 며칠째 밤잠을 설쳤다.
④ 우리나라는 청년 창업 성공률이 매우 낮다.

10 다음 중 맞춤법에 맞지 않는 것은?

① 학교 다닐 때도 그 친구는 수학 밖에 모르는 학생이었다.

② 이 회사에서 일한 지가 벌써 10년이다.

③ 넓디넓은 바다를 보니 속이 후련하다.

④ 발표회에는 열 명 내지 스무 명의 직원들이 참석할 예정이다.

11 다음 대화에서 빈칸에 들어갈 B의 말로 적절한 것은?

A: Hello, this is NH Hotel. How may I help you?
B: Yes, I'd like to find out (   ) for next Monday.

① single or double

② if there's any room available

③ room appointment

④ that there is a vacancy

12 다음 글을 통해 추론한 내용으로 가장 적절하지 않은 것은?

일반적으로 제품의 가격 변동은 양면적인 효과를 일으킨다. 이를 이해하기 위해서는 우선 명목소득과 실질소득의 정의를 구분할 필요가 있다. 명목소득은 측정 시점의 화폐액을 기준으로 나타낸 소득으로, 물가 변동에 크게 영향을 받는다. 반대로 실질소득은 명목소득에서 물가 변동분을 제외한 소득으로, 물가 변동에 영향을 받지 않아 실질적인 구매력을 나타낸다. 그렇다면 실질소득이 불변한다는 전제하에 고정적인 명목소득으로 X재와 Y재를 소비할 때, Y재의 가격은 변함이 없지만 X재의 가격이 하락한다면 소비자의 심리에는 어떤 변화가 나타날까? 두 재화의 절대적인 가격과는 무관하게 X재의 가격 하락으로 인해 Y재는 가격 변동이 없더라도 상대적으로 비싸게 인식되는 반면, X재는 상대적으로 저렴하게 인식될 것이다. 이처럼 두 재화 중 어느 하나의 가격이 내려가면 상대적으로 고가가 된 재화로부터 상대적으로 저가가 된 재화에 대한 대체 수요가 유발될 수 있다. 이에 따라 가격이 하락한 재화의 구매량은 증가하고, 상대적으로 비싸진 재화의 구매량은 감소하는 효과를 대체효과라고 한다. 한편 재화 간 상대가격이 변하지 않은 상태에서 특정 재화의 절대가격 변동으로 인해 실질소득이 변화하여 재화 구매량에 영향을 미치는 것을 소득효과라고 한다. 일반적으로 재화의 절대가격이 하락한 만큼 구매력이 상승하게 되므로 실질소득의 증가에 따른 수요 증가와 동일한 효과를 보인다. 실제로 대체효과에서 상대가격과 구매량의 변동은 제품의 성격과 관계없이 늘 반대 방향으로 움직인다. 즉, 상대가격이 하락한 제품의 구매량은 상승하고, 상대가격이 상승한 제품의 구매량은 하락하므로 대체효과는 언제나 상대가격과 구매량 간 음의 관계가 성립한다. 그러나 소득효과는 제품의 성격에 따라 다른 양상으로 나타난다. 실질소득이 증가함에 따라 제품 구매량이 증가하는 양의 소득효과가 일반적이지만, 실질소득이 증가할 때 구매량이 감소하는 음의 소득효과를 보이는 제품도 존재한다. 전자를 정상재, 후자를 열등재라고 한다. 다만, 열등재는 상대적인 관점에서 판단하기 때문에 특정 제품이 항상 열등재로 고정된 것은 아니다.

---

① 한 통에 만 원이었던 수박이 반값에 판매되어 만 원에 두 통을 구매했다면 소득효과가 발생한 것이다.
② 버터가 마가린보다 저렴해져 버터 수요가 늘고 마가린 수요가 줄어든 것은 대체효과가 발생한 것이다.
③ 금 시세 하락으로 인해 소비자 구매력이 높아져 금 수요가 함께 증가한다면 금은 정상재에 해당한다.
④ 한우 가격 폭락으로 인한 구매력이 상승하는 효과는 실질소득이 증가하여 수요가 늘어난 것과는 다르다.

13 다음 글의 서술상 특징으로 가장 적절한 것은?

사구(沙丘)란 바람에 의해 운반되는 모래가 쌓여 형성되는 언덕 형태의 지형으로, 그 기준에 따라 다양한 유형으로 나눌 수 있다. 우선 사구는 이동성 유무에 따라 이동사구와 고정사구로 나뉜다. 이동사구는 모래가 이동하고 있어 현재 형성이 진행 중인 사구이고, 고정사구는 사구 위에 식생이 발달하여 모래의 이동이 멈춘 사구를 의미한다. 사구는 지형이 형성되는 장소에 따라 나뉘기도 하는데, 사막같이 건조한 내륙에서 만들어지는 내륙사구, 해안가의 모래가 쌓여 만들어지는 해안사구, 호숫가에 생기는 호반사구, 강가에 형성되는 하반사구가 바로 그것이다. 한편 사구는 형태에 따라서 바르한, 횡사구, 종사구, 성사구 등으로 그 명칭이 달라지기도 한다. 바르한은 가장 흔한 유형의 사구로 흔히 '사막'하면 떠오르는 초승달 형태의 사구를 가리킨다. 횡사구는 사구에 모래 공급이 과다할 때 바르한이 풍향에 대하여 직각으로 이어진 것을 가리킨다. 종사구는 횡사구와 반대로 풍향과 평행한 방향으로 형성되는 사구로 크기가 매우 큰 것이 특징이며, 성사구는 풍향이 일정하지 않은 곳에서 발달한 별 모양의 사구를 지칭한다.

① 사막을 구성하는 다양한 요소에 대해서 분석적으로 설명하고 있다.
② 사구가 완성되기까지의 과정을 시간의 흐름에 따라 서술하고 있다.
③ 다양한 분류 및 구분을 통해 사구를 설명하고 있다.
④ 그림을 그리듯이 사막의 전경을 생생하게 묘사하고 있다.

14 다음 글의 주제로 가장 적절한 것은?

일반적으로 낙관주의는 현실의 문제를 외면하면서 무조건적인 밝은 미래를 기대하는 태도인 반면, 스톡데일 패러독스는 비관적인 현실을 냉철하게 받아들이면서 앞으로 잘될 것이라는 뚜렷한 믿음을 바탕으로 현실을 이겨내는 합리적 낙관주의를 의미한다. 이 용어는 베트남 전쟁에서 포로로 잡혀갔으나, 언젠간 풀려나리란 굳건한 믿음을 가지고서 현실을 냉철하게 직시하고 대비하여 살아남은 미군 장교 제임스 스톡데일의 이름에서 유래하였다. 그러나 곧 풀려나리란 막연한 기대와 희망을 품고 아무런 대비 없이 상황을 낙관하던 그의 동료들은 반복되는 절망과 상실감을 이기지 못하고 수용소 내에서 생을 마감하였다. 또한, 합리적 낙관주의는 현실을 객관적으로 받아들이며, 목표 달성에 대한 강렬한 의지를 동반한다는 특징이 있다. 단순히 스트레스 상황을 회피하려는 비관주의와는 다르게 통제 불가능한 상황에서는 현실을 수용하되, 통제 가능한 상황에서는 적절한 대처를 하는 유동적인 태도를 보인다. 실제로 스톡데일은 작은 독방에 갇혀 수십 차례의 고문을 당하면서 포로로서 저항할 수 있는 일에는 완강히 저항하였으며, 부하들의 고독감을 해소하고자 내부 소통 체계를 만들어 동료들과 소통하였다. 이처럼 현실을 직시하고 동료와의 소통 등 통제 가능한 일에 대하여 최선의 대처를 하기 위한 그의 노력은 10년이 넘는 포로 생활을 하면서도 살아남을 수 있었던 비결로 꼽힌다.

① 특정 공간에 고립된 상황에 놓였을 때 다른 사람과 대화하는 것은 상황을 극복하는 데 큰 도움이 된다.
② 반복되는 좌절은 인간의 희망을 무너뜨리므로 실현되기 어려운 상황은 상상하지 않는 것이 이롭다.
③ 통제 불가능한 현실에 맞닥뜨리더라도 이겨낼 수 있다는 무조건적인 긍정적 사고를 하는 것이 좋다.
④ '근거 없는 막연한 희망'과 '현실을 직시하며 이겨내리란 신념을 잃지 않는 희망'은 다른 결과를 낳는다.

15 A 기업의 인사팀 J 대리는 상부로부터 올해의 연차 제도에 대한 안내문을 전달받았다. 이때, 안내문을 확인한 J 대리가 사원들의 질문에 답변한 내용으로 가장 적절하지 않은 것은?

[연차 제도 안내문]

구분	주요 내용
연차 유급휴가	1) 1년간 80% 이상 출근한 사원에게 15일의 유급휴가를 제공한다. 2) 계속하여 근로한 기간이 1년 미만인 사원 또는 1년간 80% 미만 출근한 사원에게 1개월 개근 시 1일의 유급휴가를 제공한다. 3) 만 3년 이상 계속하여 근로한 사원에게는 제1항에 따른 휴가에 최초 1년을 초과하는 계속 근로연수 매 2년에 대하여 1일을 가산한 유급휴가를 제공한다. 이 경우 가산휴가를 포함한 총 휴가 일수는 25일을 한도로 한다. 4) 연차 유급휴가는 1년간 행사하지 아니하면 소멸한다.
임신 및 출산휴가	1) 임신 중의 여성 사원에게 출산 전과 출산 후를 통하여 90일(한 번에 둘 이상 자녀를 임신한 사원의 경우에는 120일)의 출산전후휴가를 제공한다. 이 경우 휴가 기간의 배정은 출산 후에 45일(한 번에 둘 이상 자녀를 임신한 경우에는 60일) 이상이 되어야 한다. 2) 임신 중인 여성 사원이 유산 또는 사산한 경우로서 그 근로자가 청구하면 유산·사산 휴가를 제공한다. 3) 위 1~2항에 따른 휴가 중 최초 60일(한 번에 둘 이상 자녀를 임신한 사원의 경우에는 75일)은 유급으로 한다.
기타	1) 사원이 업무상의 부상 또는 질병으로 휴업한 기간은 출근한 것으로 본다. 2) 주말 및 공휴일에 근로한 경우 두 가지 선택 사항 중에서 한 가지를 선택하여 보상받을 수 있다. 2)-1 주말 및 공휴일 근로 시간에 해당하는 시간을 휴가로 제공한다. 2)-2 주말 및 공휴일 근로 시간에 해당하는 시간의 1.5배 가산된 임금을 지급한다.

① Q: 제가 업무상 거래처를 방문하는 길에 교통사고를 당하였습니다. 그날 거래처에 방문하지 못하였고, 그 후로 3일간 병원에서 경과를 지켜보느라 총 4일을 출근하지 못하였습니다. 이 경우 4일은 제 연차 유급휴가 일수에서 제외되는 것인가요?

  A: 업무상 부상을 입은 경우에 해당하므로 4일은 모두 출근한 것으로 인정됩니다. 따라서 연차 유급휴가 일수에서 4일은 제외되지 않으므로 걱정하지 않으셔도 됩니다.

② Q: 임신 중에 몸이 안 좋아져 유산하게 되었습니다. 병원에서 안정을 취하라고 하는데, 혹시 이 경우에도 휴가를 받을 수 있을까요?

  A: 임신 중 유산 또는 사산을 겪은 사원에게도 휴가가 주어지므로 유산 휴가를 청구해 주시면 됩니다.

③ Q: 업무가 많아 지난주 일요일에 근무했습니다. 총 6시간 근무를 하였는데, 이를 휴가로 환산하면 9시간인가요?

  A: 주말에 근무한 경우 근무 시간에 해당하는 만큼만 휴가를 받으실 수 있습니다. 따라서 6시간의 휴가가 주어지게 됩니다.

④ Q: 현재 쌍둥이를 임신 중이며, 출산 예정일은 두 달 후입니다. 쌍둥이는 일찍 출산하는 경우가 많다고 하여 출산 전에 45일의 휴가를 쓰고자 합니다. 이 경우 출산 후 휴가 기간은 얼마인가요?

  A: 임신한 사원의 경우 출산 전과 출산 후를 합쳐 90일의 휴가가 주어집니다. 따라서 출산 전에 45일의 휴가를 사용하시면, 출산 후에는 남은 45일의 휴가를 사용하실 수 있습니다.

16 ◇◇공단 연구팀의 권 팀장은 노인 빈곤 해소를 위한 정책 연구 과제의 사전 조사 결과 보고서를 팀원들에게 공유하고, 본격적으로 연구 과제를 시작하기에 앞서 보고서의 내용을 숙지할 것을 지시하였다. 권 팀장이 공유한 보고서의 일부가 다음과 같을 때, 보고서를 이해한 팀원들의 반응으로 가장 적절하지 않은 것은?

---

1. 빈곤의 개념

절대적 빈곤	인간의 생존에 필요한 최저한의 물자조차 부족한 극도의 빈곤 상태
상대적 빈곤	사회 구성원의 소득 분포를 비교하여 상대적으로 소득이 낮은 수준에 있는 빈곤 상태

※ 우리나라의 경우 빈곤 유형과 관계없이 OECD 국가 중 노인 빈곤율이 가장 높은 것으로 파악됨

2. 우리나라의 노인 빈곤율이 높은 원인
   1) 고령화 사회로의 급속한 진입
      − 우리나라는 다른 나라에 비해 고령화가 매우 빠른 속도로 진행되면서 연금 제도, 사회 복지 제도와 같이 노후를 대비할 수 있는 사회 보장 체계를 갖추는 속도가 고령화 진행 속도를 쫓아가지 못함
      − 2025년에는 우리나라 전체 인구에서 65세 이상 인구가 차지하는 비중이 20% 이상인 초고령화 사회로 진입하게 될 것으로 예상됨
   2) 부족한 노후 준비
      − 60대 이상 고령 가구의 노후 준비를 조사한 결과에 따르면 노후 준비를 하고 있다고 응답한 비중이 전년 대비 지속적으로 증가하고 있기는 하지만 여전히 노후 준비를 하지 않고 있다고 응답한 비중도 40% 이상인 것으로 나타남
      − 부채 상환의 부담, 자녀 교육비와 양육비 등이 개인의 노후 준비를 방해하는 요소로 분석됨
      − 산업화, 도시화, 핵가족화 등의 사유로 자녀 세대가 부모 세대를 부양해야 한다는 의식이 약화되면서 고령층의 사적 소득원에 대한 의존도가 급격하게 감소함
      − 자녀가 부모를 부양하고자 하여도 경기 침체로 취업이 어려워지면서 자녀의 경제적 자립 시기가 늦어져 오히려 노인 빈곤이 양성됨
3. 높은 노인 빈곤율이 사회·경제에 미치는 영향
   1) 사회적 영향
      − 노인 빈곤율과 삶의 만족도가 반비례 관계에 있다는 사실을 기반으로 유추하였을 때, 높은 노인 빈곤율이 삶의 만족도를 저하시켜 사회적으로 불안정한 상황을 조성할 수 있음
      − 노인 빈곤율과 자살률에 밀접한 연관이 있다는 사실을 기반으로 유추하였을 때, 은퇴 이후 악화되는 고령층의 경제 상황이 높은 자살률의 주된 원인 중 하나로 분석됨
   2) 경제적 영향
      − 노인 빈곤율이 증가할수록 인구 구조적으로 소비의 둔화를 초래하여 내수 경제가 침체할 가능성이 농후함
      − 고령층이 은퇴한 이후 소득 기반이 취약해질 것을 우려하여 근로 소득을 유지하고자 은퇴 시기를 미루는 경향이 있으며, 상대적으로 노동 생산성이 낮은 고령층의 노동 시장 잔류가 지속될 경우 전체 노동 생산성을 저하시키는 요인으로 작용하게 됨

---

① 우리나라의 60대 이상 가구에서 노후 준비를 하지 않고 있는 가구의 수가 약 30%를 차지하고 있어요.
② 전체 인구에서 65세 이상 인구가 차지하는 비중이 25%라면 초고령화 사회라고 부를 수 있겠어요.
③ OECD 국가 중 절대적 노인 빈곤율과 상대적 노인 빈곤율 모두 우리나라가 가장 높은 수치를 보이네요.
④ 은퇴한 고령층의 경제 상황이 나빠져서 노인 빈곤율이 늘면 자살률 또한 증가할 가능성이 커지는군요.

17 다음 글을 읽고 추론한 각 문단의 중심 내용으로 가장 적절하지 않은 것은?

(가) '배꽃이 필 때 담그는 술'이라는 의미에서 유래했다는 설과 '배꽃처럼 하얀 술'이라는 의미에서 유래했다는 설이 동시에 전해지는 이화주(梨花酒)는 고급 탁주로 분류되는 매우 특별한 전통술이다. 이화주는 고려 시대부터 빚어졌으며, 다른 술과는 다르게 멥쌀로 쌀누룩을 만들고 멥쌀가루로 백설기나 구멍떡을 만들어서 물 없이 주조한다는 특징이 있다. 사대부나 부유층에서 주로 마신 술로, 〈동국이상국집〉, 〈한림별곡〉, 〈규곤시의방〉 등의 여러 문헌에서 이화주의 기록을 확인할 수 있다.

(나) 이화주를 빚는 과정에서 가장 중요시되는 것은 전통 쌀누룩인 이화곡이다. 이화곡을 만들기 위해서는 쌀을 하루에서 이틀 정도 불렸다가 가루를 내서 적량의 물을 섞은 후에 달걀만한 크기로 뭉친다. 그리고 볏짚 혹은 솔잎에 묻고 온돌이나 실내에서 약 7~10일을 띄우면 완성된다. 술 주조에 필요한 누룩곰팡이가 피면 잘 뜬 것이며, 완성된 이화곡의 껍데기를 벗기고 볕에 바싹 말렸다가 곱게 빻아서 사용한다. 이화곡에 이어 씻어서 불린 멥쌀로 백설기나 구멍떡까지 만들어서 삶으면 이화주의 재료가 모두 준비된다.

(다) 발효가 잘되도록 익힌 떡을 다시 치대서 반죽을 만들고 이화곡 가루와 버무려서 항아리에 안치는데, 물을 전혀 사용하지 않고 반죽 자체를 그대로 발효시킨다. 여기서 이화곡 가루의 비율을 높이면 술맛이 달아지고, 낮추면 술이 독해지므로 재료의 비중을 조절하여 맛을 결정할 수 있다. 또한, 떡이 굳지 않도록 항아리에 다져서 담고, 술이 산패하지 않도록 물이 들어가지 않게 주의해야 한다. 여름에는 항아리를 물속에 담가서 술을 익히면 과하게 끓어 넘치거나 산패하는 일을 방지할 수 있다.

(라) 앞서 언급했듯 다 익은 이화주의 빛깔은 희거나 미색을 띠고 있어서 백설향(白雪香)이라는 명칭으로도 불린다. 맛은 매우 달고 부드러우며 곡물의 풍미가 좋고, 여느 주류에 비해 탄산이 적어서 부드러운 크림을 먹는 느낌을 준다. 요구르트처럼 된죽 형태를 띠고 있어서 수저로 떠먹거나 냉수에 타서 막걸리처럼 마신다. 쌀로 만들었기에 허기를 채우거나 물을 타서 갈증을 해소시키는 방식으로 즐겼으며, 달고 도수가 낮아서 노인이나 막 젖을 뗀 아이의 간식으로도 이용되었다.

① (가): 전통술의 한 종류인 이화주의 최초 주조 시기 및 특징
② (나): 이화주 주조의 핵심인 이화곡의 제조 과정
③ (다): 이화주 주조 시 맛을 결정하는 방법 및 주의 사항
④ (라): 이화주 섭취 대상에 따른 이화주의 맛과 형태 결정 방법

18 다음 글의 내용과 일치하지 않는 것은?

일제 강점기에 우메하라 스에지 등의 일본 학자들은 한반도에 구석기 시대가 존재하지 않는다고 주장하였다. 심지어 1932년 함경북도 종성군 동관진 유적에서 석기와 동물의 뼈에 해당하는 구석기 시대 유물이 발굴되어 1941년 나오라 노부오가 이와 관련한 논문을 발표하였으나, 일본에서도 발견되지 않은 구석기 시대 유적이 한반도에서 발견될 리가 없다는 이유에서 일본 학계에서는 받아들여지지 않았다. 이러한 왜곡은 당시 일본의 식민지인 한국의 역사가 일본보다 오래되었다고 인정할 수 없었기 때문이었던 것으로 보인다. 우리나라에 구석기 시대가 없었다는 인식은 광복 이후에도 지속되었으나, 고고학자 파른 손보기 선생은 한반도에 구석기 시대가 있으리라 판단하였다. 손보기 선생은 일본이 날조한 우리나라의 역사를 바로잡겠다는 굳은 신념을 지니고 있었으며, 구석기 시대의 유적을 발굴하는 것은 우리나라의 뿌리를 제대로 알기 위해서 필요한 일이라고 생각하였다. 한반도에 언제부터 인류가 살았는지, 생활 방식은 어떠했는지 밝힐 수 있다는 점에서 의의가 있다고 여긴 것이다. 미국 위스콘신대 고고학 박사 과정을 밟던 앨모트 모어 부부가 1962년에서 1963년 사이에 충청남도 공주시 석장리를 방문했다가 발견한 쪼개진 돌을 확인한 손보기 선생은 석장리가 구석기 시대와 관련이 있다는 것을 알아차리고 수많은 사람의 반대를 물리치고 발굴 사업을 출범하였다. 결국 1964년 손보기 선생이 공주 석장리에서 약 70만 년 전의 구석기 시대 유적을 발굴하면서 한반도의 역사는 신석기 시대가 아닌 구석기 시대부터 시작되었다는 사실이 증명되었다. 그리고 1970년 4월 석장리 발굴 현장에서 남한에서는 처음으로 구석기 시대 막집의 집터와 긁개, 밀개 등의 유물이 발견되었는데, 집터의 위치와 유물의 양상으로 수렵·이동 생활을 했던 구석기인들의 생활을 추측할 수 있게 되었다. 참고로 북한에서는 석장리보다 1년 앞선 1969년에 굴포리에서 구석기 시대 막집의 집터가 발견되었다. 손보기 선생은 석장리 집터에서 발견된 목탄을 가지고 국내 고고학계에서는 최초로 목탄에 대한 방사성 탄소 연대 측정을 시행하였다. 한국원자력연구소의 연구 결과 해당 목탄의 연대가 후기 구석기 시대인 3만 690년 전임을 밝혀 구석기 연대의 과학화를 달성하였고, 우리나라 국사 교과서에 처음으로 구석기 시대 문화에 관한 내용이 수록되었다. 이후 구석기 시대 유적을 조사할 때는 필수적으로 방사성 연대 측정 결과를 도출하도록 하여, 손보기 선생의 행보는 한반도 구석기 시대 유적의 세계화에 표준을 이룩하였다는 평가를 받는다. 이후 30년이 넘는 세월을 한반도의 구석기 시대 연구와 대중화에 헌신한 손보기 선생은 석장리 유적, 점말 유적 등 우리나라의 대표적인 구석기 시대 유적을 발굴하였다. 그뿐만 아니라 손보기 선생은 석장리 유적을 조사하면서 구석기 시대 용어들을 우리말로 재정립하는 업적도 세웠다. 영어식 용어인 핸드 액스(Hand-axe), 일본식 용어인 타제 석기, 마제 석기 등의 명칭이 직관적으로 이해되지 않고 우리의 개념과 부합하지 않아 각 도구의 실제 기능을 고려하여 주먹 도끼, 찌르개, 자르개 등의 우리말 이름을 붙였다. 손보기 선생은 이름만 들어도 발굴 현장의 인부와 어린아이까지도 쉽게 이해할 수 있는 명칭을 사용하고자 하였다.

① 앨모트 모어 부부는 석장리가 구석기 시대와 연관되어 있음을 알아차리고 직접 발굴 사업을 출범시켰다.
② 영어식, 일본식 용어로 사용되던 구석기 시대 도구의 명칭은 손보기 선생에 의해 우리말로 재정립되었다.
③ 공주시 석장리에서 남한 최초로 구석기 시대의 막집의 집터와 유물이 발견된 시점은 1970년 4월이다.
④ 1941년에 나오라 노부오가 함경북도 동관진 유적에서 발굴된 구석기 시대 유물 관련 논문을 발표하였다.

19 다음 ㈀~㉣에 들어갈 말로 가장 적절하지 않은 것은?

국내에서 처음으로 고령자의 영양 보충과 소화 등에 도움이 되도록 형태와 성분을 조정해 만든 제품이 '고령친화 우수식품'으로 인증받았다. 농림축산식품부와 해양수산부는 8개 기업의 27개 제품을 '고령친화 우수식품'으로 지정했다고 29일 밝혔다. '고령친화 우수식품'은 고령자의 섭취, 영양 보충, 소화·흡수 등을 돕기 위해 물성·형태·성분 등을 조정해 제조·가공하여 (㉠)을 높인 제품을 뜻한다. 지정 제품들은 '포화증기법' 등 신기술이 적용돼 틀니나 잇몸으로도 씹기 쉬운 연화반찬류, 비타민이나 칼슘 등 영양성분을 강화한 식사류, 목넘김을 부드럽게 해 고령자 (㉡)을 줄인 영양강화 음료류 등 다양한 제품군으로 구성됐다.

농림축산식품부와 해양수산부는 이번에 지정한 27개 제품은 식품 안전성을 담보하기 위한 기본 요건(HACCP·생산물배상책임보험 등) 외에도 경도·점도, 영양 등 고령자를 배려한 품질 개선 노력 등 추가적인 배려 요소가 평가에 반영됐다고 설명했다. 이전에는 '고령친화 산업 진흥법'상 고령친화 제품의 범위가 노인을 위한 의료용품, 주거설비용품, 일상생활용품, 건강기능식품으로만 한정돼 있어 일상에서 섭취하는 식품 분야에서 고령자의 어려움을 적극 (㉢) 하는 정책을 개발하는 데 한계가 있었다. 이에 정부는 고령자를 위한 식품 개발과 시장 활성화 등을 위해 '고령친화 산업 진흥법' 시행령을 개정, 고령친화 제품의 범위에 식품을 (㉣)하고 고령친화 우수제품 지정대상 식품 품목 고시 마련 및 '고령친화 산업지원센터' 지정 등 고령친화 우수식품 지정 제도 운영을 준비해 왔다.

우수식품으로 지정받은 제품은 관련 법령에 따라 우수제품 표시도형과 규격단계 표시를 할 수 있다. 우수식품 규격은 3단계로 물성 및 점도 특성에 따라 치아섭취·잇몸섭취·혀로섭취로 구분된다. 소비자들은 지정제품에 대한 세부적인 내용을 고령친화 산업지원센터 누리집(www.seniorfood.kr)에서 확인할 수 있다.

※ 출처: 농림축산식품부·해양수산부(2021-10-29 보도자료)

① ㉠: 고령자의 사용성
② ㉡: 사레 걸림 위험
③ ㉢: 독려
④ ㉣: 추가

20 다음은 키덜트에 대한 신문 기사를 읽고 직원들이 나눈 대화이다. 빈칸에 들어갈 말로 가장 적절한 것은?

○○일보

○○일보 제1234호
20XX년 XX월 XX일 X요일

안내 전화: 02-123-4567
www.wonwon.com

동심(童心)을 추구하는 어른, 키덜트

　어린이라는 의미의 'Kid'와 어른이라는 의미의 'Adult'의 합성어인 키덜트(Kidult)는 실제 나이는 성인이지만 게임, 영화, 장난감, 만화 등 어린이가 좋아할 법한 취향과 감수성을 좇는 어른들을 일컫는다. 키덜트는 진지하고 무거운 것을 거부하고, 일견 유치하게 보일 정도로 천진난만하고 재미있는 것을 추구한다. 이로 인해 과거에는 키덜트를 '다 큰 어른이 현실에서 도피하는 퇴행 현상', '미성숙한 비주류 문화' 등 부정적으로 보는 시각이 많았으나, 최근에는 답답한 일상에서 누릴 수 있는 즐거움이자 삶의 여유라는 긍정적인 평가를 받으며 하나의 문화이자 소비 성향으로 자리 잡고 있다. 키덜트들이 향유하는 고유의 문화를 일컬어 키덜트 문화라고 하는데, 오늘날 키덜트 문화가 현대인들에게 다채로운 삶을 경험하게 하는 일종의 자극제로 여겨지면서 패션, 예술, 음악, 문학 등 다양한 분야에 콘셉트로 응용되어 새로운 라이프 스타일을 제시하는 기능을 하고 있다. 백화점, 영화관, 인터넷 쇼핑몰 등 다양한 업체에서 키덜트를 겨냥한 제품과 서비스를 출시하고 있으며, 특히 장난감, 캐릭터 상품과 같이 기존에 어린이를 주 고객층으로 하던 관련 분야에서는 저출산으로 아이들의 수가 줄어듦에 따라 키덜트를 새로운 고객층으로 확보하기 위한 노력을 지속하고 있다. 이렇게 점차 영향력을 넓혀 나가고 있는 키덜트는 언제부터 나타난 것일까? 세계 장난감 전문 기관의 설립자 리처드 가틀립은 키덜트의 기원을 세계사적 관점에서 분석하였다. 가틀립은 1세대 키덜트들이 제2차 세계대전 이후에 태어난 베이비부머 세대라는 점을 지목하며, 이들이 어렸을 때는 생존이 우선시되는 시기였기 때문에 충분히 놀 시간이 부족했으나 어른이 되고 경제적 상황이 여유로워지면서 보상 심리로 키덜트 문화에 관심을 갖기 시작한 것이라고 설명하였다. 현재 키덜트의 대다수를 차지하는 30~40대 역시 충분한 경제력을 갖추고 관심 있는 분야에 시간과 돈을 적극적으로 투자하는 경우가 많다. 일례로 키덜트 중 피규어를 수집하는 사람들이 많은데, 피규어의 희소성에 가치를 두어 원하는 제품을 구매하기 위해 중고 거래, 해외 구매 대행 등 여러 루트를 적극적으로 모색할 뿐만 아니라 피규어의 가격이 몇 백만 원대를 호가하여도 선뜻 비용을 지불한다. 이러한 키덜트 문화의 확산은 제품과 서비스를 '필요'에 의해서 구매하던 시대에서 벗어나 '취향'까지 소비하는 시대로 변화하고 있음을 시사한다. 개개인의 가치와 취향을 존중하는 경향에 맞추어 본인의 관심사에 집중하는 사람이 늘어나면서 키덜트 시장과 소비층은 주요 키덜트층으로 분류되던 30~40대는 물론이거니와 20대부터 50대까지 폭넓게 아우르는 방향으로 계속해서 확대될 것으로 전망된다.

A 사원: 제가 어렸을 때만 해도 키덜트는 철없는 어른이라는 부정적인 인식이 지배적이었는데, 요즘은 주류 문화의 일종으로 여겨질 정도로 긍정적으로 평가받고 있는 것 같아요.
B 사원: 맞아요. 그래서 키덜트를 마케팅에 활용하는 기업도 상당히 많다고 해요. 저도 키덜트 제품에 관심이 생겨서 좋아하는 히어로 영화 주인공의 피규어를 사려고 구매처를 알아보고 있어요.
C 사원: B 사원님처럼 키덜트 문화에 관심을 갖는 사람이 점점 늘어나고 있는 것 같아요. 키덜트 문화가 대중화되는 현상은 (　　　　　　　　　　　　　) 증거로 여겨진다고 해요.

① 30~40대가 관심 분야에 적극적으로 시간과 돈을 투자할 충분한 경제력을 갖추고 있다는

② 치열한 경쟁을 견디지 못한 어른들이 현실에서 벗어나려는 퇴행 현상이 만연해 있다는

③ 키덜트를 주 고객층으로 하던 기업들이 아이들까지 고객층으로 확보하고자 노력하고 있다는

④ 소비자가 제품과 서비스를 구매할 때 자신의 취향까지 고려하는 시대로 변화하고 있다는

21 pop song의 모든 문자를 사용하여 일렬로 배열할 때, s와 g가 이웃하는 경우는 몇 가지인가?

① 240가지   ② 280가지   ③ 320가지   ④ 360가지

22 $\dfrac{1}{2}(5x+3a) \geq 3x - \dfrac{1}{4}$을 만족하는 자연수 x의 개수가 5개일 때, a의 범위는?

① $\dfrac{7}{6} < a \leq \dfrac{11}{6}$ ② $\dfrac{7}{6} \leq a < \dfrac{11}{6}$ ③ $\dfrac{3}{2} < a \leq \dfrac{11}{6}$ ④ $\dfrac{3}{2} \leq a < \dfrac{11}{6}$

23 $3x-4y=-10$이고 x는 $-6 < x < 5$을 만족하는 모든 실수일 때, y의 범위에 해당하는 정수를 모두 더한 값은?

① 18   ② 20   ③ 25   ④ 28

24 $a=\dfrac{8}{5}x+3$이고 실수 x의 범위가 $x < -3$ 또는 $x > 4$일 때, a의 범위에 해당하지 않는 수는?

① $-\dfrac{21}{2}$ ② $-\dfrac{3}{2}$ ③ $\dfrac{19}{2}$ ④ $\dfrac{35}{2}$

25 재희는 매달 1일에 받은 월급 300만 원에서 40%를 저축하고, 학자금 대출 상환금 60만 원을 낸다. 그런 다음 나머지 금액 중 일정한 비율을 생활비로 사용하고 남은 돈을 매달 말일에 다시 모두 저축하려고 한다. 재희의 저축률이 월급의 50% 이상일 때, 1일에 저축하고 상환금을 낸 나머지 금액에서 생활비로 사용한 비율은 최대 몇 %인가?

① 60%　　　　　　② 65%　　　　　　③ 70%　　　　　　④ 75%

26 한 초등학교에 150명의 학생이 각각 50명씩 세 개의 반에 배정되어 있다. 세 반의 받아쓰기 점수 평균이 각각 60점, 95점, 85점일 때, 초등학교 전체의 평균 받아쓰기 점수는 얼마인가?

① 70점　　　　　　② 75점　　　　　　③ 80점　　　　　　④ 85점

27 서현이는 L 공사에 입사하기 위해 입사 시험을 치렀다. 서현이가 치른 입사 시험 점수에 대한 정보가 다음과 같을 때, 서현이가 맞힌 배점 3점 문항의 개수는?

- 서현이가 치른 입사 시험의 총 문항 수는 25문항이다.
- 25문항은 배점 3점 문항과 배점 4점 문항 2가지로 구성되어 있다.
- 정답을 맞힌 문항의 배점대로 점수를 합산하며, 오답이거나 답을 미표기한 문제는 0점으로 처리한다.
- 서현이는 총 20문항의 정답을 맞혀 68점의 점수를 받았다.

① 8개　　　　　　② 10개　　　　　　③ 12개　　　　　　④ 14개

28 A는 매달 일정액을 주식에 투자하여 연 12%의 수익을 얻고, B는 매달 A의 월 투자금액의 60%를 부동산에 투자하여 월 40%의 수익을 얻는다. 두 사람의 연간 수익 차이가 1,080만 원이라고 할 때, B의 월 수익은 얼마인가?

① 125만 원　　　　　② 160만 원　　　　　③ 180만 원　　　　　④ 250만 원

29 △△대학교 중앙선거관리위원회인 미혜와 준호는 의과대학 학생회장 투표 용지를 개표하는 중이다. 미혜와 준호가 함께 90분 동안 개표를 완료할 예정이었으나, 미혜와 준호 모두 조별 과제를 수행하기 위해 준호가 먼저 혼자 1시간 동안 개표하고 이어서 미혜가 남은 표를 혼자 2시간 동안 개표해 완료하였다. 이때, 미혜가 혼자 전체 투표 용지를 개표할 때 걸리는 시간은?

① 1시간   ② 2시간   ③ 3시간   ④ 4시간

30 다음 그림과 같은 직각삼각형 ABC를 선분 AC를 회전축으로 하여 회전체를 만들려고 한다. 만들어진 회전체의 부피가 $100\pi cm^3$일 때, 선분 AB의 길이는?

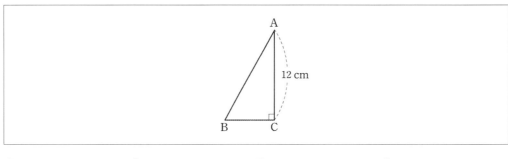

① 13cm   ② 14cm   ③ 15cm   ④ 16cm

31 용재와 선주는 쉬는 날짜에 맞추어 함께 여행을 가려고 한다. 다음 조건을 모두 고려하였을 때, 용재와 선주가 2월 1일 바로 다음으로 여행을 가는 날짜는? (단, 2월은 28일까지 있다고 가정한다.)

- 용재와 선주는 2월 1일에 여행을 갔다.
- 용재는 4일 간격으로 쉬고, 선주는 5일 간격으로 쉰다.
- 매월 7일, 14일, 21일, 28일에는 여행을 가지 않는다.

① 2월 26일   ② 3월 3일   ③ 3월 13일   ④ 3월 20일

32 밸런타인데이를 맞이하여 J 씨는 초콜릿 195개를 구매하여 회사 사람들에게 각각 동일한 개수로 나누어 주었다. 회사 사람 한 명이 받는 초콜릿의 개수는 회사 사람의 수보다 2만큼 작다고 할 때, 회사 사람 한 명이 받는 초콜릿의 개수는?

① 11개   ② 13개   ③ 15개   ④ 17개

33 다음 각 기호가 문자, 숫자의 배열의 바꾸는 규칙을 나타낸다고 할 때, 빈칸에 들어갈 알맞은 것을 고르면?

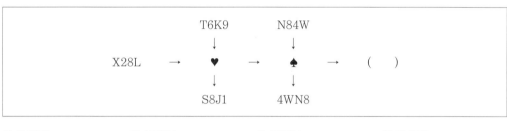

① 74WN   ② 7NW4   ③ 7DW4   ④ 7N4W

34 제시된 숫자의 규칙을 찾아 빈칸에 들어갈 알맞은 숫자를 고른 것은?

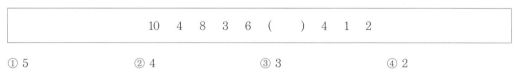

① 5   ② 4   ③ 3   ④ 2

35 제시된 문자의 규칙을 찾아 빈칸에 들어갈 알맞은 문자를 고른 것은?

① A   ② B   ③ C   ④ D

36 다음은 근로자의 평균 연령 및 평균 근속연수와 학력별 상대적 임금지수에 대한 자료이다. 다음 중 자료에 대한 설명으로 옳지 않은 것은?

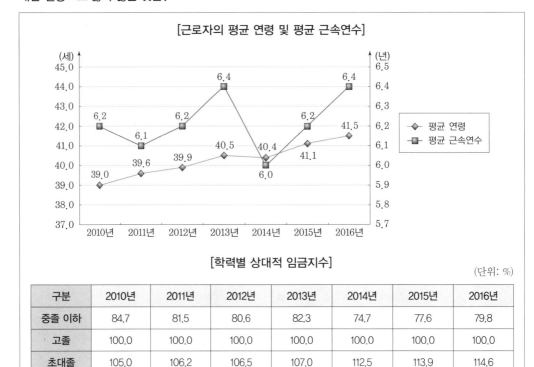

[근로자의 평균 연령 및 평균 근속연수]

[학력별 상대적 임금지수]

(단위: %)

구분	2010년	2011년	2012년	2013년	2014년	2015년	2016년
중졸 이하	84.7	81.5	80.6	82.3	74.7	77.6	79.8
고졸	100.0	100.0	100.0	100.0	100.0	100.0	100.0
초대졸	105.0	106.2	106.5	107.0	112.5	113.9	114.6
대졸 이상	155.2	153.0	153.6	153.1	153.8	162.7	160.7

※ 상대적 임금지수는 고졸 근로자의 임금을 100%로 볼 때 근로자의 학력별 임금을 상대적으로 비교한 지수임
※ 출처: KOSIS(고용노동부, 고용형태별근로실태조사)

① 근로자의 평균 연령이 처음으로 감소한 해에 대졸 이상 근로자의 상대적 임금지수는 전년 대비 증가했다.
② 중졸 이하 근로자와 고졸 근로자의 임금지수 격차가 가장 작은 해는 2010년이다.
③ 2012년부터 2016년까지 근로자의 평균 연령과 평균 근속연수는 매년 전년 대비 같은 증감 추이를 보인다.
④ 평균 근속연수의 전년 대비 증가율은 2016년과 2015년이 같다.

37 다음은 국가별 2021년 외국인 유학생 수와 국가별 2022년 외국인 유학생 수의 전년 대비 증감률을 나타 낸 자료이다. 2022년 중국과 대만의 외국인 유학생 수의 차이는 약 몇 명인가? (단, 소수점 첫째 자리에서 반올림하여 계산한다.)

[국가별 2021년 외국인 유학생 수]

(단위: 명)

구분	대만	인도	일본	중국	태국	필리핀	홍콩
학위과정	1,018	787	1,551	43,017	316	485	298
공동운영 교육과정	2	1	41	1,325	0	8	0
연수과정	1,143	175	2,173	22,126	316	161	562
합계	2,163	963	3,765	66,468	632	654	860

[국가별 2022년 외국인 유학생 수의 전년 대비 증감률]

① 64,573명　　　② 64,580명　　　③ 64,753명　　　④ 64,779명

38 다음은 Z 국의 근로자 고용 현황에 대한 자료이다. 자료에 대한 설명으로 옳은 것은?

[업종별 근로자 고용 현황]

구분	사업장		근로자	
	개소수(개소)	비율(%)	인원수(명)	비율(%)
소계	3,494	100.00	3,742,423	100.00
제조업	875	25.03	1,084,986	28.99
도매 및 소매업	239	6.84	331,144	8.85
운수 및 창고업	192	5.50	189,674	5.07
정보통신업	189	5.41	229,875	6.14
금융 및 보험업	176	5.04	321,665	8.60
전문과학 및 기술 서비스업	227	6.50	158,194	4.23
사업시설관리 및 사업지원 서비스업	660	18.89	629,224	16.81
보건업 및 사회복지 서비스업	233	6.67	149,316	3.99
공공행정, 국방 및 사회보장 행정	257	7.36	198,259	5.30
기타	446	12.76	450,086	12.02

① 기타를 제외하고 세 번째로 많은 근로자를 고용하고 있는 업종은 금융 및 보험업이다.
② 기타를 제외하고 사업장 1개소당 근로자 수가 1,000명 이상인 업종은 총 4종이다.
③ 기타를 제외하고 사업장이 200개소 이상인 각 업종은 모두 근로자를 150,000명 이상 고용하고 있다.
④ 사업장 전체 개소수에서 전문과학 및 기술 서비스업 사업장이 차지하는 비중은 5.0% 미만이다.

39 다음은 연도별 한국과 일본 환율에 대한 자료이다. 제시된 기간 중 일본 환율이 가장 낮은 해에 100만 원을 엔화로 환전하여 환전한 엔화의 80%를 일본 여행에서 사용하였고, 사용하고 남은 엔화는 2019년에 달러로 환전하였을 때 환전한 달러의 금액은 약 얼마인가? (단, 제시된 환율은 매매기준율로, 환전 시 수수료가 발생하지 않으며 각 통화는 소수점 첫째 자리에서 반올림하여 계산한다.)

[연도별 한국과 일본 환율]

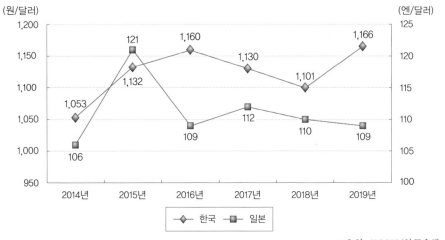

※ 출처: KOSIS(한국은행, 환율)

① 166달러　　　　② 174달러　　　　③ 185달러　　　　④ 192달러

40 다음은 K 국의 연도별 귀촌 인구에 대한 자료이다. 이를 바탕으로 만든 그래프로 옳지 않은 것은?

[연도별 귀촌 인구]

(단위: 명)

구분		2021년	2022년	2023년	2024년
전체		475,000	495,500	420,400	465,000
성별	남자	275,500	297,300	231,220	241,800
	여자	199,500	198,200	189,180	223,200
연령대별	30대 이하	138,700	148,400	114,600	116,250
	40대	65,270	68,800	77,350	83,700
	50대	108,580	113,500	94,450	125,550
	60대 이상	162,450	164,800	134,000	139,500

① 40대 귀촌 인구의 전년 대비 증가 인원

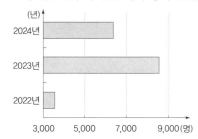

② 연도별 남녀 귀촌 인구 비중

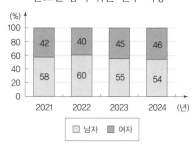

③ 연도별 60대 이상 귀촌 인구 수

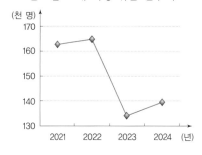

④ 2024년 연령대별 귀촌 인구 비중

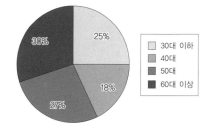

41 권세령, 김하진, 권혜민, 김형진, 변혜라, 정권식 6명이 카트 체험장에서 카트 경주를 했다. 다음 조건을 모두 고려하였을 때, 항상 참인 것은?

- 6명은 동시에 출발했으며, 결승선을 동시에 통과한 사람은 없었다.
- 김형진과 권혜민의 순위 사이에 2명이 있다.
- 결승선을 가장 먼저 통과한 사람은 권혜민이 아니다.
- 변혜라는 김하진 바로 다음 순서로 결승선을 통과했다.
- 2위로 결승선을 통과한 사람은 권세령 또는 김하진이다.
- 정권식은 권세령보다 늦게 결승선을 통과했다.

① 권혜민과 권세령의 순위 사이에는 1명이 있다.
② 김하진은 권세령보다 순위가 높다.
③ 권혜민은 변혜라 바로 다음 순위이다.
④ 김하진이 정권식보다 순위가 높다면 변혜라는 3위이다.

42 다음 결론이 반드시 참이 되게 하는 전제를 고르면?

전제	한식을 요리할 줄 아는 사람 중에는 일식도 요리할 줄 아는 사람이 있다.
결론	어떤 요리사는 일식을 요리할 줄 안다.

① 모든 요리사는 한식을 요리할 줄 안다.
② 한식을 요리할 줄 아는 사람은 모두 요리사이다.
③ 모든 요리사는 한식을 요리할 줄 모른다.
④ 어떤 요리사는 한식을 요리할 줄 안다.

43 다음 명제가 모두 참일 때, 항상 참인 것은?

- 롤러코스터를 타지 않는 사람은 핫도그를 먹지 않는다.
- 솜사탕을 먹는 사람은 아이스크림을 먹지 않는다.
- 바이킹을 타지 않는 사람은 핫도그를 먹는다.
- 솜사탕을 먹지 않는 사람은 바이킹을 타지 않는다.

① 바이킹을 타지 않는 사람은 아이스크림을 먹는다.
② 핫도그를 먹는 사람은 솜사탕을 먹는다.
③ 솜사탕을 먹지 않는 사람은 롤러코스터를 타지 않는다.
④ 롤러코스터를 타지 않는 사람은 아이스크림을 먹지 않는다.

44 A, B, C, D는 토요일과 일요일 이틀 동안 체험 학습에 참여하였다. 참여하는 체험 학습에 따라 내야 하는 금액은 서로 달랐으며, 4명이 참여한 체험 학습의 총 금액은 토요일과 일요일 각각 100,000원이었다. 다음 조건을 모두 고려하였을 때, A가 체험 학습에 참여하면서 이틀 동안 냈을 최소 금액은?

- 체험 학습비는 5,000원 단위로 모두 유료였으며, 4명 모두 하루에 1가지 이상의 체험 학습에 참여하였다.
- 토요일에 C가 낸 금액은 15,000원이었다.
- A는 토요일과 일요일 모두 D보다 10,000원씩 더 냈다.
- B가 이틀 동안 낸 총 금액은 30,000원이었다.
- 일요일에 A와 C가 낸 금액의 평균은 35,000원이었다.

① 50,000원   ② 55,000원   ③ 60,000원   ④ 65,000원

45 ○○회사에서 1년간 개발해 오던 신제품을 출시하면서 신제품 홍보 행사를 개최하려고 한다. 행사는 10월 9일부터 10월 13일까지 총 5일간 진행되고, 연구개발팀 A, B, C와 마케팅팀 D, E, F, G, H, I 중 일부가 행사를 진행할 예정이다. 다음 중 직원들의 휴가 및 출장 일정을 모두 고려하여 5일 동안 행사 진행에 참여하는 전체 인원을 최소로 배치한 것은?

[휴가 및 출장 일정]

10/9(월)	10/10(화)	10/11(수)	10/12(목)	10/13(금)
	E 출장	E 출장	A 휴가, E 출장	E 출장

[행사 인원 배치 규칙]

- 이틀 연속으로 행사 인원에 배치될 수 없다.
- 신제품 기술 설명을 위해 연구개발팀에서 매일 1명 이상 배치되어야 한다.
- 연구개발팀 팀장인 A는 반드시 하루 이상 배치되어야 한다.
- 마케팅팀에서 매일 2명 이상 배치되어야 한다.
- D, E는 홍보 행사 총책임자로 월요일에는 반드시 배치되어야 한다.

	10/9(월)	10/10(화)	10/11(수)	10/12(목)	10/13(금)
①	A, D, E	B, F, G	C, D, H	A, F, G	B, D, H
②	A, D, E	B, F, G	A, D, H	B, F, G	A, D, H
③	C, D, E	B, F, G	E, H, I	B, D, F	C, G, H
④	C, D, E	B, F, G	A, D, H	C, F, G	A, D, H

46 다음 글의 빈칸에 들어갈 문제해결을 위한 기본적인 사고방식으로 옳은 것은?

> 일제강점기 시절 독립운동가로 활동했던 안중근은 1910년 3월, 옥중에서 동양평화 실현을 위한 동양평화론을 집필하였다. 이 책에는 한국과 중국, 일본 삼국이 수평적 연대에 따른 세력 균형을 오랫동안 지속할 수 있는 방법으로 삼국의 정치·경제적 다자간 통합을 제안하는 내용 등이 담겨있다. 당시 안중근은 동양평화론을 통해 세상을 바라보는 인식의 틀을 바꾸고, 새로운 관점에서 현 상황을 바라보는 사고방식인 (   )을/를 지향했음을 알 수 있다.

① 전략적 사고
② 분석적 사고
③ 발상의 전환
④ 내·외부자원의 활용

47 귀하는 학교 근처 건물에 문구점 입점을 위해 부동산에 문의했다. 부동산의 공인중개사인 갑은 제시된 건물별 정보와 입점 평가 점수표를 바탕으로 점수를 계산하여 총점이 가장 높은 건물을 추천하려고 할 때, 다음 중 귀하가 갑으로부터 추천받게 될 건물은?

[건물별 정보]

구분	A 건물	B 건물	C 건물	D 건물
월세 비용	70만 원	68만 원	80만 원	55만 원
학교 거리	1.2km	2km	0.7km	0.5km
공사 기간	34일	48일	42일	41일
공사 비용	16만 원/일	9만 원/일	12만 원/일	11만 원/일
도로변 위치 여부	O	X	X	X

※ 건물이 도로변에 위치한 경우 총점에서 1점 가산함

[입점 평가 점수표]

구분	5점	4점	3점	2점	1점
월세 비용	50만 원 미만	50만 원 이상 60만 원 미만	60만 원 이상 70만 원 미만	70만 원 이상 80만 원 미만	80만 원 이상
학교 거리	0.5km 미만	0.5km 이상 1km 미만	1km 이상 1.5km 미만	1.5km 이상 2km 미만	2km 이상
공사 기간	30일 미만	30일 이상 36일 미만	36일 이상 42일 미만	42일 이상 48일 미만	48일 이상
공사 전체 비용	400만 원 미만	400만 원 이상 450만 원 미만	450만 원 이상 500만 원 미만	500만 원 이상 550만 원 미만	550만 원 이상

※ 1) 총점 = (월세 비용 점수 × 0.2) + (학교 거리 점수 × 0.4) + (공사 기간 점수 × 0.1) + (공사 전체 비용 점수 × 0.3)
2) 총점이 같을 경우 공사 기간, 학교 거리, 공사 전체 비용, 월세 비용 순으로 우선순위를 두고, 점수가 더 높은 건물에 입점함

① A 건물　　　　② B 건물　　　　③ C 건물　　　　④ D 건물

48 어느 회사는 매월 15일부터 말일까지 사무용품 신청을 받고, 신청받은 사무용품은 다음 달 10일에 일괄 지급한다. 직원 A, B, C, D, E가 4월 사무용품을 신청했을 때, 항상 옳은 것은?

[4월 사무용품 신청 안내]

- 사무용품 신청표의 기입란에 성명, 수량, 소속부서를 기재하여 신청합니다.
  ex. 홍길동(1, 전략기획부)
- 반납 후 신청 가능한 물품을 최초로 신청하는 경우, 소속부서 다음에 '최초신청'도 함께 기재해 주세요.
  ex. 홍길동(1, 전략기획부, 최초신청)
- 기입란에 이미 신청자가 있다면, 그다음에 이어서 기재해 주세요.
- 반납 후 신청 가능한 물품을 사용한 다음 동일한 사무용품을 신청하는 경우, 사용한 물품을 반납 해야 새로운 물품으로 수령할 수 있습니다.
- 사무용품 반납 기한은 5월 5일까지입니다.

[4월 사무용품 신청표]

구분	품명	신청자
반납 후 신청 가능한 물품	형광펜	A(1, 전략기획부, 최초신청), B(2, 국내영업부, 최초신청)
	볼펜	E(1, 인재개발부), B(2, 국내영업부), A(3, 전략기획부), D(1, 해외사업부, 최초신청)
	가위	D(1, 해외사업부, 최초신청), A(1, 전략기획부)
	자	B(1, 국내영업부, 최초신청)
반납 없이 신청 가능한 물품	색연필	C(1, 해외사업부), D(2, 해외사업부)
	수정 테이프	D(1, 해외사업부), E(2, 인재개발부), A(1, 전략기획부), B(2, 국내영업부)
	지우개	A(1, 전략기획부), B(1, 국내영업부), D(1, 해외사업부)
	메모지	C(2, 해외사업부), A(1, 전략기획부), E(1, 인재개발부)

① A는 신청한 형광펜과 가위를 둘 다 수령할 수 있다.
② C는 메모지를 신청한 적이 있다.
③ E가 사용한 사무용품을 모두 5월 10일에 반납하면, 수령할 수 있는 사무용품의 수량은 3개이다.
④ 지우개를 B보다 먼저 신청한 직원은 볼펜도 B보다 먼저 신청하였다.

49 다음은 온라인 커뮤니티 카페의 회원 등급에 관한 자료이다. 자료와 [상황]을 근거로 판단한 내용으로 옳은 것만을 모두 고르면?

- 온라인 커뮤니티 카페 A는 회원 등급을 다음과 같이 구분하여 각각의 조건을 모두 충족할 경우에만 자동으로 회원 등급을 올리고 있다.

회원 등급별 충족 조건	회원 등급
출석 횟수가 100회 이상이면서 작성한 게시글이 20개 이상, 댓글이 70개 이상인 회원	VIP
출석 횟수가 60회 이상이면서 작성한 게시글이 10개 이상, 댓글이 30개 이상인 회원	골드
출석 횟수가 30회 이상이면서 작성한 게시글이 3개 이상, 댓글이 10개 이상인 회원	실버
그 밖의 회원	브론즈

※ 예 출석 횟수가 120회, 게시글 수가 15개, 댓글 수가 25개인 회원은 실버 등급임

[상황]

구분	출석 횟수(회)	게시글 수(개)	댓글 수(개)
갑	?	17	?
을	?	?	30
병	150	?	?

ⓐ 회원 갑의 출석 횟수가 50회이고, 작성한 댓글 수가 80개일 경우 갑이 받은 회원 등급은 골드이다.
ⓑ 회원 을의 출석 횟수가 20회이고, 작성한 게시글 수가 15개일 경우 을이 받은 회원 등급은 브론즈이다.
ⓒ 회원 병이 작성한 게시글 수가 20개이고, 댓글 수가 80개일 경우 병이 받은 회원 등급은 VIP이다.
ⓓ 갑, 을, 병이 현재 상황에서 받을 수 있는 가장 높은 회원 등급은 모두 VIP이다.

① ㉠, ㉢   ② ㉡, ㉢   ③ ㉡, ㉣   ④ ㉢, ㉣

50 다음 중 문제를 해결하기 위해 개인에게 요구되는 기본 요소로 가장 적절하지 않은 것은?

① 체계적인 교육 훈련
② 문제 관련 지식에 대한 가용성
③ 문제 해결자의 도전 의식과 끈기
④ 문제에 대한 실행 중심적 접근

51 2021년 1월 1일에 사원에서 대리로 승진한 김 대리는 월 급여액이 2020년보다 15% 인상되어 2,875,000 원이 되었다. 2020년에 이어 2021년에도 성과급을 지급받았다면, 2021년과 2020년에 지급받은 성과급의 차이는?

[등급별 성과 평가 점수 및 성과급 지급률]

구분		S 등급	A 등급	B 등급	C 등급	D 등급
성과 평가 점수		95점 이상	83점 이상 95점 미만	75점 이상 83점 미만	68점 이상 75점 미만	68점 미만
성과급 지급률	1~2급	170%	135%	95%	70%	35%
	3~4급	150%	120%	85%	60%	
	5급	135%	110%	75%	45%	

※ 성과급 = 평가 기간의 월 급여액 × 성과급 지급률

[직급별 직위]

구분	1급	2급	3급	4급	5급
직위	부장	차장	과장	대리	사원

[김 대리의 성과 평가 점수]

구분	개별 역량 점수	조직 기여도 점수
2020년	74점	63점
2021년	82점	77점

※ 성과 평가 점수 = (개별 역량 점수 × 0.7) + (조직 기여도 점수 × 0.3)

① 718,750원   ② 943,750원   ③ 1,150,000원   ④ 1,318,750원

52 다음 중 기업의 입장에서 작업 소요 시간의 단축으로 인해 얻을 수 있는 효과로 가장 적절하지 않은 것은?

① 생산성 향상   ② 가격 인상   ③ 위험 감소   ④ 시장 점유율 감소

53 다음은 '◇◇기업 창립 19주년 행사' 준비를 위한 회의록이다. 이 회의록을 바탕으로 회의에 참석하지 못한 홍규현 사원이 행사 준비 업무 일정에 대해 판단한 것으로 적절하지 않은 것은? (단, ◇◇기업은 주말에 근무하지 않는다.)

회의록					
회의 일시	2024년 10월 7일(월)	회의 장소	13층 2회의실	작성자	이연지 사원

참석자	• 기획팀: 이순복 팀장, 한지현 대리, 이연지 사원 • 홍보팀: 김호민 팀장, 주희진 대리, 이혜민 대리 • 디자인팀: 한예진 팀장, 안소현 대리 ※ 디자인팀 홍규현 사원은 출장 업무로 인해 불참
안건	10월 25일(금)에 개최되는 '◇◇기업 창립 19주년 행사' 준비를 위한 팀별 업무 및 일정 수립

회의 내용

1. '◇◇기업 창립 19주년 행사'의 팀별 담당 업무 내용

구분	담당팀	업무 내용	업무 소요 기간
1	디자인팀	현수막 도안 3개 제작/ 팸플릿 도안 1개 제작	현수막 도안 1개당 1일/ 팸플릿 도안 1개당 2일
2	홍보팀	회사 홈페이지 행사 안내문 업로드	1일
3	기획팀	행사 프로그램 구성	5일
4	홍보팀	경품 목록 작성 및 필요 물품 구매	2일
5	홍보팀	행사 장소 사전 답사	1일

2. '◇◇기업 창립 19주년 행사' 업무 일정 관련 사항
- '◇◇기업 창립 19주년 행사' 준비 업무는 팀별로 진행하며, ○○프로젝트 완료일의 다음 근무일부터 최우선 순위로 진행함
- 팸플릿에 행사 프로그램 일정이 포함되어야 하므로 '행사 프로그램 구성' 업무가 완료된 후 '팸플릿 도안 제작' 업무를 진행함
- '행사 장소 사전 답사' 업무는 10월 22일(화)에 진행함

참고 사항	• 현재 진행 중인 ○○프로젝트 완료일 - 기획팀: 10월 11일(금) - 홍보팀: 10월 14일(월) - 디자인팀: 10월 10일(목)

① 세 팀의 행사 준비 업무일이 모두 중복되는 날은 하루이다.
② 홍보팀은 월요일에 행사 준비 업무를 진행하지 않는다.
③ 디자인팀이 행사 준비 업무에 소요하는 기간은 총 5일이다.
④ 10월 18일(금)에 행사 준비 업무를 진행하는 팀은 없다.

54 A, B, C, D 4개 기업의 인사 담당자들은 한 취업사이트에 올라온 12명의 공개 이력서를 확인하고 있다. 자사의 채용 조건을 충족하는 구직자에게 면접 제의를 하려고 할 때, 면접 제의를 받게 될 구직자는 총 몇 명인가?

[기업별 채용 조건]

구분	최종 학력	전공 계열	경력	자격증	기타 조건
A 기업	전문 학사 이상	공학 계열	무관	–	경기 지역 거주자
B 기업	학사 이상	인문 계열	무관	–	일본어 자격시험 600점 이상
C 기업	석사 이상	자연·공학 계열	3년 이상	전기기사	–
D 기업	학사 이상	무관	2년 이상	운전면허증	–

[구직자별 이력 사항]

성명	거주 지역	최종 학력	전공 계열	전공학과	경력	자격 사항
김서영	광주 서구	학사	사회 계열	정치외교학과	신입	일본어 자격시험 610점
이준희	서울 성북구	학사	예체능 계열	시각디자인학과	신입	시각디자인기사
김혜진	경남 창원시	학사	인문 계열	중국어학과	4년	운전면허증
박지민	경기 구리시	학사	자연 계열	물리학과	신입	운전면허증
한재연	강원 강릉시	학사	공학 계열	전자공학과	2년 6개월	운전면허증
손규민	인천 부평구	전문 학사	공학 계열	컴퓨터공학과	2년	정보처리기사
김지영	충북 청주시	학사	사회 계열	경영학과	1년 6개월	–
한지율	대전 서구	학사	인문 계열	국어국문학과	신입	일본어 자격시험 840점
최민	충남 천안시	석사	공학 계열	전기공학과	3년	전기기사
김하나	서울 마포구	전문 학사	사회 계열	행정학과	신입	운전면허증
황민규	전북 정읍시	석사	인문 계열	일본어학과	1년 6개월	일본어 자격시험 930점
이재원	경기 안산시	학사	공학 계열	화학공학과	신입	위험물산업기사

① 3명   ② 4명   ③ 5명   ④ 6명

55 다음 비용 항목 중 직접비용에 해당하는 항목을 모두 고르면?

㉠ 시설비	㉡ 인건비	㉢ 건물관리비
㉣ 원료와 장비	㉤ 보험료	㉥ 통신비

① ㉠, ㉡, ㉣　　　　② ㉠, ㉣, ㉤　　　　③ ㉡, ㉤, ㉥　　　　④ ㉢, ㉣, ㉥

56 다음 중 환율 상승으로 인한 우리나라의 경제 상황에 대한 설명으로 가장 적절한 것은?

① 경상수지가 악화된다.
② 국내 물가가 하락한다.
③ 외채 상환 부담이 감소한다.
④ 한국을 여행하는 외국인이 증가한다.

57 다음은 A 기업 휴게실에서 이루어진 대화의 일부이다. 대화 내용을 참고하였을 때, 같은 부서에 속했을 가능성이 가장 높은 직원들을 바르게 짝지은 것은?

> 김 사원: 이번에 신제품 출시 관련해서 갑자기 발표회 잡힌 거 아시죠? 그것 때문에 얼마나 힘든지 모르겠어요. 너무 갑작스럽게 마련된 자리라 관리자분들 의전도 준비해야 하고, 회의 때 필요한 물품도 구입해야 하고, 이것저것 할 것이 너무 많다니까요.
>
> 이 사원: 저도 신제품 때문에 고생 중이에요. 원래 제 업무라고는 하지만, 판매 계획을 세우는 거나 판매 예산을 편성해서 보고하는 일은 할 때마다 어려운 것 같아요. 특히 이번에는 신제품이라 더 어려운 것 같아요. 박 사원은 요즘 어때요?
>
> 박 사원: 저도 뭐 요즘 바쁘죠. 요즘은 워낙 글로벌화가 되어서 신제품 출시를 할 때 해외 동시 출시를 노리는 경우가 많아요. 그렇다 보니 요즘 회사 전체적으로 해외 출장이 잦아져서 출장 업무 때문에 저한테 협조 요청하는 분들이 많아졌어요.
>
> 최 주임: 역시 다들 업무가 많으시네요. 관리자분들에게 들어보니 업무가 많다는 직원들 불만이 끊이질 않고 있다고 하더라고요. 실제로 퇴사하시는 분들도 많아서 요즘 일주일에 최소 2~3명은 퇴사신청서 제출하러 저희 팀에 오시는 것 같아요. 강 주임님도 요즘 많이 바빠요?
>
> 강 주임: 다행히 저는 요즘 신입사원 관리 업무만 하고 있어서 다른 분들에 비해 바쁜 것이 덜한 편이에요. 다만 걱정이 있다면 신입사원에게 재무제표 분석을 시켰는데, 그걸 많이 어려워하더라고요. 우리 팀은 기본적으로 재무제표를 분석할 줄 알아야 하는데 걱정이에요.

① 김 사원 – 박 사원　　② 김 사원 – 최 주임　　③ 이 사원 – 강 주임　　④ 최 주임 – 강 주임

58 N 기업은 현재 시장점유율은 높지만 시장성장률은 낮은 A 사업을 계속 진행해야 할지 결정하기 위해 BCG 매트릭스를 참고하여 전략을 수립하기로 하였다. 다음 중 N 기업이 수립할 수 있는 전략으로 적절한 것을 모두 고르면?

[BCG 매트릭스]

	낮음	높음
높음	Question mark	Star
낮음	Dog	Cash cow

시장점유율

㉠ 구축전략	㉡ 수확전략	㉢ 유지전략	㉣ 철수전략

① ㉠, ㉡   ② ㉠, ㉢   ③ ㉡, ㉢   ④ ㉢, ㉣

59 농협에 재직 중인 귀하는 입사 동기들과 함께 농협 캐릭터인 아리에 대한 대화를 나누고 있다. 다음 중 아리에 대해 잘못 설명한 사람을 고르면?

> 민준: 이름은 쌀알, 밀알, 콩알에서의 '알'을 따라서 붙여졌어.
> 서윤: 곡식을 담는 항아리도 연상케 해서 풍요와 결실의 의미를 지니기도 해.
> 시우: 농촌과 도시를 잇는 다리로서의 상징성을 가지고 있지.
> 하은: 농협의 미래지향적 기업 이미지를 나타내는 캐릭터야.

① 민준   ② 서윤   ③ 시우   ④ 하은

60 다음 빈칸에 들어갈 농협의 사업에 대한 설명으로 적절하지 않은 것은?

> 농협이 주관하는 농촌 체험 브랜드 (　　　)은/는 농촌·문화·관광이 결합한 농촌 체험 여행이다. 도시민들이 농가에서 숙식하며 농사, 농촌 생활, 문화, 관광 등을 체험할 수 있게 함으로써 농업인들에게는 농외소득 창출의 기회를 마련해주고, 도시민들의 농업과 농촌에 대한 이해를 제고하여 도농 상생의 장을 제공한다.

① 마을주민의 1/4 이상이 사업에 동의하고 5호 이상의 농가가 참여 가능한 마을이 사업 대상으로 지정될 수 있다.
② 사업에 참여한 농가가 음식판매업 또는 민박업으로 전업화하지 않은 마을은 사업 대상 지정이 취소될 수 있다.
③ 마을등급제를 위한 마을 평가 결과 60점 미만의 점수를 2회 이상 받은 경우에는 사업 대상 지정이 취소될 수 있다.
④ 사업자 대표가 농업협동조합법상의 조합원일 경우에 한해 사업 대상으로 지정될 수 있다.

약점 보완 해설집 p.12

무료 바로 채점 및 성적 분석 서비스 바로 가기
QR코드를 이용해 모바일로 간편하게 채점하고 나의 실력이 어느 정도인지, 취약 부분이 어디인지 바로 파악해 보세요!

3회 실전모의고사

제한 시간(60분)을 참고하여 문제 풀이 시작과 종료 시각을 정하고,
실전처럼 모의고사를 풀어보세요.

시   분 ~   시   분 (총 60문항/60분)

- 본 실전모의고사는 총 60문항으로 구성되어 있으며, 영역별 제한 시간 없이 60분 이내로 모든 영역의 문제를 풀어야 합니다.
- 의사소통능력, 수리능력, 문제해결능력, 자원관리능력, 조직이해능력 문제가 출제됩니다.
- 맨 마지막 페이지에 있는 회독용 OMR 답안지와 해커스ONE 애플리케이션의 학습 타이머를 이용하여 실전처럼 모의고사를 풀어본 후, 60번 문제 하단에 있는 '바로 채점 및 성적 분석 서비스' QR코드를 스캔하여 응시 인원 대비 본인의 성적 위치를 확인해 보시기 바랍니다.

01 양팔 저울의 양쪽에 무게가 서로 다른 접시가 놓여 있다. 한쪽 접시에는 사과 한 개를, 다른 한쪽 접시에는 추를 올려서 사과의 무게를 재려고 한다. 오른쪽 접시 위에 사과 한 개를 올리고 왼쪽 접시 위에 추 600g을 올렸을 때와 왼쪽 접시 위에 사과 한 개를 올리고 오른쪽 접시 위에 추 400g을 올렸을 때 모두 양팔 저울이 수평을 이루었다. 이때, 사과 한 개의 무게는?

① 200g   ② 350g   ③ 400g   ④ 500g

02 다음 명제가 모두 참일 때, 항상 참인 것은?

> • 관광객이 많은 지역은 재정 자립도가 높거나 복지 수준이 우수하다.
> • 산업단지가 많지 않은 지역은 일자리와 문화 시설이 많다.
> • 녹지 면적이 크지 않은 지역은 교통 인프라가 발달하였다.
> • 산업단지가 많거나 관광객이 많지 않은 지역은 교통 인프라가 발달하지 않았다.

① 문화 시설이 많지 않은 지역은 녹지 면적이 크다.
② 교통 인프라가 발달한 지역은 복지 수준이 우수하지 않다.
③ 산업단지가 많은 지역은 관광객이 많지 않다.
④ 일자리가 많지 않은 지역은 교통 인프라가 발달하였다.

03 다음 중 농약의 표시사항에 해당하는 것의 개수는?

> ㉠ '농약' 문자표기   ㉡ 농약의 명칭 및 제제형태   ㉢ 유효성분의 일반명
> ㉣ 농작물별 적용병해충   ㉤ 사용방법과 사용에 적합한 시기   ㉥ 제조 일자

① 3개   ② 4개   ③ 5개   ④ 6개

04 다음은 2024년 L 국의 논·밭 경지면적의 상위 10개 지역에 대한 자료이다. 자료에 대한 설명으로 옳은 것을 모두 고르면?

[논·밭 경지면적 상위 10개 지역]

(단위: ha)

구분	전체		논		밭	
	지역	경지면적	지역	경지면적	지역	경지면적
1순위	A 지역	288,249	A 지역	169,090	B 지역	141,734
2순위	B 지역	260,237	C 지역	145,785	A 지역	119,159
3순위	C 지역	210,429	D 지역	124,408	E 지역	76,056
4순위	D 지역	195,192	B 지역	118,503	D 지역	70,784
5순위	E 지역	160,181	E 지역	84,125	H 지역	67,071
6순위	F 지역	142,946	F 지역	81,288	C 지역	64,644
7순위	G 지역	101,900	G 지역	38,290	G 지역	63,610
8순위	H 지역	100,756	H 지역	33,685	F 지역	61,658
9순위	I 지역	59,039	J 지역	11,327	I 지역	59,022
10순위	J 지역	18,245	K 지역	5,758	J 지역	6,918

※ 전체 경지면적 = 논 경지면적 + 밭 경지면적

　⊙ 논과 밭 경지면적이 모두 10순위 안에 포함된 지역 중 밭 경지면적의 순위가 논 경지면적의 순위보다 높은 지역은 4곳이다.
　ⓒ K 지역의 밭 경지면적은 I 지역의 밭 경지면적의 15% 미만이다.
　ⓒ I 지역의 논 경지면적은 K 지역의 논 경지면적의 1% 미만이다.
　ⓔ H 지역의 밭 경지면적은 H 지역의 논 경지면적의 2배 이상이다.

① ⊙　　　　　　　② ⓒ　　　　　　　③ ⓒ, ⓔ　　　　　　④ ⓒ, ⓒ

05 자사 물류 시스템을 구축하지 못한 회사에 재직 중인 문 차장은 5개의 택배회사 중 한 곳을 협력 업체로 선정하여 전속 계약을 체결할 예정이다. 협력 업체를 선정하기 위해 평가항목인 서비스 능력, 보상 능력, 안정성, 만족도에 대한 평가점수를 매겼다. 평가항목별로 다음의 가중치를 부여하여 최종 점수가 가장 높은 택배회사를 협력 업체로 선정한다고 할 때, 문 차장이 선정하게 될 택배회사는?

[택배회사별 평가점수]

택배회사	서비스 능력	보상 능력	안정성	만족도
〈한일#〉	9점	5점	8점	3점
〈경&현〉	3점	8점	5점	7점
〈신부*〉	7점	9점	7점	4점
〈동성$〉	8점	5점	2점	9점

※ 항목별 평가점수는 최소 1점, 최대 10점으로 평가함

[평가항목별 가중치]

① 〈한일#〉　　　② 〈경&현〉　　　③ 〈신부*〉　　　④ 〈동성$〉

06 다음 대화에서 B의 대답으로 적절한 것은?

A: Will this jacket shrink if washed?
B: _____

① No, it won't, but the color may run.
② It was no bother at all.
③ This jacket has a dark color.
④ This debate will run and run.

07 다음은 ◇◇농협에서 작성한 문서이다. 해당 문서의 종류에 대한 설명으로 가장 적절하지 않은 것은?

◇◇농협

수신: 수신자 참조

(경유)

제목: 20X5년 청년농업인 영농정착지원사업 정책 개정 안내

---

1. 관련: 농림축산식품부 고시 제20X4-○○호
2. 본 공문은 청년농업인 영농정착지원사업의 주요 정책 개정안을 안내하고자 합니다.
3. 세부 사항은 첨부 자료를 참고하시기 바라며, 이행 방법은 별도 공지 예정입니다.

– 아 래 –

가. 신청 기간: 20X4.12.10~20X5.01.31

나. 주요 변경 사항

기존	개정
체험사업에서 본인의 영농 기반 및 생산물만 사용 가능	체험사업에서 자가생산 외 농축산물도 사용 가능
중위소득 120% (4인 가구 기준) ○ 직장가입자: 230,142원 ○ 지역가입자: 196,236원	중위소득 140% (4인 가구 기준) ○ 직장가입자: 289,638원 ○ 지역가입자: 254,448원
20X4년 12월 31일까지 등록	20X6년 3월 31일까지 등록
월 60시간 이하 단기 근로 가능 연 3개월 농외근로 허용	월 100시간 이하 단기 근로 가능 연 5개월(특별 상황 시 최대 8개월) 농외근로 허용
–	지원받은 후계농업경영인 육성자금은 반드시 목적에 맞게 사용해야 하며 위반 시 자금 회수 및 사업대상자 자격 취소

붙임 1. 20X5년 청년농업인 영농정착지원사업 대상자 모집. 끝.

① 육하원칙이 드러나도록 한 장에 담아내는 것이 원칙이다.
② 내용 작성 시 마지막엔 반드시 '끝.'자로 마무리해야 한다.
③ 대외문서이며 단기간 보관되는 문서이므로 정확한 사실을 기술해야 한다.
④ 복잡한 내용은 '–다음–' 또는 '–아래–'를 사용하여 항목별로 구분한다.

[08-09] 다음은 상생소비지원금에 대한 안내문과 상생소비지원금 신청자 정보이다. 각 물음에 답하시오. (단, 카드 사용 금액 및 상생소비지원금은 소수점 첫째 자리에서 반올림하여 계산한다.)

[상생소비지원금 안내]

1. 상생소비지원금이란?
   - 지역경제 활성화와 소비회복 촉진을 위해 신청기간 동안 신용 또는 체크카드의 월간 사용액이 2분기 월평균 사용액보다 3% 이상 더 많으면, 3% 초과분의 10%를 1인당 월 10만 원까지 현금성 충전금으로 환급해 주는 사업임

2. 상생소비지원금 신청

구분	상세 내용				
신청기간	20XX. 10. 1.(금) 9:00~11. 30.(화) 18:00 ※ 신청 첫 5일간은 출생연도 뒷자리 숫자에 따라 5부제로만 신청 가능함				

신청 날짜	10. 1.(금)	10. 5.(화)	10. 6.(수)	10. 7.(목)	10. 8.(금)
출생연도 끝자리	1, 6	2, 7	3, 8	4, 9	5, 0

구분	상세 내용
신청대상	만 19세 이상이고, 2분기(4~6월) 중 본인 명의의 신용 또는 체크카드 사용실적이 있는 자 ※ 1) 비소비성 지출(연회비, 세금, 보험료 등)은 사용실적에서 제외함 　　2) 외국인도 신청 가능함

3. 상생소비지원금 지원내용

구분	상세 내용
지원 가능 카드	9개의 카드사에서 발급한 본인 명의의 신용 또는 체크카드로 신청 가능하며, 캐시백 산정·지급 관련 모든 서비스를 원스톱으로 제공받기 위해서는 9개의 카드사 중 한 곳을 전담 카드사로 지정해야 함 ※ 1) 전담 카드사 지정이 가능한 카드사: B 카드사, C 카드사, D 카드사, H 카드사, K 카드사, L 카드사, N 카드사, S 카드사, W 카드사 　　2) 전담 카드사 지정 이후 취소 및 변경 불가함
지원방식	신청기간 동안의 월간 카드 사용액이 2분기 월평균 사용액보다 3% 이상 증가 시, 3% 초과분의 10%를 캐시백(현금성 충전금)으로 환급 ※ 1인당 월별 10만 원 한도

4. 지원금 산정 기준
   - 2분기 월평균 카드 사용액 = (2분기 전체 카드 사용액 – 해외 사용액 – 실적 제외 업종 사용액) / 3
   - 월별 카드 사용액 = 당월 카드 사용액 – 해외 사용액 – 실적 제외 업종 사용액
   ※ 실적 제외 업종: 대형마트, 대형 백화점(아울렛 포함), 복합 쇼핑몰, 면세점, 대형 전자전문 판매점, 대형 종합 온라인몰, 홈쇼핑, 유흥업종, 사행업종, 신규 자동차 구입, 명품전문매장, 실외골프장, 비소비성 지출(연회비, 세금, 보험, 상품권, 선불카드 충전액, 현금서비스, 카드론, 카드 수수료)

5. 지원금 지급 및 사용
   - 지원금(캐시백) 발생 시 다음 달 15일에 전담 카드사 카드로 자동 지급됨
     ※ 10월 실적은 11월 15일, 11월 실적은 12월 15일에 지급함
   - 지원금은 지급 즉시 사용 가능하며, 카드 결제 시 우선적으로 차감함
     ※ 카드사와 가맹계약을 체결한 모든 국내 가맹점에서 사용 가능함
   - 지원금은 다음 해 6월 30일까지 사용 가능하며, 사용하지 않은 지원금은 소멸됨

6. 지원금 반환

– 지원금을 지급받은 이후 카드결제 취소 등으로 인해 지원금이 과다 지급된 경우 반환 필요함

※ 다음 달에 지급받을 캐시백이 있는 경우 다음 달 캐시백에서 차감하며, 다음 달에 지급받을 캐시백이 없는 경우 차회 카드사에서 반환 대금을 청구함

[상생소비지원금 신청자 정보]

구분	생년월일	신청카드	2분기 전체 카드 사용액	10월 카드 사용액	11월 카드 사용액
갑	1968년 11월 9일	H 카드사	4,521,890원	1,560,060원	1,731,510원
을	1956년 7월 18일	B 카드사	3,807,760원	1,261,700원	1,432,780원
병	1997년 5월 10일	K 카드사	5,369,400원	1,972,800원	1,810,160원
정	1981년 1월 22일	C 카드사	2,952,330원	1,010,950원	989,890원
무	2000년 3월 7일	W 카드사	917,120원	543,010원	301,110원

08 갑~무 5명 모두 상생소비지원금 신청기간 중 첫 5일 동안에 상생소비지원금을 신청하였다고 할 때, 화요일에 지원금을 신청한 사람이 11월 15일에 지급받은 상생소비지원금은? (단, 갑~무 모두 2분기와 10월, 11월에 해외 및 실적 제외 업종에서 카드를 사용하지 않았다.)

① 0원 ② 754원 ③ 12,545원 ④ 12,931원

09 갑~무 5명의 2분기 전체 카드 사용액과 10월 카드 사용액, 11월 카드 사용액이 모두 국내 사용액이며, 실적 제외 업종에서의 사용 금액이 없다고 할 때, 10월과 11월 각각의 카드 사용액이 상생소비지원금을 지급받을 수 있는 대상자에 해당하는 사람을 모두 고르면?

① 갑 ② 갑, 을 ③ 을, 정 ④ 병, 무

3회 실전모의고사 **121**

1회 2회 3회 4회 5회 6회
해커스 지역농협 6급 NCS 실전모의고사

10 ○○공사의 경영 전략 자문을 맡은 귀하는 마이클 포터의 산업 구조 분석 모델을 활용하여 경영 전략을 수립하고자 한다. 이때, 잠재적 시장 참여자에 대한 진입장벽을 높일 수 있는 상황으로 가장 적절하지 않은 것은?

① 기술 개발 부문의 투자 규모를 줄인다.
② 다른 경쟁사의 제품과 차별점을 두어 고객의 충성도를 확보한다.
③ 제품 원가를 낮추어 타 경쟁사 대비 원가에 대한 우위를 차지한다.
④ 정부가 관련 사업의 규제 정책을 발표한다.

11 다음 중 직무 배당, 승진, 상벌, 근무 성적의 평가, 임금 등을 공정하게 처리해야 한다는 인사관리의 원칙은?

① 공정 보상의 원칙   ② 공정 인사의 원칙   ③ 종업원 안정의 원칙   ④ 창의력 계발의 원칙

12 다음은 어느 사무실의 직장인을 대상으로 하루 SNS 접속 시간을 조사하여 나타낸 도수분포표이다. 하루 평균 SNS 접속 시간이 63분일 때, 90분 이상 120분 미만이라고 응답한 직장인 수는?

접속 시간	직장인 수
0분 이상~30분 미만	6명
30분 이상~60분 미만	12명
60분 이상~90분 미만	14명
90분 이상~120분 미만	( )

① 3명   ② 5명   ③ 8명   ④ 10명

13 다음 중 문제의 원인을 더욱 세부적으로 파악하거나 해결 방안을 구체화할 때 도움이 되는 방법으로 가장 적절한 것은?

① 심층 면접 분석   ② Logic Tree   ③ 3C 분석   ④ SWOT 분석

1회

2회

3회

4회

5회

6회

해커스 지역농협 6급 NCS 실전모의고사

14 다음 지문에서 설명하고 있는 내용과 관련이 있는 운동은?

> 우리농산물 애용운동이 본격적으로 시작된 기점은 1989년 8월 11일이다. 이날은 중앙본부 대강당에서 '우리농산물애용 캠페인 전진대회'가 개최되었다. 대의원 조합장, 시도지회장, 시군지부장과 본부 임직원 등 1,100여 명이 참석한 이 대회에서 농협은 우리농산물 애용을 위한 범국민적인 여론의 조성, 소비자단체와의 협력체제 구축, 수입농산물의 유해성에 대한 경각심 고취 등을 운동의 기본방향으로 삼았다.

① 새마을 운동
② 새농민 운동
③ 신토불이 운동
④ 농도불이 운동

15 귀하는 임직원을 대상으로 한 조직이해능력에 대한 교육을 진행한 후 토의하는 시간을 가졌다. 기업의 지배 구조에 대해 팀원들이 나눈 대화 중 가장 적절하지 않은 이야기를 한 사람은?

> A 팀장: 과거에는 기업의 소유권과 경영권이 결합되어 있어 소유주가 직접 경영을 하는 소유경영체제가 대부분이었지만, 최근에는 기업 규모가 커지면서 소유와 경영이 분리된 경우가 많은 것 같습니다. 소유경영체제는 과감한 경영 혁신과 투자 등이 가능하지만 독단적 경영에 대한 견제 장치가 없다는 점이 단점으로 작용합니다.
>
> B 대리: 전문경영체제도 성과 결과에 따라 유연하게 경영진을 교체하여 경영 효율을 높일 수 있다는 장점이 있지만, 소유주와 대리인 간의 정보 불균형과 불완전한 감시로 인해 발생하는 대리인 문제가 있죠.
>
> C 주임: 여기서 대리인 문제로는 위임자가 대리인에 대한 정보 부족으로 인해 불합리한 의사결정을 하는 역선택과 기업의 이익보다는 자신의 이익을 위해 단기 실적에 집중하는 과정에서 발생하는 도덕적 해이 등이 있습니다.
>
> D 사원: 하지만 대리인 문제는 스톡옵션을 도입하여 회계와 경영을 투명하게 감독하고, 사외이사제도로 소유주의 이해를 경영주의 이해와 일치시킴으로써 해결할 수 있습니다.

① A 팀장 ② B 대리 ③ C 주임 ④ D 사원

16 총무부 소속인 귀하는 초과 근무 수당을 관리하는 업무를 담당하고 있다. 이 회사의 평일 근무 시간은 오전 8시 출근, 오후 5시 퇴근으로 규정되어 있고, 주말과 공휴일에 근무할 경우 휴무일 근무 수당을 적용한다. 8월 3주 차에 초과 근무를 한 마케팅부 직원들에게 지급할 초과 근무 수당의 총금액은?

[8월 3주 차 초과 근무 수당 관리대장]

근무 일자	부서	직급	성명	출근 시간	퇴근 시간
8월 14일 (월)	전략기획부	부장	장은지	08:00	19:00
8월 15일 (화)	마케팅부	사원	박준서	08:00	17:00
8월 15일 (화)	영업부	과장	이도윤	11:00	18:00
8월 17일 (목)	마케팅부	부장	장기훈	08:00	20:00
8월 17일 (목)	영업부	대리	이수아	08:00	20:00
8월 17일 (목)	마케팅부	대리	한주원	08:00	22:00
8월 19일 (토)	전략기획부	사원	최현우	12:00	18:00
8월 19일 (토)	마케팅부	대리	한주원	08:00	14:00

[초과 근무 수당 지급 단가]

직급	시간외근무 수당	휴무일 근무 수당
과장 이상	시간당 11,000원	시간당 15,000원
대리	시간당 10,000원	시간당 14,000원
사원	시간당 8,000원	시간당 12,000원

※ 시간외근무 수당은 규정된 근무 시간에서 2시간 이상을 추가로 근무한 경우에 한해 지급되며, 시간외근무를 했을 경우 총 초과 근무 시간에 대하여 시간외근무 수당을 적용함

① 139,000원 ② 247,000원 ③ 275,000원 ④ 298,000원

[17 - 18] 다음 글을 읽고 각 물음에 답하시오.

(가) 러시아의 심리학자 블루마 자이가르닉은 1927년 오스트리아 빈의 카페에서 서빙을 하고 있는 한 종업원을 관찰하게 되었다. 종업원은 바쁜 와중에도 손님들의 주문 내역을 별도로 적지 않고도 정확하게 기억하고 서빙하였는데, 자이가르닉은 본인의 계산을 마친 후에 그 종업원에게 어떤 손님이 무슨 음식을 주문했는지 기억하느냐고 질문하였다. 자이가르닉의 질문에 종업원은 이미 계산이 완료된 주문 건은 기억하지 못한다고 대답하였다. 이에 대해 자이가르닉은 종업원이 손님에게 주문을 받고 계산하기 전까지는 정보가 미완성 상태이기에 정보를 기억하고 있지만, 손님의 계산이 끝나 정보가 완성된 후에는 정보를 기억하지 못한다고 여겼고, 이런 현상이 사람들에게 보편적으로 나타나는지 증명하고자 하였다.

(나) 자이가르닉은 실험 참가자 164명을 A 그룹과 B 그룹으로 분류하고 15~22개의 간단한 과제를 수행하도록 하였다. A 그룹이 과제를 수행할 때는 어떠한 방해도 받지 않았으나 B 그룹이 과제를 수행할 때는 이를 중단하도록 하거나 다른 과제로 넘어가게 하는 등 온전히 수행하지 못할 만큼 방해받도록 하였다. 실험 참가자들이 과제 수행을 마무리하자 자이가르닉은 실험 참가자들에게 본인이 수행한 과제를 정확히 기억하는지를 물었다. 결과적으로 자신들이 수행한 과제를 정확하게 기억하는 실험 참가자들은 A 그룹보다 B 그룹에서 약 두 배 더 많았다. 더욱 흥미로운 것은 B 그룹의 실험 참가자들이 기억해 낸 과제의 68%는 도중에 중단해야 했던 과제라는 사실이다. 인지적 불평형 상태를 의미하는 이 현상은 과제 수행을 강제로 중단했을 때 그 과제를 처리하고자 하는 동기와 압박이 작용하게 되어 관련 기억이 생생하게 남게 된다고 한다.

(다) 사람들은 본능적으로 여러 개의 작업을 동시에 수행하는 데 익숙하지 않기 때문에 쉬운 과업을 빠르게 처리하고 처리한 과업은 머릿속에서 지우며, 해결되지 않은 과업에 집중하고자 하는 경향이 있다. 즉, 완결되지 않은 문제는 기억 회로에서 되풀이하고 완결된 문제는 기억 회로에서 지움으로써 완결되지 않은 문제를 더 잘 기억하게 된다는 것이다. 오늘날 자이가르닉 효과는 각종 마케팅, 경제 등 다양한 분야에서 활용되고 있다. 특히 마케팅 분야에서 타깃 소비자에게 정보를 우연히 노출할 때는 정보의 회상률을 높이기 위해 배경이 아닌 전경에 자극을 두어야 한다. 예컨대 일반적으로 중요한 장면에서 끊기는 드라마는 시청자로 하여금 미완성의 드라마를 완결시켜야 한다는 심리적 작용을 발동시킨다. 시험을 보고 나왔을 때 시험 문제를 전혀 기억하지 못하는 것 또한 자이가르닉 효과의 일종이라고 볼 수 있다.

(라) 한편 완결되지 않은 경험이 계속해서 떠올라 정신적 아픔을 겪는 외상 후 스트레스 증후군, 일명 PTSD도 일종의 자이가르닉 효과라고 할 수 있다. 참혹한 재난을 겪은 경우 또는 폭행, 강간 등의 강력 범죄를 당하거나 목격한 경우 등 다양한 원인으로 인해 발생하는 PTSD는 끔찍한 기억을 수년, 수십 년이 지나도록 반복하여 떠올리게 만든다. 전문가들에 따르면 PTSD는 심리적·정신적 충격이 너무 커서 어떤 치료를 받더라도 해당 기억이 완결된 문제로 분류되지 않아 기억 회로에서 반복 재생되는 것이라고 한다. 이런 측면을 고려할 때 상담사가 PTSD 환자에게 '이제 다 끝났다.'고 위로하는 것도 해당 기억을 빠르게 종결하라는 의미에서 하는 말이라고 볼 수 있다.

17 윗글을 읽고 각 문단의 내용을 요약한 것으로 옳지 않은 것은?

① (가): 자이가르닉이 정보의 기억과 관련한 실험에 착수하게 된 배경

② (나): 자이가르닉 효과의 실험 과정 및 결과

③ (다): 자이가르닉 효과의 부작용과 그에 따른 대처 방안

④ (라): 자이가르닉 효과의 일종인 PTSD가 나타나는 이유

18 윗글의 내용과 일치하는 것은?

① PTSD를 유발한 사건을 반복해서 기억하는 행위는 PTSD 치료에 효과적일 수 있다.

② 자이가르닉에 따르면 사람은 과업 수행 시 완수한 과업보다 도중에 중단된 과업을 더 정확하게 기억한다.

③ 시험을 치르는 수험생들의 기억 능력은 답안지를 제출한 후에 더욱 향상될 것이다.

④ 자이가르닉은 손님이 그들의 음식값을 지불한 후 식당 밖을 나서기 전까지를 정보의 미완성 상태라고 보았다.

1회 2회 3회 4회 5회 6회 해커스 지역농협 6급 NCS 실전모의고사

19 다음은 E 국의 화훼 재배시설 면적에 대한 자료이다. 기타를 제외한 화훼 재배시설 중 2021년 이후 면적이 매년 전년 대비 감소한 화훼 재배시설의 2024년 총면적이 2024년 전체 화훼 재배시설 면적에서 차지하는 비중은 얼마인가?

[화훼 재배시설별 면적]

(단위: ha)

구분	2020년	2021년	2022년	2023년	2024년
철골 유리 시설	( )	44	70	48	125
철골 경질 시설	174	132	( )	168	196
철파이프 시설	2,304	( )	1,990	1,944	1,720
기타	78	33	45	144	119
노지	( )	3,201	2,760	2,496	2,240
전체	6,000	5,500	5,000	4,800	4,400

[화훼 재배시설별 면적 비중]

(단위: %)

구분	2020년	2021년	2022년	2023년
철골 유리 시설	1.4	0.8	1.4	1.0
철골 경질 시설	2.9	2.4	2.6	3.5
철파이프 시설	38.4	38.0	39.8	40.5
기타	1.3	0.6	0.9	3.0
노지	56.0	58.2	55.2	52.0
전체	100.0	100.0	100.0	100.0

① 40%　　　② 50%　　　③ 80%　　　④ 90%

20 A, B, C 유치원은 단팥빵을 구매하여 아이들 간식으로 활용하고자 한다. A 유치원에서는 8.5근, B 유치원에서는 80.1냥, C 유치원에서는 15.4파운드의 단팥빵을 구매했다고 할 때, 3개의 유치원에서 구매한 단팥빵 무게의 총합은? (단, 1kg당 1.7근, 26.7냥, 2.2파운드이다.)

① 12kg   ② 13kg   ③ 15kg   ④ 17kg

1회
2회
3회
4회
5회
6회

해커스 지역농협 6급 NCS 실전모의고사

21 농협이 하는 일은 크게 교육지원 부문, 경제 부문, 금융 부문 세 가지로 나누어진다. 다음 중 경제 부문에 속하는 활동을 모두 고르면?

| ㉠ 산지유통혁신 | ㉡ 축산 기자재 공급 및 판매 | ㉢ 서민금융 활성화 |
| ㉣ 소비지유통 활성화 | ㉤ 농촌지역 농업금융 서비스 제공 | ㉥ 농업인 복지 증진 |

① ㉠, ㉡, ㉣   ② ㉠, ㉣, ㉥   ③ ㉡, ㉢, ㉤   ④ ㉣, ㉤, ㉥

22 다음 자료에서 설명하고 있는 교육 훈련 방법은?

> 이것은 기업 내의 교육 훈련 방법 중 하나로 피교육자가 직무에 종사하면서 지도 교육을 받게 되는 방식이다. 이것은 업무 수행이 중단되는 일이 없어 시간의 낭비가 적고 기업이 필요로 하는 교육 훈련을 할 수 있다는 장점이 있지만, 피교육자를 가르치는 지도자의 높은 자질을 필요로 하며 교육 내용의 체계화가 어렵다는 특징이 있다.

① OJT   ② Off-JT   ③ TWI   ④ EDP

23 다음은 N 국의 지역별 농업법인 수 및 농업생산수입에 대한 자료이다. 자료에 대한 설명으로 옳지 않은 것은?

[지역별 농업법인 수 및 농업생산수입]

(단위: 개, 백만 원)

구분	2022년		2023년		2024년	
	농업법인 수	농업생산수입	농업법인 수	농업생산수입	농업법인 수	농업생산수입
A 지역	197	53,752	234	110,448	401	102,530
B 지역	187	24,191	221	34,858	287	33,213
C 지역	117	20,594	141	18,100	226	34,381
D 지역	125	67,615	126	47,710	131	40,246
E 지역	2,235	1,523,599	2,470	1,694,274	3,341	1,624,479
F 지역	1,371	256,733	1,430	283,454	1,524	334,943
G 지역	1,153	384,885	1,275	452,216	1,376	525,208
H 지역	2,040	820,644	2,392	1,083,338	2,363	1,318,887
전체	7,425	3,152,013	8,289	3,724,398	9,649	4,013,887

① 2024년 농업생산수입이 전년 대비 감소한 지역은 4곳이다.

② 2022년 E 지역과 H 지역 농업생산수입의 합이 N 국 전체 농업생산수입에서 차지하는 비중은 75% 이상이다.

③ 2024년 B 지역의 농업법인 1개당 농업생산수입은 110백만 원 이상이다.

④ 2024년 D 지역의 농업법인 수는 2년 전 대비 6개 증가하였고, 농업생산수입은 2년 전 대비 27,369 백만 원 감소하였다.

24 P 회사의 인사팀에서 근무하고 있는 귀하가 성과급 지급 기준에 대한 내용을 참고하여 직원들에게 성과급을 지급하였을 때, 정소라 과장과 홍종민 사원에게 지급한 성과급의 합은?

[성과급 지급 기준]

1) 평가 및 지급 대상
   - 전 직원

2) 평가 방법
   - 팀장의 경우 사장이 내부 평가 기준에 따라 지난 1년간 해당 팀장의 성과 및 역량 등을 평가함
   - 그 외 직원의 경우 팀장이 내부 평가 기준에 따라 지난 1년간 해당 직원의 성과 및 역량 등을 평가함

3) 평가 기준
   - 아래 표와 같이 평가 등급을 4단계로 분류하여 해당 등급의 지급률을 적용함

구분	평가 등급	지급률
S 등급	평가 결과 상위 15% 이내에 해당하는 사람	월 급여액의 170%에 해당하는 금액 (팀장의 경우에는 월 급여액의 180%)
A 등급	평가 결과 상위 15% 초과 45% 이내에 해당하는 사람	월 급여액의 120%에 해당하는 금액 (팀장의 경우에는 월 급여액의 150%)
B 등급	평가 결과 상위 45% 초과 60% 이내에 해당하는 사람	월 급여액의 80%에 해당하는 금액 (팀장의 경우에는 월 급여액의 110%)
C 등급	평가 결과 상위 60% 초과에 해당하는 사람	지급하지 않음

4) 연봉 지급 한도액
   - 아래 표와 같이 직급별 연봉 한도액 내에서 성과급을 지급하도록 함

구분	팀장	부장	과장	대리	사원
연봉 상한액	63,120,000원	53,260,000원	47,610,000원	39,390,000원	32,540,000원
연봉 하한액	52,800,000원	44,400,000원	39,600,000원	32,400,000원	26,400,000원

※ 1) 연봉 = (월 급여액 × 12) + 성과급
2) 연봉 상한액을 초과하는 경우 성과급에서 삭감하도록 함

[A 팀 평가 등급 및 월 급여액]

구분	평가 등급	월 급여액
김민수 팀장	상위 26%	4,650,000원
윤정희 부장	상위 48%	3,920,000원
정소라 과장	상위 8%	3,490,000원
박현준 대리	상위 65%	2,770,000원
홍종민 사원	상위 30%	2,450,000원

① 8,190,000원　　② 8,475,000원　　③ 8,670,000원　　④ 8,873,000원

25 다음 중 BCG 매트릭스 유형에 대한 설명으로 가장 적절하지 않은 것은?

① Question mark: 성장률은 높지만 점유율이 낮아 시장 확대를 위한 전략적 투자가 필요한 신규사업이다.
② Star: 수익성이 높고 성장 기회가 많아 적극적이고 지속적인 투자가 이루어져야 하는 성공사업이다.
③ Dog: 잠재적 성장 가능성과 높은 수익성으로 공격적인 투자를 통해 규모를 확대해야 하는 투자사업이다.
④ Cash cow: 충분히 성장한 시장으로 기존 투자에 의해 꾸준하게 수익이 실현되는 자금원천사업이다.

26 다음 지문의 내용과 관련 있는 한자성어를 고르면?

> 중국 춘추·전국 시대 초나라의 무사가 양자강을 건너기 위해 배를 탔다. 귀한 칼을 지니고 있던 무사는 강을 건너던 도중에 실수로 칼을 물속에 빠트리고 만다. 무사는 허리춤의 단검을 빠르게 뽑아서 칼을 떨어트린 뱃전에 칼자국을 내기 시작했다. 사람들이 그 까닭을 묻자, "칼이 빠진 곳에 표시를 해둔 것이다."라고 답했다. 배가 건너편 목적지에 도착하자 무사는 칼자국이 있는 뱃전 아래 물속으로 뛰어들어 칼을 찾고자 했지만 찾을 수 없었다. 이에 사람들은 배가 움직인 것을 생각하지 않고 나중에 칼을 찾은 무사의 어리석은 행동을 비웃었다.

① 절차탁마(切磋琢磨)
② 각주구검(刻舟求劍)
③ 건곤일척(乾坤一擲)
④ 궁여지책(窮餘之策)

27 다음 중 농협의 사회공헌 활동에 대한 설명으로 가장 적절하지 않은 것은?

① 영농폐기물 수거: 농촌의 환경을 보호하기 위해 폐비닐, 폐농약 용기 등을 수거·처리하는 봉사활동
② 농협 장학관: 농업 관련 대학에서 교육받는 청년 농업인들을 위한 생활관
③ 농촌 다문화가정 모국 방문: 농촌 결혼이민자들이 모국에 방문할 수 있도록 항공권과 체재비를 지원하는 활동
④ 깨끗하고 아름다운 농촌 마을 가꾸기: 농촌 마을이 깨끗하고 아름다운 환경 및 경관을 제공함으로써 농업과 농촌의 공익적 가치를 창출하기 위한 활동

28 기획1팀, 기획2팀, 법무팀, 인사팀, 영업팀은 모두 다음 주 수요일 3시부터 5시까지 사용할 회의실을 예약하려고 한다. 다음 조건을 모두 고려하였을 때, 영업팀이 예약할 회의실은?

- 기획1팀은 13명, 기획2팀은 16명, 법무팀은 5명, 인사팀은 8명, 영업팀은 17명이 회의에 참석하며, 참석 인원을 수용할 수 있는 회의실을 예약한다.
- 각 층의 계단 바로 오른쪽에 위치한 회의실에서 다음 주 평일 오후에 면접이 진행될 예정이다.
- 계단 왼쪽에 위치한 2층 회의실에는 빔 프로젝터가 설치되어 있지 않다.
- 회의실별 최대 수용인원은 계단 왼쪽에 위치한 회의실이 10명, 오른쪽에 위치한 회의실이 20명이다.
- 101호, 102호, 206호는 내부 공사 중이므로 사용할 수 없다.
- 기획2팀, 인사팀, 영업팀은 빔 프로젝터가 설치된 회의실을 예약한다.
- 기획1팀과 기획2팀은 같은 층에 이웃한 회의실을 예약한다.

[회의실 배치도]

왼쪽	201호	202호	203호	계단	204호	205호	206호	오른쪽
	101호	102호	103호		104호	105호	106호	

① 103호　　　　② 106호　　　　③ 203호　　　　④ 205호

29 다음 밑줄 친 단어와 의미가 반대되는 것은?

많은 사람이 그의 <u>노회</u>한 면모에 혀를 내둘렀다.

① 노련　　　　② 교활　　　　③ 미숙　　　　④ 무구

30 S 차장은 독일에서 11월 7일 오전 10시에 열리는 세미나에 참석할 예정이며, 세미나 입장 시간은 개최 시각 3시간 전부터 개최 시각까지이다. 가장 저렴한 요금으로 세미나 입장 시간 내에 도착하는 비행기를 이용하려고 할 때, S 차장이 이용하게 될 항공편은? (단, 한국에서 출발하며, 공항에서 세미나 개최 장소까지의 소요 시간은 고려하지 않는다.)

[그리니치 표준시]

구분	그리니치 표준시
한국	+9
독일	+1

[독일행 항공편 정보]

항공편 명	한국 출발 일시	총 비행시간	직항/경유	요금
LH0713	11월 7일 04:00 AM	12시간 45분	경유 1회	849,700원
OZ0541	11월 6일 02:00 PM	11시간 10분	직항	942,100원
LO0098	11월 6일 11:00 AM	13시간 45분	경유 1회	815,800원
SU4031	11월 7일 05:00 AM	11시간 50분	직항	924,500원

① LH0713　　　② OZ0541　　　③ LO0098　　　④ SU4031

31 제시된 숫자의 규칙을 찾아 빈칸에 들어갈 알맞은 숫자를 고른 것은?

$$\frac{2}{3,087} \quad \frac{2}{441} \quad (\quad) \quad \frac{2}{9} \quad \frac{14}{9} \quad \frac{98}{9}$$

① $\frac{2}{63}$　　　② $\frac{1}{9}$　　　③ $\frac{2}{17}$　　　④ $\frac{4}{9}$

32 다음은 A 지역의 사망 원인별 사망자 수에 대한 자료이다. 다음 중 자료에 대한 설명으로 옳지 않은 것은?

[사망 원인별 사망자 수]

(단위: %, 명)

사망 원인	2021년			2022년		
	구성비	남자	여자	구성비	남자	여자
신생물	28.9	45,623	27,318	28.4	45,297	27,138
순환기계통 질환	22.2	26,692	29,339	22.3	26,671	30,110
호흡기계통 질환	7.3	10,595	7,861	7.8	11,225	8,608
소화기계통 질환	4.4	7,335	3,703	4.4	7,332	3,787
분류되지 않은 증상	10.1	11,179	14,397	9.7	11,115	13,657
질병 이외의 원인	12.7	21,822	10,292	12.6	21,980	10,016
기타	14.4	17,538	19,053	14.8	18,217	19,760
계	100	140,784	111,963	100	141,837	113,076

① 2021년과 2022년 중 질병 이외의 원인으로 사망한 사람의 비중이 더 큰 해에 소화기계통 질환 사망자 수에서 여성 사망자 수의 비중은 30% 이상이다.

② 2021년과 2022년의 사망 원인별 사망자 수의 순위는 같다.

③ 2021년 기타를 제외한 모든 사망 원인에서 남자 사망자 수가 여자 사망자 수보다 많다.

④ 2022년 소화기계통 질환에 의한 사망자 비중은 전년도와 동일하지만 사망자 수는 늘어났다.

33 다음 중 농협이 애그테크·농식품 분야의 청년 창업가 육성을 위해 애그테크·농식품 분야로의 창업을 희망하는 예비 창업가들을 지원하는 교육 프로그램은?

① N블링
② NH Seed
③ 농협청년농부사관학교
④ 돌아온 농활

34 ○○시가 올해부터 전기 절약 사업을 시행함에 따라 참여한 아파트들을 대상으로 전기 절약 평가를 진행하고 있다. 5개의 동으로 구성되어 있는 A 아파트가 전기 절약 사업에 참여했을 때, 제시된 전기 절약 평가 방법에 따라 평가한 A 아파트의 전기 절약 평가 총점은?

[전기 절약 평가 방법]

1. 전기에너지 세대수 점수
- 세대수의 합에서 전기에너지 세대수의 합이 차지하는 비중으로 평가

구분	0~20%	21~40%	41~60%	61~80%	81~100%
점수	1	2	3	4	5

※ 전기에너지 세대는 스마트 계량기를 설치한 세대를 의미함

2. 전기 자동차 대수 점수
- 전기 자동차 대수로 평가

구분	0~30대	31~60대	61~90대	91~120대	121대 이상
점수	1	2	3	4	5

3. 전기 자동차 충전소 개수 점수
- 전기 자동차 충전소 개수로 평가

구분	0~10개	11~20개	21~30개	31~40개	41개 이상
점수	1	2	3	4	5

4. 전기 절약 만족도 점수
- 만족도별 (점수 × 세대수)의 합 / 세대수의 합으로 평가

구분	매우 불만족	약간 불만족	보통	약간 만족	매우 만족
점수	1	2	3	4	5

5. 전기 절약 평가 총점
총점 = (전기에너지 세대수 점수 × 6) + (전기 자동차 대수 점수 × 6)
     + (전기 자동차 충전소 개수 점수 × 3) + (전기 절약 만족도 점수 × 5)

[A 아파트 전기 사용량 관련 조사 결과]

1. 전기에너지 세대수

구분	1동	2동	3동	4동	5동
세대수	90	90	90	90	90
전기에너지 세대수	23	45	32	47	48

2. 전기 자동차 대수

구분	1동	2동	3동	4동	5동
전기 자동차 대수	8	13	11	9	18

3. 전기 자동차 충전소 개수

구분	1동	2동	3동	4동	5동
전기 자동차 충전소 개수	2	5	3	2	6

4. 전기 절약 만족도

구분	매우 불만족	약간 불만족	보통	약간 만족	매우 만족
세대수	33	48	56	152	161

① 49점 ② 52점 ③ 55점 ④ 58점

35 다음 중 맞춤법에 맞지 않는 것은?

① 오랫동안 참아왔던 불만이 폭발한 것이었다.
② 샌들이 강물에 떠내려가버리는 바람에 맨발로 있었다.
③ 식사는커녕 차 한 잔 마실 여유도 없을 만큼 바빴다.
④ 주요 시설물의 관리가 제대로 이루어지지 않았다.

36 다음은 2023년과 2024년의 월별 비료 공급량을 나타낸 자료이다. 2024년 비료 공급량의 전년 동월 대비 증가율이 가장 큰 달에 전년 동월 대비 증가율은 얼마인가?

[월별 비료 공급량]

(단위: 천 toe)

구분	1월	2월	3월	4월	5월	6월	7월	8월	9월	10월	11월	12월
2023년	2,100	1,870	1,960	2,325	2,425	2,408	2,780	2,716	2,359	2,574	2,590	2,648
2024년	2,646	2,431	2,597	2,976	3,007	3,010	2,487	2,598	2,198	2,258	2,179	2,356

① 28.0% ② 30.0% ③ 32.5% ④ 34.5%

37 황 사원은 농·축협 지역본부 중 4개 지역이 참여하는 합숙 교육의 첫째 날 점심 주문을 담당하게 되었다. 황 사원은 상사의 지침에 따라 참석하기로 한 인원에 맞춰 음식 종류별로 주문 개수를 급하게 정리해 두고, 음식 주문 전에 주문 개수를 다시 검토할 예정이었다. 하지만 교육 전날 오전에 C 지역에서 직원 3명이 교육에 불참하게 되었다는 연락을 받아, 음식 주문 개수를 조정해야 할 필요가 생겼다. 황 사원이 정리해 둔 내역에서 조정한 사항으로 적절하지 않은 것은?

[합숙 교육 첫째 날 점심 관련 상사 지침]

- 직원들의 점심은 음료수(1.5L), 도시락, 봉지 견과류로 구성하도록 함
  - 봉지 견과류는 직원 1명당 2개, 음료수는 직원 4명당 1개, 도시락은 직원 1명당 1개를 제공
  - 만약 참석 인원이 4의 배수가 아니라면, 부족하지 않게 제공할 수 있도록 주문
    (즉, 5명이 참석한다면 음료수는 2개를 주문해야 함)
- 점심으로 제공하는 음식은 지역별로 박스 하나에 포장하여 지역을 구분하여 서로 다른 장소에서 식사할 수 있도록 함
  - 지역별로 봉지 견과류 5개를 여유분으로 주문
- 변동 사항이 발생할 수 있으므로 음식은 교육 전날 저녁에 주문하도록 함

[황 사원이 정리해 둔 주문해야 할 음식 개수]

지역(참석 인원)	음료수	도시락	봉지 견과류
A 지역(20명)	5개	20개	40개
B 지역(15명)	4개	15개	35개
C 지역(22명)	6개	21개	49개
D 지역(18명)	4개	18개	41개

① A 지역의 봉지 견과류 개수는 5개 늘려 주문해야 한다.
② B 지역의 음료수 개수는 1개 줄여 주문해야 한다.
③ C 지역의 도시락 개수는 2개 줄여 주문해야 한다.
④ D 지역의 음료수 개수는 1개 늘려 주문해야 한다.

38 다음은 ○○공사의 홍보실에서 근무하는 김성배 대리가 농산물 상품 판매를 촉진하고자 마케팅 대행 업체와 계약을 위해 홈페이지에 올린 공고문의 일부이다. 마케팅 대행 용역 입찰 공고와 심사 기준을 근거로 판단할 때, 김성배 대리가 채택할 마케팅 용역 업체는?

[마케팅 대행 용역 입찰 공고]

1) 사 업 명: 농산물 상품 판매 사업 마케팅 대행
2) 사업내용: 기획·운영, 제작, 광고·홍보 등
3) 사업기간: 202X년 7월 1일~12월 31일
4) 참가자격: 분야별 경력 10년 이상 인력 확보 기업
   ※ 핵심 분야: IMC 기획, 크리에이터, 웹 개발
5) 절   차: 제안서 접수 → 제안설명회 → 우선협상대상자 선정 → 계약조건 협상 → 계약
6) 평가방법: 평가위원회의 평가 결과, 기술 평가(80점)와 가격 평가(20점)를 합한 점수가 70점 이상인 업체 중 고득점 업체
7) 기타사항: 기타 언급되지 아니한 사항은 계약규정에 의함
   문의사항은 홍보실 김성배 대리(02-1234-5678)에게 문의

[심사 기준]

기술 평가					가격 평가
수행 실적	기술·지식	인력·조직·관리	사업 계획	사후관리	
10점	25점	20점	15점	10점	20점

※ 평가 결과가 동점인 기업의 경우 가격 평가 점수가 더 높은 업체를 우선 선발함

[용역 업체 평가 점수]

구분	기술 평가					가격 평가
	수행 실적	기술·지식	인력·조직·관리	사업 계획	사후관리	
A 기업	8점	18점	15점	10점	6점	18점
B 기업	9점	16점	17점	12점	7점	16점
C 기업	10점	13점	18점	15점	7점	14점
D 기업	6점	19점	14점	8점	6점	20점

① A 기업　　　　② B 기업　　　　③ C 기업　　　　④ D 기업

39 다음은 농협 연혁에 대한 내용 중 일부이다. 밑줄 친 ㉠~㉣ 중 문맥상 적절하지 않은 것은?

Nonghyup is an independent cooperative organization centered on farmers and is a representative cooperative in Korea that was launched as a ㉠ comprehensive agricultural cooperative in 1961 and has grown with our agriculture and rural areas. Since its inception, Nonghyup has contributed to the ㉡ development of agricultural and rural areas through continuous organization and business maintenance. In 2000, it established the "Integrated National Agricultural Cooperative System" by ㉢ integrating the central organizations. In 2011, the 50th anniversary of its foundation, the National Agricultural Cooperative Federation Act was revised to specialize in economic projects and credit business systems to ㉣ weaken its capacity to improve the actual rights and interests of local agricultural cooperatives and farmers.

① ㉠   ② ㉡   ③ ㉢   ④ ㉣

40 다음 중 문제해결을 위한 방법에 해당하는 퍼실리테이션에 대한 설명으로 옳은 것을 모두 고르면?

㉠ 창조적인 해결 방법을 도출할 뿐만 아니라 구성원의 동기 및 팀워크가 강화되는 모습을 보인다.
㉡ 제3자는 사실과 원칙을 토대로 구성원을 지도하고 설득하며, 모두가 합의하는 일치점을 찾아내고자 한다.
㉢ 깊이 있는 커뮤니케이션을 통해 서로의 문제점을 이해하고 공감함으로써 창조적인 문제해결을 도모한다.
㉣ 자신의 의사를 직접적으로 표현하는 것은 문제해결을 위한 방법으로 바람직하지 않다고 여긴다.

① ㉠   ② ㉠, ㉢   ③ ㉡, ㉢   ④ ㉢, ㉣

41 송 대리의 회사 근처에 있는 의약품 생산공장 중 W, X 공장은 월요일부터 토요일까지 주 6일간 근무하며, Y, Z 공장은 월요일부터 금요일까지 주 5일간 근무한다. 송 대리가 의약품 생산공장에 다음 주 월요일부터 신약 생산을 요청할 때, 신약 10,000개 생산을 가장 먼저 끝마칠 수 있는 공장은?

[의약품 생산공장 정보]

구분	W 공장	X 공장	Y 공장	Z 공장
시간당 생산 개수	40개	36개	74개	69개
하루당 생산 시간	7시간	8시간	5시간	6시간

① W 공장   ② X 공장   ③ Y 공장   ④ Z 공장

1회
2회
3회
4회
5회
6회
해커스 지역농협 6급 NCS 실전모의고사

42 A가 3시간 일한 다음 이어서 B가 10시간 동안 일하여 완료한 작업을 A와 B 두 사람이 처음부터 함께 진행하면 완료하는 데 5시간이 걸린다. 이 작업을 B가 혼자 진행해서 완료하는 데 걸리는 시간은?

① 12시간   ② 14시간   ③ 15시간 30분   ④ 17시간 30분

43 디자인팀은 대표메뉴가 두 종류 이상이며, 해당 대표메뉴를 먹지 못하는 팀원이 없는 식당 중에서 평가가 가장 좋은 식당을 회식 장소로 예약하려고 한다. K 팀장이 해산물을 먹지 못하고 다른 팀원은 먹지 못하는 음식이 없을 때, 디자인팀이 예약할 식당으로 가장 적절한 곳은?

⌂⌂회사의 디자인팀은 프로젝트 수주율이 지난달 대비 200% 증가하였고, 성과를 기념하여 회식을 하기로 했다. K 팀장은 디자인팀 신입사원인 L 씨에게 25명의 디자인팀 팀원을 모두 수용할 수 있는 회식 장소를 조사하라는 요청을 하였고 L 씨가 조사한 내용은 다음과 같다.

[식단 평가표]

구분	맛	주류 다양성	가격	위치	대표메뉴
La CASA	★★★★☆	★★★★★	★☆☆☆☆	★★★★☆	타코, 부리토
Firenze	★★★☆☆	★★★★★	★★☆☆☆	★★★☆☆	파스타, 피자
진시황	★★☆☆☆	★★★★☆	★★★★★	★★★★★	크림 탕수육
어부 김 씨	★★★★★	★☆☆☆☆	★★☆☆☆	★★★★★	회, 매운탕
버거하우스	★★☆☆☆	★★☆☆☆	★★★★★	★★☆☆☆	햄버거
고기고기	★★★★★	★★☆☆☆	★★★★☆	★★☆☆☆	스테이크
가와라마치	★★★★☆	★☆☆☆☆	★★★★☆	★★★★★	초밥, 튀김

※ 1) 평가점수는 ★★★★★(5점)~★☆☆☆☆(1점)으로 구성됨
2) 평가점수의 합이 높을수록 평가가 좋은 식당임

① La CASA   ② Firenze   ③ 어부 김 씨   ④ 가와라마치

44 다음 밑줄 친 단어 중 의미가 서로 비슷한 것을 모두 고르면?

㉠ 동생은 <u>야무진</u> 아이로 소문나 있다.
㉡ 동생은 항상 <u>명랑하고</u> 쾌활하다.
㉢ 동생은 성격이 <u>강퍅한</u> 편이다.
㉣ 동생은 성미가 <u>걸걸한</u> 것으로 유명하다.
㉤ 동생은 모든 일에 <u>까다롭게</u> 군다.

① ㉠, ㉡   ② ㉢, ㉤   ③ ㉣, ㉤   ④ ㉠, ㉣, ㉤

45 다음은 지역별 식약청의 식품류 수거검사 현황을 나타낸 자료이다. 다음 중 자료에 대한 설명으로 옳은 것을 모두 고르면?

[지역별 식약청의 식품류 수거검사 전체 건수]

(단위: 건)

구분	2020년	2021년	2022년	2023년	2024년
A 식약청	567	1,350	1,238	1,422	1,477
B 식약청	750	1,354	1,311	1,503	1,794
C 식약청	768	1,733	1,353	1,696	1,889
D 식약청	683	1,440	1,406	1,344	1,893
E 식약청	594	1,441	1,261	1,376	1,421

[지역별 식약청의 식품류 수거검사 부적합 건수]

(단위: 건)

구분	2020년	2021년	2022년	2023년	2024년
A 식약청	6	17	9	25	17
B 식약청	2	17	6	1	7
C 식약청	21	31	35	24	31
D 식약청	2	20	12	3	9
E 식약청	9	10	12	13	7

ⓐ 제시된 식약청 중 2021년과 2024년의 부적합 건수가 같은 식약청은 총 2곳이다.
ⓑ 제시된 식약청은 각각 2023년 대비 2024년 수거검사 전체 건수 증가량이 모두 50건 이상이다.
ⓒ 2021년 지역별로 부적합 건수가 수거검사 전체 건수에서 차지하는 비중은 A 식약청이 D 식약청 보다 크다.
ⓓ 2020년부터 2024년까지 수거검사 전체 건수의 평균은 B 식약청이 D 식약청보다 적다.

① ㉠, ㉢   ② ㉠, ㉣   ③ ㉡, ㉣   ④ ㉢, ㉣

46 다음 중 농협의 비료 관련 사업에 대한 설명으로 가장 적절하지 않은 것은?

① 농협은 창립 이듬해인 1962년부터 비료 사업을 시작하였다.

② 2018년에는 고령·여성·도시 농업인을 위해 10kg과 1kg 소포장 상품 8종을 개발해 공급하였다.

③ 화학이라는 명칭의 부정적 인식으로 인해 2019년부터는 화학비료 자체를 공급하지 않고 있다.

④ 화학비료 과다 사용으로 인한 토양오염을 방지하기 위해 매년 3월 11일을 흙의 날로 제정하는 데 앞장섰다.

47 다음은 아시아 국가의 수산물 어획량에 대한 자료이다. 제시된 국가 중 2016년에 수산물 어획량이 가장 큰 국가와 두 번째로 큰 국가의 수산물 어획량이 2016년 세계 수산물 어획량에서 차지하는 비중의 차이는 약 얼마인가? (단, 소수점 둘째 자리에서 반올림하여 계산한다.)

[국가별 수산물 어획량]

(단위: 천 M/T)

국가별	2013년	2014년	2015년	2016년	2017년
한국	3,137	3,311	3,334	3,234	3,672
중국	70,663	73,684	76,017	78,338	79,935
홍콩	174	165	149	147	132
일본	4,764	4,753	4,595	4,342	4,296
세계	185,904	191,049	196,496	198,654	205,580

※ 출처: KOSIS(FAO, 수산물 어획량)

① 35.9%p   ② 36.5%p   ③ 37.2%p   ④ 37.8%p

48 다음 글의 내용과 일치하지 않는 것은?

태양력은 지구가 태양의 둘레를 한 바퀴 도는 데 걸리는 시간을 1년으로 정한 역법으로 고대 이집트에서 최초로 사용되었다. 당시 이집트는 농경사회였기 때문에 나일강의 범람주기를 주의 깊게 살폈다. 그 결과 이집트인들은 나일강이 정기적으로 범람해 홍수가 일어나며, 다음 홍수가 일어날 때까지 평균적으로 365일이 걸린다는 것을 알아낼 수 있었다. 이를 바탕으로 그들은 365일에서 5일을 뺀 360일을 기준으로 12개의 달을 만들었으며, 남은 5일만으로 이루어진 열세 번째 달을 만들었다. 이집트인들은 1년을 365로 계산하였지만 실제 지구의 공전주기는 365.2422일이었으며, 이 오차를 줄이기 위해서는 윤년의 개념이 필요했다. 기원전 246년 이집트 왕위에 오른 프톨레마이오스 3세는 5일로 이루어진 열세 번째 달을 4년에 한 번씩 6일로 계산함으로써 고대 이집트 달력의 오차를 바로잡으려는 시도를 하였는데, 이것이 바로 현재 사용하고 있는 윤년 제도의 시초라 할 수 있다. 한편 기원전 46년 로마는 권력자들의 이해관계에 의해 1년의 기간이 제멋대로 운용되면서 한 해의 길이가 67일이나 어긋나는 혼란을 겪고 있었다. 당시 로마의 집정관이었던 율리우스는 로마 달력의 문제점을 해결하기 위해 이집트의 태양력을 활용한 율리우스력을 개발하였다. 하지만 율리우스력도 완벽한 역법은 아니었다. 4년에 한 번씩 2월에 하루를 더하는 윤년제도를 도입했음에도 불구하고 1년에 674초라는 미세한 오차가 존재했기 때문이다. 이는 율리우스력이 제정될 당시에는 크게 문제가 되지 않는 수준이었다. 하지만 16세기에 이르러 누적오차가 10일이 넘으면서 부활절 날짜에까지 영향을 미치자, 당시 막강한 권력을 가지고 있었던 교황 그레고리우스 13세는 달력 개혁을 단행하고 그레고리력을 도입하였다. 그는 가장 먼저 1582년 10월 4일 다음 날에 바로 10월 15일이 오게 해 과거의 누적오차를 없앴다. 그리고 400년을 주기로 4년마다 윤년을 두되 1700년, 1800년과 같이 100으로 나눌 수 있는 해는 제외하면서도 1600년, 2000년과 같이 400으로 나누어지는 해에는 다시 윤년을 적용해 미래에 발생할 오차까지 줄였다. 이러한 그레고리력은 그 정확성을 인정받아 점차 확산되었고 오늘날 전 세계에서 가장 많이 사용되는 달력이 되었다.

① 고대 이집트 나일강의 범람은 일정한 주기로 일어났다.
② 윤년의 도입은 태양력의 정확성을 높이는 데 도움이 되었다.
③ 그레고리력은 수백 년 후에 발생할 오차까지 계산하여 제정되었다.
④ 고대 이집트인들이 사용했던 태양력은 완전무결한 달력이었다.

[49–50] 다음 ○○공사의 체험형 인턴 채용 공고와 지원자별 이력 사항을 읽고 각 물음에 답하시오.

[○○공사 체험형 인턴 채용 공고]

1. 모집 인원
   - 본사 1명

2. 근무 조건

구분	세부 내용
근무 성격	계약기간 만료 후 고용 관계가 소멸되는 체험형 인턴
근무 기간	20XX. 7. 1.(목)~20XX. 9. 30.(목) (3개월)
근무 시간	주 5일(월~금), 1일 8시간(09~18시, 휴게시간 1시간) 근무
급여 수준	180만 원
복리 후생	4대 보험 가입

3. 공통 지원 자격
   - 공고일 기준 만 32세 이하
   - 4년제 대학 졸업자 또는 졸업 예정자
   - ○○공사 인사 규정에 따른 채용 결격사유가 없는 자
   - 20XX년 7월 1일부터 근무가 가능한 자

4. 채용 일정 및 절차

서류 전형		면접 전형		최종 합격자 발표
20XX. 6. 7.(월) 9시~ 20XX. 6. 14.(월) 15시	▶	20XX. 6. 22.(화)	▶	20XX. 6. 28.(월)

   1) 서류 전형
      - 자사 홈페이지에 지원서 제출
      - 서류 점수는 공통 지원 자격을 충족하는 지원자의 자기소개서 항목 점수에 각 가중치를 곱한 값으로 산출됨
        ※ 자기소개서 항목별 가중치: 지원동기(40%), 직무역량(40%), 근무계획(20%)
   2) 면접 전형
      - 공사 이해도, 직무능력, 의사 표현력, 책임감을 기준으로 종합적으로 평가함
   3) 최종 합격자 발표
      - 서류 점수와 면접 점수를 모두 합산하여 최종 점수가 가장 높은 1명을 선발함
      - 최종 합격자에 한하여 개별 통보함

5. 참고사항
   1) 블라인드 채용에 따라 입사지원서 작성 시 개인 인적 사항이 입력될 경우 불이익을 받을 수 있으며, 허위 사항이 기재된 경우 합격이 취소될 수 있음
   2) 인턴 과정 수료자를 대상으로 수료일 기준 2년 이내 1회에 한하여 당사 신입사원 공개채용에 지원할 경우 서류 전형에서 5%의 가점을 부여함

[지원자별 이력 사항]

구분	기본정보		자기소개서 점수		
	나이	졸업 여부	지원동기	직무역량	근무계획
A	만 30세	4년제 대학 졸업	8점	7.5점	7점
B	만 29세	4년제 대학 졸업	8.5점	8점	8점
C	만 28세	4년제 대학 졸업	7점	9점	9점
D	만 32세	4년제 대학 졸업 예정	7.5점	8.5점	10점

49 위 공고를 근거로 판단한 내용으로 옳은 것은? (단, 4명 모두 인사 규정에 따른 채용 결격사유가 없고, 7월 1일부터 근무가 가능하다.)

① 체험형 인턴으로 선발된 사람은 월요일부터 근무를 시작할 것이다.
② 인턴 최종 선발자가 수료 후 2년 이내에 ○○공사의 신입사원으로 지원하면 가점을 최대 2번까지 받을 수 있다.
③ 서류 점수가 가장 높은 지원자는 C이다.
④ 서류 접수 마감일을 기준으로 2주 뒤에 최종 합격자를 발표한다.

50 지원자별 이력 사항과 면접 점수를 근거로 판단할 때, 지원자 네 명 중 최종 합격자는?

[지원자별 면접 점수]

구분	공사 이해도	직무능력	의사표현력	책임감
A	8점	6점	7점	8점
B	7점	9점	10점	5점
C	9점	6점	8점	7점
D	6점	9점	7점	8점

① A   ② B   ③ C   ④ D

51 A는 미소 여행사에서 1박 2일 여행 상품을 예약하였는데, 집안 사정으로 인해 여행 출발 10일 전에 상품을 환불하였다. 미소 여행사의 여행약관 일부와 A의 여행 계약서가 다음과 같을 때, A가 환불받은 금액은?

[미소 여행사 여행약관]

① **표준약관**

제4조(계약의 구성)

1. 여행계약은 여행 계약서와 여행약관·여행 일정표(또는 여행 설명서)를 계약 내용으로 합니다.
2. 여행 일정표(또는 여행 설명서)에는 여행 일자별 여행지와 관광 내용, 교통수단, 쇼핑 횟수, 숙박장소, 식사 등 여행 실시 일정 및 여행사 제공 서비스 내용과 여행자 유의사항이 포함되어야 합니다.

제5조(특약)

여행업자와 여행자는 관계법규에 위반되지 않는 범위 내에서 서면으로 특약을 맺을 수 있습니다. 이 경우 표준약관과 다름을 여행업자는 여행자에게 설명해야 합니다.

제9조(최저 행사인원 미충족 시 계약해제)

1. 여행업자는 최저 행사인원이 충족되지 아니하여 여행계약을 해제하는 경우 여행 출발 7일 전까지 여행자에 통지하여야 합니다.
2. 여행업자가 여행 참가자 수 미달로 전항의 기일 내 통지를 하지 아니하고 계약을 해제하는 경우 이미 지급받은 계약금 환급 외에 다음 각 목의 1의 금액을 여행자에게 배상하여야 합니다.
   1) 여행 출발 1일 전까지 통지 시: 상품 총가격의 30%
   2) 여행 출발 당일 통지 시: 상품 총가격의 50%

제15조(여행 출발 전 계약해제)

1. 당사 또는 여행자는 여행 출발 전 여행계약을 해제할 수 있습니다. 이 경우 발생하는 손해액은 '소비자피해보상규정'(재정경제부 고시)에 따라 배상합니다.
   1) 여행자의 여행계약 해제 요청이 있는 경우(여행자의 취소 요청 시)
      (1) 여행 출발 20일 전(~20일)까지 통보 시: 상품 총가격의 10% 배상
      (2) 여행 출발 10일 전(19~10일)까지 통보 시: 상품 총가격의 15% 배상
      (3) 여행 출발 8일 전(9~8일)까지 통보 시: 상품 총가격의 20% 배상
      (4) 여행 출발 1일 전(7~1일)까지 통보 시: 상품 총가격의 30% 배상
      (5) 여행 출발 당일 통보 시: 상품 총가격의 50% 배상
   2) 당사의 취소 통보로 인한 여행 취소 손해배상
      (1) 여행 출발 20일 전까지 통보 시: 상품 총가격의 10% 배상
      (2) 여행 출발 10일 전까지 통보 시: 상품 총가격의 15% 배상
      (3) 여행 출발 8일 전까지 통보 시: 상품 총가격의 20% 배상
      (4) 여행 출발 1일 전까지 통보 시: 상품 총가격의 30% 배상
      (5) 여행 출발 당일 통보 시: 상품 총가격의 50% 배상

② **특별약관**

제1조(여행 예약의 확정)

1. 여행자는 여행 상담 및 안내문을 확인 후 계약금을 통상 3일 이내에 입금하여 예약을 확정합니다.
2. 투어 예약의 경우 예약일 7일 이내에 취소 시 100% 환불 가능합니다.

제7조(취소 및 환불)

1. 미소 여행사 여행의 경우 여행자의 예약금 납부 후 요청사항에 맞추어 전 세계의 호텔과 항공 예약을 시작합니다. 따라서 위 계약사항을 취소할 경우에 발생하는 위약금의 책임은 여행자에게 있습니다.

2. 구매 취소 및 환불에 관하여 다음과 같이 위약금이 발생하며, 위약금을 제외한 금액이 환불됩니다.
 – 예약금 입금 후 여행 출발 30일 전까지 취소할 경우 위약금 발생
 – 여행 출발 15일~29일 전 취소: 여행 총경비의 25% 위약금 발생
 – 여행 출발 1일~14일 전 취소: 여행 총경비의 30% 위약금 발생
 – 여행 당일 취소 및 환불 불가
3. 여행자 보험 등 기타 추가 항목의 경우 여행 7일 전까지 전액 환불 가능합니다.
4. 위의 취소 규정과는 별도로 항공, 현지 호텔, 선택 내역의 경우 선예약이 필요한 상품이므로 국외 여행 표준약관 및 소비자보호법의 취소료 규정 외에 미소 여행사가 규정한 국외 여행 특별약관을 적용하여 아래와 같이 취소 위약금을 추가 징수한 뒤, 환불됩니다.
 ※ 특별약관일 경우, 표준약관보다 높은 수수료가 부과될 수 있으며, [하단 환불규정은 당사 국외 여행 표준약관보다 우선 적용]되는 특약규정입니다. 따라서, 국외 여행 표준약관 제5조(특약) 적용상품으로 '소비자분쟁해결기준'이 아닌 특별약관 환불 조건이 적용되는 상품 여부를 확인하셔야 합니다. 특별약관은 상품계약과 동시에 계약자의 약관 동의가 적용됩니다.
 (1) 여행 출발 15일 전: 5%　　　　(2) 여행 출발 14일~10일 전: 10%
 (3) 여행 출발 9일~5일 전: 50%　　(4) 여행 출발 4일~당일: 100%

국외 여행 계약서(여행자용)			
여행 상품명 및 기간	1박 2일 밤도깨비 여행 20XX. 08. 05.(목)~20XX. 08. 06.(금)		
보험 가입 등	영업보증, 금액: 22억 1천만 원		
여행 인원	6명	여행 국가/지역	대만/가오슝
여행 경비	• 기본 패키지+선택 패키지 경비 내역(추가 항목 제외) – 기본 패키지 성인 1인당: 259,000원 – 선택 패키지 성인 1인당: 128,500원 → 6인 경비 총액: 2,325,000원 ※ 1) 선택 패키지 내역: 보트 투어(1인당 43,500원), 해피랜드(1인당 50,000원), 발 마사지(1인당 35,000원) 　　2) 기본 패키지는 특가 상품으로 특약 규정 적용되며, 선택 패키지는 특별 예약 프로그램이므로 별도 취소료 규정 적용		
출발(도착) 일시	출발: 20XX. 08. 05.(목) (인천) 도착: 20XX. 08. 06.(금) (인천)	교통수단	항공기(기본)
숙박 시설	관광호텔: 3성급	식사 횟수	조식 1회, 중식 2회, 석식 1회
현지 안내원	유, 가이드 1인	현지 교통수단	미니버스(8인승), 기사 1인 포함
여행 경비 포함사항	**필수 포함 항목**	**기타 추가 항목**	
	– 항공기 운임(1인 115,000원) – 숙박(1인 49,000원) – 식사(1인 70,000원) – 일정표 내 관광지 입장료 – 제세공과금을 포함한 세금 – 선택 내역	– 현지 안내원/기사 봉사료 – 호텔/식당 팁 – 쇼핑	
		여행자 보험(최고 한도액: 1억 원) 가입, 1인 5,300원	
특약 (위약금/취소료 규정)	특가 상품으로 국외 여행 표준약관이 아닌 여행사의 특별약관이 적용됩니다. ※ 자사 규정 참고		

① 1,410,000원　　② 1,452,000원　　③ 1,550,400원　　④ 1,627,500원

[52-53] 다음은 연도별 국내 수출입 물동량에 대한 자료이다. 각 물음에 답하시오.

[연도별 항공 및 해상 수출입 물동량]

(단위: 천 톤, 억 원)

구분		2020년	2021년	2022년	2023년	2024년
항공	운송량	667	850	930	1,160	1,350
	물류비용	7,500	11,240	10,750	14,800	26,500
해상	운송량	650	625	575	765	875
	물류비용	5,850	8,992	8,170	12,580	21,730

52 다음 중 자료에 대한 설명으로 옳지 않은 것은?

① 2021~2024년 해상 운송량의 평균은 700천 톤 이상이다.

② 제시된 기간 중 항공 물류 비용이 두 번째로 적은 해에 항공 물류 비용은 해상 물류 비용보다 2,580억 원 더 많다.

③ 2022년 해상 운송 1 톤당 물류 비용은 전년 대비 증가하였다.

④ 2021년 이후 항공 운송량의 전년 대비 증가량이 가장 큰 해에 항공 운송량은 해상 운송량의 1.5배 이상이다.

53 다음 중 제시된 자료를 바탕으로 만든 그래프로 옳은 것은?

① 연도별 항공 운송량
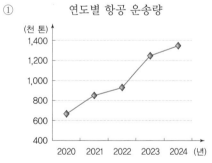

② 해상 운송량의 전년 대비 증감량
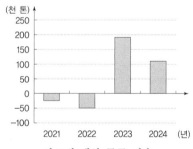

③ 항공 물류 비용 대비 해상 물류 비용 비율
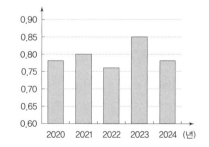

④ 연도별 해상 물류 비용
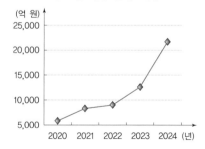

54 다음 글을 통해 추론한 내용으로 적절하지 않은 것은?

사람의 머리에서는 매 순간 미약한 전류가 흘러나오는데, 이러한 전류를 일컬어 '뇌파'라고 한다. 쉽게 말해서 뇌파란 뇌 신경 사이에 신호가 전달될 때 생기는 전기의 흐름으로 '뇌에서 나오는 신호' 또는 '뇌의 목소리'라고 할 수 있다. 뇌파에 대한 연구는 오래전부터 이어져 왔는데, 1875년 영국의 생리학자 R.케이튼이 토끼와 원숭이의 대뇌피질 연구를 통해 발견한 전류를 검류계로 기록한 것이 그 시초였다. 그 후 1929년 독일의 정신과 의사 한스 베르거는 최초로 인간의 뇌 신경세포 활동에서 나타나는 변화를 외부에서 측정하여 기록하였다. 일반적으로 인간의 뇌는 0.5~30Hz의 주파수를 가지며, 주파수와 진폭에 따라 델타파, 세타파, 알파파, 베타파, 감마파 등으로 분류된다. 보통 알파파와 베타파는 뇌 기능이 정상일 때, 델타파와 세타파는 뇌 기능이 저하된 상태일 때 나타난다. 먼저 알파파는 안정되고 편안한 상태일수록 진폭이 증가하는 뇌파로 규칙적인 파동이 연속적으로 나타나며, 베타파의 경우 깨어있거나 의식적인 활동을 할 때 나오는 뇌파이다. 반면, 아주 깊은 수면 상태이거나 의식 불명일 경우 델타파가 나오고, 세타파는 정서적으로 안정된 상태 또는 수면으로 이어지는 과정에서 주로 발견된다. 하지만 세타파는 연구자들의 실험 방법 및 실험 대상의 특성이 다양하여 정확한 연구 결과가 부족한 실정이다. 최근에는 뇌파의 특성을 이용하여 뇌파로 컴퓨터를 조작하는 뇌-컴퓨터 인터페이스 기술 개발이 활발하게 진행되어, 실제로 프랑스에서는 뇌파를 음악으로 변환하는 소프트웨어가 개발되기도 했다. 그러나 한편으로 뇌파를 통해 감정 변화를 감지하는 뇌파 감시 시스템을 개발하여 산업현장에서 노동자를 감시하는 데 활용해 논란이 되고 있다.

① 일반적으로 사람의 뇌파는 0.5Hz에서 30Hz 사이의 주파수가 나온다.
② 세타파에 관한 연구는 아직 신뢰할 만한 결과가 나오지 않은 상태이다.
③ 뇌파를 음악으로 변환하는 소프트웨어는 이미 프랑스에서 개발되었다.
④ 한스 베르거는 동물의 뇌 신경세포에서 나타나는 전파를 최초로 발견하여 기록하였다.

[55-56] 다음은 농협몰의 주문 및 배송 안내와 20XX년 2월 배송 일정이다. 각 물음에 답하시오.

[주문 안내]

1. 자정부터 오후 3시 사이 주문은 당일 주문 건으로 등록되며, 오후 3시 이후 주문은 익일 주문 건으로 등록된다.
2. 일반상품(가전, 가구, 생활용품 등)의 주문 건은 당일에 출고되고, 식품(과일, 채소, 간식 등)의 주문 건은 익일에 출고된다.

[배송 안내]

1. 모든 주문 건에 대한 배송은 출고일부터 1~2일 후 완료됩니다.
2. 주말에는 주문만 가능하며, 해당 날의 주문 건은 모두 월요일에 출고됩니다.
3. 배송지연 기간에 출고되는 물품은 배송에 2일이 더 소요됩니다.
4. 배송중단 기간에는 주문, 출고, 배송이 모두 중단됩니다.

[20XX년 2월 배송 일정]

일	월	화	수	목	금	토
			1	2	3	4
5	6	7	8	9	10	11
12	13	14	15	16	17	18
	배송지연			배송중단		
19	20	21	22	23	24	25
	배송지연					
26	27	28				

55 박△△ 부장은 설날을 맞이하여 농협몰에서 팀원들에게 줄 선물을 주문하려고 한다. 팀원들에게 최소 2월 14일까지는 배송이 완료되어야 할 때, 다음 중 옳지 않은 것은?

① 일반상품일 경우 2월 7일 오후 5시에 주문을 하면, 늦어도 2월 10일에는 배송이 완료된다.

② 식품일 경우 2월 7일 오후 2시에 주문을 하면, 빠르면 2월 9일에는 배송이 완료된다.

③ 2월 8일 오전에 주문할 경우, 가장 느린 배송 완료일을 기준으로 하면 배송일을 맞추지 못한다.

④ 2월 9일 오전에 주문할 경우, 가장 빠른 배송 완료일을 기준으로 하면 배송일을 맞출 수 있다.

56 다음은 사내 탕비실 관리를 담당하는 김○○ 사원이 농협몰에서 주문한 물품 목록이다. 가장 마지막으로 배송이 완료되는 물품은?

물품	주문일	주문 시간	배송 소요일
음료수	2월 13일	오후 4시	2일
손 세정제	2월 13일	오전 11시	2일
전자레인지	2월 18일	오후 8시	1일
과자	2월 20일	오후 1시	1일

① 음료수 ② 손 세정제 ③ 전자레인지 ④ 과자

57 ○○은행 강서 지점에서는 10월 한 달간 정기예금에 가입한 고객 중 예금액이 높은 순서대로 1등, 2등, 3등 총 3명을 선정하여 사은품을 전달하였다. 지급 가능한 사은품을 무작위로 추첨하여 1등 고객에게는 3개를, 2등과 3등 고객에게는 각각 2개를 전달했을 때, 항상 옳지 않은 것은? (단, 선정된 고객들의 예금액은 모두 다르다.)

[지급 가능한 사은품 목록]

• 보조배터리 1개, 자전거 2대, 카메라 2대, 선풍기 1대, 그릇세트 2개, 셀카봉 1개

[사은품 지급 내역]

• 같은 사은품을 2개 받은 고객은 없었다.

• 카메라와 그릇세트를 둘 다 받은 고객은 1명뿐이었다.

• 보조배터리를 받은 고객은 셀카봉을 받은 고객보다 예금액이 더 많았다.

• 자전거를 받은 고객은 없었으며, 2등 고객은 선풍기를 받았다.

① 보조배터리와 그릇세트를 모두 받은 고객이 있다.

② 카메라는 1등과 3등 고객이 받았다.

③ 2등 고객은 선풍기와 셀카봉을 사은품으로 받았다.

④ 3등 고객이 그릇세트를 받았다.

[58 - 59] 다음 글을 읽고 각 물음에 답하시오.

직장인들의 퇴직연금 제도는 크게 DB형, DC형, IRP 총 세 가지로 분류된다. 먼저 DB(Defined Benefit) 형은 확정 급여형 퇴직연금을 말하는데, 근로자가 퇴직 직전에 받는 30일분 평균임금을 기준으로 근속 연수를 곱한 금액이 퇴직연금으로 결정된다. DB형은 운용 권한 및 책임이 근로자가 아닌 회사에 있으며, 운용으로 인한 성과 및 손실 또한 회사가 떠안게 된다. 다음으로 DC(Defined Contribution)형은 확정 기여형 퇴직연금을 말한다. 이 제도를 도입한 회사에서는 매년 그해 임금총액의 일정 비율(1/12) 이상에 해당하는 금액을 근로자 명의의 퇴직연금계좌에 입금하게 된다. DC형은 DB형과 달리 근로자가 운용 권한 및 책임을 진다는 특징이 있으며, 근로자가 직접 예·적금 또는 원금보장형 ELS·ELD·ELB 등에 자유로이 투자할수 있다. 물론 이 점은 DC형의 장점으로 꼽히지만, 그에 따른 성과나 손실도 근로자가 떠안게 된다는 문제가 있다. 마지막으로 IRP(Individual Retirement Pension)는 개인형 퇴직연금을 의미한다. IRP는 근로자가 자율적으로 노후 준비를 위해 가입하는 퇴직연금에 해당하기 때문에 DB, DC형과 별개로 개인의 자유에 따라 추가 가입할 수 있다는 점이 특징이며, 다른 연금저축계좌와 합쳐 연간 1,800만 원을 납입할 수있다. 다만, DC형과 IRP 위험자산의 투자 한도는 DB형과 마찬가지로 적립금의 70%까지만 허용되는데, 집합투자의 방법으로만 투자할 수 있다. 즉, DC형과 IRP는 주식에 대해 직접투자를 하지 못하도록 되어 있다. 대신 IRP는 투자 수익에 대한 세금을 퇴직연금을 수령하는 시기로 이연해주며 연간 새로 납입하는 금액에서 700만 원까지 세액공제를 해준다.

58 다음 중 윗글을 통해 추론한 내용으로 적절하지 않은 것은?

① DB형에 가입한 근로자의 임금이 임금피크제에 따라 삭감되었다면, 임금피크제 시행 이전 대비 수령 가능한 퇴직연금이 줄어든다.
② 근로자가 매년 일정 금액을 추가로 납입하면서 연말 정산도 고려하고 있다면 IRP보다 DB형에 가입하는 것이 좋다.
③ 연금저축계좌 1개와 IRP 1개를 보유한 근로자가 IRP에 800만 원을 납입했다면 같은 해 연금저축계좌에 납입 가능한 금액은 1,000만 원 이하이다.
④ 근로자가 직접 퇴직연금계좌를 운용하며 손실이 발생했더라도 기업에서는 원금을 보전해주지 않는다.

59 김 상무는 DC형 퇴직연금에 가입하였으며, 입사 후 김 상무가 처음 지급받은 퇴직급여 금액은 250만 원이다. 급여상승률과 DC형 퇴직연금 운용 수익률이 매년 2% 복리라면, 20년 후 김 상무의 DC형 퇴직연금계좌에 적립된 세전 금액은 약 얼마인가? (단, $1.02^{20} ≒ 1.5$로 계산한다.)

① 7,353만 원　　　② 7,430만 원　　　③ 7,599만 원　　　④ 7,703만 원

60 다음 ⊙~ⓒ의 설명에 해당하는 인적자원관리의 특성을 바르게 연결한 것은?

> ⊙ 인적자원에서 나타나는 성과는 인적자원의 욕구와 동기, 태도와 행동 그리고 만족감 여하에 따라 결정되며 인적자원의 행동동기와 만족감은 경영관리에 의해 조건화되므로 이를 잘 관리할 때 기업의 성과를 높일 수 있다.
> ⓒ 조직의 성과는 인적자원, 물적자원 등을 효과적이고 능률적으로 활용하는 데 달려있으며, 이러한 자원을 활용하는 것이 바로 사람이기 때문에 다른 어떤 자원보다도 인적자원관리는 중요하다.
> ⓒ 인적자원은 오랜 기간에 걸쳐서 개발될 수 있는 많은 자질을 보유하고 있으므로 환경 변화와 이에 따른 조직 변화가 심할수록 현대 조직의 인적자원관리에서 인적자원이 차지하는 중요성은 더욱 커지고 있다.

	⊙	ⓒ	ⓒ
①	능동성	개발가능성	전략적 자원
②	능동성	전략적 자원	개발가능성
③	개발가능성	능동성	전략적 자원
④	개발가능성	전략적 자원	능동성

약점 보완 해설집 p.22

무료 바로 채점 및 성적 분석 서비스 바로 가기
QR코드를 이용해 모바일로 간편하게 채점하고 나의 실력이 어느 정도인지, 취약 부분이 어디인지 바로 파악해 보세요!

4회 실전모의고사

제한 시간(60분)을 참고하여 문제 풀이 시작과 종료 시각을 정하고,
실전처럼 모의고사를 풀어보세요.

시   분 ~   시   분 (총 60문항/60분)

- 본 실전모의고사는 총 60문항으로 구성되어 있으며, 영역별 제한 시간 없이 60분 이내로 모든 영역의 문제를 풀어야 합니다.
- 의사소통능력, 수리능력, 문제해결능력, 자원관리능력, 조직이해능력 문제가 출제됩니다.
- 맨 마지막 페이지에 있는 회독용 OMR 답안지와 해커스ONE 애플리케이션의 학습 타이머를 이용하여 실전처럼 모의고사를 풀어본 후, 60번 문제 하단에 있는 '바로 채점 및 성적 분석 서비스' QR코드를 스캔하여 응시 인원 대비 본인의 성적 위치를 확인해 보시기 바랍니다.

01 다음 결론이 반드시 참이 되게 하는 전제를 고르면?

전제	교통량이 많은 어떤 곳은 대기의 질이 나쁘다.
결론	대기의 질이 나쁜 어떤 곳은 인구가 적다.

① 인구가 적은 곳은 교통량이 많다.
② 인구가 적은 곳은 교통량이 많지 않다.
③ 교통량이 많은 어떤 곳도 인구가 적지 않다.
④ 교통량이 많은 곳은 인구가 적다.

02 다음 중 농협의 윤리시스템 조직도에서 A와 B에 들어갈 내용으로 바르게 짝지어진 것은?

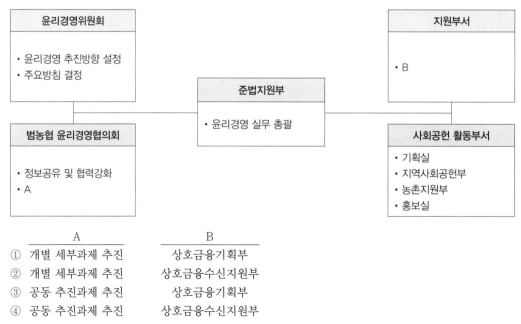

	A	B
①	개별 세부과제 추진	상호금융기획부
②	개별 세부과제 추진	상호금융수신지원부
③	공동 추진과제 추진	상호금융기획부
④	공동 추진과제 추진	상호금융수신지원부

03 다음은 연도별 종이·목재 산업 유가증권 상장사 이익 및 이익률에 대한 자료이다. 자료에 대한 설명으로 옳은 것은?

[연도별 종이·목재 산업 유가증권 상장사 이익]

(단위: 백만 원)

구분	2020년	2021년	2022년	2023년	2024년
매출액	6,133,403	5,957,869	6,960,651	7,621,225	7,105,794
경상이익	2,873	−87,103	197,975	51,754	153,724
당기순이익	−32,513	−91,920	138,524	8,193	104,381

[연도별 종이·목재 산업 유가증권 상장사 이익률]

(단위: %)

구분	2020년	2021년	2022년	2023년	2024년
총자본경상이익률	0.1	−1.1	2.2	0.6	1.7
매출액경상이익률	0.1	−1.5	2.8	( )	2.2

※ 1) 총자본경상이익률(%) = 매출액경상이익률×총자본회전율
   2) 매출액경상이익률(%) = (경상이익/매출액)×100
   3) 총자본회전율은 총자본이 1년 동안 몇 회 회전했는지를 나타내는 비율임

① 제시된 기간 동안 매출액이 다른 해에 비해 가장 큰 해에 경상이익도 다른 해에 비해 가장 크다.
② 2022년 매출액경상이익률은 전년 대비 4.3%p 증가하였다.
③ 2021년 이후 경상이익과 당기순이익의 전년 대비 증감 추이가 서로 다른 해는 총 1개 년도이다.
④ 2023년 총자본회전율은 0.8회 미만이다.

04 다음 중 A의 말에 대한 B의 대답으로 적절하지 않은 것은?

① A: What time are we having lunch?
   B: It'll be ready before two o'clock.
② A: Are you going to take a vacation this summer?
   B: This summer is too hot.
③ A: Sorry I missed your call.
   B: That's all right. Have you been busy?
④ A: I call you several times. Why didn't you answer?
   B: Oh, I was on the phone with a friend.

05 다음 중 농가 자산에 해당하는 것의 개수는?

㉠ 토지	㉡ 건물	㉢ 기계
㉣ 경작권	㉤ 소동물	㉥ 미처분 농축산물

① 3개 ② 4개 ③ 5개 ④ 6개

06 다음 각 설명에 해당하는 용어를 순서대로 나열한 것은?

- 특정 작업 수행을 위해서 임시적으로 조직 내의 자원을 결합한 조직 형태로, 특정 작업의 수행이 완료되면 해산되는 동태적인 조직이다.
- 조직구성원이 원래 속해 있던 조직의 일을 하면서, 특정 사업을 위해 만들어진 임시적인 팀의 일원으로서도 임무를 수행하는 조직형태이다. 한 조직구성원이 동시에 두 개의 부문에 속하게 된다.

① 프로젝트 조직 – 매트릭스 조직
② 사업부제 조직 – 네트워크 조직
③ 직능부제 조직 – 매트릭스 조직
④ 프로젝트 조직 – 네트워크 조직

07 다음은 A~D 4개의 숫자에 대한 자료이다. 각 행과 열의 합계가 다음과 같을 때, A+B+C+D의 값은?

합계	47	67	60	49
45	B	A	C	C
56	B	A	D	B
51	B	C	C	D
71	D	D	A	B

① 34 ② 47 ③ 58 ④ 65

08 갑과 을은 N 은행 농부사랑 정기예금에 가입하여 만기일까지 예금을 예치하였다. 두 사람의 상품 가입 내용이 다음과 같을 때, 각자 지급받은 총이자의 차는 얼마인가? (단, 세금은 고려하지 않는다.)

[N 은행 농부사랑 정기예금 소개]

- 가입기간: 12개월 이상 36개월 이내(월 단위)
- 가입금액: 1백만 원 이상(가입한도 5억 원)
- 구분별 기본금리(연이율)

구분	만기일시지급식	월이자지급식
12개월 이상~24개월 미만	0.6%	0.5%
24개월 이상~36개월 미만	0.65%	0.55%
36개월 이상	0.7%	0.6%

※ 1) 만기일시지급식: 가입기간 동안 약정이율로 계산하여 만기에 일시 지급
　 2) 월이자지급식: 가입기간 동안 약정이율로 계산한 총이자를 월수로 나눠 매월 지급

- 우대금리: 아래 우대조건을 모두 충족하면 만기해지 시 기본금리에 최대 0.4%p의 우대금리 가산 적용
  - 가입월부터 만기일 전월 말까지 기간 중 3개월 이상 N 은행 계좌로 급여이체 시 0.2%p 우대
  - 가입월부터 만기일 전월 말까지 기간 중 N 은행 카드 실적 월평균 20만 원 이상 이용 시 0.2%p 우대
  - 해당 예금 만기일 전월 말 기준 '농부사랑 적금' 보유 시 0.2%p 우대
- 추가적립/재예치: 불가

구분	가입기간	가입금액	이자지급방식	비고
갑	18개월	1천만 원	월이자지급식	우대조건 중 1개 충족
을	24개월	6백만 원	만기일시지급식	우대조건 중 3개 충족

① 6,000원　　　　② 15,000원　　　　③ 21,000원　　　　④ 30,000원

09 조미영 사원은 회사에서 사용하는 사무기기 구매 업무를 담당하고 있다. 사무기기 구매 매뉴얼에 따라 팀장 승인이 완료된 기기만 구매할 수 있으며, 성능이 동일하면 가격이 저렴한 기기로 구매해야 한다. 사무기기 신청일지 내역에 따라 사무실에 필요한 프린터와 모니터를 구매하려고 할 때, 프린터와 모니터를 구매하는 데 사용할 총비용은?

[사무기기 신청일지]

구분	신청자	신청 기기	신청 수량	신청 목적 및 요청사항	팀장 승인 여부
1	민지애 주임	모니터	1대	• 화면이 큰 모니터 구매 요청	승인 대기
2	김형수 주임	모니터	2대	• 신입사원 자리 설치용 • 가격이 가장 저렴한 모니터 구매 요청	승인 완료
3	박지형 사원	모니터	1대	• 디자인 업무용 • 화면이 크고 해상도가 높은 모니터 구매 요청	승인 완료
4	윤아람 사원	모니터	1대	• 32인치 모니터 구매 요청	보류
5	민지성 대리	프린터	2대	• 사무실 공용 프린터로 사용할 예정 • 스캔 가능한 프린터 구매 요청	승인 완료
6	윤상현 사원	프린터	1대	• 무선 네트워크 연결이 가능한 프린터 구매 요청	승인 완료

[프린터 제품 정보]

구분	가격	성능	기타
A 제품	114,000원	• 복사 가능	–
B 제품	149,000원	• 스캔, 복사 가능	2대 이상 구매 시 10% 할인
C 제품	135,000원	• 스캔 가능 • 무선 네트워크 연결 가능	–

[모니터 제품 정보]

구분	가격	화면 크기	해상도
D 제품	189,000원	32인치	1,920 × 1,080
E 제품	209,000원	34인치	2,560 × 1,080
F 제품	154,000원	24인치	1,366 × 768

① 920,200원　　② 922,000원　　③ 1,109,200원　　④ 1,131,000원

10 다음 글에서 설명하고 있는 문제해결 절차의 단계는?

> 현재 수행하고 있는 업무에 가장 크게 영향을 미치는 핵심 이슈에 대한 가설을 설정한 후, 가설 검증을 위해 필요한 데이터를 수집하고 수집된 정보를 목적에 따라 항목별로 분류 및 정리하여 의미를 해석한다.

① 문제 인식   ② 실행 및 평가   ③ 원인 분석   ④ 해결안 개발

11 다음 밑줄 친 단어와 의미가 유사한 것은?

> 본격적인 논의에 앞서 <u>현상</u>을 파악하는 것이 이루어져야 한다.

① 본질   ② 현황   ③ 현재   ④ 이면

12 해진이는 이삿짐센터를 이용하여 새집으로 이사를 하려고 한다. 다음 제시된 이삿짐센터 정보와 선정 조건을 고려하였을 때, 10/8(금)에 이사하는 해진이가 이용할 이삿짐센터는?

[이삿짐센터 정보]

구분	가격	이사 소요 시간	파손 보험 가입 여부	휴일
A 센터	650,000원	6시간 30분	O	매주 화요일
B 센터	700,000원	6시간	O	–
C 센터	650,000원	8시간	O	–
D 센터	630,000원	7시간	O	매주 금요일

[이삿짐센터 선정 조건]

• 이사 소요 시간은 7시간을 초과해서는 안 된다.
• 위 조건을 만족하는 이삿짐센터 중 가격이 가장 저렴한 이삿짐센터를 이용한다.

① A 센터   ② B 센터   ③ C 센터   ④ D 센터

13 다음은 인사관리의 원칙에 대한 표이다. ⊙~㉠에 들어갈 내용 중 적절하지 않은 것은?

적재적소 배치의 원칙	해당 직무 수행에 가장 적합한 인재를 배치해야 한다.
⊙	근로자의 인권을 존중하고 공헌도에 따라 노동의 대가를 공정하게 지급해야 한다.
공정 인사의 원칙	ⓒ
ⓒ	직장에서 신분이 보장되고 계속해서 근무할 수 있다는 믿음을 갖게 하여 근로자가 안정된 회사 생활을 할 수 있도록 해야 한다.
창의력 계발의 원칙	근로자가 창의력을 발휘할 수 있도록 새로운 제안, 건의 등의 기회를 마련하고, 적절한 보상을 하여 인센티브를 제공해야 한다.
단결의 원칙	㉠

① ⊙: 공정 보상의 원칙
② ⓒ: 직무 배당, 승진, 상벌, 근무 성적의 평가, 임금 등을 공정하게 처리해야 한다.
③ ⓒ: 경영자 안정의 원칙
④ ㉠: 직장 내에서 구성원들이 소외감을 갖지 않도록 배려하고, 서로 유대감을 가지고 협동, 단결하는 체제를 이루도록 한다.

14 ○○고등학교 학생인 갑, 을, 병, 정, 무 5명은 한 명씩 학교 분실물 함에서 본인의 학용품을 찾아갔다. 다음 조건을 모두 고려하였을 때, 항상 참인 것은?

- 학용품은 풀, 가위, 색연필, 볼펜, 지우개이고, 5명이 분실물 함에서 찾아간 학용품은 모두 다르다.
- 무는 색연필 또는 볼펜을 찾아갔고, 갑은 풀을 찾아가지 않았다.
- 을이 찾아간 학용품은 풀과 지우개가 아니다.
- 지우개를 찾아간 바로 다음 순서에 풀을 찾아갔다.
- 정은 가장 마지막 순서로 가위를 찾아갔다.
- 을과 무 사이에 학용품을 찾아간 사람은 2명이다.

① 을이 찾아간 학용품은 볼펜이 아니다.
② 갑은 병보다 먼저 학용품을 찾아가지 않았다.
③ 무가 찾아간 학용품은 색연필이다.
④ 갑은 지우개를 찾아갔다.

15 다음은 연도별 판매전력량과 환율에 대한 자료이다. 20X3년 한국의 전력 판매단가가 1kWh당 110원이며 20X3년 일본의 전력 판매단가 또한 같은 가치를 가진다고 할 때, 20X3년 일본의 전력 판매금액은 약 얼마인가?

[연도별 판매전력량]

(단위: GWh)

구분	20X0년	20X1년	20X2년	20X3년	20X4년
한국	466,600	474,800	477,600	484,000	497,000
일본	851,600	848,500	823,000	800,000	850,500
미국	3,686,800	3,724,900	3,764,700	3,786,400	3,762,500

※ $1GWh = 10^6 kWh$

[연도별 환율]

구분	20X0년	20X1년	20X2년	20X3년	20X4년
원/달러	1,071	1,055	1,099	1,160	1,208
엔/달러	87	105	120	120	117

① 55,076억 엔   ② 82,759억 엔   ③ 85,067억 엔   ④ 91,034억 엔

16 다음 글의 중심 내용으로 가장 적절한 것은?

> 일반적으로 소비자들은 좋은 품질의 물건을 그에 맞는 가격에 구매하는 것을 합리적인 소비라고 생각한다. 그래서 소비자인 우리 또한 마트에 가게 되면 원하는 물건들이 놓여있는 진열대에서 물건의 가격을 하나하나 따져보곤 한다. 이때 우리는 진열대의 물건 중에서 지나치게 비싼 물건은 지갑 사정을 고려해서 제외하고, 다른 물건들보다 가격이 너무 싼 물건은 품질이 떨어질 것이라는 우려에서 제외한다. 그리고 최종적으로는 너무 비싸지도 싸지도 않은 가격의 제품을 골라 장바구니에 담으며 자신의 소비가 합리적이었다는 생각에 만족해한다. 하지만 이것을 합리적인 소비 방식이라고 단정 지을 수 없다. 가격은 제품의 품질을 반영해 매겨지는 것이 아니라 마트가 수립한 전략에 따라 매겨진 것이기 때문이다. 마트는 최저나 최고가의 물건을 꺼리는 소비자의 심리를 미리 파악하여 특정 제품에 중간 가격을 책정한 후 소비자들이 그 제품을 소비하도록 유도한다. 즉, 우리가 적절한 가격에 샀다고 생각한 물건이 합리적인 소비의 결과가 아니라 마트가 수립한 전략에 휘말린 결과일 수 있는 것이다.

① 물건 구입 시 가격이 비싼 제품을 전적으로 배제하는 것은 합리적이지 못한 소비 방식이다.
② 소비자들은 물건의 가격이 품질에 합당하게 책정되었는지 판단할 수 있는 안목을 길러야 한다.
③ 합리적인 소비를 위해서는 물건의 품질보다는 가격을 중요하게 여기는 태도를 가져야 한다.
④ 적당한 값에 물건을 사는 것이 현명한 소비가 아닐 수도 있음을 인지해야 한다.

17 다음은 ◇◇기업에서 공장 증설을 위해 엔지니어링 업체 평가 점수 기준을 수립하고 입찰 업체 목록을 정리한 자료이다. 다음 자료를 고려하여 평가 점수가 가장 높은 업체를 선정한다고 할 때, 선정될 업체는?

[엔지니어링 업체 평가 점수 기준]

구분	소속	배점	점수	
업체 실적	프로젝트별 연평균 목표 달성률	20점	90% 초과	20점
			70% 초과 90% 이하	16점
			30% 초과 70% 이하	10점
			30% 이하	5점
시공 능력	시공 설비 평균 연식	10점	15년 이상	3점
			10년 이상 15년 미만	5점
			5년 이상 10년 미만	8점
			5년 미만	10점
신뢰도	누적 프로젝트 수	20점	누적 프로젝트/1,000 (단, 계산 점수가 20점 이상일 경우 일괄 20점으로 계산)	
합계		50점	–	

※ 프로젝트별 연평균 목표 달성률(%) = $\dfrac{\text{연평균 완료 프로젝트}}{\text{연평균 진행 프로젝트}} \times 100$

[입찰 업체]

구분	누적 프로젝트	연평균 진행 프로젝트	연평균 완료 프로젝트	시공 설비 평균 연식
가 업체	25,000건	600건	420건	5년
나 업체	13,000건	240건	216건	6년
다 업체	40,000건	1,500건	1,060건	5년
라 업체	18,000건	390건	360건	8년

① 가 업체　　　② 나 업체　　　③ 다 업체　　　④ 라 업체

18 갑, 을, 병, 정, 무 5명은 서로의 혈액형을 예측하였다. 혈액형은 A형, B형, AB형, O형 중 하나이고 각 혈액형인 사람이 적어도 1명 존재하며 A형과 B형인 사람의 예측만 진실이었다. 제시된 조건을 모두 고려하였을 때, 사람과 혈액형이 올바르게 연결된 것은? (단, 예측이 거짓인 사람은 두 가지 예측 모두 거짓이고, 예측이 진실인 사람은 두 가지 예측 모두 진실이다.)

- 갑: 정의 혈액형은 AB형이고, 정과 무는 혈액형이 달라.
- 을: 갑의 혈액형은 AB형이고, AB형은 한 명이야.
- 병: 을의 혈액형은 B형이고, 나와 을은 혈액형이 달라.
- 정: 무의 혈액형은 A형이고, 나와 갑은 혈액형이 같아.
- 무: 병의 혈액형은 O형이고, A형은 두 명이야.

	사람	혈액형
①	갑	A형
②	을	B형
③	병	O형
④	정	AB형

[19-20] 다음은 B 국의 농산물 직거래 판매액 및 참여 농가 수에 대한 자료이다. 각 물음에 답하시오.

[연도별 농산물 직거래 판매액]

(단위: 백만 원)

구분		2020년	2021년	2022년	2023년	2024년
전체 직거래 판매액		165,850	174,880	173,000	162,500	166,400
거래유형별	온라인	92,500	105,680	100,800	98,700	99,550
	오프라인	73,350	69,200	72,200	63,800	66,850
품목별	채소류	23,900	21,860	22,500	22,750	15,808
	과일류	43,850	43,190	43,280	42,500	41,820
	곡물류	95,500	86,200	86,580	82,700	78,600
	기타	2,600	23,630	20,640	14,550	30,172

[연도별 직거래 참여 농가 수]

(단위: 호)

구분	2020년	2021년	2022년	2023년	2024년
참여 농가 수	26,750	25,785	25,970	23,940	25,600

19 다음 중 자료에 대한 설명으로 옳은 것은?

① 제시된 기간 중 전체 직거래 판매액이 두 번째로 적은 해에 직거래 참여 농가 1호당 평균 직거래 판매액은 650만 원이다.

② 2021년 이후 과일류 직거래 판매액은 매년 전년 대비 감소하였다.

③ 제시된 기간 중 직거래 참여 농가 수가 두 번째로 많은 해에 품목별 직거래 판매액은 곡물류가 과일류의 2배 이상이다.

④ 2024년 곡물류 직거래 판매액의 4년 전 대비 감소율은 20% 이상이다.

20 제시된 기간 동안 온라인 직거래 판매액과 오프라인 직거래 판매액의 차이가 가장 큰 해에 전체 직거래 판매액에서 채소류 판매액이 차지하는 비중은?

① 8.5%
② 9.5%
③ 12.5%
④ 14.0%

[21~22] 다음 자료를 읽고 각 물음에 답하시오.

[N 은행 카드별 혜택 및 유의사항]

1. A 카드
    1) 슬로건: 한 장의 카드로 나의 생활영역을 넓히다
    2) 혜택 내용: 선택 업종 15~20% 청구할인
        ※ 선택 업종은 주유, 이동통신, 생활, 의료, 해외 중 최대 2개까지 선택 가능하며, 1개 업종 선택 시 매 결제별 20%
        씩, 2개 업종 선택 시 매 결제별 15%씩 할인됨
    3) 선택 업종

업종	내용
주유	충전소를 제외한 모든 주유소
이동통신	본 카드로 자동납부 신청 후 결제된 모든 통신비
생활	모든 대형마트 또는 모든 카페 가맹점
의료	병원, 의원, 한의원, 약국 등 모든 의료기관
해외	해외 온라인 및 해외 오프라인 가맹점 등 모든 해외 가맹점

    4) 연회비
        – 국내 전용: 1만 3천 원
        – 해외 겸용: 1만 5천 원
    5) 유의사항
        – 주유 업종은 단독 선택이 불가능하므로 주유 업종 선택 시 1개의 업종을 추가로 선택해야 함
        – 국내 전용 카드 발급 시 해외 업종 선택은 불가함

2. B 카드
    1) 슬로건: 스마트한 적립, 나를 잘 아는 카드
    2) 혜택 내용: 기본 0.7% 포인트 적립 + 가장 많이 쓴 1위 가맹점과 그다음으로 많이 쓴 2위 가맹점에 대
        해 추가 포인트 적립
        ※ 1위 가맹점의 경우 기본 포인트의 2배, 2위 가맹점의 경우 기본 포인트의 1배가 추가로 적립됨
    3) 연회비
        – 국내 전용: 1만 2천 원
        – 해외 겸용: 1만 2천 원
    4) 유의사항
        – 추가 포인트 적립은 대상 가맹점에 한해 제공함

3. C 카드
    1) 슬로건: 전 세계 항공사 항공권 구입은 에어머니 카드로
        ※ 에어머니: 전 세계 항공사의 항공권을 구입할 수 있는 포인트로, 1포인트는 1원과 동일한 가치를 지니며 적립일로
        부터 10년간 유효함
    2) 혜택 내용: 적립 내용에 한해 5% 에어머니 적립 + 국제공항 라운지 무료 이용 서비스
    3) 적립 내용
        – 카페 및 베이커리, 음악 및 동영상 스트리밍 서비스, 영화 관람(영화관 매점 미포함)
    4) 연회비
        – 국내 전용: 1만 3천 원
        – 해외 겸용: 1만 5천 원

5) 유의사항
   - 매월 적립 내용에 대한 결제 금액을 합산하여 합산 금액의 5%가 에어머니로 익월 적립됨
   - 국제공항 라운지 무료 이용 서비스는 월 1회(최대 연 2회) 제공
     ※ 전월 실적 30만 원 이상 시 제공되며, 가입 월에는 혜택 미제공

4. D 카드

1) 슬로건: 올바른 할인 혜택으로 전 세계에서 행복해지다
2) 혜택 내용: 국내 이용 시 0.7% 할인, 해외 이용 시 1.0% 할인 + 국제공항 라운지 무료 이용 서비스
   ※ 일요일 이용 시 국내·외에 관계없이 전월 실적에 따라 40만 원 이상~80만 원 미만은 1.2%, 80만 원 이상은 1.3%의 할인 혜택 제공
3) 연회비
   - 해외 겸용: 1만 4천 원
4) 유의사항
   - 국제공항 라운지 무료 이용 서비스는 월 1회(최대 연 2회) 제공
     ※ 전월 실적 40만 원 이상 시 제공되며, 가입 월에는 혜택 미제공

5. E 카드

1) 슬로건: 든든한 혜택, 가득한 즐거움
2) 혜택 내용: 12대 생활 업종 3~12% 청구할인
3) 적립 업종 및 할인 한도

구분	업종	할인 한도
1그룹	스포츠, 세탁, 반려동물	12%
2그룹	영화, 카페, 베이커리	10%
3그룹	편의점, 주유, 대중교통	5%
4그룹	온라인쇼핑, 이동통신, 외식	3%

4) 연회비
   - 국내 전용: 1만 2천 원
   - 해외 겸용: 1만 3천 원
5) 유의사항
   - 무이자 할부 서비스 이용 시 할인 혜택은 제외됨

21 N 은행의 신입사원인 귀하는 상사로부터 N 은행의 카드별 혜택과 유의사항을 숙지하라는 지시를 받았다. 위의 자료를 토대로 상사의 지시사항을 이행하려고 할 때, 귀하가 이해한 내용으로 가장 적절하지 않은 것은?

① A 카드 발급 시 주유 및 생활 업종을 선택한 사람이 주유소에서 100,000원을 결제한 경우 실제로 청구되는 금액은 85,000원이다.

② B 카드로 상품 구매 시 기본 포인트 외 추가 포인트 적립을 원한다면 추가 적립 대상 가맹점에서 결제해야 한다.

③ C 카드로 한 달간 영화관 매표소에서 13,000원, 영화관 매점에서 4,000원을 결제하고, 동영상 스트리밍 서비스에 7,900원만을 결제했다면 익월에 적립되는 에어머니는 1,200원 이상이다.

④ D 카드를 발급한 달에는 국제공항 라운지 무료 이용 서비스 혜택이 제공되지 않는다.

22 위의 자료를 근거로 판단할 때, 고객 조건에 따라 상담한 내용으로 옳지 않은 것은?

고   객: 안녕하세요. 카드를 발급받으려고 하는데요. 카드 혜택이 너무 많아 선택하기가 어렵네요.

상담원: 네, 고객님. 그렇다면 제가 고객님께 맞는 상품으로 추천해 드리겠습니다. 카드 혜택은 크게 청구할인이 되는 할인형과 포인트가 적립되는 적립형 두 가지가 있는데, 어떤 혜택을 선호하시나요?

고   객: 매번 포인트를 사용하는 게 번거로워서요. 할인형이 좋을 것 같아요.

상담원: 네, 고객님. 평소에 자주 이용하는 업종은 어떻게 되시나요?

고   객: 음.. 저는 카페를 매일 가는데요. 카페를 이용할 때도 할인되는 카드가 있나요?

상담원: 네, 고객님. 그렇다면 A 카드를 추천해 드립니다. ㉠ A 카드는 주유, 이동통신, 생활, 의료, 해외 중 2개의 업종까지 선택할 수 있고, 최대 20%의 청구할인을 제공해드리는 카드입니다. 생활 업종 한 개만을 선택하시면 모든 대형마트와 카페 가맹점에 대해 20% 청구할인을 받으실 수 있고, 다른 업종을 추가로 선택하신다면 해당 두 업종 결제 금액의 15%가 청구할인 됩니다.

고   객: 오, 선택 업종 중 의료 업종도 포함되어 있네요? 의료 업종은 어디까지 혜택을 받을 수 있나요?

상담원: ㉡ 네, 병원과 의원뿐만 아니라 한의원, 약국까지 혜택을 받으실 수 있습니다. 연회비는 국내 전용 만 삼천 원, 해외 겸용 만 오천 원으로 다소 비싼 편이지만 할인율이 높아 인기가 많습니다.

고   객: 아, 그렇군요. 연회비가 너무 비싸네요. 비슷한 혜택을 받을 수 있으면서 연회비가 조금 더 저렴한 카드는 없나요?

상담원: 네, 고객님. 그렇다면 E 카드는 어떠세요? ㉢ E 카드는 카페뿐 아니라 영화, 베이커리 업종에 10% 할인을 제공하며 이외에도 12대 생활 업종에 최대 12%의 청구할인을 제공합니다. 단, 무이자 할부 서비스 이용 시 할인 혜택은 제외되는 점 참고 부탁드려요. ㉣ 연회비는 국내 전용과 해외 겸용 동일하게 만 이천 원이므로 저렴한 가격으로 다양한 혜택을 누리실 수 있는 카드입니다.

고   객: E 카드가 좋겠네요. 해당 카드로 발급해 주세요.

---

① ㉠   ② ㉡   ③ ㉢   ④ ㉣

23 다음 글을 바탕으로 〈보기〉에서 ㉠~㉣에 해당하는 내용을 적절하게 연결한 것은?

일의 중요성이란 결과와 관련된 사명 그리고 목표에 기여하는 정도를 의미하며, 일의 긴급성이란 즉각적인 처리가 요구되며 심리적으로 압박감을 주는 정도를 의미한다. 스티븐 코비는 일의 우선순위 판단을 위하여 중요성과 긴급성을 축으로 4가지 구역으로 나눈 시간관리 매트릭스를 제시하였다. 매트릭스에서의 1사분면은 시간이 정해져 즉시 처리해야 하는 긴급하고 중요한 일이며, 2사분면은 구역은 긴급하지는 않지만 중요한 일로 장기 목표나 개인 성장에 필요한 일이다. 3사분면은 긴급하지만 중요하지는 않은 일로 잠깐의 급한 질문이나 자잘한 요청이며, 4사분면은 긴급하지도 중요하지도 않은 일로 시간 낭비 거리 또는 하찮은 일이다. 코비는 특히 2사분면의 일에 집중하라고 강조한다. 이 일들을 미리 처리하면 긴급한 상황을 예방할 수 있으며 3사분면과 4사분면의 일은 최소화하거나 위임해야 한다. 이와 같이 합리적인 우선순위 판단을 통해 일을 처리하면 주도적인 삶을 살고 중요한 목표에 집중할 수 있다.

[시간관리 매트릭스]

구분	긴급함	긴급하지 않음
중요함	㉠	㉡
중요하지 않음	㉢	㉣

〈보기〉

a. 장기적 투자 계획 수립
b. 인터넷 서핑
c. 쌓인 이메일 확인
d. 마감이 내일인 프로젝트 정리

e. SNS 게시물 작성
f. 자기계발을 위한 독서
g. 다운된 회사 서버 복구
h. 진행중인 업무와 무관한 회의 참석

① ㉠ - c, h
② ㉡ - d, g
③ ㉢ - a, f
④ ㉣ - b, e

24 다음은 C 국의 연도별 친환경농산물 유통 실적을 나타낸 자료이다. 다음 중 친환경농산물 유통 물량 1톤당 유통 비용이 가장 비싼 해는 언제인가?

[연도별 친환경농산물 유통 실적]

(단위: 천 톤, 천만 원)

구분	유통 물량	유통 비용
2021년	137,300	329,520
2022년	164,700	387,045
2023년	188,700	439,671
2024년	214,400	495,264

① 2021년　　　　② 2022년　　　　③ 2023년　　　　④ 2024년

25 다음은 연도별 국립공원 수익금을 나타낸 자료이다. 자료에 대한 설명으로 옳지 않은 것은?

[연도별 국립공원 수익금 현황]

(단위: 만 원)

구분	2016년	2017년	2018년	2019년	2020년	2021년	2022년
A 산	270,341	284,949	256,020	248,723	233,814	281,145	258,659
B 산	8,160	7,408	11,841	9,060	5,675	7,575	8,320
C 산	69,581	84,042	86,196	82,590	76,904	107,013	85,330
D 산	7,854	2,581	2,730	2,712	2,972	7,397	3,592
E 산	31,100	33,650	35,006	34,462	32,204	34,402	32,006
F 산	846	2,390	3,369	3,461	3,025	8,445	5,626
G 산	62,679	64,506	64,385	60,631	57,174	55,882	61,070
H 산	31,802	34,586	40,846	39,912	39,972	37,128	57,839
I 산	83,481	94,562	103,635	82,474	78,148	76,933	80,846
J 산	47,867	46,307	63,580	59,507	57,371	68,454	75,199

① 2022년 수익금이 전년 대비 증가한 국립공원은 총 5곳이다.
② 2019년 E 산 수익금의 2016년 대비 증가율은 10% 이상이다.
③ 2021년 F 산 수익금은 5년 전 대비 약 10배이다.
④ 제시된 기간 중 A 산 수익금이 전년 대비 가장 많이 증가한 해는 2017년이다.

26 ○○은행의 전산보안팀에 근무하는 귀하는 관리자로부터 다음과 같은 업무를 요청받았다. 이때, 귀하가 최우선으로 해야 할 행동으로 가장 적절한 것은?

[공지/요청] 금융감독원 공문 확인 및 업무 요청

■ 요청사항

아래 내용을 확인하시고 업무 진행해 주시기 바랍니다.

■ 요청 배경

1. 금융감독원으로부터 아래와 같은 내용의 공문을 전달받음
2. 공문에서 언급하고 있는 오인 사례가 우리 회사에서는 없었는지에 대한 검토가 필요함
3. 해당 내용의 경우 언론에도 보도된 내용으로, 이와 관련하여 언론사 및 고객들로부터 추가 문의가 발생할 수 있으므로 현황을 파악하고 이에 대한 응대 방안을 마련해야 함

■ 주요 내용

1. 개인정보 보호법 제24조의 2 제2항 및 동법 시행령 제21조의 2('16.1.1. 시행)에 따라 금융회사 등은 전자적인 방법으로 보관하는 주민등록번호에 대하여 암호화 조치를 시행하여야 함
2. 이에 따라 금융감독원에서 권역별 금융회사를 선정하여 주민등록번호 암호화 진행 상황을 모니터링한 결과, 일부 금융회사에서 다음과 같이 주민등록번호 암호화 개념을 오인한 사례가 발견됨
   ① 로그관리 솔루션에서 제공하는 접근제어 방식을 암호화 조치로 오인
   ② 금융회사의 별도 개발 뷰어로만 확인할 수 있는 이미지, 녹취, 영상(CCTV 등) 등을 이미 암호화 조치된 것이라고 오인
   → 금융감독원에서는 이와 같은 사례가 발생하지 않도록 유의하여 개인정보 보호법에서 정한 기간 내에 주민등록번호 암호화를 완료할 것을 촉구함

■ 첨부 파일

– 금융감독원 공문 원본

---

① 인터넷 포털사이트를 통해 언론사가 금융감독원의 공문 내용을 어떤 방식으로 보도하였는지 확인한다.
② 당사가 자체적으로 개발한 뷰어가 제대로 작동하고 있는지 전사적으로 검토한다.
③ 주민등록번호 암호화 조치를 강제하는 개인정보 보호법이 언제부터 시행됐는지 확인한다.
④ 당사가 그동안 주민등록번호 암호화를 어떤 방식으로 진행해 왔었는지 검토한다.

27 다음 중 농협의 농약사업에 대한 설명으로 가장 적절하지 않은 것은?

① 2000년에는 가격선제시 방식과 입찰경쟁 방식으로 농약을 구매하였다.
② 2005년에는 13개 품목을 대상으로 농약의 제조·유통과정을 일괄 처리하는 농약원제사업을 시작하였다.
③ 2016년에는 가격차손이 만성적으로 발생하는 지역을 대상으로 시중 판매 가격에 선제적으로 대응할 수 있는 선가격 할인제도를 도입했다.
④ 2017년에는 지역농협이 직접 구매계약절차에 참여하는 참여형 구매제도를 도입하였다.

[28 - 29] 다음 설명을 읽고 각 물음에 답하시오.

[SWOT 분석 기법]

기업의 내부환경과 외부환경을 분석하여 강점(Strength), 약점(Weakness), 기회(Opportunity), 위협(Threat) 요인을 규정하고 이를 토대로 경영전략을 수립하는 기법으로, SWOT 분석의 가장 큰 장점은 기업의 내·외부환경 변화를 동시에 파악할 수 있다는 것이다. 기업의 내부환경을 분석하여 강점과 약점을 찾아내며, 외부환경 분석을 통해서는 기회와 위협을 찾아낸다. SO 전략은 강점을 살려 기회를 포착하는 전략이고, ST 전략은 강점을 살려 위협을 회피하는 전략이며, WO 전략은 약점을 보완하며 기회를 포착하는 전략이고, WT 전략은 약점을 보완하여 위협을 회피하는 전략이다.

내부환경 외부환경	강점(Strength)	약점(Weakness)
기회(Opportunity)	SO 전략(강점-기회 전략)	WO 전략(약점-기회 전략)
위협(Threat)	ST 전략(강점-위협 전략)	WT 전략(약점-위협 전략)

---

28 다음 자료를 읽고 한국 스마트팜 산업을 SWOT 분석 기법에 따라 분석한 결과 중 옳은 것은?

최근 스마트팜 시장에 대한 세계적 관심이 점차 증가하고 있다. 스마트팜이란 ICT를 농업 기술에 접목하여 스마트폰 또는 PC로 생육 조건에 부합하는 온습도, 일사량, 냉난방 따위를 조절하고 물을 공급하여 농작물·과일·가축 등을 자동 원격으로 키울 수 있도록 조성한 농장이다. 현재 스마트팜 시장을 선도하고 있는 국가는 네덜란드와 일본으로 네덜란드는 오랜 기간 누적된 데이터를 이용하여 각종 제어솔루션을 개발하고, 일본도 대형 IT 기업들이 스마트팜 관련 기술을 농가에 보급하고 있다. 이외에도 중국 등 주변국가에서 대규모 투자와 기술개발이 이루어지고 있다. 베트남, 인도 등 경제 신흥국에서는 스마트팜 관련 기술의 수요가 증가하고 있고, 우크라이나와 같은 농업 강국 중 스마트팜 기술력이 초기 단계인 국가들의 시장을 선점할 경우 스마트팜 산업에 큰 기회가 될 수 있다. 우리나라는 2세대 스마트팜으로 빅데이터와 인공지능을 기초로 하여 작물의 생산을 최적화하는 시스템을 이용하고 있으며 정부에서는 스마트팜 보급 속도를 높이기 위하여 지원을 확대하고 있다. 또한, 우리나라는 제조업 및 ICT 분야의 기술력이 높아 스마트팜에 관련된 인프라는 갖춰져 있지만 스마트팜 부품이 규격화 및 표준화가 되어있지 않아 관리의 효율성이 낮은 문제가 있다. 또한, 대기업의 스마트팜 단지 조성 사업 진입에 대하여 농산물 가격 하락을 우려한 농민들의 반발로 인해 스마트팜 산업은 지지부진하고 있는 실정이다. 우리나라의 스마트팜 기술의 발전을 위해선 농민과 기업의 상생 방안을 만들어 대기업의 투자와 기술개발 참여를 원활히 하도록 유도하는 것이 중요하다.

① ST 전략 : 높은 기술력을 토대로 스마트팜 산업을 적극 개발하여 경제 신흥국에서 경쟁력을 확보한다.
② SO 전략 : 농민과 기업이 상생할 수 있는 방안을 통해 주변 국가에 뒤처지지 않는 기술개발을 유도한다.
③ WO 전략 : 스마트팜에 사용되는 부품을 규격화하여 인도의 스마트팜 시장을 선점한다.
④ WT 전략 : 대기업의 참여를 유도하여 농업 강국 중 스마트팜 기술력이 초기 단계인 시장을 점유한다.

29 다음은 우리나라 5G 스마트폰 시장에 대한 SWOT 분석 결과이다. 분석 결과에 따른 WT 전략으로 가장 적절한 것은?

구분	내용
강점(Strength)	• 세계 최고 수준의 ICT 인프라 및 스마트폰 기술력 보유 • 세계 최고 수준의 미세공정기술 보유 • 세계 스마트폰 시장 점유율 1위 및 5G 첫 상용화 타이틀 • 국내 기업의 미국 통신사와 최대 규모의 공급계약으로 5G 통신 분야 사업 진출 • 세계 2위의 5G 특허 개수 기업 보유
약점(Weakness)	• 스마트폰의 높은 가격대 • NFV, 가상화, 전국 네트워킹 등 플랫폼의 미완성 • 해외 기술에 의존하는 CPU 설계 기술 • 대기전략 저감기술의 미완성
기회(Opportunity)	• 세계적으로 초고속·대용량·고품질 전송기술 수요 증대 • 미·중 무역 분쟁으로 인한 중국 기업의 타격 • 5G 주변 산업의 활성화 • 사용자 맞춤형 실감서비스 수요 증가 • 일본 정부의 5G 시장 확대 정책
위협(Threat)	• 좁아지는 중국 내수시장 • 글로벌 스마트폰 제조사의 국내 시장진입 가속화 • 중국의 5G 인프라 확충 등의 대규모 투자 • 신흥국 시장의 중저가 스마트폰 가격 경쟁 가속화

① 원가 절감 방안을 통해 저렴한 중저가 스마트폰을 개발하여 신흥국 시장의 가격 경쟁에서 우위를 선점한다.

② 시장 점유율 1위와 최고의 기술력을 앞세워 투자가 확대되는 일본 시장에 미리 진출하여 일본 시장을 선점한다.

③ 우리나라의 독자적인 스마트폰 부품 제조 관련 산업에 투자하여 5G와 연계된 다양한 산업을 활성화한다.

④ 세계 최고 수준의 ICT 인프라를 활용하여 중국보다 먼저 수준 높은 5G 인프라를 구축한 후 세계 국가들의 테스트 베드를 제공한다.

30 다음 중 농협 조직의 계열사로 가장 적절하지 않은 것은?

	계열사	조직
①	NH농협생명	농협 금융지주
②	농협네트웍스	농협 중앙회
③	NH농협무역	농협 금융지주
④	농협에코아그로	농협 경제지주

31 귀하는 기업의 조직문화 개선 프로젝트를 위해 상사에게 기업의 조직문화를 분석하라는 업무를 지시받고 관련 신문 기사를 찾아보았다. 신문 기사의 내용이 다음과 같을 때, 신문 기사에 나타난 기업의 조직문화 유형으로 가장 적절한 것은?

창의적인 혁신을 중요하게 여기는 A 사는 직원들이 지위와 관계없이 자신의 아이디어와 창의력을 마음껏 펼칠 수 있도록 파일럿 시스템과 맥나이트 정신을 구축하였다. 파일럿 시스템은 직원이 제안한 아이디어에 대해 소규모 예산을 편성하여 이를 실제로 시험해 볼 수 있도록 하는 시스템으로, 시험 결과로 도출되는 다양한 데이터를 토대로 더 효과적인 방법을 고안할 수 있다. 한편, 맥나이트 정신이란 직원들이 자유롭게 아이디어를 제안할 수 있도록 관리자가 업무의 큰 틀과 방향성만 결정하고 실무자를 격려하는 정신을 말한다. A 사는 '아이디어가 없는 것이 나쁜 아이디어'라는 말이 있을 정도로 아이디어에 대한 지원을 아끼지 않았기 때문에 글로벌 기업으로 성장할 수 있었다고 밝혔다.

① 집단문화　　② 합리문화　　③ 개발문화　　④ 계층문화

32 인사팀에 근무하는 갑은 협력 업체에 보낼 과일 선물 세트를 구매하려고 한다. 선물 세트 선정 기준과 평가표를 근거로 판단할 때, 갑이 구매할 선물 세트는?

[과일 선물 세트 선정 기준]

- 최종 점수 = (가격 점수 × 0.3) + (품질 점수 × 0.2) + (신선도 점수 × 0.3) + (당도 점수 × 0.2) + 가산점
- 최종점수가 가장 높은 선물 세트를 구매함
- 최종점수가 동일한 경우 가격이 더 낮은 상품을 구매함
- 점수 부여 기준
  1) 가격은 1.5만 원 미만일 경우 10점, 1.5만 원 이상일 경우 8점을 부여함
  2) 별이 많을수록 고품질을 의미하며, ★ 1개당 3점을 부여함
  3) 신선도는 상, 중, 하 순서대로 각각 10점, 8점, 6점을 부여함
  4) 당도는 15Bx 이상인 경우 10점, 15Bx 미만인 경우 8점을 부여함
  5) 유기농 인증이 완료된 과일은 1점의 가산점을 부여함

[과일 선물 세트 평가표]

구분	가격	품질	신선도	당도	유기농 인증 여부
포도	25,000원	★★	하	12Bx	O
감귤	18,600원	★★	중	15Bx	X
배	14,500원	★★	중	16Bx	X
토마토	17,100원	★★★	하	10Bx	O

① 포도   ② 감귤   ③ 배   ④ 토마토

33 다음은 어떤 업체의 오토바이 퀵서비스 이용 요금표와 이 업체의 퀵서비스를 B 사의 인사팀, 영업팀, 기획팀, 연구팀, 개발팀이 이용한 내역이다. 퀵서비스 이용 요금이 가장 많은 팀과 가장 적은 팀을 바르게 짝지은 것은?

[오토바이 퀵서비스 이용 요금표]

도착 \ 출발	강남구	강서구	강북구	강동구	서초구	중구	송파구	관악구	노원구	구로구
강남구	7	16	16	12	8	10	10	11	16	13
강서구	16	7	17	19	15	14	16	12	19	10
강북구	16	17	7	15	16	12	15	16	9	10
강동구	12	19	15	7	13	16	10	16	15	18
서초구	8	15	16	13	7	12	11	10	17	12
중구	10	14	12	16	12	7	12	13	13	14
송파구	10	16	15	10	11	12	7	12	15	15
관악구	11	12	16	16	10	13	12	7	17	8
노원구	16	19	9	15	17	13	15	17	7	18
구로구	13	10	10	18	12	14	15	8	18	7

※ 1) 위 요금은 평일 이용 요금이며, 단위는 천 원이다.
　 2) 요청한 물품이 오토바이에 적재가 불가능한 경우에는 차량 퀵서비스를 제공하며, 차량 퀵서비스 이용 요금은 오토바이 퀵서비스 이용 요금의 두 배가 청구된다.
　 3) 퀵서비스를 주말(토요일, 일요일)에 이용하는 경우에는 평일 이용 요금의 두 배가 청구된다.

[B 사의 팀별 퀵서비스 이용 내역]

구분	이용 횟수	이용 요일	이용 경로	이용 수단
인사팀	1	토요일	강서구 → 강동구	오토바이
영업팀	1	월요일	송파구 → 송파구	차량
	1	수요일	강북구 → 노원구	오토바이
기획팀	1	월요일	노원구 → 서초구	차량
연구팀	1	목요일	중구 → 강동구	오토바이
	1	금요일	강서구 → 노원구	오토바이
개발팀	1	일요일	관악구 → 구로구	차량

	가장 많은 팀	가장 적은 팀
①	영업팀	인사팀
②	인사팀	기획팀
③	영업팀	연구팀
④	인사팀	영업팀

34 L 팀장, M 과장, N 대리, O 사원, P 사원 5명으로 이루어진 개발1팀에서 여름 휴가 계획을 세우고 있다. M 과장이 여름 휴가 관련 회사 내규를 확인한 후 8월 일정표에 본인의 여름 휴가 일정을 추가하려고 할 때, M 과장이 여름 휴가를 쓸 수 없는 날짜는?

[여름 휴가 관련 회사 내규]

- 여름 휴가는 8월 중에 모두 사용해야 한다.
- 팀장급과 과장급은 5일, 대리급과 사원급은 3일의 여름 휴가를 사용한다.
- 여름 휴가는 최대 2번까지 나누어 쓸 수 있다.
- 주말 앞뒤로는 여름 휴가를 붙여 쓸 수 있지만, 공휴일 앞뒤로는 여름 휴가를 붙여 쓸 수 없다.
- 근무지에 팀원이 3명 미만으로 출근하는 날에는 여름 휴가를 쓸 수 없다. (단, 출장 업무는 외부 근무이므로 근무지 출근으로 간주하지 않는다.)
- 한 팀 내에서 팀장과 과장급은 여름 휴가, 출장 등을 포함하여 같은 날 근무지를 비울 수 없다.

[8월 일정표]

일	월	화	수	목	금	토
		1	2	3	4	5
		L 팀장 휴가	L 팀장 휴가	L 팀장 휴가 N 대리 휴가	N 대리 휴가	
6	7	8	9	10	11	12
	O 사원 출장 P 사원 출장	N 대리 휴가	O 사원 휴가	O 사원 휴가	M 과장 출장 N 대리 출장	
13	14	15	16	17	18	19
	L 팀장 출장	광복절	N 대리 출장	O 사원 출장		
20	21	22	23	24	25	26
	M 과장 출장	P 사원 휴가	P 사원 휴가	L 팀장 휴가	L 팀장 휴가 O 사원 휴가	
27	28	29	30	31		
	L 팀장 출장	P 사원 출장	P 사원 휴가			

① 8월 4일　　　　② 8월 8일　　　　③ 8월 17일　　　　④ 8월 22일

1회　2회　3회　4회　5회　6회

해커스 지역농협 6급 NCS 실전모의고사

35 다음은 V 국의 연도별 소비지출액 및 엥겔계수에 대한 자료이다. 자료에 대한 설명으로 옳은 것은?

[연도별 소비지출액 및 엥겔계수]

구분	엥겔계수 (%)	소비지출액(천 원)					
		합계	식료품	주류 및 담배	의류	주거	기타
2020년	13.0	21,954	3,445	212	596	1,697	16,004
2021년	13.1	23,187	3,668	223	555	1,519	17,222
2022년	13.2	23,683	3,762	226	505	1,655	17,535
2023년	12.7	24,168	3,683	230	507	1,654	18,094
2024년	12.4	24,749	3,658	209	541	1,918	18,423

※ 1) 총 가계지출액 = 소비지출액 + 비소비지출액
　 2) 엥겔계수(%) = (식료품 지출액/총 가계지출액)×100

① 2021년 이후 주류 및 담배 지출액은 매년 전년 대비 증가하고 있다.
② 2022년 소비지출액에서 주거 지출액이 차지하는 비중은 5% 미만이다.
③ 제시된 기간 동안 의류 지출액이 가장 많은 해에 비소비지출액은 4,500천 원 이상이다.
④ 2024년 소비지출액은 3년 전 대비 1,572천 원 증가하였다.

36 다음 밑줄 친 단어와 의미가 유사한 것은?

> 마키아벨리는 국가의 혼란을 극복하고 질서를 유지하려면 사자처럼 용맹하면서도 여우처럼 <u>간교한</u> 술책을 부릴 줄 아는 군주가 있어야 한다고 여겼다.

① 추악　　　　② 비정　　　　③ 의뭉　　　　④ 간사

G 농협은 알밤 농가와의 협업을 통해 지역상생 프로젝트를 진행하려고 한다. 예산의 구성요소를 바탕으로 작성한 지역상생 프로젝트의 운영비 예산서가 다음과 같을 때, 각 물음에 답하시오.

[예산의 구성요소]

예산은 크게 직접비용과 간접비용으로 구성된다. 직접비용은 제품을 생산하거나 서비스를 창출하기 위해 직접 소비된 것으로 여겨지는 비용이며, 간접비용은 직접비용을 제외한 비용으로 제품 생산 또는 서비스 창출에 소비된 비용 중 제품 생산에 직접적으로 관련되지 않은 비용을 의미한다. 이러한 비용 구조를 정확히 파악하고 분석하는 것은 효율적인 예산 관리와 원가 절감을 위해 매우 중요하다.

[지역상생 프로젝트 운영비 예산서]

항목	비용	세부사항	비고
원재료비	500만 원/1톤	알밤 생산 농가로부터 구입한 알밤	20톤
포장재비	250만 원	제품 포장에 필요한 포장지	-
공장 관리비	300만 원	알밤 가공을 위한 임시 생산시설의 관리비	-
운반 및 유통비	200만 원	알밤 원재료 및 가공 후 제품의 운반 및 유통 비용	-
광고비	150만 원	제품 홍보를 위한 책자, 포스터 등 광고 자료 제작	-
제품 개발비	400만 원	알밤을 활용한 새로운 제품 개발을 위한 레시피 연구 및 개발비	-
인건비	400만 원/1인	가공 및 생산에 참여하는 직원들의 급여	6인
보험료	50만 원	제품 및 생산 시설에 대한 보험료	-
가공비	1,000만 원/1대	알밤 가공을 위한 기계 및 설비 사용 비용	4대
기타	50만 원	사무 비품 구매	-

37 다음 중 예산의 구성요소 및 예산서에 대해 바르게 이해한 사람은 몇 명인가?

- 갑: 제품 및 서비스의 실적에 큰 영향을 미치는 광고비는 직접 비용에 해당한다.
- 을: 예산서를 작성할 때에는 직접비용과 간접비용을 모두 고려하여 전체 예산을 계획해야 한다.
- 병: 직접비용은 업무가 수행되는 상황에 따라 다양하게 나타나므로 비용을 예측하는 것이 어렵다.
- 정: 간접비용은 특정 제품이나 서비스에 직접 연결되지 않지만 사업이나 프로젝트의 전체 운영을 지원한다.

① 1명   ② 2명   ③ 3명   ④ 4명

38 지역상생 프로젝트 운영비 예산서에 따라 프로젝트가 진행되었을 때, 직접비용에 해당하는 항목의 총비용은?

① 16,800만 원   ② 17,000만 원   ③ 17,250만 원   ④ 17,400만 원

39 ◇◇그룹의 작년 총매출액은 3억 원이었고, 그중 A 계열사의 매출액은 1억 2천만 원이었다. 올해 ◇◇그룹의 총매출액은 작년 대비 45% 증가하였고, 올해 총매출액에서 A 계열사가 차지하는 비중은 작년 대비 10%p 증가하였을 때, 올해 A 계열사의 매출액은?

① 17,400만 원   ② 18,000만 원   ③ 19,250만 원   ④ 21,750만 원

40 다음 글을 통해 추론한 내용으로 옳지 않은 것을 고르면?

> 엘리베이터나 지하철과 같은 공간에서 한 사람이 하품하면 주변 사람들도 하나둘씩 따라 하는 것을 쉽게 목격할 수 있다. 또한, 드라마나 영화를 통해 타인이 신체적 고통을 당하는 장면을 보면서 자신도 모르게 얼굴을 찡그린 경험도 있을 것이다. 이러한 현상은 '거울뉴런'과 관련이 있다. 거울뉴런은 다른 행위자가 행한 행동을 관찰하기만 해도 자신이 그 행위를 직접 할 때와 똑같은 활성을 내는 신경 세포이다. 거울뉴런은 우연히 발견되었다. 1996년 이탈리아 파르마 대학 연구팀은 원숭이가 음식물을 붙잡기 위해 손을 내밀 때 어떤 부위의 뉴런이 활성화되는지 알아내는 연구를 진행하고 있었다. 그러던 중 연구팀은 원숭이가 보는 앞에서 음식을 잡는 동작을 보였을 때, 원숭이가 직접 음식을 잡을 때 활성화되는 곳과 동일한 부위의 뉴런이 활성화된다는 것을 알게 되었다. 즉, 원숭이가 직접 행동을 하지 않고 인간의 행동을 보기만 해도 뉴런이 활성화되었던 것이다. 이는 지각과 운동이 연동되어 있음을 시사하는 놀라운 발견이자 거울뉴런이라는 개념이 세상에 등장하는 순간이었다. 이 연구를 통해 인간의 뇌에도 거울뉴런이 있을 것이라는 가능성이 제기되었으며, 연구를 계속한 결과 인간의 뇌에는 거울뉴런이 원숭이보다 훨씬 광범위하게 퍼져있다는 것이 밝혀졌다. 우리는 거울뉴런계를 통해 타인의 행동을 관찰하는 것만으로도 그의 행동을 온몸으로 이해할 수 있고, 이는 공감능력의 바탕이 된다. 신경심리학자 콜(J. Cole)은 신체적으로 타인의 표정을 따라 하지 못하는 사람일수록 타인의 감정을 잘 읽지 못한다는 사실을 밝혔는데, 이는 운동 영역인 거울뉴런계가 타인의 감정을 이해하는 데에도 중요한 역할을 하고 있음을 말해 준다. 결과적으로, 타인의 감정이나 고통을 전혀 이해하지 못하는 사람의 경우 거울뉴런에 이상이 있거나 발달이 더디다고 할 수 있다.

① 인간뿐만 아니라 원숭이에게도 다른 원숭이의 감정을 읽고 공감할 수 있는 능력이 잠재되어 있다.
② 거울뉴런에 이상이 있는 사람은 다른 사람의 감정과 기분을 이해하는 능력이 부족할 가능성이 높다.
③ 다른 사람이 하는 행동을 무의식적으로 따라 하는 현상은 신경 세포의 일종인 거울뉴런과 관련이 있다.
④ 원숭이 뇌의 뉴런은 직접 행동할 때만 활성화된다는 사실이 지각과 운동 사이의 연관성을 뒷받침한다.

41 다음 지문과 관련 있는 한자성어를 고르면?

> 국내 프로축구 K 리그의 명문구단으로 손꼽히던 A 팀은 시즌 중반부터 선수들의 잇따른 부상으로 주요 전력에 심한 손상을 입어 창단 이래 유례없는 위기를 맞이하였다. 게다가 12경기 연속 무승의 수렁에 빠지며 2부 리그로 강등될 유력한 팀으로 언급되었다. 이에 A 팀 감독은 마지막 경기를 앞두고 선수들에게 이번 경기에서 지면 우리에게 다음은 없다는 생각으로 죽기 살기로 싸우자고 독려하며 특훈에 매진했다. 그 결과 A 팀은 모두의 예상을 깨고 유력한 우승 후보였던 B 팀을 2:0으로 완파하며 1부 리그 잔존에 성공하였다.

① 기사회생　　　　② 지피지기　　　　③ 고육지책　　　　④ 설상가상

42 부모님 나이의 평균은 51세이고, 딸의 나이에 3배를 한 후 5를 빼면 아빠의 나이가 되며, 엄마와 딸의 나이를 합치면 69세가 된다. 이때 딸의 나이는 몇 세인가?

① 17세　　　　② 19세　　　　③ 21세　　　　④ 23세

43 A 기업에서는 대학생 서포터즈 103명을 모집하여 발대식을 진행하려고 한다. 제시된 발대식 관련 전달사항과 행사장 정보를 고려하였을 때, 발대식을 위해 예약할 수 있는 행사장은?

[발대식 관련 전달사항]

- 발대식은 7월 17일 오전 9시부터 7월 18일 오후 3시까지 진행됩니다.
- 발대식 진행을 위해 행사 도우미 12명, 강연자 5명이 추가로 참석할 예정입니다.
- 원활한 행사 준비를 위해 행사장은 발대식 시작일의 하루 전날 정오부터 이용할 수 있어야 합니다.
- 행사장에서 음향 장비와 케이터링 서비스를 이용할 수 있어야 합니다.
- 발대식 당일 다른 임직원의 참석 가능성을 고려하여 행사장은 전체 참석 예정 인원의 10%를 추가로 수용할 수 있어야 합니다.

[행사장 정보]

1. 수용 가능 인원 및 이용 가능 서비스

행사장	수용 가능 인원	이용 가능 서비스			
		음향 장비	카메라	빔 프로젝터	케이터링
한빛홀 1	354명	O	X	O	O
한빛홀 2	244명	O	O	X	O
비전홀	125명	O	X	X	O
대회의실 1	152명	O	X	O	O
대회의실 2	127명	O	O	X	O
세미나실 1	193명	O	X	O	X
세미나실 2	176명	X	O	O	O

2. 예약 내역

신청번호	신청인	이용일	이용 시간	상태	예약 장소
2024002441	한**	2024-07-16	10:00~12:00	O	대회의실 2
2024002440	김**	2024-07-18	16:00~18:00	O	비전홀
2024002439	배**	2024-07-18	17:00~18:00	O	대회의실 1
2024002438	오**	2024-07-16	14:00~15:00	X	한빛홀 2
2024002437	조**	2024-07-16	15:00~17:00	O	한빛홀 1
2024002436	손**	2024-07-17	09:00~12:00	X	세미나실 1
2024002435	이**	2024-07-17	13:00~16:00	O	대회의실 1
2024002433	박**	2024-07-16	09:00~11:00	O	한빛홀 2
2024002432	백**	2024-07-18	13:00~14:00	O	세미나실 2

※ 상태: O = 예약 완료, X = 예약 취소

① 한빛홀 1   ② 한빛홀 2   ③ 비전홀   ④ 대회의실 1

44 다음 글에서 설명하는 개념으로 가장 적절한 것은?

> 조직의 의사결정권과 책임이 조직의 하층 구조로 분산되는 것(Decentralized)을 의미한다. 이를 통해 관련 담당자는 일반적이고 상식적인 업무를 진행하고 최고 결정권자는 예외 사항에 몰두할 수 있어 업무 의사결정이 신속하게 이루어진다.

① 전문화   ② 집권화   ③ 부문화   ④ 분권화

1회   2회   3회   4회   5회   6회

45 ○○기업은 지원자 모두에게 NCS와 전공 필기시험에 응시할 기회를 부여하였다. 그 결과, 지원자 전체의 NCS 평균 점수는 72점, 전공 평균 점수는 85점이었다. 이 중 불합격자의 NCS 평균 점수는 63점, NCS 표준편차 점수는 15점이고, 전공 평균 점수는 80점, 전공 표준편차 점수는 10점일 때, 옳지 않은 것은?

① 합격자 개개인의 전공 점수가 제시된다면 합격자의 전공 표준편차 점수를 구할 수 있다.

② 지원자 개개인의 NCS 점수가 제시된다면 각 지원자 NCS 점수의 Z로 상대적 등수를 알 수 있다.

③ 합격한 A 지원자의 NCS 점수가 82점이고 지원자 전체의 NCS 표준편차 점수가 12점이면, 지원자 전체 중 A 지원자 NCS 점수의 Z는 0.8 이상이다.

④ 합격한 C 지원자의 전공 점수가 91점이고 합격자의 전공 평균 점수가 88점, 전공 표준편차 점수가 8점이면, 합격자 중 C 지원자 전공 점수의 Z는 0.25이다.

[46 - 47] 다음 보고서를 읽고 각 물음에 답하시오.

보고서	
작성자	윤명신 사무관
제목	보이스피싱 피해 예방을 위한 홍보 시행 관련 보고

□ **추진 배경**
- 추석 명절을 맞이하여 택배배송 확인, 가족사칭 결제 요청, 코로나19 긴급재난지원금 등과 관련된 스미싱이 증가할 것으로 예측됨
- 최근 법률상 전기통신 금융사기에 해당하지 않는 대면편취형 금융사기는 2019년 1~8월 간 1,879건에서 2020년 동기간 8,176건으로 급격히 상승함
- 국민들이 지속해서 보이스피싱에 대한 경각심을 가질 수 있도록 관계부처·기관 합동으로 보이스피싱 피해 예방을 위한 다방면의 홍보를 시행하고자 함

□ **세부 사항**
- 전 연령을 대상으로 홍보가 원활히 진행될 수 있도록 관계부처·기관에서는 합동으로 ⊙ TV·라디오, ⓒ 경고 안내문자, ⓒ 유튜브, ⓔ 온라인 기사, ⓜ 웹툰을 통해 홍보를 시행하기로 하였음
- 방송 3사를 통한 TV·라디오 공익 캠페인 광고는 10월 1일부터 진행하며, 실제 보이스피싱 사기범과 피해자의 목소리를 광고 영상에 사용함으로써 피해의 심각성이 강조되고 경각심도 높일 수 있을 것으로 기대됨
- 이동통신사와의 협업으로 진행되는 보이스피싱 경고 일반문자(SMS, MMS)는 추석 명절을 고려하여 9월 초순부터 추석 명절이 끝나는 10월 2일까지 전 국민 대상으로 발송될 예정임
  ※ MMS(Multimedia Message Service) : 이미지, 음악, 동영상 등 멀티미디어 파일을 첨부할 수 있는 문자메시지
- 금융위원회에서는 9월 내로 보이스피싱 신종 사례 및 경각심 제고 메시지를 담은 홍보 영상을 제작하고, 10월 중순부터 유튜브를 통해 배포할 예정임
- 추석 연휴 기간 동안에는 택배 배송 조회, 안부 인사, 모바일 상품권 지급 관련 사칭 문자 사례와 대처 방법에 대해 카드 뉴스 형태의 온라인 기사와 웹툰을 제작하여 공유할 예정임
  ※ 1) 카드 뉴스는 9월 25일부터 배포됨
      2) 웹툰은 금융위원회의 SNS를 통해 9월 29일부터 게시될 예정임
- 금융위원회에서는 홍보안과는 별개로 자체 추진 계획을 수립할 예정임
  1) 금융위원회 서포터즈가 소개하는 신종 보이스피싱 사례 A to Z 영상 배포(10월 초)
  2) 보이스피싱 피해 예방 십계명 협업 웹툰 시리즈 배포(11월)
  3) 보이스피싱 피해 연령 이용 모바일앱 배너 광고 진행(11월)

□ **기대 효과**
- 중대한 반사회적 민생침해 범죄행위인 보이스피싱에 대해 부처 간 공조를 통해 관련 범죄 발생을 감소시킴과 동시에 국민들의 경각심이 강화될 것으로 기대됨

□ **참고 사항**
- 보이스피싱 경고문자를 재난문자로 발송하는 방안의 경우 행정안전부와의 협의가 필요한 사항이므로, 경고 안내문자 발송 전까지 관련 협의를 진행하여 가능 여부를 확인할 예정임
- 금융위원회 사무관 전체는 새로운 피싱 기법 발생 여부를 지속적으로 확인·검토하여 관련 홍보 시행 전 업데이트될 사항은 없는지 파악할 예정임
- 보이스피싱 피해 예방 관련 정보는 금융회사에서 제공하는 지연인출·이체제도 및 입금계좌지정 서비스를 토대로 작성하도록 하며, 시행 제도는 금융권 공통 사항과 고객 선택사항을 구분해 제시할 예정임

※ 출처 : 금융위원회

46 금융위원회에서 근무하는 귀하는 윤명신 사무관으로부터 보고서 검토 요청을 받았다. 위의 보고서를 읽고 난 후 귀하가 이해한 내용으로 가장 적절하지 않은 것은?

① TV와 라디오에서 공유될 공익 캠페인 광고에는 보이스피싱 사기범과 피해자의 실제 음성이 활용된다.

② 법에 저촉되지 않는 대면편취형 금융사기 건수는 2020년 1~8월에 전년 동기간 대비 8,176건 증가했다.

③ 재난문자 형태로 보이스피싱 경고문자를 발송하려면 행정안전부와의 논의가 선행되어야 한다.

④ 금융위원회에서는 자체적으로 보이스피싱 피해 방지를 위해 모바일앱 배너 광고를 시행할 계획이다.

47 위의 보고서를 근거로 판단할 때, ㉠~㉤이 시행되는 순서를 바르게 나열한 것은?

① ㉠ - ㉡ - ㉣ - ㉤ - ㉢

② ㉠ - ㉣ - ㉤ - ㉢ - ㉡

③ ㉡ - ㉠ - ㉣ - ㉤ - ㉢

④ ㉡ - ㉣ - ㉤ - ㉠ - ㉢

48 A 건축사무소는 ○○시청 재건축 공모전 참여를 위한 1차 모델링 모형 제작을 완료하였고, 설계 도면 수정 내용을 반영하여 2차 모델링 모형 제작을 진행하려고 한다. 2차 모델링 모형을 제작하기 위해 필요한 재료는 우드락 12장, 나무 60개, 잔디 20개, 벤치 18개, 사람 모형 10개이고, 현재 보유하고 있는 재료는 우드락 2장, 나무 6개이다. 다음 자료를 토대로 계산했을 때, 2차 모델링 모형 제작에 추가로 필요한 재료비는?

> A 건축사무소는 ○○시청 재건축 공모전에 참여하려고 한다. 공모전에 참여하기 위해 설계물의 CAD 도면, 3D 렌더링 작품, 모델링 모형을 제출해야 한다. A 건축사무소가 제출할 CAD 도면은 12장이고 3D 렌더링이 필요한 구역은 8구역이며, 모델링 모형 제작에 투자해야 하는 시간은 20시간으로 현재 인력으로는 ○○시청 재건축 공모전 참여가 불가능할 수도 있다.

[모델링 재료비]

구분	벽체 재료				조경 재료			
	우드락	목재	아크릴	나무	잔디	꽃	벤치	사람 모형
가격(원)	850	4,800	3,500	2,400	1,600	2,700	3,200	400

※ 벽체 재료는 1장, 조경 재료는 1개당 가격임

① 207,200원 ② 221,300원 ③ 231,700원 ④ 233,400원

49 한 팀에 소속된 귀하와 박 대리는 회의에서 의견 충돌을 겪었고, 이로 인해 둘 사이의 분위기가 냉랭해졌다. 이를 본 팀장이 귀하와 박 대리에게 다음과 같은 글을 전달해 주었다. 팀장님이 전달한 글의 주제로 가장 적절한 것은?

> 사회학자 게오르그 짐멜에 따르면 인간은 타인에 대해 애정과 증오라는 상반된 성향을 가지고 있기 때문에 인간이 구성하는 사회에서 갈등은 피할 수 없다. 사회적 갈등은 상대방을 적대시하고, 갈등관계에 놓인 사람 또는 집단이 목표를 이루는 것을 방해한다는 점에서 사회 전체의 균형과 통합을 저해하는 부정적인 개념으로 간주되는 것이 보통이다. 그러나 사회적 갈등은 관점에 따라 반드시 부정적인 것으로만 여겨지지는 않는다. 우선 갈등을 해결하기 위해서는 그 원인을 파악해야 하는데, 이 때 사회에 잠재된 문제가 공론화되어 이를 객관적으로 인지할 수 있게 된다. 또한, 갈등 당사자들이 해결책을 모색하는 과정에서 평소에는 떠올리지 못한 혁신적이고 창의적인 사고 및 활동이 나타나기도 한다. 갈등이 발생할 경우 사회 구성원들은 빠른 해결을 위해 협조하는 분위기를 조성하게 되는데, 이를 통해 사회의 연대를 강화하고 자유로운 의견 개진을 이끌어낼 수 있다.

① 사회적 갈등의 부정적 기능과 그 영향
② 인간의 특성에 기인한 사회적 갈등
③ 발상의 전환으로 본 갈등의 가치
④ 사회적 갈등의 발생 원인과 해결 방안

50 다음 중 검표에 인력을 사용하지 않는 자동 검표 시스템을 구축하는 데 필요한 물적자원관리 방법으로 가장 적절하지 않은 것은?

① 생체인식　　　　② RFID　　　　③ BAR CODE　　　　④ QR CODE

51 다음 대화의 빈칸에 들어갈 말로 적절한 것은?

A: Hello. I need to exchange some money.

B: Okay. What currency do you need?

A: I need to exchange dollars for yen. _____?

B: The exchange rate is 145 yen for every dollar.

---

① Do you take a commission
② What's the exchange rate
③ How much does this cost
④ How should I pay for that

52 다음은 A 회사의 인사부에 소속된 김 과장이 신입사원 교육용으로 제작한 글의 일부이다. A 회사의 인사부에 소속된 임 대리는 최 팀장의 지시로 보관 문서 중 금년도에 폐기해야 할 문서가 있는지 확인하던 중, 보존 기간이 기재되지 않은 문서 관리 대장을 발견하였다. 확인 결과 보존 기간이 경과하여 폐기해야 하는 문서임을 알게 된 임 대리는 절차에 따라 문서를 처리하였다. 임 대리가 발견한 문서 관리 대장이 다음과 같을 때, 제시된 문서의 보존 기간과 문서를 폐기해야 하는 부서를 차례대로 나열한 것은?

[회사 대내외 문서 관리 및 폐기 방법]

문서는 회사에서 대내외적으로 업무에 요구되는 내용을 작성하여 의사소통을 하는 데 사용되는 서류로, 법적·공식적 성격을 갖기 때문에 업무를 빠르고 정확하게 처리하기 위해 문서 관리 규정에 의거하여 적절하게 보관되어야 한다. 일반적으로 문서는 부서별로 관리, 보관, 폐기하는 것을 원칙으로 하지만, 회사 내규상 영구 보관해야 하는 문서는 영구 보관 문서로 분류하고 별도 절차에 따라 총무부에서 담당하여 관리한다. 또한, 문서 보존 현황을 파악할 수 있는 문서 관리 대장은 회사 전체의 업무 효율성을 높이기 위해 하기 서식을 따르도록 한다.

[문서 관리 대장]

문서명		XX년 업무 추진 계획서	문서번호		A-00795
담당부서/담당자		총무부/김○○	문서 생성 일자		20XX. XX. XX.
보존 기간		3년	폐기 예정		O
구분	분류	목적	날짜	담당부서	담당자
1	대여	지출 관계 증빙 서류 확인	20XX. XX. XX.	회계부	최○○
2	회수	–	20XX. XX. XX.	총무부	김○○
3	대여	XX년 △△업무 현황 파악	20XX. XX. XX.	영업부	정○○
4	회수	–	20XX. XX. XX.	총무부	이○○
5	대여	업무 추진 담당자 확인	20XX. XX. XX.	인사부	조○○

문서 관리 대장은 문서의 앞면에 부착하며, 문서 보관 장소를 파악하기 용이하도록 가장 상단에 문서명과 문서번호를 기재한다. 또한, 문서를 생성한 담당부서와 담당자의 이름, 생성 일자를 기재하여 해당 문서의 책임을 명확히 하고, 보존 기간을 기록하여 문서 생성 일자를 기준으로 보존 연한이 종료된 문서는 폐기 처리한다. 각 부서에서 보관하고 있는 문서가 당해 폐기 예정 문서일 경우, 폐기 예정에 'O' 표시를 하고 문서 폐기 절차에 따라 처리해야 한다.

이때, 모든 문서는 문서를 생성한 담당부서에서 확인 후 폐기하여야 하며, 보존 기간이 지났더라도 대여한 부서에서 임의로 폐기할 수 없다. 문서 보존 기간의 책정 기준은 [별표 1]을 따르되 기준이 모호한 경우나 보존 기간을 증감해야 하는 경우에는 부서장 및 대표이사의 승인 후 문서 보존 기간을 변경할 수 있다. 일례로 위의 문서 관리 대장은 특정 연도의 업무 추진 계획서이기 때문에 보존 기간이 3년이며, 총무부에서 생성한 문서이므로 총무부에서 폐기해야 함을 알 수 있다.

[별표 1] 문서 보존 기간 책정 기준

보존 기간	문서 종류
영구(永久)	• 회사에 중대한 영향을 미치는 주요 정책 및 제도의 결정이나 변경과 관련된 문서 • 회사의 조직구조·기능의 변화, 요직의 임명 및 해임과 관련된 문서 • 토지, 부동산 등 장기간 존속되는 물건 또는 재산의 관리, 확인, 증명에 필요한 중요 문서
10년	• 대표이사의 전결로 진행된 업무 관련 문서 • 영구 보존할 필요는 없으나 5년 이상 업무에 참고하거나 업무 수행 내용을 증명할 필요가 있는 문서 • 5년 이상 10년 미만의 기간 동안 민·형사상 책임 또는 시효가 지속되거나 증명자료로서의 가치가 지속되는 사항에 관한 문서
5년	• 일반적인 사항에 관한 예산·회계 관련 문서 • 3년 이상 5년 미만의 기간 동안 업무에 참고하거나 기관의 업무 수행 내용을 증명할 필요가 있는 문서 • 3년 이상 5년 미만의 기간 동안 민·형사상 책임 또는 시효가 지속되거나 증명자료로서의 가치가 지속되는 사항에 관한 문서
3년	• 증명서 발급과 관련된 문서 • 월별·분기별·연도별 업무 계획 수립과 관련된 문서 • 1년 이상 3년 미만의 기간 동안 업무에 참고하거나 기관의 업무 수행 내용을 증명할 필요가 있는 문서 • 1년 이상 3년 미만의 기간 동안 민·형사상 책임 또는 시효가 지속되거나 증명자료로서의 가치가 지속되는 사항에 관한 문서
1년	• 단순하고 일상적인 업무를 수행하면서 생산한 문서 • 부서별 업무 협조 요청, 통보, 조회 등과 관련된 문서

문서명	XX년 결산 연간 공시 자료	문서번호	C-01374
담당부서/담당자		문서 생성 일자	20XX. XX. XX.
보존 기간		폐기 예정	O

구분	분류	목적	날짜	담당부서	담당자
1	대여	XX년 지출 내역 확인	20XX. XX. XX.	총무부	백○○
2	회수	–	20XX. XX. XX.	회계부	박○○
3	대여	저작권 문제 관련 검토	20XX. XX. XX.	법무부	이○○
4	회수	–	20XX. XX. XX.	회계부	박○○
5	대여	인력 관련 기획 시 참고	20XX. XX. XX.	인사부	임○○

① 1년, 총무부   ② 3년, 인사부   ③ 5년, 인사부   ④ 5년, 회계부

53 다음 지문과 가장 관련 있는 것은?

> 하위의 사실이나 현상으로부터 사고함으로써 상위의 주장을 만들어 가는 것으로, 보조 메시지들을 통해 주요 메인 메시지를 얻고, 다시 메인 메시지를 종합한 최종 정보를 도출해 내는 방법이다. 예를 들어 현재 제품 판매 업무를 맡고 있는 한 부서에서 발견할 수 있는 현상이 자사 제품의 판매 부진, 고객들의 불만 건수 증가, 경쟁사 제품의 매출 증가라면, '자사 제품에 대한 홍보가 부족하고 고객의 만족도가 떨어지고 있다'라는 메인 메시지를 도출할 수 있다. 이렇게 도출된 메인 메시지들을 모아서 최종 결론을 도출해 내는 논리적 사고 개발방법이다.

① 3C 분석
② So What 기법
③ Logic Tree 기법
④ 피라미드 구조화 방법

54 다음 ㉠~㉣을 바르게 고쳐 쓴다고 할 때 가장 적절한 것은?

> - 민형이는 목공소에서 구입한 ㉠(널빤지 → 널판지)를 여러 장 덧대어 튼튼한 이동식 책장을 만들었다.
> - ㉡(시월 → 십월) 첫 번째 토요일에 열리는 양재천 단풍축제에 가족들과 함께 가기로 약속하였다.
> - 조사에 따르면 독립유공자 후손 중 30%가 ㉢(삭월세 → 사글세)로 방을 얻어 거주하는 것으로 밝혀졌다.
> - 부동산 업자는 매매, 임대차 등의 계약 성사 시 의뢰인 쌍방으로부터 ㉣(중개 → 중계) 수수료를 받는다.

① ㉠   ② ㉡   ③ ㉢   ④ ㉣

55 다음은 농협의 미션인 농업협동조합법 제1조에 대한 내용이다. 빈칸에 들어갈 말을 차례대로 나열한 것은?

제1조(목적)
이 법은 농업인의 자주적인 협동조직을 바탕으로 농업인의 경제적·사회적·문화적 지위를 향상시키고, 농업의 (   ) 강화를 통하여 농업인의 삶의 질을 높이며, (   )
에 이바지함을 목적으로 한다.

① 생산력 – 도시와 농촌의 상생
② 생산력 – 국민경제의 균형 있는 발전
③ 경쟁력 – 도시와 농촌의 상생
④ 경쟁력 – 국민경제의 균형 있는 발전

56 제시된 숫자의 규칙을 찾아 빈칸에 들어갈 알맞은 숫자를 고른 것은?

−1	2	3	7	12	21	35	( )	95	

① 42 　　　　　　② 58 　　　　　　③ 66 　　　　　　④ 74

[57-58] 다음은 특허청과 ○○시의 아이디어 공모전 참가 기업 모집 공고문이다. 각 물음에 답하시오.

[아이디어 공모전 참가 기업 모집 공고]

1. 개요
- ○○시의 소재 기업 등이 국민과 함께 지역사회 문제를 해결하는 방안을 마련할 수 있도록 아이디어 나눔 또는 거래의 장을 조성하기 위함

2. 과제 모집 유형

구분	내용
아이디어 나눔 유형	• 참가 기관이 국민으로부터 아이디어를 나눔 받아 과제를 해결하는 유형 ※ 아이디어로 얻은 이익의 전부 또는 일부(2/3 이상)를 사회에 필수로 기부하고, 채택한 아이디어에 대한 보상금의 지급은 기업의 자율임
아이디어 거래 유형	• 국민이 제안한 아이디어를 참가 기관이 구매하여 과제를 해결하는 유형 ※ 아이디어로 얻은 이익은 참가 기관에 귀속되고, 채택한 아이디어에 대해 보상금을 지급해야 함

3. 참가 대상
- ○○시에 소재한 모든 기업 및 단체 참가 가능
  - ※ 아이디어 나눔 유형은 사회적 기업·비영리법인 또는 ○○시가 투자·출연한 기관과 산하 기관에 한하여 참가 가능

4. 참가 신청 방법 및 접수처
- 참가 신청서 작성 후 E-mail(idea@best.org)로 제출
  - ※ 우편접수 불가
- 문의 및 접수처: 한국발명진흥회 지식재산거래소(☎ 02-0000-0000)

5. 아이디어 공모전 추진 일정

1. 3.~1. 31.	2. 1.~2. 18.	2. 21.~2. 28.	3. 1.~5. 31.	6. 1.~7. 29.
과제 발굴 및 참가 기업·단체 모집 공고	공모전 과제 선정	선정 과제 구체화	특허청-○○시 아이디어 공모전 개최	아이디어 시상 및 연계·활용 지원

6. 과제 선정 절차 및 기준
1) 과제 선정 절차

과제 발굴 공고	과제 신청·접수	심사 및 선정	과제 구체화 및 공모전 개최
참가 기업 모집 및 과제 발굴 공고	과제 신청·접수	신청서 검토 및 인터뷰 후 선정	공모전에 적합한 형태로 과제 구체화
특허청·○○시	신청 기업 → 한국발명진흥회	한국발명진흥회	한국발명진흥회

2) 과제 선정 기준
- 과제 해결 필요성, 시급성 및 예상 파급효과, 공모전 과제로서의 적합성, 아이디어 제안 시 활용 가능성을 종합적으로 고려하여 선정

7. 유의사항
   - 아이디어 제안자와 정당한 계약 없이 공모전을 통해 제공받은 아이디어를 사용하는 경우 참가 기업은 민·형사상 책임을 질 수 있음
   - 공모전을 통해 참가 기업에 제공되는 아이디어에 대한 권리는 최종 계약이 이루어지기 전까지 아이디어 제안자에게 있음

57 위 공고문을 토대로 판단한 내용으로 옳은 것은?

① 아이디어로 얻은 이익의 일부를 필수로 사회에 기부해야 하는 과제 모집 유형에는 ○○시에 소재한 모든 기업이 참가할 수 있다.
② 국민이 제안한 아이디어가 선정된 경우 아이디어의 권리는 아이디어 시상식 시점부터 참가 기업에 이전된다.
③ 한국발명진흥회는 2월 1일부터 2월 18일 사이에 참가 기업의 과제 신청서를 검토하거나 인터뷰를 진행한다.
④ 참가 기업은 참가 신청서를 작성한 후 우편으로 한국발명진흥회 지식재산거래소에 접수할 수 있다.

1회

2회

3회

4회

5회

6회

해커스 지역농협 6급 NCS 실전모의고사

58 다음은 아이디어 공모전에 참가한 A 기업의 제안과제 세부내용이다. A 기업이 아이디어를 제공받아 1,200만 원의 이익이 발생했을 때, A 기업에 귀속되는 이익은? (단, 기업에 귀속되는 이익은 전체 이익에서 보상 금액 및 사회 기부 금액을 제외한 이익이다.)

[제안과제 세부내용]

과제명	• 재활용 페트병을 쉽고 빠르게 분류할 수 있는 기술적 방안
보상 금액	• 아이디어 제공자에게 100만 원 지급
과제 유형	• 아이디어 나눔 유형(일반형 모델)
과제 배경	• 페트병 재활용이 제대로 이루어지지 않을 경우, 미세 플라스틱을 통한 토질 및 수질 오염이 심각해지며, 생태계 파괴 및 매립지 부족으로 인한 사회 갈등 유발 가능
주요 내용	• 라벨지 없는 페트병 생산 및 제품별로 생산 기업을 쉽게 구별할 방안 • 생산 비용 감축 및 기존 분류 시스템 활용 방안
기타	• 아이디어로 얻은 이익을 사회에 최소 금액으로 기부함

① 300만 원   ② 400만 원   ③ 700만 원   ④ 800만 원

다음은 G 국의 정보통신시설별 공사비지수에 대한 자료이다. 각 물음에 답하시오.

[2023년 정보통신시설별 공사비지수]

구분	1분기	2분기	3분기	4분기
구내통신시설	120.7	136.8	113.2	148.0
선로시설	136.0	142.8	166.2	152.0
정보통신시스템시설	115.0	108.4	110.0	109.3
철도통신시설	123.2	133.6	120.3	118.6
기타 시설	123.7	130.4	127.4	131.9

[2024년 정보통신시설별 공사비지수]

구분	1분기	2분기	3분기	4분기
구내통신시설	137.1	148.4	147.9	129.6
선로시설	146.3	155.3	158.5	135.5
정보통신시스템시설	105.8	117.6	120.9	122.5
철도통신시설	131.4	142.3	130.9	120.8
기타 시설	130.2	140.9	139.6	127.1

59 다음 중 자료에 대한 설명으로 옳은 것은?

① 2024년 1분기 이후 선로시설과 정보통신시스템시설 공사비지수의 증감 추이는 매년 서로 같다.

② 2023년 4분기 구내통신시설 공사비지수 대비 정보통신시스템시설 공사비지수의 비율은 0.75 미만이다.

③ 2024년 1분기 공사비지수의 전년 동분기 대비 증가량은 구내통신시설이 철도통신시설의 1.5배이다.

④ 2023년 1분기~4분기 선로시설 공사비지수의 평균은 150 이상이다.

60 2024년 2분기 공사비지수의 전년 동분기 대비 증가량이 가장 큰 시설의 2024년 4분기 공사비지수의 직전 분기 대비 감소율은 얼마인가? (단, 소수점 둘째 자리에서 반올림하여 계산한다.)

① 8.5%　　　　　② 10.9%　　　　　③ 12.4%　　　　　④ 14.5%

약점 보완 해설집 p.34

무료 바로 채점 및 성적 분석 서비스 바로 가기
QR코드를 이용해 모바일로 간편하게 채점하고 나의 실력이
어느 정도인지, 취약 부분이 어디인지 바로 파악해 보세요!

5회 실전모의고사

제한 시간(70분)을 참고하여 문제 풀이 시작과 종료 시각을 정하고,
실전처럼 모의고사를 풀어보세요.

시   분 ~   시   분 (총 70문항/70분)

- 본 실전모의고사는 총 70문항으로 구성되어 있으며, 영역별 제한 시간 없이 70분 이내로 모든 영역의 문제를 풀어야 합니다.
- 의사소통능력, 수리능력, 문제해결능력, 자원관리능력, 조직이해능력 문제가 출제됩니다.
- 맨 마지막 페이지에 있는 회독용 OMR 답안지와 해커스ONE 애플리케이션의 학습 타이머를 이용하여 실전처럼 모의고사를 풀어본 후, 70번 문제 하단에 있는 '바로 채점 및 성적 분석 서비스' QR코드를 스캔하여 응시 인원 대비 본인의 성적 위치를 확인해 보시기 바랍니다.

01 다음 밑줄 친 부분과 바꿔 쓸 수 있는 것은?

> 그 사람의 <u>심경</u>을 알 길이 없어서 나는 정말 답답했다.

① 의중　　　　② 사정　　　　③ 목적　　　　④ 의견　　　　⑤ 상황

02 다음 밑줄 친 단어의 의미와 반대되는 것은?

> 기업의 <u>퇴영</u>적 운영 방침은 젊은 인재들의 이탈을 초래했다.

① 안정　　　　② 전통　　　　③ 협력　　　　④ 진취　　　　⑤ 침체

03 다음 두 단어 쌍이 같은 관계가 되도록 빈칸에 들어갈 단어를 고르면?

> 세상 : 누리 = 소멸 : (　　　)

① 소실　　　　② 근절　　　　③ 소모　　　　④ 전멸　　　　⑤ 환멸

04 다음 빈칸에 들어갈 단어가 순서대로 바르게 연결된 것은?

> 과거 한 매체가 진행한 설문 조사에서 우리나라 청소년들의 역사 인식이 매우 (ⓐ)되어 있는 것으로 나타났다. 조사에 따르면 안중근 의사, 위안부, 야스쿠니 신사에 관한 (ⓑ)에 정답을 말한 청소년이 거의 없었고, 이따금 야스쿠니 신사의 '신사(神社)'가 '신사(紳士)'를 의미하는 것이 아니냐는 (ⓒ) 답변을 한 학생도 있었던 것이다. 이처럼 청소년의 역사 인식 부재가 심각한 상황에 이르자 역사 교육의 필요성이 강조되었고, 결국 한국사가 대학수학능력시험 필수 과목에 (ⓓ)되었다.

① 결여 – 답변 – 진실한 – 포함   ② 과잉 – 질문 – 진실한 – 포함
③ 결여 – 질문 – 황당한 – 포함   ④ 과잉 – 답변 – 황당한 – 제외
⑤ 결여 – 답변 – 황당한 – 제외

05 다음 중 밑줄 친 단어의 의미가 잘못 연결된 것은?

① 할머니 댁 마당에 내려앉은 달빛이 <u>교교하다.</u> → 달이 썩 맑고 밝다
② 음식들이 <u>골막하게</u> 담겨 있다. → 담긴 것이 가득 차지 아니하고 조금 모자란 듯하다
③ <u>요요하기만</u> 한 호수에 괜스레 작은 조약돌 하나를 집어 던져 보았다. → 고요하고 쓸쓸하다
④ 도박으로 재산을 <u>털어먹은</u> 사람이 많다. → 재산이나 돈을 함부로 써서 몽땅 없애다
⑤ 남의 집에서 <u>안잠자며</u> 생활하던 습관이 몸에 배었다. → 남에게 구걸하여 거저 얻어먹다

06 다음 빈칸에 들어갈 단어로 가장 적절한 것은?

> 일반적으로 사람들은 스트레스를 부정적인 것으로 여기기 때문에 일상의 스트레스가 완전히 사라지기를 바란다. (   ) 스트레스가 전혀 없는 상태가 지속되면 무기력해지고 심한 경우 우울증에 빠질 수 있다. 다시 말해 적당한 스트레스는 오히려 신체적·정신적 건강에 도움이 되고 인간의 삶에 활력을 줄 수 있는 것이다.

① 그리하여   ② 그뿐 아니라   ③ 그래서
④ 그러면   ⑤ 그러나

07 다음 중 맞춤법에 맞지 않는 것은?

① 부모님과 떨어져 혼자 산 지는 햇수로 3년이 되었다.
② 어머니는 제사상에 올릴 과일을 사러 시장에 가셨다.
③ 우리 회사에서는 직급과 관계없이 서로 존대말을 쓴다.
④ 슈퍼마켓에 갔다가 우연히 위층에 사는 사람을 만났다.
⑤ 중국의 사막화로 인해 황사 발생 횟수가 늘고 있다.

08 다음 밑줄 친 부분과 같은 의미로 사용된 것은?

> 에어컨을 장만한 덕분에 무더운 여름을 무사히 넘길 수 있었다.

① 고등학생들은 강도 행각을 벌이던 남성을 붙잡아 경찰에 넘겼다.
② 영업팀은 절체절명의 위기를 넘기고 매출 1위라는 목표를 달성했다.
③ 그 소설책은 처음이 어려워서 그렇지 열 장만 넘기면 쉽게 읽을 수 있다.
④ 한 대리는 제품 시안의 제출 기한을 넘겨 윤 과장에게 혼이 났다.
⑤ 배구는 네트 위로 공을 넘겨 점수를 얻는 스포츠이다.

09 A기업의 연구개발팀은 회사에서 진행하는 경청 교육에 참석하였다. 경청 교육을 마친 팀원들은 잠시 모여 교육 내용을 토대로 추후 어떤 경청 태도를 가질 것인지 소감을 밝히는 시간을 가졌다. 다음 중 팀원이 할 만한 소감으로 가장 적절하지 않은 것은?

① K 사원: 상대방의 말을 끝까지 듣지 않고 가로챈 경우가 많았던 것 같아요. 이 부분을 고치기 위해 부단히 노력할 예정입니다.

② L 사원: 상대방과 의견이 다를 때는 일단 상대방의 의견을 수용하려고 했었는데, 앞으로는 의견 차이를 빠르게 확인하기 위해서라도 상대방의 의견을 수용하기보다는 먼저 저의 의견을 피력하겠습니다.

③ P 사원: 그동안 상대방의 이야기를 들을 때 시선을 어떻게 해야 하는지는 고려하지 않았습니다. 경청에서 시선 처리가 얼마나 중요한지 알았으니 앞으로는 상대방의 이야기를 들을 때 시선도 맞추겠습니다.

④ C 사원: 경청을 귀로만 하는 것으로 여겼었는데, 저의 잘못된 생각이었네요. 귀뿐만 아니라 표정, 눈빛, 몸짓 등 온 몸을 이용해 좀 더 적극적으로 경청하는 태도를 가지겠습니다.

⑤ J 사원: 경청을 잘하기 위해서는 말하는 순서도 중요하게 여겨야 해요. 상대방과 이야기할 때 말하는 순서를 지키다 보면 자연히 대화를 독점하지 않게 되고, 또 경청 태도도 좋아지게 되겠죠?

[10-12] 다음 글을 읽고 각 물음에 답하시오.

3D 프린팅은 기존 2차원 평면에 '공간'의 축을 추가한 3D 도면을 바탕으로 입체 물품을 만들어 내는 기술이다. 3D 프린팅 기술은 빠른 속도로 발전하여 현재는 플라스틱뿐만 아니라 고무, 세라믹, 심지어 식재료까지 이용하여 물품을 생산할 수 있으며, 판매 가격도 하락하여 대중화가 예측되기도 한다. 하지만 3D 프린팅 기술에는 결정적인 한계가 있다. 큰 물품을 만들어 내기 위해서 그보다 큰 3D 프린터가 필요하다는 점이다. 예를 들어, 3D 프린터로 빌딩을 출력하려면 빌딩보다 큰 3D 프린터를 만들어야 한다. 하지만 빌딩보다 큰 프린터를 만드는 데에는 천문학적인 비용이 들기 때문에 경제적 유인이 거의 없다. 이처럼 경제적으로 프린터보다 큰 물건은 제작하기 어려운 3D 프린터의 한계를 극복할 수 있는 기술이 바로 4D 프린팅이다.

4D 프린팅 기술은 3D 프린터로 출력한 물품이 특정 환경 조건이 갖추어지면 스스로 모양이나 형태를 바꾸어 새로운 결과물로 완성된다. 즉 온도, 습도, 진동 등의 자극을 받으면 모양이 달라지는 스마트 재료를 3D 프린터로 출력하는 것이 4D 프린팅 기술이다. 4D 프린팅 기술로 출력된 물품들은 다른 물품과 결합하거나 스스로 크기를 확장할 수 있어 빌딩보다 큰 프린터가 없어도 빌딩을 만드는 것이 가능하다. 4D 프린팅이라는 용어를 처음 사용한 2013년 미국 MIT 자가조립연구소의 스카일러 티비츠 교수는 3D에 '시간'이라는 한 차원(Dimension)의 축을 더했다는 의미에서 4D 프린팅이라고 명명했다고 설명했다.

티비츠 교수의 설명에 따르면, 4D 프린팅 기술의 기본 원리는 자가 조립(Self-assembly) 기술과 자가 변형(Self-transformation) 기술에 있다. 이는 단백질과 같은 생체 분자들이 스스로 조립하거나 결합하여 특정 모양을 만드는 원리를 응용한 것으로, 4D 프린팅에는 모양을 바꿀 수 있게 프로그래밍된 스마트 재료가 사용되어 실현된다. 스마트 재료로 형상기억합금이 가장 널리 알려져 있지만, 나무나 종이 같은 소재도 부분 변형이 가능하여 스마트 재료로 사용할 수 있다. 이러한 원리를 바탕으로 4D 프린팅 기술이 만들어 낸 물품은 자동차, 의료, 건설, 게임 등 다양한 분야에서 활용될 것으로 전망된다.

특히 자동차 분야는 자동차 제작에 사용되는 모든 플라스틱, 금속 부품이 4D 프린팅 기술의 대상이 된다. 독일 자동차 회사 BMW의 콘셉트카인 비전 넥스트 100이 4D 프린팅 기술을 활용한 대표적인 제품이다. 비전 넥스트 100은 외부 환경이나 운전 상황에 따라 차체의 형태와 디자인이 바뀐다. 예를 들어, 험준한 도로를 달릴 때는 환경에 맞게 바퀴의 모양이 달라지고, 직선 구간에서는 차체가 바람의 영향을 덜 받는 모양을 유지한다. 그뿐만 아니라 운전자의 자세에 따라 시트 모양이 바뀌기도 한다.

의료 분야에서는 4D 프린팅 기술을 활용하여 인체에 삽입하는 바이오 장기를 만들거나 신체 내부에 들어가서 치료가 필요한 부위에 도달하면 자동으로 분해되어 약을 흡수시키고 병균을 제거하는 나노로봇 등을 만들 수 있다. 이 외에 작게 구겨도 펼치면 주름이 없어지는 옷, 자연재해로 붕괴된 부분을 자동으로 복구하는 건물, 날씨에 따라 외양이 바뀌는 텐트 등 앞으로 4D 프린팅 기술을 활용하는 분야의 범위는 더욱 확장될 것이다.

미국은 4D 프린팅 기술 연구를 위해 미국과학재단(NSF)이 3,000만 달러를 투자하였으며, 미국항공우주국(NASA)과 육군연구국도 4D 프린팅 관련 연구에 박차를 가하고 있다. 한편, 우리나라는 한국과학기술연구원(KIST)과 광주과학기술원(GIST)이 연구를 진행 중이며, 정부 주도로 4D 프린팅 시뮬레이터 개발 사업을 추진하여 4D 프린팅 사업단을 설립하였다. 4D 프린팅 기술의 발전 수준은 아직 걸음마 단계이다. 우리나라가 다른 나라와의 경쟁에서 주도권을 잡고 관련 사업을 활성화하기 위해서는 정부 차원에서 장기적인 관점으로 초기 개발을 지원하고 적극적으로 투자할 필요가 있다.

10 윗글의 제목으로 가장 적절한 것은?

① 4D 프린팅 기술의 원리와 미래 전망
② 3D 프린터의 기능적 한계와 극복방안
③ 프린터를 만드는 데 필요한 기술의 종류
④ 4D 프린팅 기술을 활용한 사례의 비교 분석
⑤ 프린터 구조의 차이에 따른 장단점 연구

11 윗글을 통해 추론한 내용으로 가장 적절하지 않은 것은?

① 도로 환경에 따라 적합한 형태로 바뀌는 비전 넥스트 100의 바퀴는 4D 프린팅 기술로 제작되었다.
② 소재 자체의 일부 또는 전체가 프로그래밍을 통해 자가 변형할 수 있어야 4D 프린팅이 실현된다.
③ 수온이 일정 기준 이상이 되면 자동으로 급수가 차단되는 수도관은 4D 프린팅 기술로 만들 수 있다.
④ 3D 프린터로 아파트를 만들 수는 있지만 경제적 이점이 거의 없어서 실제로 만들어질 가능성은 적다.
⑤ 4D 프린팅 기술은 세계 각국의 치열한 경쟁으로 빠르게 발전하여 현재는 안정기에 진입하였다.

12 윗글에서 밑줄 친 단어와 의미가 유사한 것은?

① 반응　　　　② 성과　　　　③ 진전　　　　④ 유도　　　　⑤ 경과

13 다음 중 맞춤법에 맞지 않는 것은?

① 남편은 자신의 행동이 멋쩍은지 허허 웃고만 있었다.
② 화낼 만도 한데 얼굴 한 번 찡그리지 않는 것을 보니 참 대단하다.
③ 그런 불순한 의도라면 안 가느니만 못하다고 생각한다.
④ 아이는 한 시간 만에 숙제를 마치고 친구들과 놀러 나갔다.
⑤ 시간이 흐르면 잊힐만도 한데 그때의 기억은 여전히 생생하다.

14 다음 지문의 내용과 관련 있는 한자성어를 고르면?

> A는 얼마 전 오랜만에 고등학교 때 친구들을 만나러 나갔다가, 친구 중 한 명이 곧 있을 마라톤 대회에 참가할 예정이라는 이야기를 들었다. 이에 다른 친구 몇몇도 동참하기로 하자, A는 분위기에 휩쓸려 자기도 마라톤 대회에 나가겠다는 약속을 해버렸다. 곧바로 새 신발과 운동복을 장만하고 의욕에 넘쳐 친구들과 함께 연습을 시작했다. 하지만 평소 운동을 거의 하지 않던 A는 금세 지쳐 마라톤에 흥미를 잃었고, 마라톤 대회 참가를 성급하게 결정한 것에 대해 후회하고 있다.

① 고진감래　　② 근묵자흑　　③ 자중지란　　④ 부화뇌동　　⑤ 전전긍긍

15 다음 중 단어 간의 관계가 〈보기〉와 다른 것을 고르면?

───── 〈보기〉 ─────

호랑이 – 소나무 – 바위 – 산

① 원숭이 – 열대식물 – 비 – 정글
② 별 – 로켓 – 행성 – 우주
③ 표범 – 백야 – 빙하 – 북극
④ 해초 – 물고기 – 조개 – 바다
⑤ 물결 – 갈대 – 오리 – 호수

16 ○○은행 카드사업부 소속인 귀하는 부하 직원으로부터 고객들에게 배부될 예정인 카드 혜택 안내문의 초안을 보고받았다. 초안을 확인한 귀하가 부하 직원에게 전달할 피드백으로 가장 적절하지 않은 것은?

[○○은행 ☆☆카드 혜택 안내]
"전월 실적에 따라 쿠폰이 발급되는 ☆☆카드!"

• **실적별 혜택**

전월 실적이 10만 원 이상~30만 원 미만인 경우 5천 원 쿠폰 발급, 30만 원 이상~50만 원 미만인 경우 1만 원 쿠폰 발급, 50만 원 이상~100만 원 미만인 경우 3만 원 쿠폰 발급, 100만 원 이상~200만 원 미만인 경우 7만 원 쿠폰 발급, 200만 원 이상인 경우 15만 원 쿠폰 발급

　※ 1) 쿠폰 제공 조건: 쿠폰은 전월 실적이 10만 원 이상인 경우 제공되며, 카드 수령등록 월에 10만 원 이상 사용한 경우 그다음 달부터 쿠폰이 제공된다는 점을 참고하시기 바랍니다.

　　 2) 쿠폰 사용법: 전월 실적에 따라 ○○은행 모바일 애플리케이션을 통해 발송되는 쿠폰을 다운로드받아서 사용하시기 바랍니다. (쿠폰 유효 기간은 발급일로부터 1개월)

　　 3) 전월 실적 제외 항목: 우체국 우편요금, 국세/지방세, 상품권 구입비, 현금서비스, 카드론 등

• **쿠폰 사용 가맹점**

쇼핑	A 백화점, B 마트, C 마트, D 몰
뷰티·패션	E 화장품, F 화장품, G 패션, H 쇼핑(온라인)
식음료	I 베이커리, J 커피, K 아이스크림, L 도넛
주유	M 에너지, N-OIL

　※ 1) 20△△. 4. 1. 기준 쿠폰 사용 가맹점입니다.

　　 2) 쿠폰 사용 가맹점은 지속적으로 확대해 나갈 예정이므로 ○○은행 모바일 애플리케이션을 통해 확인하시오.

• **☆☆카드 기타 혜택**

　－ ○○은행 인터넷뱅킹 이체 수수료 20회 면제
　－ 대중교통(택시 제외) 할인
　－ 해외 쇼핑 할인
　－ 환전 시 환전 수수료 할인
　－ 당발송금 시 수수료 할인

　※ 위 혜택은 전월 실적이 10만 원 이상인 모든 이용자에게 제공됩니다.

---

① 안내문에 전월 실적 제외 항목만 언급되어 있는데, 이용 실적 산정 기준이 전월 1일부터 말일까지 ☆☆카드로 사용한 일시불 및 할부 금액이라는 내용도 포함해 주세요.

② '실적별 혜택'에서 쿠폰 금액에 대한 내용이 모두 줄글로 쓰여 있어 가독성이 떨어지네요. 표로 작성하는 것을 고려해 주세요.

③ '쿠폰 사용 가맹점'의 업데이트 내용 확인 방법을 명령문으로 작성하셨네요. 고객들이 보는 일종의 설명서인데, 명령문보다는 정중한 문체로 쓰는 것이 좋지 않을까요?

④ '☆☆카드 기타 혜택'에서 전월 실적이 10만 원 이상이어야 한다는 내용은 이미 앞에서 언급한 내용이므로 삭제하는 것이 좋겠습니다.

⑤ '☆☆카드 기타 혜택'에서 '당발송금'의 경우 고객의 입장에서는 이해하기 어려운 전문용어라 할 수 있습니다. '해외송금'과 같이 좀 더 쉬운 표현을 사용해 주세요.

17 다음 중 맞춤법에 맞는 것을 모두 고르면?

> ㉠ 날씨가 흐리니 비가 올 성싶다.
> ㉡ 매일 같은 음식을 먹으니 실증이 난다.
> ㉢ 내가에 나가서 헤엄을 치던 어린 시절이 그립다.
> ㉣ 사진으로나마 그 시절을 추억해 본다.

① ㉠, ㉡ 　　② ㉠, ㉣ 　　③ ㉡, ㉢ 　　④ ㉡, ㉣ 　　⑤ ㉢, ㉣

18 다음 글의 서술상 특징으로 가장 적절한 것은?

> 　최근 몇 년 사이 적극적인 캠페인과 교육 덕분에 우리나라 시민의식이 많이 개선되었다는 평가를 받고 있다. 그럼에도 불구하고 아직도 일부 관광지에서는 부끄러운 사례들이 존재하는데 그중 하나가 바로 안동 하회마을 벽 낙서 사건이다. 하회마을은 유교적 가치관을 반영하는 동시에, 자연과 건축 양식 사이의 깊은 상호작용을 기술적으로 훌륭하게 표현한 대표적인 한국 전통문화 마을이다. 한국의 고유한 문화유산을 간직한 장소로써 유네스코 세계문화유산으로 등재된 곳임에도 불구하고, 일부 시민들이 마을 벽에 자신의 이름을 작성하는 등의 낙서를 해 놓은 것이다. 이 사건은 단순하게 개인의 행동으로 치부할 수 없는 문제이다. 문화유산이 훼손되면, 그 피해는 눈에 보이는 부분에서 더 나아가 가치와 의미가 희석되는 큰 손실로 이어진다. 따라서 문화재나 유적지와 같이 가치를 보존해야 하는 관광지에서의 비양심적인 행위는 강력한 처벌로 대응해야 한다. 정부와 지자체는 협력을 통해 법적인 책임을 물을 수 있는 체계를 구축함으로써 경각심을 주어야 하고, 시민들은 안동 하회마을 벽 낙서 사건과 같은 부끄러운 사례들이 사라지도록 문화유산을 보호하고 존중하는 마음으로 행동해야 한다. 우리가 지키는 문화유산은 단지 과거의 유물이 아니라 미래 세대에게 전해줄 소중한 자산이기 때문이다.

① 추상적인 개념을 구체적인 비유를 통해 설명하고 있다.
② 예상되는 반론을 제시하고 이를 논리적으로 반박하고 있다
③ 대상의 긍정적 측면과 부정적 측면을 비교하여 설명하고 있다.
④ 사례를 통해 문제를 제기하고 해결방안을 제시하고 있다.
⑤ 핵심 소재에 대한 인식의 변화 과정을 통시적으로 서술하고 있다.

19 ○○기업의 인사총무팀 소속인 D 주임은 외부 업체와의 미팅으로 주간회의에 참석하지 못해 당일 미팅 후 회의록을 통해 회의 내용을 확인하였다. 이때, D 주임이 최우선으로 완료해야 할 업무로 가장 적절한 것은?

인사총무팀 주간회의록	
일시	20△△년 3월 4일(월) 09:00~10:00
장소	본관 2층 회의실
참석자	A 팀장, B 과장, C 대리, E 사원, F 사원
작성자	F 사원

내용

1. 대학 채용설명회 준비 업무 점검
   ① A 팀장
       – 기획팀, 디자인팀과 홍보 브로슈어 제작 관련 회의 참석(3/7(목) 11시)
   ② B 과장
       – 강의실 대관 및 시간 관련 대학 관계자와 외부 미팅 참석(3/6(수) 14시)
   ③ D 주임
       – 기획팀, 디자인팀과 홍보 브로슈어 제작 관련 회의 참석(3/7(목) 11시)
       ※ 홍보 브로슈어 초안 제작에 필요한 자료(유의사항 포함) 정리하여 회의 참석자 전체 배부
   ④ E 사원, F 사원
       – 채용설명회에서 활용할 발표문 초안을 각자 작성한 후 D 주임에게 피드백 요청(3/7(목) 17시)

2. 신입사원 공개 채용 관련
       – F 사원이 채용공고문 초안을 작성하고 이를 C 대리가 검토하여 홍보팀에 전달(3/7(목) 18시)
       – D 주임과 E 사원이 필기시험과 면접전형 진행 시 필요한 진행요원 수를 파악하여 부서별 차출 인원 사전 요청(3/5(화) 18시)
       – D 주임과 E 사원이 법무팀과 개정된 법령을 반영한 근로계약서 검토 관련 회의 참석(3/5(화) 12시)
       ※ D 주임은 근로계약서 검토에 필요한 자료를 정리하여 인사총무팀과 법무팀 전체에 이메일 발송

3. 인사총무팀 사무실 비품 관련
       – 탕비실 내 정수기 고장으로 E 사원이 금일 관리팀에 연락하여 수리 요청할 것

| 특이사항 | – 회의에 필요한 자료 정리는 회의 시작 전까지 완료하여야 함
– 타 팀과의 협업을 위한 회의가 있는 경우, 누락되는 업무가 없도록 회의에 참석한 선임자가 진행 상황을 기록한 뒤 차주 주간회의에서 모든 팀원에게 해당 내용을 공유하도록 함 |

① 근로계약서 검토에 참고할 수 있는 법령을 정리하여 인사총무팀과 법무팀 팀원 모두에게 전달한다.
② A 팀장과 함께 대학 채용설명회에서 배부할 홍보 브로슈어 제작을 논의하기 위한 회의에 참석한다.
③ E 사원과 F 사원이 작성한 대학 채용설명회 발표문 초안을 검토하여 피드백을 전달한다.
④ E 사원과 함께 근로계약서를 검토하기 위한 법무팀과의 협업 회의에 참석하여 진행 상황을 기록한다.
⑤ 기획팀과 디자인팀이 함께 참석하는 홍보 브로슈어 관련 회의에서 활용될 자료를 수집하여 정리한다.

20 다음 글을 통해 추론한 내용으로 가장 적절한 것은?

이자는 돈을 빌리거나 빌려주었을 때 주거나 받는 일정 비율의 돈을 지칭하는데, 원금에 대한 이자의 비율을 금리라고 한다. 금리는 계산 방법에 따라 단리(單利)와 복리(複利)로 분류된다. 단리는 일정 기간 원금에 대해서만 약정 이율로 계산한 이자를 말하며, 이전 기간의 이자를 원금에 가산하여 계산하는 것이 아니므로 이자에 대한 이자는 발생하지 않는다. 이에 반해 복리는 이전 기간에 발생한 이자를 원금에 가산하여 다음 기간의 원금으로 여기고 약정 이율로 계산한 이자를 말한다. 단리로 이자를 받을 때의 원리금은 (원금)×{1+n(이율)}, 복리로 이자를 받을 때 원리금은 (원금)×{1+(이율)}^{n}으로 나타낸다. 여기서 n은 이자를 계산하는 횟수, 즉 기간을 말하는데 일반적으로는 1년을 기준으로 계산하지만 한 달 또는 일주일 단위로 복리를 계산하는 경우도 있다. 따라서 일정 금액에 같은 이율의 단리와 복리를 적용하면 원금과 이자를 합한 원리금에 차이가 생긴다. 단리는 기간에 따라 원리금이 균일한 비율로 증가하지만 복리는 기간이 길수록 원리금이 급격하게 증가하기 때문이다. 일례로 100만 원을 연 5%의 단리로 3년간 저축하면 3년 뒤에 원금 100만 원에 이자 15만 원을 더해 원리금을 총 115만 원 받게 된다. 반면 100만 원을 연 5%의 복리로 3년간 저축하면 3년 뒤에는 원금 100만 원에 이자 15만 7,625원을 더해 원리금을 총 115만 7,625원 받게 된다. 다시 말해 같은 이율을 적용하여도 복리로 계산했을 때의 이자가 단리로 계산했을 때보다 7,625원 더 높으며, 기간이 길어질수록 그 차이는 큰 폭으로 커진다. 복리는 예금자와 투자자의 입장에서는 시간이 흐를수록 점점 더 많은 이익을 얻을 수 있다는 점에서 황금알을 낳는 오리와 같다. 하지만 채무자의 입장에서는 시간이 지날수록 부채가 막대하게 증가한다는 점에서 저주가 된다는 양면성을 갖고 있다.

① 200만 원을 5년 동안 연간 3%의 단리로 저축하면 원리금으로 300만 원이 넘는 금액을 받게 된다.
② 돈을 빌려야 하는 상황에서는 시간이 흐를수록 더 많은 이익이 생기는 복리를 선택하는 것이 좋다.
③ 500만 원을 연 5%의 복리로 2년 동안 저금하면 단리로 저금했을 때보다 5만 원 이상 이익을 본다.
④ 동일한 금액의 자본에 같은 이율을 적용하더라도 금리 계산 방법에 따라 원리금에 차등이 생긴다.
⑤ 단리는 일정 기간 내에 원금에 대한 이자뿐만 아니라 이자에 대한 약정 이율의 이자까지 발생한다.

21 다음 글의 주제로 가장 적절한 것은?

칭찬은 상대로 하여금 자신감을 갖게 할 뿐만 아니라 더욱 진취적이고 적극적으로 행동하게 만든다. 또한, 일명 행복호르몬으로 알려진 엔도르핀과 세로토닌을 생성시켜 체내 면역력을 강화하는 기능도 있다. 아이의 성장에 있어서 칭찬은 더욱 중요하다. 한 개인의 평생에 걸친 행동 양식을 결정짓는 자아개념은 성장기에 형성되는데, 칭찬이 긍정적인 자아개념을 갖추는 데 큰 역할을 하기 때문이다. 이 같은 칭찬의 효과가 널리 퍼짐에 따라 우리 사회에는 의식적으로라도 칭찬을 많이 하려는 노력이 시행되었으며, 양육법에서 칭찬은 핵심 개념으로 자리 잡았다. 그런데 모든 칭찬이 상대에게 긍정적인 영향을 줄 것이라는 기존의 통념을 뒤집은 연구 결과가 발표되어 많은 이들의 눈길을 끌고 있다. 스탠퍼드 대학교의 캐럴 드웩 교수는 뉴욕시의 학생들을 A·B 집단으로 나누어 쉬운 퍼즐을 풀게 했다. 퍼즐을 다 푼 뒤 A 집단에는 '너는 정말 똑똑하구나!'라는 칭찬을 하고, B 집단에는 '너는 퍼즐을 풀기 위해 정말 노력했구나!'라는 칭찬을 했다. 이후 연구진은 학생들에게 첫 번째 퍼즐보다 어려운 퍼즐, 첫 번째 퍼즐과 비슷한 수준의 퍼즐 중 어느 것을 풀겠느냐고 물었다. 놀랍게도 A 집단은 대부분 첫 번째 퍼즐과 비슷한 수준의 퍼즐을 선택했지만 B 집단은 대부분 첫 번째 퍼즐보다 어려운 퍼즐을 선택하였다. 이유는 명확했다. A 집단은 퍼즐을 풀지 못할 경우 자신의 지적 능력에 대한 칭찬이 부정될 것을 우려해 도전을 감행하지 않으려 했던 것이다. 그러나 노력 그 자체에 대해 칭찬받은 B 집단은 만약 퍼즐을 풀지 못하더라도 계속 칭찬을 받을 수 있으므로 더욱 어려운 퍼즐에 도전하는 모습을 보였다. 두 번의 퍼즐 풀기를 마친 학생들에게 연구진은 어려운 수준의 퍼즐을 부여하였고, A·B 집단의 학생들은 모두 나쁜 점수를 받았다. 그러나 A 집단은 실패한 원인을 자신이 똑똑하지 않기 때문이라고 여겼으며, 퍼즐을 풀 때도 과도하게 긴장하고 괴로워하는 모습을 보였다. 반면 B 집단은 자신이 충분히 집중하지 않아 퍼즐을 잘 풀 수 없었다고 생각했다. 마지막으로 연구진은 모든 학생에게 제일 처음에 푼 퍼즐과 비슷한 수준의 퍼즐을 풀게 했는데 A 집단은 성적이 20% 떨어졌으며, B 집단은 30% 올랐다. 이를 두고 드웩 교수는 A 집단이 들은 칭찬의 경우 이미 지적 능력이 고정되어 있다는 함의를, B 집단이 들은 칭찬은 지적 능력의 성장이 이루어질 수 있다는 함의를 품고 있었기 때문이라는 결론을 내렸다.

① 칭찬은 신체적 능력과 정신적 능력을 모두 강화하는 데 긍정적인 영향을 미친다.
② 칭찬의 효과는 질보다는 양에 달려있으므로 가능한 한 칭찬을 자주 해주는 것이 중요하다.
③ 동일한 형태의 칭찬일지라도 상대가 처한 상황에 따라 다양한 의미로 해석될 여지가 있다.
④ 칭찬은 상대에게 부정적인 영향보다는 긍정적인 영향을 미칠 가능성이 크다.
⑤ 올바른 칭찬을 하기 위해서는 상대가 결과를 얻기 위해 노력한 과정에 초점을 맞춰야 한다.

22 다음 문단을 논리적 순서대로 알맞게 배열한 것은?

(가) 과학자들은 첨단 기술로 만들어진 현대의 바이올린과 다르게 300년 전 수작업을 통해 만들어진 스트라디바리우스의 소리 주파수가 동일한 이유를 밝혀내고자 노력하였고, 이에 따라 스트라디바리가 거주했던 지역의 온도 및 습도가 바이올린을 구성하는 부품에 적합하다는 주장부터 그 당시 도료로 사용했던 바니시 때문이라는 등 다양한 주장이 제기되었다.

(나) 이와 같은 평을 받았던 스트라디바리우스가 내는 아름다운 소리의 비밀은 무엇일까? 바이올린 소리는 현을 통해 나온 음파가 몸체에서 얼마나 아름답게 울리느냐에 따라 결정된다. 스트라디바리우스를 분해하여 진동을 조사한 결과, 공명 주파수가 서양 음계의 음 간격과 동일하였을 뿐만 아니라 주파수에 따라 소리가 바뀌는 현대의 바이올린과 달리 일정한 음을 유지하는 것이 밝혀졌다.

(다) 그중 가장 흥미로운 주장은 목재 재료학과 기상학과의 융합 연구팀이 내놓은 결과로, 스트라디바리우스 음색의 비밀이 바로 1645년부터 1715년까지 발생했던 소빙하기에 있다는 것이다. 이 시기에는 겨울이 매우 길고 여름이 시원하여 나무가 장기간 성장할 수 없었고, 그 결과 나이테가 촘촘하고 밀도가 높은 목재가 생산되어 이를 재료로 한 스트라디바리우스가 풍부한 음색을 지니게 되었다고 한다.

(라) 명품 악기로 꼽히는 스트라디바리우스는 17~18세기 바이올린 제작자인 안토니오 스트라디바리가 평생에 걸쳐 만든 바이올린이다. 현재 약 600대가 남아있는 것으로 추정되는 스트라디바리우스는 예리하고 섬세한 소리를 내는 것이 특징인데, 미국의 바이올리니스트 거장인 아이작 스턴은 이 바이올린의 소리에 대해 연주회장이 아무리 넓어도 끝없이 퍼져나가는 천상의 소리를 지니고 있다며 찬사를 보냈다고 한다.

(마) 실제로 바이올린을 제작한 스트라디바리는 소빙하기가 시작되기 1년 전에 태어났으며, 소빙하기가 끝날 때 즈음 가장 뛰어난 현악기를 만들 수 있었다. 게다가 과르네리, 아마티 등 현존하는 유명한 관현악기 대부분이 공교롭게도 스트라디바리우스와 비슷한 시기에, 스트라디바리우스와 같은 재료인 크로아티아산 단풍나무로 만들어졌다는 공통점이 있어 이 이론은 상당히 신빙성이 있는 것으로 여겨지고 있다.

① (가) – (다) – (라) – (나) – (마)
② (가) – (마) – (다) – (라) – (나)
③ (라) – (가) – (다) – (나) – (마)
④ (라) – (나) – (가) – (다) – (마)
⑤ (라) – (다) – (나) – (마) – (가)

23 다음 글의 논리적 흐름을 고려할 때, (가)~(마) 중 삭제되어야 하는 문단은?

(가) 일본의 한 유제품 업체는 두 번의 대규모 식중독 파문을 겪었다. 첫 번째 사건은 1955년에 일어났는데, 당시 회사는 사건이 일어난 즉시 사과하고 제품을 전량 회수하는 등 신속히 대응하여 위기를 넘길 수 있었다. 그러나 2000년에 발생한 두 번째 사건에서 경영진은 해당 문제를 모르쇠로 일관했고 결국 소비자의 대대적인 불매운동으로 회사는 파산하고 말았다. 그리고 이는 소비자 불만에 대한 기업의 적절한 대응이 얼마나 중요한지를 보여주는 대표적인 사례가 되었다.

(나) 점점 빠르게 진행되고 있는 스마트화로 인해 소비자 불만의 영향력이 과거에 비해 오늘날 훨씬 강력해지고 있어, 이에 대한 대응의 중요성도 더욱 커지고 있다. 인터넷, SNS 등 소비자들이 불만을 표출할 수 있는 창구가 다양해지면서 누군가가 제기한 특정 기업의 제품이나 서비스에 대한 불만이 빠르게 전파될 수 있는 환경이 마련되었기 때문이다.

(다) 이로 인해 최근에는 소비자의 요청이나 기호가 반영된 제품을 출시하는 기업이 증가하고 있다. 이는 소비자의 취향을 접목해 제품을 출시할 경우 판매량이 급증하는 성과로 이어지는 결과를 보였기 때문인데, 결국 기업은 판매 시장에서 우위를 점하기 위해서 소비자와의 꾸준한 소통을 통해 이들의 의견을 경청하려는 노력이 필요하다는 것을 알 수 있다.

(라) 일례로 캐나다 가수 데이브 캐롤은 수화물로 부친 기타를 망가뜨린 항공사가 피해보상 요청을 무시하자 이에 대한 불만을 노래로 만들어 유튜브에 올렸다. 이 영상은 전 세계적으로 큰 화제를 모았고, 결국 해당 항공사는 엄청난 비난을 받았으며, 당시 우리나라 돈으로 약 2,000억 원에 달하는 손해를 입게 되었다.

(마) 그렇다면 기업은 소비자 불만에 어떻게 대응해야 할까? 먼저 기업은 기업의 입장이 아닌 소비자의 입장에서 문제를 해결하려 노력해야 한다. 또한, 불만 상황과 해결에 관한 정보를 축적해 사전 대응 체계를 구축해야 하며, 더 나아가서는 소비자의 불만을 적극적으로 수렴하여 새로운 제품이나 서비스 개발에 접목하려 노력해야 한다.

① (가)　　　　② (나)　　　　③ (다)　　　　④ (라)　　　　⑤ (마)

[24 - 25] 다음 글을 읽고 각 물음에 답하시오.

인간의 지능을 가지고 스스로 사고하는 기계인 인공지능에 관한 연구는 굉장히 오래전부터 시작되었다. 그러나 기술적 한계로 인해 침체기를 겪어오던 인공지능 개발은 1990년대 인터넷 발전과 함께 부활하였다. 방대한 데이터 수집이 가능해짐에 따라 인간의 도움 없이도 스스로 데이터를 분석하고 학습하는 머신러닝이 가능하게 되었으며, 이후 인간의 뇌를 모방한 신경망 네트워크 구조의 딥러닝 알고리즘으로 발전하게 된 것이다. 클라우드 컴퓨팅의 급격한 발전과 빅데이터를 기반으로 딥러닝이 구현되자, 인공지능은 4차 산업혁명의 핵심 요소로 부상하였다. 오늘날 글로벌 기업들은 인공지능을 미래의 최대 성장 동력으로 여기고 있으며, 그 적용 분야는 빠르게 확대되어 우리 일상 깊숙한 곳에 자리 잡았다. 음성 인식 또는 번역과 같이 특정 영역의 문제를 해결할 수 있는 인공지능을 약한 인공지능이라고 하며, 영역을 제한하지 않아도 문제 해결이 가능한 인공지능을 강한 인공지능이라고 한다. 그렇지만 아직까지 강한 인공지능에 이르기에는 기술적 한계가 있다는 것이 전문가들의 일반적인 견해이다. 문제는 인공지능이 계속 발전하고 있어 인공지능 발달에 따른 영향력을 예상하기 어렵고, 분야마다 인공지능을 정의하고 개발하는 양상이 서로 달라 정확한 기술 발달 수준을 파악하기 어렵다는 것이다. 이러한 시점에서 인공지능의 성능 향상이 인류에 미칠 잠재적 위험성을 둘러싼 갈등이 심화되고 있다. 일각에서는 인공지능은 인류의 위협이 되지 않으며, 인공지능을 안전하게 관리할 수 있는 궁극적인 대안은 인류가 스스로 도덕적이고 이상적인 사회를 발전시켜 나가는 것이라고 주장한다. 그러나 인공지능의 잠재적 위험성을 우려하는 일부 사람들은 인공지능 자체에 윤리적 제어 장치가 필요하다고 경고하기도 한다. 특히 인공지능이 인간의 비윤리적인 부분마저 학습한다는 것이 밝혀져 논란이 되었던 만큼, 인공지능에게 윤리적으로 올바른 데이터를 학습시키는 것이 중요하다. 앞으로 인공지능 산업은 더욱 다양한 양상으로 발전할 예정이며, 이러한 변화의 갈림길에 서 있는 현재로서는 인공지능이 어떤 미래를 가져올지 예측하기 어려운 상황이다. 그러나 인공지능의 사회적 영향력을 고려하였을 때 인공지능이 지닌 잠재적 위험성 및 이와 관련된 윤리적 논의는 그 어떤 때보다 더욱 활발하게 진행되어야 할 것이다.

24 윗글의 중심 내용으로 가장 적절한 것은?
① 인공지능의 발전에 따른 잠재적 위험성에 대한 도덕적 논의의 필요성
② 일상생활 속 깊숙이 자리하여 우리가 인식하지 못하는 인공지능 기술
③ 분야별 인공지능 기술의 상이한 발달 수준으로 인해 예견되는 문제들
④ 오늘날 인공지능 기술 구현을 가능하게 한 머신러닝 기술의 발전 양상
⑤ 인공지능 활용 분야에 대한 글로벌 기업의 투자 사례와 미래 가치

25 윗글을 통해 추론한 내용으로 가장 적절하지 않은 것은?
① 알파고는 확률 영역의 문제를 다루고 있는 인공지능이므로 약한 인공지능에 해당한다.
② 인공지능은 4차 산업혁명을 통해 딥러닝과 함께 새롭게 등장한 신기술에 포함된다.
③ 인공지능이 인류에 무해하다는 입장은 인류의 도덕적 발전이 실현되어야 함을 강조한다.
④ 인공지능의 윤리적 행위의 기준은 학습한 데이터의 내용에 따라 변화될 수 있다.
⑤ 강한 인공지능은 아직 기술적 한계로 인해 실현되지 않았지만 다양한 분야에서 잠재력을 가진다.

26 지갑에 10원짜리 동전 2개, 50원짜리 동전 4개, 100원짜리 동전 3개, 500원짜리 동전 1개, 1,000원짜리 지폐 2장, 5,000원짜리 지폐 2장이 있다. 50원짜리 동전과 5,000원짜리 지폐를 제외하고 지갑에 있는 돈으로 낼 수 있는 금액의 경우는 몇 가지인가?

① 11가지   ② 23가지   ③ 47가지   ④ 53가지   ⑤ 71가지

27 다음은 미영이의 기말고사 점수를 나타낸 자료이다. 미영이의 기말고사 점수의 중앙값을 p, 분산을 q라고 할 때, p−q의 값은?

구분	국어	영어	수학	사회	과학	코딩
점수	79점	86점	79점	80점	82점	74점

① 66.0   ② 66.5   ③ 67.0   ④ 68.5   ⑤ 69.0

28 다음 식에서 빈칸에 들어갈 연산기호가 바르게 짝지어진 것은?

$$7 \;\square\; 4 - 8 \;\square\; 12 = 32$$

① ×, −   ② +, ÷   ③ ×, +   ④ −, ×   ⑤ −, +

29 수지 혼자서는 $\frac{2}{5}$시간, 지아 혼자서는 $\frac{3}{5}$시간이 걸리는 일이 있다. 이 일을 두 명이 함께 한다면 몇 시간이 걸리겠는가?

① $\frac{3}{7}$시간   ② $\frac{5}{12}$시간   ③ $\frac{6}{25}$시간   ④ $\frac{7}{25}$시간   ⑤ $\frac{7}{30}$시간

30 윤서는 매월 2%의 복리 이자를 주는 2년 만기 비과세 적금 상품에 가입하였다. 매월 1일에 70만 원씩 적립할 때, 만기 해지 시 받을 수 있는 총금액은? (단, 1.02^{24}=1.60이다.)

① 2,100만 원　　② 2,142만 원　　③ 2,440만 원　　④ 2,688만 원　　⑤ 2,742만 원

31 세영이는 집 근처 공원에 방문하였다. 공원은 원형 형태로 잔디가 깔려 있으며, 그 주변으로 원형의 트랙이 설치되어 있다. 세영이가 공원의 중심 지점에 앉아 휴식을 취한 뒤, 바깥을 향해 일직선으로 40m를 걸었더니 원형의 트랙에 도착하였고, 도착한 지점에서 원형 트랙 전체 길이의 40%를 뛰었다고 할 때, 세영이가 원형 트랙에서 뛴 거리는? (단, π=3.14로 계산한다.)

① 50.24m　　② 100.48m　　③ 150.72m　　④ 251.20m　　⑤ 502.40m

32 다음 식에서 빈칸에 들어갈 연산기호가 바르게 짝지어진 것은?

$$8 \ \square \ 4 + 6 \ \square \ 3 = 34$$

① −, ×　　② +, ×　　③ ×, ÷　　④ ×, −　　⑤ ÷, ×

33 다음 숫자가 규칙에 따라 나열되어 있을 때, 빈칸에 들어갈 알맞은 것을 고르면?

$$-2 \quad 0 \quad 0 \quad 3 \quad 9 \quad 13 \quad 52 \quad 57 \quad (\quad\quad)$$

① 285　　② 152　　③ 95　　④ 62　　⑤ 57

34 다음 숫자가 규칙에 따라 나열되어 있을 때, 빈칸에 들어갈 알맞은 것을 고르면?

| 2   4   6   10   16   26   42   (   ) |

① 62   ② 68   ③ 74   ④ 80   ⑤ 86

1회
2회
3회
4회
5회
6회

35 다음 숫자가 규칙에 따라 나열되어 있을 때, 빈칸에 들어갈 알맞은 것을 고르면?

| 1   3   5   2   5   15   3   (   )   45   4   9   135 |

① 5   ② 7   ③ 10   ④ 15   ⑤ 37

36 다음은 우리나라의 출생 및 사망 추이와 남녀 기대수명 추이를 나타낸 자료이다. 다음 중 자료에 대한 설명으로 옳은 것은?

[우리나라의 출생 및 사망 추이]

구분	2014년	2015년	2016년	2017년	2018년	2019년	2020년
출생아 수(천 명)	472.7	435.0	448.1	493.1	465.8	444.8	450.1
출생률(%)	9.8	8.9	9.2	10.0	9.4	9.2	( )
사망자 수(천 명)	244.2	243.8	242.2	244.8	246.1	246.9	250.2
사망률(%)	5.0	5.0	5.0	5.0	5.0	5.1	5.0

[우리나라의 남녀 기대수명 추이]

(단위: 세)

구분	2014년	2015년	2016년	2017년	2018년	2019년	2020년
남자	74.5	75.1	75.7	76.1	76.5	76.9	79.2
여자	81.3	81.8	82.3	82.7	83.2	83.7	84

① 2014년 대비 2020년 여자의 기대수명 증가율은 남자의 기대수명 증가율보다 크다.
② 출생률이 증가할 때 출생아 수도 함께 증가하는 것은 아니다.
③ 2015년 대비 2017년의 출생아 수는 약 13.4%의 증가율을 보인다.
④ 남자의 기대수명과 출생아 수는 반비례 관계이다.
⑤ 우리나라의 남녀 기대수명의 평균이 처음으로 80세를 넘는 해의 출생률과 사망률의 차이는 6.1%p 이다.

해커스 지역농협 6급 NCS 실전모의고사

[37-38] 다음은 농·어촌 지역별 외국인 근로자 수를 나타낸 자료이다. 각 물음에 답하시오.

[농·어촌 지역별 외국인 근로자 수]

(단위: 명)

구분	2020년	2021년	2022년	2023년	2024년
A 지역	799	769	874	842	641
B 지역	28,778	45,076	57,085	61,847	74,189
C 지역	10,011	8,067	10,599	20,878	30,981
D 지역	808	687	1,156	1,265	1,627
E 지역	122,695	114,085	114,486	134,952	129,632
F 지역	77,493	78,461	69,055	66,048	60,066
G 지역	73,126	84,608	81,885	84,097	76,125

37 2024년 외국인 근로자 수의 3년 전 대비 증가량이 가장 큰 지역의 2020년부터 2024년까지 외국인 근로자 수의 평균은?

① 16,107명　　② 53,395명　　③ 70,224명　　④ 79,968명　　⑤ 123,170명

38 위 자료에 대한 설명으로 옳은 것은?

① 2020년 G 지역 외국인 근로자 수는 같은 해 F 지역 외국인 근로자 수보다 4,637명 더 적다.
② 연도별 외국인 근로자 수가 많은 지역 순위는 2023년과 2024년에 서로 같다.
③ 2024년 C 지역의 근로자 수는 전년 대비 약 50% 미만 증가하였다.
④ 2021년 이후 D 지역과 E 지역의 외국인 근로자 수의 전년 대비 증감 추이는 매년 서로 같다.
⑤ 2021년 B 지역의 외국인 근로자 수는 같은 해 A 지역의 외국인 근로자 수의 60배 이상이다.

39 최근 20년 동안 농가 수와 농가 인구수가 계속 감소하고 있으며, 농가 인구의 연령대별 구성도 변화하고 있다. 농촌 연구원은 이에 따른 대응 방안을 찾기 위해 현 상황에 대해 분석하였다. 분석한 내용으로 옳은 것을 모두 고르면?

[연도별 농가 수 및 농가 인구수]

(단위: 천 호, 천 명)

구분	1995년	2000년	2005년	2010년	2015년
농가 수	1,501	1,383	1,273	1,177	1,089
전체 농가 인구수	4,851	4,031	3,434	3,063	2,569
− 20~39세	1,039	769	540	430	283
− 65세 이상	785	876	999	973	987

※ 청년은 20~39세에 해당함

[연령대별 남녀 농가 인구수]

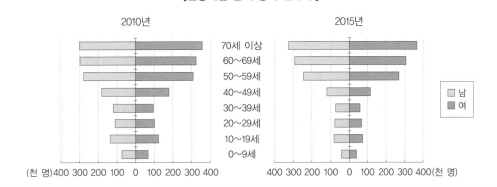

a. 최근 20년 동안 농가 수는 30% 이상 감소하였다.
b. 2015년 60세 이상 연령대별 농가 인구수는 5년 전 대비 모두 증가하였고, 나머지 연령대별 농가 인구수는 5년 전 대비 모두 감소하였다.
c. 2015년 전체 농가 인구수에서 청년이 차지하는 비중은 10년 전 대비 5%p 이하로 감소하였다.
d. 2015년 모든 연령대에서 여성 농가 인구수가 남성보다 더 많다.
e. 전체 농가 인구수에서 65세 이상 연령대의 농가 인구수가 차지하는 비중이 처음으로 30%를 넘는 해에 70세 이상 연령대의 남성 농가 인구수는 300천 명을 넘지 않는다.

① a, b　　　　② b, c　　　　③ b, d　　　　④ c, e　　　　⑤ d, e

[40-41] 다음은 X 국의 2024년 4월부터 8월까지 월별 어음교환 및 부도 현황에 대한 자료이다. 각 물음에 답하시오.

[월별 어음교환 및 부도 현황]

구분	4월	5월	6월	7월	8월
어음교환 장수(장)	38,750	41,000	43,750	45,000	40,000
1장당 어음교환 금액(십억 원)	4.24	3.79	4.96	4.50	4.72
부도 장수(장)	124	164	210	171	168
어음부도율(%)	0.32	0.40	0.48	0.38	0.42

※ 1) 1장당 어음교환 금액 = 어음교환 금액 / 어음교환 장수
   2) 어음부도율(%) = (부도 장수 / 어음교환 장수) × 100

40 제시된 기간 중 어음교환 장수가 가장 많은 달에 어음교환 금액은?

① 2,000십억 원
② 2,025십억 원
③ 2,000천억 원
④ 2,025천억 원
⑤ 2,050천억 원

41 위 자료에 대한 설명으로 옳은 것은?

① 7월 부도 장수는 4월 부도 장수의 1.4배 이상이다.
② 4월부터 8월까지 어음교환 장수의 평균은 41,700장이다.
③ 제시된 기간 동안 부도 장수가 처음으로 200장을 넘은 달에 어음부도율은 전월 대비 0.08%p 감소하였다.
④ 5월부터 8월까지 1장당 어음교환 금액이 전월 대비 감소한 달에 어음교환 장수의 합은 96,000장이다.
⑤ 8월 어음교환 장수의 2개월 전 대비 감소율은 10% 이상이다.

42 체육대회에서 박 부장, 김 대리, 이 사원이 속한 영업팀은 금메달 5개, 은메달 5개, 동메달 7개를 획득하여 획득한 메달을 A, B, C 상자에 나누어 보관하였다. 각 상자에는 금, 은, 동메달을 최소 1개씩 보관하였으며 각 상자에 들어있는 총 메달은 C 상자보다 B 상자가 많고, B 상자보다 A 상자가 많다. 부장, 대리, 사원 순으로 상자 한 개씩을 확인하고 그 결과를 아래와 같이 공유하였을 때, A 상자에 들어있는 금, 은, 동메달 개수가 바르게 짝지어진 것은?

- 박 부장: A 상자를 보고 A 상자에 들어있는 메달 개수가 짝수인 것은 확인했지만, B, C 상자에 들어있는 메달 종류에 따른 각 개수는 모두 알 수 없었어.
- 김 대리: B 상자를 확인한 후, A, C 상자에 들어있는 메달 종류에 따른 각 개수를 모두 알 수 없었어.
- 이 사원: C 상자를 확인한 후, A, B 상자에 들어있는 메달 종류에 따른 각 개수를 모두 알 수 없었어.

	금메달	은메달	동메달
①	2개	2개	3개
②	2개	2개	4개
③	2개	3개	3개
④	3개	1개	4개
⑤	3개	2개	3개

43 다음 명제가 모두 참일 때, 항상 참인 것은?

- P의 선호도가 높아지면 P와 Q의 판매량이 증가한다.
- W 은행 브랜드 홍보 비용이 증가하면 P 또는 Q의 선호도가 높아진다.
- P의 판매량이 증가하지 않으면 Q의 선호도도 높아지지 않는다.
- Q의 선호도가 높아지면 P의 선호도가 높아지지 않는다.

① Q의 판매량이 증가하지 않으면 Q의 선호도가 높아질 수 없다.
② P 또는 Q의 판매량이 증가하면 P와 Q의 선호도가 높아진다.
③ W 은행 브랜드 홍보 비용이 증가하고 Q의 선호도가 높아지면 Q의 판매량이 증가한다.
④ P의 선호도가 높아지지 않거나 Q의 선호도가 높아지지 않으면 W 은행 브랜드 홍보 비용이 증가하지 않는다.
⑤ P의 선호도가 높아지지 않아도 P의 판매량이 증가할 수 있다.

44 숫자 1~6이 적혀 있는 카드가 순서대로 나열되어 있으며, 카드 뒤에는 알파벳 A~F가 하나씩 적혀 있다. 다음 조건을 모두 고려하였을 때, 4와 5 뒤에 적혀 있는 알파벳을 순서대로 고르면?

- 가장 큰 숫자 뒤에 적혀 있는 알파벳은 F가 아니다.
- 짝수 뒤에 적혀 있는 알파벳은 A, E, F이다.
- D가 적혀 있는 카드는 E와 F가 적혀 있는 카드 사이에 있다.
- 홀수 중 두 번째로 큰 숫자 뒤에 적혀 있는 알파벳은 B이다.
- A는 2 뒤에 적혀 있지 않다.

| 1 | 2 | 3 | 4 | 5 | 6 |

① A, C   ② A, D   ③ E, D   ④ F, C   ⑤ F, D

45 다음 중 창의적 사고 개발방법에 대해 잘못 설명한 사람을 모두 고르면?

동욱: 질문 항목마다 대상의 해당사항을 '예' 또는 '아니오'로 체크하여 점검하는 체크리스트법은 강제연상법의 한 종류야.

지수: 브레인스토밍은 집단의 효과를 살려서 아이디어의 연쇄반응을 일으켜 자유분방한 아이디어를 내고자 하는 창의적 사고 개발방법이야.

자혁: 주제와 본질적으로 닮은 것을 힌트로 해서 그로부터 새로운 아이디어를 얻는 방법을 비교발상법이라고 해.

희정: 비교발상법의 종류에는 서로 관련이 없어 보이는 것들을 조합하여 새로운 것을 도출해 내는 NM법과 대상과 비슷한 것을 찾아내 그것을 힌트로 새로운 아이디어를 생각해 내는 시네틱스법이 있어.

① 지수   ② 희정   ③ 동욱, 자혁
④ 자혁, 희정   ⑤ 동욱, 지수, 희정

46 한 아파트 벽에 어떤 사람이 매번 낙서하여 CCTV를 설치하였고, 경비원은 용의자로 의심되는 아파트 주민 A~E 5명을 불러 면담을 진행하였다. 2명의 진술은 모두 거짓이고, 나머지 3명의 진술은 모두 진실일 때, 아파트 벽에 낙서한 사람은?

> - A: C의 진술은 모두 진실이다. 벽에 낙서한 사람은 B가 아니다.
> - B: 벽에 낙서한 사람은 D이다. 나는 벽에 낙서한 사람을 보지 못했다.
> - C: 벽에 낙서한 사람은 D가 아니다. A가 벽에 낙서한 사람을 보았다.
> - D: 벽에 낙서한 사람은 A이다. B는 벽에 낙서한 사람을 보지 못했다.
> - E: D의 진술은 모두 거짓이다. 벽에 낙서한 사람은 C가 아니다.

① A   ② B   ③ C   ④ D   ⑤ E

47 A, B, C, D, E, F 6명이 원형 탁자에 동일한 간격으로 둘러앉아 회의를 하고 있다. 다음 조건을 모두 고려하였을 때, 항상 거짓인 것은?

> - 남자는 4명이고, 여자는 2명이다.
> - 여자들은 서로 이웃하여 앉지 않았다.
> - 남자는 4명 중 1명만 떨어져 앉았다.
> - A는 여자이고, E와 정면으로 마주 보고 앉았다.
> - C와 E 사이에는 1명이 앉았다.
> - B의 오른쪽 첫 번째 자리에는 여자가 앉았다.

① A와 C는 서로 이웃하여 앉았다.
② B는 D와 정면으로 마주 보고 앉았다.
③ B와 F는 남자이다.
④ F는 남자와 이웃하여 앉았다.
⑤ C는 여자이다.

48 S 시에 거주하며 출산일로부터 6개월이 지나지 않은 A, B, C, D, E 다섯 가정은 이번 달에 출산 혜택 제도를 신청했다. 다섯 가정 중 출산 혜택 제도를 통해 받는 이번 달 혜택의 총액이 가장 많은 가정은?

[S 시 출산 혜택 제도]

◆ 지원 대상
  – 출생일로부터 1년 미만인 영아 포함 S 시 거주 가정

◆ 신청 방법
  – 가까운 주민센터 방문 또는 우편 신청

◆ 구비서류
  – 신청서, 출생증명서(출산 요양기관 발급), 주민등록등본

◆ 신청서 작성 방법
  – 홈페이지 방문(https://www.slovesbaby.co.kr) → 출산 혜택 제도 → 서식 자료실 → 해당 혜택 제도신청서 출력 후 작성

◆ 혜택 사항

구분	혜택 내용
출산지원금 지원	– 출산지원금 100,000원 지원 (단, 다태아일 경우 태아별 지원)
진료비 지원 및 감면	– 출산진료비 60,000원 지원 (단, 다태아일 경우 80,000원 지원) – 조산아 및 저체중 출산아일 경우 출산진료비 지원 대신 청구진료비의 90% 감면
전기세 감면	– 전기세 월 30% 감면 (단, 월 최대 16,000원까지 감면)
기저귀 구매 비용 지원	– 소득 분위 하위 10% 가정에 한해 기저귀 구매 비용 월 64,000원 지원

※ 1) 출산지원금 지원, 진료비 지원 및 감면 혜택은 출산 혜택 제도를 신청한 달에 한해 1회 제공
  2) 조산아: 임신 기간 36주 이내 출생아
  3) 저체중 출산아: 출생 체중 2.50kg 미만 출생아

[출산 가정 정보]

구분	태아 수	임신 기간	출생 체중	청구진료비	전기세	소득 분위
A	한태아	38주 1일	2.91kg	100,000원	80,000원	상위 40%
B	한태아	37주 3일	2.50kg	120,000원	40,000원	하위 10%
C	한태아	35주 6일	3.28kg	180,000원	50,000원	하위 30%
D	쌍태아	36주 2일	3.42kg, 3.39kg	170,000원	100,000원	상위 20%
E	한태아	38주 5일	2.48kg	210,000원	70,000원	하위 40%

① A   ② B   ③ C   ④ D   ⑤ E

49 다음은 발생형, 탐색형, 설정형 문제에 대한 사례이다. 제시된 ○○항공사의 사례 중 설정형 문제에 해당하는 것을 모두 고르면?

> ⊙ ○○항공사가 10년 연속 브랜드 대상을 수상하였다. 하지만 강 사장은 타 항공사의 고객 만족도 조사 결과를 확인한 후 내년 수상이 어렵겠다고 판단하여 고객 서비스를 강화하도록 지시했다.
>
> ⓒ 이용객이 계속 증가하여 공항이 혼잡해지면서 이와 관련된 컴플레인이 꾸준히 발생하고 있다. 이를 줄이기 위해 한 팀장은 불필요한 시설 등을 제거하여 공간을 확보해야 한다고 주장했다.
>
> ⓒ 쾌적한 환경에서 더 많은 항공기의 운항이 가능하도록 설계된 제2시설의 완공을 앞둔 김 부장은 일부 팀원에게 추후 발생 가능한 문제를 파악하도록 지시했다.

① ⊙   ② ⓒ   ③ ⓒ   ④ ⊙, ⓒ   ⑤ ⊙, ⓒ

[50-51] T 레스토랑 대표 김 씨는 레스토랑 운영 방침에 따라 레스토랑에 입장하는 손님을 응대하고 있다. 각 물음에 답하시오.

[일일 입장 손님]

구분	입장 인원수	입장 시간	식사 중인 인원수
A 그룹	1명	11시 00분	0명
B 그룹	2명	11시 30분	1명
C 그룹	3명	12시 10분	3명
D 그룹	4명	13시 30분	5명
E 그룹	4명	13시 45분	9명
F 그룹	7명	14시 40분	4명
G 그룹	5명	15시 10분	11명
H 그룹	2명	16시 00분	7명
I 그룹	2명	16시 55분	9명
J 그룹	3명	17시 15분	4명

[T 레스토랑 운영 방침]

- 11시부터 19시까지 주문을 받으며, 2인용 테이블 2개와 4인용 테이블 2개, 8인용 테이블 1개로 운영한다.
- 동일 그룹 내 입장 인원에게 레스토랑을 나서는 시간은 모두 같아야 함을 안내한다.
- 그룹별로 같은 테이블에 앉히며, 그룹별 입장 인원수에 맞춰 2인용 테이블에는 1명 이상 2명 이하, 4인용 테이블에는 2명 이상 4명 이하, 8인용 테이블에는 5명 이상 8명 이하인 경우에만 앉힌다.
- 입장 인원수에 맞춰 앉힐 수 있는 테이블이 2개 이상일 때는 테이블의 수용 인원이 더 적은 테이블에 앉힌다.
- 레스토랑 내 빈자리가 없을 때 입장한 그룹에는 대기 안내가 아닌 다음에 방문해 줄 것을 안내한다.
- 동일 그룹 내 입장 인원은 인원수에 맞춰 한 번에 모두 같이 음식을 주문해야 하며, 1인당 1메뉴씩만 주문할 수 있음을 안내한다.
- 입장한 그룹별로 레스토랑 이용 가능 시간은 최대 150분임을 안내한다.

50 위 자료를 근거로 판단한 내용으로 옳지 않은 것은?

① 13시에 T 레스토랑에 손님이 앉아 있는 테이블 수는 최대 3개이다.

② D 그룹 4명은 최소 100분 이상을 T 레스토랑에 머물렀다.

③ 14시 10분에 T 레스토랑에서 식사 중인 인원수는 최대 13명이다.

④ 김 씨가 한 번에 받은 음식 주문 수 중 가장 많이 받은 주문의 개수는 총 7개이다.

⑤ T 레스토랑에서 식사 중인 사람이 가장 많을 때의 인원수는 총 11명이다.

51 T 레스토랑에 입장하지 못한 그룹을 모두 고르면?

① E 그룹   ② G 그룹   ③ E 그룹, G 그룹

④ E 그룹, F 그룹   ⑤ F 그룹, G 그룹

52 다음은 N 은행에 재직하고 있는 김 사원과 박 팀장이 안정적인 농가 경영을 위한 농업인 교육을 준비하며 대화한 내용이다. A~C 지역의 시청과 연계하여 출장 교육을 진행할 때, 김 사원이 C 지역에서 출장 교육을 진행하는 날짜는?

> 박 팀장: 김 사원. A, B, C 지역의 출장 교육 준비 계획 수립은 완료되었나요?
> 김 사원: 네, 팀장님. 9월 1일부터 근무일을 기준으로 하루에 4시간씩 교육 자료를 준비하고, 교육 자료준비를 모두 마친 날의 다음 근무일부터 하루에 한 곳의 지역에서 출장 교육을 진행하려 합니다.
> 박 팀장: 그렇군요. 교육 자료를 준비하는 데 시간이 얼마나 소요될 것 같아요?
> 김 사원: 자료 조사에 8시간, 조사한 자료를 분석하여 정리하는 데 8시간, 강의용 PPT 제작에 6시간, 강의용 스크립트 제작에 4시간이 소요될 것으로 예상하고 있습니다.
> 박 팀장: 계획을 세부적으로 잘 수립하였네요. A, B, C 지역 교육 순서는 정했나요?
> 김 사원: 네, 본사에서 출발하여 3개 지역의 교육을 마친 뒤 다시 본사로 복귀하는 경로 중 이동 거리가 가장 짧은 경로로 이동하면서 교육을 진행하려고 합니다. 만약 가장 짧은 경로가 여러 개라면 첫날 이동 거리가 더 짧은 경로로 이동하고, 교육 후 교육을 진행한 지역에서 숙박 후 다음 근무일에 다른 지역에서 교육하려 합니다.
> 박 팀장: 그래요. 이번 교육이 농가지역의 농업인들에게 많은 도움이 될 수 있으면 좋겠습니다.

[김 사원 9월 휴무 일정]

월	화	수	목	금
	1일	2일	3일	4일
			휴무	
7일	8일	9일	10일	11일
휴무				
14일	15일	16일	17일	18일

[본사 및 출장지 사이 거리]

(단위: km)

구분	본사	A 지역	B 지역	C 지역
본사	–	20	45	30
A 지역	20	–	45	45
B 지역	45	45	–	30
C 지역	30	45	30	–

① 4일 　　　② 11일 　　　③ 14일 　　　④ 16일 　　　⑤ 18일

53 다음은 을이 부모님과 등산을 가기 전 갑과 대화한 내용이다. 다음 자료를 근거로 판단할 때, 을이 부모님과 등산할 산은?

[A~E 산 정보]

구분	거리	높이	코스 난이도	주변 숙소 비용 (1박 기준)
A 산	115km	1,915m	중	100,000원
B 산	125km	1,638m	상	130,000원
C 산	85km	1,708m	중	110,000원
D 산	77km	1,947m	하	150,000원
E 산	105km	1,546m	하	80,000원

[대화 내용]

갑: 다음 주 주말에 부모님 모시고 등산 간다더니 어디 갈지 정했어?

을: 아직 정하지는 않았는데 부모님께서 집에서 멀리 떨어진 산에 가고 싶다고 하시네. 그래서 집에서 80km 이상 떨어진 산으로 알아볼까 해.

갑: 어떤 산으로 가고 싶은데?

을: 좀 높은 산에 올라가야 경치가 좋을 것 같으니 높이가 1,600m보다 높고, 코스가 너무 힘들면 올라가기 부담스러울 수 있으니 코스 난이도는 중 이하로 가는 게 좋을 것 같아.

갑: 당일치기로 다녀오면 많이 힘들겠다.

을: 그래서 1박 2일로 다녀오려고 숙소도 알아보고 있어. 좀 전에 이야기한 사항을 모두 만족하면서 주변 숙소 비용이 가장 저렴한 산에서 하루 자고 올 거야.

① A 산 ② B 산 ③ C 산 ④ D 산 ⑤ E 산

54 다음 명제가 모두 참일 때, 항상 참인 것은?

- 독일어 강의를 수강하지 않는 사람은 스페인어 강의를 수강한다.
- 일본어 강의를 수강하는 사람은 자격증 시험을 준비한다.
- 단어장을 구매하지 않는 사람은 스터디에 참여하지 않는다.
- 일본어 강의를 수강하지 않는 사람은 스터디에 참여한다.
- 자격증 시험을 준비하는 사람은 스페인어 강의를 수강하지 않는다.

① 독일어 강의를 수강하는 사람은 스터디에 참여하지 않는다.
② 자격증 시험을 준비하는 사람은 단어장을 구매하지 않는다.
③ 스페인어 강의를 수강하는 사람은 단어장을 구매한다.
④ 스페인어 강의를 수강하지 않는 사람은 스터디에 참여하지 않는다.
⑤ 일본어 강의를 수강하는 사람은 독일어 강의를 수강하지 않는다.

55 ○○회사의 환경안전팀은 사고 예방시설 설치를 통해 산업재해 발생 빈도를 최소화하려고 한다. 제시된 자료를 모두 고려하였을 때, ○○회사가 산업재해 감소에 최대의 효과를 낼 수 있는 예방시설 설치 방안은?

[산업재해 발생 내역]

발생 원인	발생 비율	세부 내용	예방 방안
이동 중 부상	72.0%	사내에서 이동 중 미끄러지거나 넘어짐	미끄럼 방지 시설 설치
기계 끼임	27.3%	기계 작동 중 신체의 일부가 끼임	안전센서 설치
물체 추락	0.6%	공중에서 물품이 추락하여 사람에게 해를 입힘	안전망 설치
기타	0.1%	그 외 기타	안전 교육

[사고 예방시설 설치 조건]

우선 순위	조건	세부 내용
1	예산	78,500천 원
2	산업재해 발생 비율	발생 빈도가 많은 항목 순으로 예방시설 설치
3	팀별 설치 우선 순위	생산팀 우선 설치

[안전시설 설치 요청 현황]

구분	생산1팀	생산2팀	품질1팀	품질2팀
미끄럼 방지 시설	–	450m²	150m²	210m²
안전센서	10,080개	9,600개	–	1,500개
안전망	510m²	450m²	150m²	–

※ 안전시설은 팀 내 일부에만 설치할 수 없음

[안전시설별 설치 단가]

미끄럼 방지 시설	안전센서	안전망
30천 원/m²	2.5천 원/개	1.2천 원/m²

	생산팀	품질팀
①	안전센서 9,600개, 안전망 510m²	미끄럼 방지 시설 360m², 안전센서 1,500개, 안전망 150m²
②	미끄럼 방지 시설 450m², 안전센서 19,680개, 안전망 960m²	미끄럼 방지 시설 360m², 안전센서 1,500개
③	미끄럼 방지 시설 450m², 안전센서 19,680개, 안전망 960m²	미끄럼 방지 시설 210m², 안전센서 1,500개
④	미끄럼 방지 시설 450m², 안전센서 10,080개, 안전망 510m²	미끄럼 방지 시설 360m², 안전망 150m²
⑤	미끄럼 방지 시설 450m², 안전센서 19,680개	미끄럼 방지 시설 360m², 안전센서 1,500개, 안전망 150m²

56 G 기업은 5월 둘째 주 금요일에 체육대회를 진행하기 위해 부서별로 참가 인원수, 이용 차량 대수, 선호 종목을 조사하였다. 선호도가 가장 높은 상위 4개 종목이 가능한 장소로 예약할 예정이며 대운동장 및 체육관 정보를 고려하였을 때, 체육대회 장소로 가장 적절한 곳은?

[부서별 체육대회 관련 조사 결과]

1. 부서별 참가 인원수 및 이용 차량 대수

구분	기획본부	영업본부	관리본부	해외사업본부	기술혁신본부
참가 인원수	120명	80명	150명	100명	50명
이용 차량 대수	15대	10대	19대	13대	6대

2. 부서별 선호 종목

구분	기획본부	영업본부	관리본부	해외사업본부	기술혁신본부
탁구	O	O		O	O
야구	O		O	O	
축구	O	O	O	O	O
농구	O	O	O	O	
배드민턴	O	O	O		O
배구	O	O			O
수영			O	O	

※ 각 부서별로 선호하는 종목에 'O' 표시함

[대운동장 및 체육관 정보]

구분	수용 인원수	수용 차량 대수	이용 가능 시설	휴무 일정
A 대운동장	500명	70대	야구장, 축구장, 농구장, 배구장	매주 금요일
B 대운동장	400명	65대	축구장, 농구장, 배드민턴장, 수영장	매주 월요일
C 대운동장	400명	65대	야구장, 축구장, 배드민턴장, 배구장	매주 수요일
A 체육관	600명	60대	야구장, 축구장, 농구장, 배드민턴장	연중무휴
B 체육관	600명	65대	축구장, 농구장, 배드민턴장, 배구장	매월 첫째 주

※ 탁구대는 모든 장소에서 대여 및 이용 가능함

① A 대운동장   ② B 대운동장   ③ C 대운동장   ④ A 체육관   ⑤ B 체육관

57 물품 관리의 효율성을 향상시키기 위해 사용 물품과 보관 물품의 구분 – (   ) – 물품 특성에 맞는 보관 장소 선정 과정을 거칠 때, 빈칸에 들어갈 과정에서 고려해야 할 요소로 가장 적절한 것은?

① 물품의 형상   ② 물품활용의 편리성   ③ 물품의 소재
④ 유사성의 원칙   ⑤ 반복 작업 방지

[58-59] 다음은 M 사의 홈페이지에 게시된 쇼핑백 제작 관련 자료이다. 각 물음에 답하시오.

[제품 제작 의뢰 시 참고사항]

- 제품은 종이, 코팅, 끈 종류에 따른 제작 단가를 모두 합산하여 개당 비용으로 산정하며, 별도의 부가세는 청구되지 않습니다.
- 기본 보유 사이즈는 총 4가지이며, 사이즈 변경 시 추가 비용이 청구됩니다.
- 제품 제작은 종이 제작, 종이 코팅, 끈 제작, 조립, 품질 검사 순으로 진행되며, 월요일부터 금요일까지 8시간씩 제작 가능하므로 제작 소요 시간을 고려하여 주문하셔야 합니다.
- 최소 200개부터 제작 가능하며, 반드시 100개 단위로 주문하셔야 합니다.

[제품 제작 단계별 소요 시간]

구분	종이 제작		종이 코팅		끈 제작			조립	품질 검사
	아트지	크라프트지	무광	유광	리본끈	면끈	사출끈		
소요 시간	39분	31분	12분	16분	13분	24분	26분	15분	15분

※ 100개당 제작 소요 시간을 나타냄

[제품 제작 가격 정보]

1) 종이·코팅·끈 종류별 가격

구분	종이		코팅		끈		
	아트지	크라프트지	무광	유광	리본끈	면끈	사출끈
제작 단가	350원	270원	90원	170원	130원	110원	80원

※ 1) 개당 제작 단가를 나타냄
  2) 종이 가격은 주문 가능한 최소 사이즈의 제작 단가를 나타낸 것임

2) 쇼핑백 사이즈별 종이 가격

구분	아트지	크라프트지
200×60×150mm	350원	270원
220×100×180mm	550원	470원
260×100×280mm	650원	570원
310×125×350mm	800원	720원

※ 1) 개당 제작 단가이며, 종이 사이즈는 가로, 세로, 높이 순으로 나타냄
  2) 가로, 세로, 높이 각 사이즈에서 최대 10mm까지 늘릴 수 있으며, 기본 사이즈에서 5mm씩 늘릴 때마다 기본 가격에서 50원씩 추가됨

최 팀장: 구윤정 씨, 5월 10일부터 바로 쇼핑백 제작을 시작할 수 있도록 오늘 오후 중으로 제작 의뢰서 거래처에 보내도록 하세요. 쇼핑백은 225 × 105 × 180mm 사이즈로 총 2,500개 주문하면 되고, 우리 회사의 이미지에 맞게 고급스러운 소재였으면 좋겠어요. 종이는 아트지로, 코팅은 차분하게 무광으로, 끈은 리본끈으로 귀엽게 제작해 주세요. 아! M 사에서 회사 로고를 넣는 것은 무료로 진행해 준다고 했으므로 종이 제작할 때 회사 로고 넣을 수 있도록 로고 디자인 함께 전달해 주세요.

58 회사 홍보물 제작을 담당하고 있는 구 사원은 최 팀장의 지시에 따라 회사 행사에 사용할 쇼핑백 제작을 의뢰하려고 한다. M 사에 쇼핑백 제작을 의뢰할 때, 쇼핑백 제작이 완료되는 날짜는?

[5월 달력]

일	월	화	수	목	금	토
		1	2	3	4	5
6	7	8	9	10	11	12
13	14	15	16	17	18	19
20	21	22	23	24	25	26
27	28	29	30	31		

① 5월 14일   ② 5월 15일   ③ 5월 16일   ④ 5월 17일   ⑤ 5월 18일

59 구 사원은 쇼핑백 제작을 의뢰한 후 업체로부터 견적서를 전달받았으나 견적서에서 오류를 발견하였다. 구 사원이 실제 금액을 계산하여 견적서 수정을 요청하려고 할 때, 실제 총액과 견적서 총액의 차이는?

구분	사이즈	수량	단가	금액
종이(아트지)	220×100×180mm	2,500개	550원	1,375,000원
코팅(무광)	-	2,500개	90원	225,000원
끈(리본끈)	-	2,500개	130원	325,000원
총액				1,925,000원

① 250,000원   ② 255,000원   ③ 260,000원   ④ 265,000원   ⑤ 270,000원

60 총무팀에서 근무하는 박수호 사원은 물품 관리 업무를 담당하고 있다. 물품 구매 매뉴얼에 따라 신청서에 기재된 물품을 구매하려고 할 때, 박수호 사원이 취할 행동으로 가장 적절한 것은?

[물품 구매 신청서]

구분	부서/성명	신청 물품	수량	신청 일자	신청 목적
1	인사팀/ 이영희 사원	PC	2대	9월 7일	신입사원이 사용할 PC를 설치하기 위함
2	전산팀/ 김민아 과장	프린터	1대	9월 24일	스캔 가능한 부서용 프린터가 필요함
3	마케팅팀/ 유성민 대리	모니터	1대	9월 15일	외부 화상 회의용 36인치 모니터가 필요함
4	인사팀/ 이정원 과장	이동형 의자	1개	9월 11일	본인 의자 바퀴가 빠져 사용 불가함
5	마케팅팀/ 최희성 사원	정수기	2대	9월 11일	4층 탕비실 및 복도 비치용 정수기 고장으로 해당 층 근무자 모두 사용 불가함
6	인사팀/ 홍준상 대리	빔 프로젝터	1대	9월 24일	외부 대관 및 내부 회의용 대회의실에 설치하기 위함
7	전산팀/ 신정식 사원	전화기	1대	9월 9일	본인 전화기 고장으로 교체하기 위함

[물품별 재고 현황]

구분	물품	재고 수량	비고
1	PC	2대	–
2	카메라	2대	–
3	모니터	3대	32인치(3대)
4	의자	5개	고정형(2개), 이동형(3개)
5	정수기	1대	–
6	전화기	4대	–
7	테이블	3개	–
8	노트북	2대	15인치(1대), 17인치(1대)
9	선풍기	4대	이동형(3대), 벽걸이형(1대)
10	프린터	1대	스캔 기능 없음

※ 재고 현황 외의 물품은 현재 재고 없음

[물품 구매 매뉴얼]

1. 재고를 우선 파악하여 요청한 수량만큼 추가 설치 및 교체할 수 있는 물품이 없는 경우에만 구매한다.
2. 신청 일자가 이른 물품 순으로 먼저 구매한다.
3. 신청 일자가 같다면 외부인이 함께 사용하는 물품, 직원이 함께 사용하는 물품, 개인이 사용하는 물품 순으로 먼저 구매한다.

---

① 17인치 노트북을 1대 구매한다.
② 전화기와 모니터는 교체할 수 있는 재고가 모두 있으므로 구매하지 않는다.
③ 정수기는 직원이 함께 사용하는 물품이므로 2대를 모두 구매한다.
④ 프린터보다 빔 프로젝터를 먼저 구매한다.
⑤ PC의 신청 일자가 가장 이르므로 첫 번째로 구매한다.

61 ○○장난감회사는 어린이날을 맞이하여 판매되고 있는 5개의 상품 중 하나를 선정하여 A 지역에서 판촉
행사를 진행하려고 한다. 판매부서 직원들은 판매 데이터를 바탕으로 A 지역 9세 미만의 아동 중 인구수
가 가장 많은 연령대의 상품 선호도가 높은 세 가지 상품 중에서 최대의 판매 이익을 얻을 수 있는 상품을
행사 상품으로 선정한다. 판매부서 직원들이 선정한 판촉 행사 상품은?

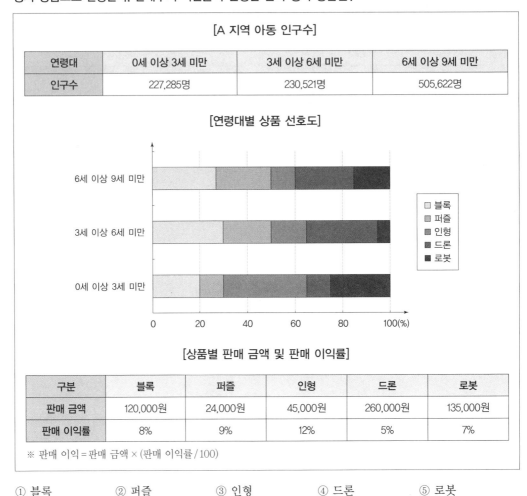

[A 지역 아동 인구수]

연령대	0세 이상 3세 미만	3세 이상 6세 미만	6세 이상 9세 미만
인구수	227,285명	230,521명	505,622명

[연령대별 상품 선호도]

[상품별 판매 금액 및 판매 이익률]

구분	블록	퍼즐	인형	드론	로봇
판매 금액	120,000원	24,000원	45,000원	260,000원	135,000원
판매 이익률	8%	9%	12%	5%	7%

※ 판매 이익 = 판매 금액 × (판매 이익률 / 100)

① 블록 ② 퍼즐 ③ 인형 ④ 드론 ⑤ 로봇

62 다음은 근무 평가표, 평가 등급 및 신입 행원별 근무 평가 점수에 대한 자료이다. K 은행 신입 행원들의 근무 평가 평균 점수의 등급은?

[근무 평가표]

평가 항목	평가 내용	세부 내용	배점
1	고객 상담 능력(20점)	고객의 니즈 파악	15점
2		고객 맞춤형 상품 추천	5점
3	업무처리 능력(50점)	거래 유치 성공률	10점
4		정확한 일 처리	10점
5		신속한 일 처리	10점
6		리스크 최소화	10점
7		업무 완성도	10점
8	서비스 능력(20점)	응대 서비스	15점
9		영업점 내 시설물 및 편의물 관리	5점
10	대처 능력(10점)	고객 불만 해결	10점

[평가 등급]

구분	S 등급	A 등급	B 등급	C 등급	D 등급
평가 점수	91점 이상	81점 이상 91점 미만	71점 이상 81점 미만	61점 이상 71점 미만	61점 미만

[신입 행원별 근무 평가 점수]

평가 항목	수신부		여신부		외환부	
	갑	을	병	정	무	기
1	15	5	10	15	12	15
2	5	3	5	5	3	5
3	5	5	10	10	5	5
4	5	10	10	10	9	10
5	10	10	3	2	10	5
6	5	10	10	10	10	10
7	5	10	3	5	10	10
8	10	12	5	10	10	11
9	5	5	2	2	5	5
10	10	5	2	9	2	10
총 평가 점수	75	75	60	78	76	86

① S 등급   ② A 등급   ③ B 등급   ④ C 등급   ⑤ D 등급

63 조직구조는 의사결정 권한의 집중 정도, 명령계통, 규제의 정도 등에 따라 기계적 구조와 유기적 구조로 구분된다. 다음 중 기계적 구조와 유기적 구조에 대한 설명으로 가장 적절한 것은?

① 기계적 구조는 업무가 고정적이지 않고 조직 구성원에게 많은 권한이 위임된다.
② 환경 변화가 적고 같은 일을 반복하는 조직에는 유기적 구조가 효율적이다.
③ 유기적 구조의 구성원들은 비공식적인 경로를 통해 수평적으로 의사소통한다.
④ 기계적 구조의 조직에 요구되는 규칙과 규제의 정도는 약한 편이다.
⑤ 기계적 구조에서 업무 조정은 다른 구성원과의 상호작용을 통해 이루어진다.

64 다음 지문에서 설명하고 있는 농산물 판매장은?

> 지역에서 생산한 농산물을 생산자가 직접 수확, 포장, 가격결정, 진열, 재고관리를 수행하여 농협 매장을 통해 판매하는 직거래방식의 농식품 판매장으로, 독립된 건물 또는 층으로 구분된 공간에서 운영하는 독립매장, 마트와 병행하여 운영하는 복합매장, 농축협 영업점 등의 공간에 설치된 로컬푸드코너의 형태로 운영된다.

① 농협몰   ② 로컬푸드직매장   ③ 하나로마트
④ 산지유통센터   ⑤ 농산물 공판장

65 국적에 관계없이 한 나라의 국경 내에서 모든 경제 주체가 일정 기간 생산활동에 참여하여 창출한 최종 재화와 서비스의 시장 가치로, 국가의 경제성장률을 나타낼 때 사용되는 지표는?

① GNP   ② GNI   ③ GDP   ④ GDI   ⑤ GPI

66 ○○사의 영업부 사원들이 다음 주로 예정된 미국 출장을 준비하면서 서양권 식사 예절에 관한 대화를 나누고 있다. 대화 내용의 일부가 다음과 같을 때, 다음 중 서양권 식사 예절에 대해 잘못 이야기하고 있는 사람을 모두 고르면?

[진희]

의자에 앉을 때는 의자의 왼쪽으로 들어가 앉아야 합니다. 냅킨은 일행이 모두 자리에 앉은 뒤 무릎 위에 펼치며, 식사 중에 입이나 손끝을 살짝 닦는 데 사용해요. 만약 식사 중에 잠시 자리를 비워야 한다면 아직 식사가 끝나지 않았다는 의미로 냅킨을 테이블 가장자리에 올려 두면 됩니다.

[동현]

코스에 따라 다르기는 하지만 일반적으로 포크와 나이프는 테이블에 각각 3개씩 놓이는데, 음식이 제공되는 순서에 따라 바깥쪽에 놓인 것부터 사용하면 돼요. 본인의 주식 접시를 기준으로 포크는 왼쪽에, 나이프는 오른쪽에 위치하고, 스푼은 나이프의 오른쪽 옆에 위치합니다.

[상엽]

식사 중에는 포크와 나이프를 접시에 팔(八)자 형태로 걸쳐 놓고, 식사를 마친 후에는 오른쪽으로 가지런히 모아서 놓아두면 됩니다. 빵은 나이프를 사용하지 않고 한 입 크기만큼 적당히 손으로 떼어 버터나이프로 버터나 잼을 발라 먹어요.

[보람]

스테이크는 포크로 고기를 고정하고 나이프의 앞부분을 이용하여 안쪽으로 당기듯 자르는 게 올바른 방법입니다. 그리고 접시 방향 자체가 고객이 스테이크를 잘라 먹기 쉽도록 고깃결에 맞춰 놓이기 때문에 임의로 접시의 방향을 바꾸지 않고 먹는 것을 추천해요.

[미경]

종업원이 와인을 따라 줄 때는 와인잔을 살짝 들어서 종업원이 와인을 좀 더 편하게 따를 수 있도록 배려해야 합니다. 와인잔은 줄기 부분 또는 몸통을 잡는데, 스파클링 와인이나 화이트 와인처럼 차갑게 마시는 와인은 줄기 부분을 잡는 것이 좋다고 해요.

① 진희, 미경
② 동현, 상엽
③ 상엽, 미경
④ 진희, 동현, 보람
⑤ 상엽, 보람, 미경

67 다음 중 농협의 AGRI With You 캠페인에 해당하는 활동으로 적절하지 않은 것은?

농민 위합니다	농업 키웁니다
농촌 살립니다	농협 바꿉니다

① 농가소득 안전망, 자재가격 안정, 농민수장 등 농민존중 활동
② 농민수당 도입, 제도개선 등 농업인 권익을 위한 지자체 대상 활동
③ 국내산 농산물 소비촉진, 애크테크 육성 등 농업성장 활동
④ 농축협 중심으로의 전환, 조직문화 개선 등 성장동력 내재화 활동
⑤ 농촌체험, 공간정비, 지역 개발 사업 등 농촌재생 활동

68 매트릭스 조직은 특정 프로젝트 수행을 위해 서로 다른 부서의 인적자원이 프로젝트 관리자 중심으로 결합되어 운영되는 방식이다. 다음 중 매트릭스 조직에 대한 설명으로 가장 적절하지 않은 것은?

① 최적의 자원 배분 방식을 통해 인력을 전문적으로 배치함으로써 인적자원관리의 효율성을 꾀할 수 있다.
② 시장과 고객의 요구 사항에 유연하고 적극적으로 대응할 수 있다.
③ 명령 일원화 원칙이 적용되기 때문에 조직 내에 발생할 수 있는 혼란을 방지할 수 있다.
④ 기존의 조직 부문과 프로젝트 조직의 영역 간의 갈등 및 권력 투쟁이 발생할 수 있다.
⑤ 정보 공유의 속도가 빠르기 때문에 특정 프로젝트에서 얻은 정보를 다른 프로젝트에 활용하기 수월하다.

69 다음 중 농협중앙회 조직도에서 A와 B에 들어갈 내용으로 바르게 짝지어진 것은?

[농협중앙회 조직도]

총회

대의원회

이사회

회장

전무이사

기획조정본부
- 기획실
- 인사총무부
- 비상계획국
- 농협인재개발원
- 디저털전략부

농업농촌지원본부
- 회원지원부
- 농촌지원부
- 지역사회공헌부

홍보실

A
- IT기획부
- IT경제개발단
- IT상호금융부
- IT디지털정보부

상호금융대표이사

상호금융기획본부
- 상호금융기획부
- 상호금융소비자보호부
- 상호금융여신투자심사부

B
- 상호금융수신지원부
- 상호금융여신지원부

상호금융디지털사업본부
- 상호금융디지털사업부
- 상호금융콕뱅크사업부

- 상호금융자금부
- 상호금융국내증권부
- 상호금융해외증권부
- 상호금융대체투자부

시·도 지역본부

시군지부

	A	B
①	디지털혁신실	상호금융자산운용본부
②	디지털혁신실	상호금융사업지원본부
③	IT전략본부	상호금융사업조정본부
④	IT전략본부	상호금융자산운용본부
⑤	IT전략본부	상호금융사업지원본부

70 다음 중 농협의 인재상에 대한 설명에서 A~C에 들어갈 내용으로 바르게 짝지어진 것은?

시너지 창출가	항상 열린 마음으로 계통 간, 구성원 간에 존경과 협력을 다하여 조직 전체의 성과가 극대화될 수 있도록 시너지 제고를 위해 노력하는 인재
행복의 파트너	프로다운 서비스 정신을 바탕으로 농업인과 고객을 가족처럼 여기고 최상의 행복 가치를 위해 최선을 다하는 인재
A	꾸준한 자기 계발을 통해 자아를 성장시키고, 유통·금융 등 맡은 분야에서 최고의 전문가가 되기 위해 지속적으로 노력하는 인재
B	매사에 혁신적인 자세로 모든 업무를 투명하고 정직하게 처리하여 농업인과 고객, 임직원 등 모든 이해관계자로부터 믿음과 신뢰를 받는 인재
C	미래지향적 도전 의식과 창의성을 바탕으로 새로운 사업과 성장동력을 찾기 위해 끊임없이 변화와 혁신을 추구하는 역동적이고 열정적인 인재

	A	B	C
①	최고의 전문가	정직과 도덕성을 갖춘 인재	진취적 도전가
②	최고의 전문가	정직과 도덕성을 갖춘 인재	진취적 혁신가
③	최고의 전문가	공정과 윤리성을 갖춘 인재	진취적 도전가
④	성장하는 전문가	공정과 윤리성을 갖춘 인재	진취적 혁신가
⑤	성장하는 전문가	정직과 도덕성을 갖춘 인재	진취적 도전가

약점 보완 해설집 p.46

무료 바로 채점 및 성적 분석 서비스 바로 가기
QR코드를 이용해 모바일로 간편하게 채점하고 나의 실력이
어느 정도인지, 취약 부분이 어디인지 바로 파악해 보세요!

6회 실전모의고사

제한 시간(70분)을 참고하여 문제 풀이 시작과 종료 시각을 정하고,
실전처럼 모의고사를 풀어보세요.

시   분 ~   시   분 (총 70문항/70분)

- 본 실전모의고사는 총 70문항으로 구성되어 있으며, 영역별 제한 시간 없이 70분 이내로 모든 영역의 문제를 풀어야 합니다.
- 의사소통능력, 수리능력, 문제해결능력, 자원관리능력, 조직이해능력 문제가 출제됩니다.
- 맨 마지막 페이지에 있는 회독용 OMR 답안지와 해커스ONE 애플리케이션의 학습 타이머를 이용하여 실전처럼 모의고사를 풀어본 후, 70번 문제 하단에 있는 '바로 채점 및 성적 분석 서비스' QR코드를 스캔하여 응시 인원 대비 본인의 성적 위치를 확인해 보시기 바랍니다.

01 다음 두 단어 쌍이 같은 관계가 되도록 빈칸에 들어갈 단어를 고르면?

필기구 : 학용품 = ( ) : 그림

① 수채화　　　② 미술　　　③ 물감　　　④ 서예　　　⑤ 글

02 다음 한자어의 의미와 반대되는 한자어를 고르면?

勤勞

① 休息　　　② 名譽　　　③ 契約　　　④ 映像　　　⑤ 勞動

03 다음 중 맞춤법에 맞지 않은 것은?

① 언니는 밥통에서 밥을 퍼서 그릇에 수북이 담았다.
② 일찍 일어나는 것에 익숙치 않았던 나는 지각을 밥 먹듯 했다.
③ 눈이 시릴 만큼 파란 하늘을 보니 기분이 상쾌해졌다.
④ 삼촌은 설렁탕에 깍두기 국물을 넣어 먹는 것을 좋아했다.
⑤ 동생은 가방 안에 있던 물건들을 아무렇게나 흩뜨려 놓았다.

04 다음 밑줄 친 부분과 바꿔 쓸 수 있는 것은?

누구에게나 곰살궂은 그를 동경하는 사람이 많다.

① 살가운　　　② 박한　　　③ 익살맞은　　　④ 공평한　　　⑤ 옹졸한

05 다음 밑줄 친 단어의 사전적 의미로 가장 적절한 것은?

> 그는 <u>슬하</u>에 아이 셋을 두고 있다.

① 어버이나 조부모의 보살핌 아래
② 어떤 조직체나 세력의 관할 아래
③ 나이나 항렬 따위가 자기보다 아래이거나 낮은 관계
④ 눈앞의 형편 아래
⑤ 가르침을 받는 스승의 아래

1회 2회 3회 4회 5회 6회

06 다음은 사원 A와 B가 회사에서 의사표현법에 관한 강의를 듣고 나눈 대화이다. 빈칸에 들어갈 내용으로 적절한 것은?

> A: 의사표현법 강의 잘 들었어? 난 특히 상황과 대상에 따른 의사표현법을 배운 게 회사 생활에 많이 도움이 될 것 같더라.
> B: 맞아. 회사에서 업무를 하다 보면 곤란한 말을 해야 할 때도 있고, 불쾌한 감정을 전달해야 하는 경우도 생기잖아.
> A: 난 이번 프로젝트 예산을 더 확보하기 위한 협상이 필요한데, 어떻게 요청하는 게 좋을지 고민 중이야. 이미 한 번 거절당한 적이 있어서 걱정돼.
> B: (   )

① 샌드위치 화법을 사용해 봐. 칭찬을 가운데 두고 격려를 먼저 한 다음 끝에 질책을 하면 상대방이 부드럽게 받아들일 거야.
② 청유식 표현보다 강압적 표현을 사용하여 명령하는 건 어때? 그래야 원하는 바가 확실하게 전달될 것 같아.
③ 사정을 이야기하고 구체적으로 부탁해 봐. 거절을 당할 경우 싫은 내색을 하면 요구가 받아들여지지 않을까?
④ 문 안에 한 발 들여놓기 기법을 사용해 보는 건 어때? 점차 도움의 내용을 늘려서 허락을 유도하는 거야.
⑤ 상대방에게 별 의미 없는 내용이라도 대화 서두에 칭찬해 봐. 분위기 전환에 효과적이지 않을까?

해커스 지역농협 6급 NCS 실전모의고사

영모화(翎毛畵)의 '영'은 새의 날개, '모'는 짐승의 털을 의미한다. 즉 영모화는 새·짐승의 깃과 털의 아름답고 고운 모습을 그린 그림이다. 원래 영모화는 '영모'를 새의 깃털로만 풀이하여 새 그림만을 가리켰으나, 시대가 내려오면서 의미가 점차 확대되어 현재는 화조화와 동물화 전체를 일컫는다. 예로부터 새와 동물은 인간의 삶을 보호하고 돕는 길상(吉祥)의 대상으로서 그림 소재에 널리 쓰였다. 특히, 영모화는 문인 사대부들의 취향과 ㉠영합하여 자연의 이치를 깨닫고 그 흥과 정취를 느끼게 하는 수단으로 발전하였다.

영모화는 삼국 시대부터 그려졌으나, 실질적으로는 고려 시대부터 발달하기 시작하여 조선 시대와 함께 전성기를 맞이하였다. 조선 초기(1392~1550)는 화려한 채색과 정교한 필치가 특징인 구륵전채법의 원체풍과 간결한 구도에 묵법으로 음영을 처리하고 담채 작업을 통해 옅게 채색하는 수묵몰골풍이 주를 이루었다. 당시 화원들과 문인화가들은 다른 분야의 회화와 더불어 영모화를 애용하였으며, 실제로 성종은 궁정 안에 초목금수(草木禽獸)를 한곳에 모아 ㉡사생을 주최하는 등 영모화의 묘사력을 높이는 데 힘쓰기도 하였다. 또한, 영모화는 화원의 ㉢시취(試取)에 3등 과목으로 다루어지며 확고한 입지를 다졌다.

조선 중기(1550~1700)에 들어서면서 영모화는 이암(李巖)을 중심으로 이루어졌던 수묵몰골풍이 ㉣계승되었다. 이러한 경향은 김시, 이경윤 등 문인 사대부 집안 출신 화가들의 주도로 소경산수(小景山水) 배경의 기러기와 원앙, 소와 말 등을 그리면서 고유한 화풍을 개척하였다. 짙고 옅은 먹으로 음영 부위를 물들여 양감을 강조하고, 흑백 대비의 양식화 현상이 두드러진 화풍은 조선 중기 영모화의 주류 화풍으로 자리 잡았으며, 이러한 화풍을 통해 정감 있는 한국의 정서를 전 세계적으로 알릴 수 있었다.

조선 후기(1700~1850)의 영모화는 다양한 변화를 맞이하였다. 현실적 소재에 대한 관심 증가 및 남종화법의 유행과 더불어 사실적 묘사를 중시하는 서양 화법이 유입됨으로써 대상을 사실적으로 반영하려는 경향이 뚜렷하게 드러났다. 특히, 동물화의 경우 원체풍과 사생풍이 융합하여 섬세한 관찰력과 빈틈없는 묘사력을 기반으로 그려진 사실적 화풍이 분명하게 나타났다. 일례로 겹국화를 배경으로 한 고양이를 그린 정선(鄭敾)의 〈국일한묘〉는 수준 높은 사실성과 서정성을 보이며 동물화의 절정을 이루기도 하였다. 이 외에도 김홍도의 〈소나무 아래 호랑이〉, 김두량의 〈긁는 개〉는 넘치는 생동감을 담았다.

조선 말기(1850~1910)의 영모화는 민화(民畵)에서 큰 인기를 얻었으나, 정통화 분야에서 화단이 전반적으로 정체되어 크게 성행하지 못하였다. 그렇지만 일부 화가들에 의해 청대(淸代) 화풍이 받아들여지면서 독특한 담묵(淡墨) 및 농묵(濃墨) 처리를 통해 서양 수채화를 연상시키는 등 기존에는 찾아볼 수 없었던 이색적인 화풍이 등장하였다. 특히 청대 화풍을 종합·절충하고 대담한 필묵법을 특징으로 하는 장승업의 화풍은 근대 화단에 큰 영향력을 ㉤행사하였다. 이처럼 우리나라의 영모화는 각 시대의 동향에 따라 계속해서 변화하며 새로운 양상을 전개하였다. 동시에 한국적인 화풍을 형성하며 회화사 발전에 크게 공헌하였다.

07 윗글의 주제로 가장 적절한 것은?

① 영모화의 기원 및 등장 배경
② 조선 시대 영모화의 대표 작품과 화가
③ 고려 시대에 영모화가 유행한 이유
④ 시대에 따른 영모화 화풍의 변천사
⑤ 수묵몰골풍이 현대 미술에 끼치는 영향력

08 윗글의 내용과 일치하지 않는 것은?

① 조선 말기에 화단의 침체기가 이어지면서 영모화 또한 그 위세가 점차 꺾였다.
② 영모화는 오래전부터 그려졌으나 조선 시대에 이르러서야 황금기를 맞이하였다.
③ 1600년대 영모화는 세밀한 붓놀림과 화려한 색감이 특징인 화풍이 유행하였다.
④ 영모화의 범위는 새뿐만 아니라 동물 또는 꽃을 소재로 한 그림을 모두 포함한다.
⑤ 조선 후기 정선의 작품은 실제 대상과 최대한 흡사하게 묘사하는 방식을 취한다.

09 윗글의 ㉠~㉤과 같은 의미로 사용되지 않은 것은?

① ㉠ – 갑과 을은 상호 이익을 위해 영합하며 협상을 진행했다.
② ㉡ – 병은 유명한 경치를 사생하는 화가로 유명하다.
③ ㉢ – 정의 작품에서 묘사된 자연은 깊은 시취를 느끼게 한다.
④ ㉣ – 무는 아버지의 사업을 계승하여 회사를 확장했다.
⑤ ㉤ – 기는 회사의 자금을 행사하여 새로운 프로젝트를 시작했다.

10 다음 중 김○○ 사원이 작성한 문서 유형에 대한 설명으로 가장 적절한 것은?

작성자: 김○○ (경영지원팀)

출장 기간: 2025년 1월 15일 ~ 1월 17일

출장 장소: △△시 ☆☆구, 농협중앙회 본부

1. 목적

본 출장은 2025년도 농협경영 혁신 워크숍에 참석하여 지역농협의 경영 혁신 및 서비스 개선 방안을 논의하고 최신 농업 관련 정책 및 기술 동향을 파악하고자 함

2. 활동 내용

1) 농협중앙회 경영 혁신 세미나 참여
- 발표 내용
  - 농업의 자동화와 효율성을 높이기 위한 IoT 기반 농업 시스템, 스마트 온실 등 최신 스마트 농업 기술을 소개함
  - 지역농협의 핵심 목표 중 하나인 농업인과의 소통 강화를 위해 다양한 채널을 활용한 커뮤니케이션 전략을 논의함. 특히 농업인의 의견을 직접 반영하는 시스템 구축의 중요성이 강조됨
2) 농협 디지털 전환 관련 부스 방문
- 스마트 농업 기술
  - 농업용 드론, 자동화 관개 시스템, 환경 모니터링 센서 등의 기술을 실물로 확인함
- 농업 금융 플랫폼
  - 모바일 및 온라인 뱅킹을 통해 실시간 대출 승인 및 상품 안내가 이루어지는 시스템을 체험함

3. 참고 자료

- 워크숍 발표 자료집
- 세미나 자료 PDF

---

① 회사 외부로 전달되는 문서에 해당하며 육하원칙이 드러나도록 작성해야 한다.

② 특정한 일에 관한 현황이나 그 진행 상황 또는 연구 결과를 보고하는 문서에 해당한다.

③ 상대가 채택하게끔 설득력을 갖춰야 하므로 요구사항을 고려하여 작성해야 한다.

④ 회사 업무에 대한 협조를 구하거나 의견을 전달할 때 작성하는 문서에 해당한다.

⑤ 개인의 성장과정, 근무자세 등을 구체적으로 기술하여 자신을 소개하는 문서에 해당한다.

11 다음 빈칸에 들어갈 단어로 가장 적절한 것은?

> 혁신과 도전 없이는 더 이상의 발전도 없다. 하지만 오늘날 우리 사회는 실패에 대한 두려움 때문에 새로운 도전을 피하려고 하는 안정 (   )적인 태도가 만연해 있다.

① 유지　　　　② 편중　　　　③ 지양　　　　④ 지향　　　　⑤ 편향

12 다음에서 설명하는 경제 용어와 관련 있는 속담을 고르면?

> - 여러 재화 중에서 같은 효용을 얻을 수 있는 재화
> - 수요의 교차탄력성이 양(+)의 값을 갖는 두 재화의 관계
> - A 재화의 가격이 하락하면 B 재화의 수요는 감소한다고 할 때, A와 B의 관계
> - 버터와 마가린, 콜라와 사이다의 관계

① 꿩 대신 닭
② 도랑 치고 가재 잡는다
③ 바늘 가는 데 실 간다
④ 사또 덕분에 나팔 분다
⑤ 숭어가 뛰니까 망둥이도 뛴다

13 다음 지문의 내용과 관련 있는 한자성어를 고르면?

> 조선 중기 기근이 지속되던 시기에 한 마을의 관리는 근본적인 농업 개혁 대신 당장의 위기를 모면하기 위해 임시방편적인 대책만을 세웠다. 그는 굶주린 농민들에게 긴급 구호용 쌀 몇 되를 나눠주고, 세금을 일시적으로 감면해주는 방식으로 민심을 달래려 했다. 하지만 이러한 대책은 농업 생산성 문제를 근본적으로 해결하지 못했을 뿐만 아니라, 오히려 지역 경제를 더욱 악화시키는 결과를 초래했다. 지역 참모들은 그에게 농업 구조를 근본적으로 개선하고, 새로운 농법을 도입하여 농민들의 생산성을 높일 수 있는 장기적인 계획을 세울 것을 간곡히 건의했으나 그는 당장의 굶주림을 해결하는 것이 더 급하다는 이유로 장기적인 해결책 마련을 계속 미뤘다.

① 사면초가　　② 순망치한　　③ 타산지석　　④ 견강부회　　⑤ 고식지계

14 박△△ 과장은 본인이 작성한 새로운 프로젝트에 대한 기획서를 검토하던 중 몇 군데 수정할 부분을 발견하였다. 다음 중 수정할 내용으로 적절하지 않은 것은?

[가상현실(VR) 기술을 활용한 원격 근무 추진 기획서]

소속 부서	IT기획부	직책	과장
성명	박△△	직급	Project Manager
프로젝트명	가상현실(VR) 기술을 활용한 원격 근무 추진		
기획 목적	1. VR을 활용하여 물리적 거리에 관계없이 실시간 협업과 소통을 가능하게 하고, 회의 및 프로젝트 진행 상황을 실시간으로 공유할 수 있는 환경을 구축하고자 함 2. 가상 환경에서의 몰입감과 집중도를 높여 직원들이 원격 근무 중에도 효율적으로 업무에 집중할 수 있도록 지원하고자 함		
기획 배경	최근 원격 근무가 증가함에 따라 직원 간의 소통, 협업 및 업무 효율성 문제를 해결하는 데 필요한 새로운 기술적 접근이 요구되고 있음. 따라서 VR 기술을 활용하여 원격 근무 환경을 더욱 효과적으로 개선하고 물리적 제약 없이 실시간 소통과 협업을 강화하는 방법을 제시하고자 본 프로젝트를 기획함		
프로젝트 내용	1. 혼합현실 협업 플랫폼 구축 　1) 실시간 물리적 환경과 가상 객체 상호작용 　　– 가상 모델을 실제 공간에 띄워두고 작업할 수 있도록 함 　2) 공동 작업 　　– 여러 사용자가 동시에 동일한 가상 공간에서 작업할 수 있도록 함 　3) 업무 툴 통합 　　– 기존의 업무 툴과 VR 플랫폼을 별개로 작동하게 함 2. VR 기반 교육 및 훈련 시스템 개발 　1) 가상 교육 모듈 개발 　　– 직무에 필요한 기술과 지식을 습득할 수 있는 몰입형 교육 환경 제공 　2) 시뮬레이션 훈련 　　– 다양한 시뮬레이션을 통해 실제 업무에서 발생할 수 있는 상황을 미리 경험하고 대처할 수 있도록 지원		
프로젝트 일정	20X5년 3월 14일: 플랫폼 개발 착수일 20X5년 5월 1일: VR 기반 원격 근무 환경 구축 및 테스트 운영 시작일 20X5년 5월 25일~20X5년 8월 31일: 시범 운영 기간 20X5년 8월 1일: 최종 원격 근무 시스템 적용 및 전사 시행일		

① 기획서는 내용을 효과적으로 전달해야 하므로 프로젝트 일정을 표를 활용하여 시각화하는 방향으로 수정해야 한다.

② 프로젝트 일정에서 최종 원격 근무 시스템 적용 및 전사 시행일이 시범 운영 기간 중에 실시되므로 이후에 진행되도록 일자를 수정해야 한다.

③ 프로젝트 내용의 '3) 업무 툴 통합'에 대한 상세 내용을 '기존의 업무 툴과 VR 플랫폼을 통합하여 작동하게 함'으로 수정해야 한다.

④ 직책과 직급이 반대로 작성되어 있으므로 직책에 'Project Manager', 직급에 '과장'이 작성되도록 수정해야 한다.

⑤ 기획 배경에서 첫 번째 문장은 기획 목적에 해당하므로 해당 문장을 기획 목적 3번으로 이동하도록 수정해야 한다.

15 다음 빈칸에 들어갈 단어가 순서대로 바르게 연결된 것은?

> 경상남도 보건환경연구원은 시·도 경계 지역의 대기오염도를 조사하고 고농도 대기오염물질의 발생 원인을 파악하기 위해 부산 및 울산 연구원과 함께 동남권 대기 분야 공동 연구를 추진한다. 동남권 3개 연구원은 대기오염물질이 지역을 (ⓐ)하여 상호 영향을 미친다는 점에서 지속 가능하고 효율적인 문제 해결을 위해서는 시·도·국가 간 협력이 중요하다는 것에 깊이 공감하며 실무진을 구성하였다. 이들은 올해 물류 이동 및 산업단지의 대기오염도와 주변 지역의 영향을 조사하고, 고농도 미세먼지와 오존을 유발하는 원인 분석 및 기여도 평가에 (ⓑ)을 두어 공동 연구를 시행할 계획이다. 동남권 보건환경연구원은 경남과 부산의 경계 지역에 위치한 물류배후단지, 산업단지, 주거단지를 대상으로 앞선 두 가지 연구 (ⓒ) 중 물류 이동 및 산업단지의 대기오염도와 주변 지역의 영향 조사를 시행할 예정이다. 또한 대기오염물질 배출원과 배출량 및 고농도 대기오염물질 발생 시의 기류 분석 결과 등을 공유하고 공동 평가를 통해 원인을 파악하여 광역 대기질 개선을 위한 대기오염물질 (ⓓ) 대책을 수립하는 데 활용할 방침이다.

① 추월 – 방점 – 성과 – 저감
② 추월 – 중점 – 과제 – 삭감
③ 초월 – 방점 – 성과 – 삭감
④ 초월 – 중점 – 과제 – 저감
⑤ 초월 – 중점 – 과제 – 삭감

16 다음 밑줄 친 부분과 바꿔 쓸 수 없는 것은?

> 미세먼지는 지름이 $10\mu\text{m}$ 이하인 먼지로, ㉠ 여러 가지 성분이 복합된 상태에서 대기 중에 떠다니는 물질이다. 대부분 자동차, 가정, 공장 등에서 화석 연료가 연소됨에 따라 ㉡ 발생한다. 미세먼지는 그 입자가 매우 작아 몸속으로 쉽게 ㉢ 들어오며, 이를 통해 호흡기 및 심혈관계 질환을 일으킨다. 따라서 미세먼지 농도가 짙을 경우 어린이, 노인, 임산부 등의 노약자는 ㉣ 가능한 한 외출을 자제하는 것이 좋다. 또한, 창문을 열면 실외의 미세먼지가 실내로 이동하여 실내 미세먼지 농도가 짙어질 수 있으므로 창문을 꼭 ㉤ 닫아야 한다.

① ㉠ : 다양한
② ㉡ : 생겨난다
③ ㉢ : 유입되며
④ ㉣ : 되도록
⑤ ㉤ : 개폐해야

[17 - 18] 다음 글을 읽고 각 물음에 답하시오.

오늘날 우리는 4차 산업혁명 시대에 살고 있다. 인류는 그간 1~3차 산업혁명을 겪은 역사가 있는데, 그 결과 놀라운 기술 혁명을 이룩한 반면 일자리가 사라져 직업을 잃는 사람도 생겨났다. 1차 산업혁명으로 수공업자들이 몰락하게 되었고, 공장의 기계화는 공장 노동자의 생계를 위협하였다. 컴퓨터의 개발과 함께 이어진 3차 산업혁명은 사무직 근로자의 직무 대전환을 유발하였는데, 4차 산업혁명은 이보다 더 큰 실업을 유발하게 될 것으로 추측된다. 제4의 실업을 촉발할 미래에는 공장 근로자, 매장 직원 등으로 대표되는 비숙련직과 통·번역사, 요리사 등의 숙련직은 물론이고 변호사, 의사, 회계사 등의 전문직 모두 일자리를 ㉠ 위협받게 될 가능성이 높다.

세계경제포럼에 따르면 일자리 지형 변화로 인해 오는 2022년까지 현재 이용되고 있는 핵심 업무 기술 중 42% 이상은 새로운 기술로 대치되고, 2030년까지 전 세계의 1/3가량은 직무가 변경될 것으로 예측된다고 한다. 이에 따라 기존 일자리 감소로 인한 실업 문제 및 기술 발전에 따른 인력 부족 현상을 완화하기 위한 수단으로 리스킬링(Reskilling)과 업스킬링(Upskilling)의 필요성이 대두되고 있다. 리스킬링은 기존 직원이 다른 업무도 수행할 수 있도록 새로운 기술을 배우는 것이고, 업스킬링은 동일한 일을 더 잘하거나 이전 대비 복잡한 역할을 수행할 수 있도록 업무 숙련도를 제고하는 것을 말한다.

4차 산업혁명에 따라 기술 및 비즈니스 모델은 급진적으로 변화하기 때문에 업무를 수행하는 직원도 변화된 기술을 능숙하게 소화할 수 있어야 한다. 하지만 실제로는 기술 격차를 경험하고 있는 직원들이 많으며, 기업 입장에서도 새로운 기술 기반의 인재 확보에 어려움을 겪고 있다. 이에 리스킬링과 업스킬링을 시도하면 기술 격차 문제도 해결되고, 결과적으로는 인력 부족 문제도 해결 가능하다.

실제로 싱가포르의 DBS 은행은 AI나 ML 고도화를 위해 ㉡ 수 백명의 직원을 트레이닝하고 있으며, 글로벌 컨설팅 그룹인 딜로이트도 수많은 직원의 디지털 트랜스포메이션을 위해 교육하고 있다.

㉢ 그뿐만 아니라 호주의 금융기관인 NAB(National Australia Bank)에서도 5,000여 명의 직원이 클라우드와 관련된 인증을 받도록 지원하고, 호주의 대표적인 리테일사 K 마트도 IT 인력과 함께 본사 직원의 약 80%가 디지털 트랜스포메이션을 이룩할 수 있도록 교육 중이다.

리스킬링과 업스킬링이 ㉣ 손 쉽게 이루어질 수 있는 것은 아니다. 리스킬링과 업스킬링으로 인한 효과가 크기 위해서는 미래 경영 환경하에서 필요한 기술과 기존 기술의 격차 분석을 해야 하고, 직원별로 맞춤형 교육 프로그램을 제공하며 리스킬링과 업스킬링의 결과로 원하는 업무를 수행할 기회와 적절한 보상을 제공해야만 한다. 그러나 이를 모두 시행하려면 시간과 비용이 많이 들고, 직원 개개인에게 적합한 프로그램을 설계하기도 어렵기 때문에 기업 입장에서는 큰 모험으로 여겨져 투자를 꺼리게 된다.

하지만 이미 4차 산업혁명에 따른 변화는 진행되고 있고, 기존 직원들도 향후 5년 이내에 자신의 일자리가 사라지거나 새로운 업무 수행 기술이 필요하다는 사실을 대부분 인지하고 있다. 기업이 앞장서서 리스킬링과 업스킬링의 전략적 방향을 제시하고, 직원 역시 기업의 가이드라인에 맞추어 적극적으로 참여한다면 ㉤ 수 많은 사람이 마주하고 있는 실업 문제와 기업이 직면한 신기술 인력 부족 현상 모두를 타개할 수 있을 것이다.

17 윗글에 나타난 필자의 의견으로 가장 적절한 것은?

① 4차 산업혁명에 대한 대응으로 리스킬링과 업스킬링을 시행하는 기업이 다수 있지만, 실질적으로 효과가 미미한 편이므로 이를 보완할 수 있는 방안이 함께 시행돼야 한다.

② 4차 산업혁명으로 인해 기존의 일자리가 사라지는 등 문제가 발생할 가능성이 높으므로 노동자들을 위한 국가 차원의 리스킬링과 업스킬링 관련 교육 프로그램이 마련되어야 한다.

③ 4차 산업혁명하에서 발생하는 기존 일자리 감소 및 기술 발전에 따른 인력 부족 현상은 시대적 흐름이므로 시간의 흐름에 따라 자연스럽게 해결될 것이다.

④ 4차 산업혁명으로 유발될 대량 실업 및 신기술 인력 부족 현상에 대비하여 우리나라도 외국의 리스킬링과 업스킬링 성공 사례를 벤치마킹하여 그대로 시행해야 한다.

⑤ 4차 산업혁명으로 인한 변화를 극복하기 위해 기업은 리스킬링과 업스킬링의 전략적 방향을 제시하고, 직원 개인은 이에 적극적으로 참여해야 한다.

1회

2회

3회

4회

5회

6회

해커스 지역농협 6급 NCS 실전모의고사

18 윗글의 ㉠~㉤ 중 맞춤법에 맞는 것은?

① ㉠   ② ㉡   ③ ㉢   ④ ㉣   ⑤ ㉤

[19~20] 다음 상황을 보고 각 물음에 답하시오.

○○은행 CS팀에 근무하는 U 인턴은 상사로부터 고객들이 은행 업무와 관련해 자주 하는 질문의 목록을 전달받았다.

■ 고객들이 자주 하는 질문

질문1	인터넷 뱅킹 이체 한도는 어디에서 조회할 수 있나요?
질문2	인터넷 뱅킹 이용 시 필요한 개인용 공인인증서는 어떻게 발급받을 수 있나요?
질문3	인터넷상으로 공인인증서를 발급받고 수수료를 냈습니다. 수수료에 대한 영수증은 어떻게 받나요?
질문4	○○은행 스마트 뱅킹은 기종에 상관없이 모든 스마트폰에서 이용할 수 있나요?
질문5	해외 이주자, 해외 체재자, 해외 유학생 등도 ○○은행에서 일반 여행경비를 추가로 환전할 수 있나요?
질문6	대출이자도 카드로 할부 결제할 수 있나요?
질문7	외화 수표를 받았는데 환전하려면 어떻게 해야 하나요?
질문8	애플리케이션이 업그레이드 후 실행되지 않습니다. 어떻게 해야 하나요?
질문9	스마트 뱅킹 가입 및 이용 절차에 대해 알고 싶습니다.
질문10	타 은행 카드로 ○○은행 자동화기기를 이용할 경우 이용 한도는 얼마인가요?
질문11	해외로 송금할 때 필요한 정보는 무엇인가요?
질문12	인터넷 뱅킹 사용자 암호가 5회 오류등록이 되었습니다. 어떻게 해제하나요?
질문13	○○은행 홈페이지에서 기업용 공인인증서를 발급받았습니다. 이를 조달청 홈페이지에서 사용할 수 있나요?
질문14	적립식, 임의식, 거치식 펀드의 차이점이 무엇인가요?
질문15	보유하고 있는 외화를 인터넷을 통해서 팔 수 있나요?
질문16	도장 없이 서명만으로 예금 신규 가입이 가능한가요?
질문17	미성년인 자녀의 명의로 통장을 개설하고 싶습니다. 필요한 서류가 무엇인가요?
질문18	현재 ○○은행과의 거래 실적이 없는데, 마이너스 통장 개설이 가능한가요?
질문19	타 은행에서 발급받은 OTP(평면보안카드)를 ○○은행 인터넷 뱅킹에 사용할 수 있나요?
질문20	기업용 공인인증서 발급 절차는 어떻게 되나요?
질문21	자동화기기의 이용 시간은 어떻게 되나요?
질문22	환매수수료가 발생했습니다. 제가 낸 환매수수료는 은행 자산이 되는 건가요?
질문23	자동화기기의 이용 한도는 얼마인가요?
질문24	○○은행 자동화기기에서 현금서비스를 이용할 수 있는 타 은행 카드가 있나요?
질문25	자동화기기에서 카드와 통장 없이도 출금할 수 있는 방법은 없나요?
질문26	스마트 뱅킹을 이용하려면 별도의 요금제에 가입해야 하나요?

19 U 인턴은 상사로부터 고객들이 자주 하는 질문을 카테고리별로 분류해보라는 지시를 받았다. U 인턴이 다음과 같은 카테고리를 마련해 임의로 질문을 분류할 때, ㉠~㉤에 들어갈 질문이 적절하지 않은 것은?

금융상품	인터넷 뱅킹	스마트 뱅킹	자동화기기	외환
㉠	㉡	㉢	㉣	㉤

① ㉠ : 질문6, 질문19
② ㉡ : 질문1, 질문12
③ ㉢ : 질문4, 질문9, 질문26
④ ㉣ : 질문21, 질문25
⑤ ㉤ : 질문11, 질문15

20 위와 같은 카테고리에 따라 질문을 분류한 U 인턴은 상사로부터 카테고리를 키워드 중심으로 조금 더 세분화하는 것이 좋겠다는 피드백을 받았다. 이에 따라 U 인턴이 [메뉴] – [키워드] – 질문을 연결한 것 중 가장 적절하지 않은 것은?

① [금융상품] – [대출] – 질문14, 질문18
② [인터넷 뱅킹] – [공인인증서] – 질문2, 질문13
③ [스마트 뱅킹] – [시스템 오류] – 질문8
④ [자동화기기] – [이용 한도] – 질문10, 질문23
⑤ [외환] – [환전] – 질문5, 질문7

21 다음 글의 내용을 통해 확인할 수 없는 것은?

지중해의 포트 사이드 항구와 홍해의 수에즈 항구를 연결하는 수에즈 운하는 아시아 대륙과 아프리카 대륙의 경계인 이집트의 시나이반도 서쪽에 건설된 세계에서 제일 큰 운하이다. 수에즈 운하는 아프리카 대륙을 돌아가지 않고 바로 아시아와 유럽을 연결하는 최단 경로라는 점에서 의의가 있다. 수에즈 지협을 운하로 만들면 항로를 단축할 수 있을 것이라는 생각은 고대부터 존재하였다. 운하 건설을 위한 최초의 시도는 이집트 제12왕조의 파라오 세누스레트 3세가 홍해 연안의 투밀라트 계곡을 통하여 나일강과 홍해를 연결하려 한 공사였다. 하지만 공사 결과 나일강은 홍해가 아닌 내륙의 푼트 지방까지만 연결되었다. 이후 이집트 제18왕조의 하트셉수트가 푼트 지방과 홍해를 연결하는 운하 공사를 계획했지만 실패한 것으로 추정된다. 그리고 B.C. 1380년경에 개착한 나일강과 홍해를 잇는 운하는 천재지변과 전쟁으로 인한 피해 등으로 매몰되었으나 수많은 개수 공사를 거치며 로마 시대에 항해가 재개되어 중요한 수로의 역할을 하였다. 그러나 이 또한 여전히 수에즈 지협을 통과하는 운하가 아니었기에 여러모로 불편함이 있었다.

그리고 16세기 대항해 시대에 진입하면서 지중해 연안의 베네치아 상인들이 수에즈 지협에 운하를 건설하여 포르투갈 및 스페인의 해상 운송 무역에 대처하고자 했으며, 17~18세기에 프랑스의 루이 14세와 독일의 라이프니츠가 수에즈 운하를 건설하여 네덜란드와 영국의 대(對)아시아 무역을 저지하고자 하였지만 두 시도 모두 당대 토목 기술의 부족으로 실현되지 못하였다. 18세기 말에는 나폴레옹이 이집트를 정복하고 영국의 인도 무역에 손실을 주고자 지중해와 홍해를 잇는 운하 개설 계획을 수립하였으나, 지중해와 홍해의 물 높이 차이가 10m에 달하고 운하 중간에 큰 바위가 다수 있다는 사전 조사 결과를 받고 운하 건설 계획을 포기하였다. 하지만 당시에 전쟁이 진행 중이었다는 정황상 조사 결과 자체가 정확한 정보가 아니었던 것으로 짐작된다. 이러한 상황에서 1846년 프랑스와 영국, 오스트리아 등의 지식인들이 '수에즈 운하 연구 협회'를 설립하면서 국제적 기업에 의한 구체적인 운하 개설 계획을 세웠으나, 영국의 정계와 자본가가 본국의 이익에 반한다는 명목으로 강성하게 반대하였다.

유럽에 개방적이었던 이집트의 수장 무함마드 사이드 파샤는 1854년 프랑스인 페르디낭 드 레셉스에게 운하 개설의 특허권과 수에즈 지협을 조차(租借)할 수 있는 권리를 넘겨주었고, 1856년 이집트의 종주국 오스만 튀르크 제국이 이를 받아들이면서 1858년 레셉스에 의해 '만국 수에즈 해양 운하 회사'가 이집트 법인으로 설립되었다. 해당 법인의 자본금 중에서 20만 7천 주는 프랑스가, 17만 7천 주는 이집트의 수장이 인수하였으며, 운하가 개통되고 법인이 99년 동안 소유권을 보유하다가 이집트 정부에 이전하도록 합의하였다. 공사는 기공식이 시행된 1859년 4월 25일로부터 10년이 지난 1869년 11월 17일에 완공되었다. 수에즈 운하의 개통으로 런던-싱가포르 항로가 기존에 케이프타운 경유로 2만 4500km인 것이 1만 5027km로 단축되고, 런던-봄베이 항로는 2만 1400km에서 1만 1472km로 줄었다. 1964년 확장 공사를 하면서 수심이 7.9m에서 14.5m로, 수면 폭이 60~100m에서 160~200m로 확대되었으며, 선단이 운하를 통과하는 평균 시간이 약 15시간으로 감소하였다. 이후 20세기에 운하 통과 화물 중 석유와 석유 관련 제품의 비중이 증가하면서 1960년 전체 화물 톤 수의 70%가량이 수에즈 운하를 거치는 것으로 알려졌다.

---

① 나폴레옹이 운하 건설 계획을 포기하게 만든 원인
② 이집트 파라오 세누스레트 3세가 건설한 운하의 경로
③ 수에즈 운하의 개통으로 말미암은 항로 단축의 효과
④ 프랑스 루이 14세가 수에즈 운하를 건설하려 한 이유
⑤ 수에즈 운하의 구조가 지중해 생태계에 미치는 영향

22 다음 글의 주제로 가장 적절한 것은?

TV나 영화에서 화려한 의상을 입은 남녀가 강렬한 반도네온 선율에 맞춰 탱고를 추는 모습을 한 번쯤 보았을 것이다. 탱고는 1880년대에 아르헨티나 부에노스아이레스와 우루과이 몬테비데오의 항구지역 하층민에게서 탄생한 것으로 처음에는 바일리 꼰 꼬르떼(Baile con corte), '멈추지 않는 춤'으로 불렸다. 당시 이 지역에는 유럽 이민자, 아프리카 노예, 원주민들이 섞여 살았는데, 탱고는 이들의 다양한 문화와 풍습 등이 통합되고 변형되면서 탄생한 독특한 문화 중 하나였다. 탱고는 항구 도시에 사는 가난한 이민자들의 향수와 아프리카의 리듬, 라틴 아메리카의 민속적 음악 요소 등이 섞여 격정적인 감성과 강력한 호소력을 갖게 된다. 이러한 탱고는 1910년대에 유럽으로 건너가 콘티넨털 탱고라는 이름으로 불리며 상류층의 무도회용 댄스 음악으로 인기를 얻는다. 본래 탱고가 지녔던 다소 우울하고 격렬한 감성보다는 화려하고 귀족적인 느낌이 강했던 콘티넨털 탱고는 역으로 라틴 아메리카의 탱고에 영향을 미치기도 한다. 한편 20세기 중반에 이르기까지 대대로 전승되던 탱고도 잠시 주춤하는 시기가 있었다. 세계적으로 등장한 매스미디어에 의해 사람들의 취향이 바뀌었던 것이다. 하지만 얼마 지나지 않아 새로운 형식의 탱고가 등장하면서 탱고는 또다시 진일보하였으며, 복잡한 사회에서 오랜 기간 지속하고 있는 문화 현상의 하나로 그 가치를 인정받아 유네스코 인류 무형문화유산으로 등재되기도 하였다.

① 항구지역 기후가 음악에 미치는 영향
② 시대에 따른 탱고 명칭의 변화
③ 매스미디어와 탱고의 상관관계
④ 라틴 탱고와 유럽 탱고의 차이점
⑤ 탱고의 유래 및 발전 과정

23 다음 밑줄 친 '유명 브랜드'에 대한 설명으로 가장 적절하지 않은 것은?

완벽하게 똑같은 두 개의 제품을 생산하여 하나에는 인지도가 없는 중소 브랜드의 로고를 붙이고 나머지 하나에는 유명 브랜드의 로고를 붙여서 시장에 내놓으면 소비자 선호도에 엄청난 차이가 생긴다. 심지어 유명 브랜드의 로고가 붙은 제품을 그렇지 않은 제품보다 훨씬 비싸게 판매한다고 하더라도 소비자들은 기꺼이 지갑을 연다. 이른바 유명 브랜드라면 '비싼 값을 한다'고 평가하는 것이다. 이와 같이 소비자들은 어떠한 제품을 평가할 때 직접적인 경험보다는 브랜드 평판에 의존하는 경향을 보인다.

소비자가 브랜드 평판을 중시한다는 사실을 증명하는 대표적인 사례로 부동의 시장 점유율 1위를 자랑하는 A 콜라 및 A 콜라와 경쟁 관계이지만 상대적으로 인지도가 낮은 B 콜라의 맛에 대한 블라인드 테스트 조사 결과를 들 수 있다. 아무런 표시가 없는 컵 두 개에 각각 A 콜라와 B 콜라를 따르고 실험 참가자에게 맛을 평가하도록 한 결과, B 콜라의 맛을 선호한다고 응답한 비율은 51%였으나 A 콜라의 맛을 선호한다고 응답한 비율은 44%에 그쳤다. 다음으로 A 콜라와 B 콜라의 브랜드 이름을 공개하고 콜라의 맛을 평가하게 하자 놀랍게도 이전과는 정반대로 65%의 참가자가 A 콜라를, 23%의 참가자가 B 콜라를 선호한다고 답하였다.

많은 소비자가 본인의 경험보다 브랜드 평판을 더 중요하게 여기는 이유는 불확실한 상황에서 구매 결정을 해야 할 때 브랜드 평판으로부터 신뢰성을 보장받고자 하는 본능에 있다. 콜라를 마시는 사람의 뇌를 기능성 자기공명영상장치(fMRI)로 촬영하면 브랜드를 모르는 상태에서 콜라를 마셨을 때는 어느 콜라인지와 관계없이 보상 영역에 해당하는 전두엽이 활성화되었다. 그러나 A 콜라 브랜드를 보여주며 콜라를 마시도록 했을 때는 B 콜라와 달리 뇌에서 전두엽 외에 측좌핵, 중뇌, 선조체, 전전두피질 등 쾌감 관장 영역도 활성화되었다. 소비자에게 유명하고 매력적인 브랜드가 뇌에서 쾌감중추를 무의식적으로 활성화시킨 것이다.

즉, 소비자는 브랜드를 기준으로 미래 시점에서의 사용 가치를 예측하게 되는데, 예측되는 보상 경험이 크면 클수록 쾌감을 느끼게 하는 도파민 분비 수준이 높아진다. 사람의 뇌에서 특정 브랜드를 특별하거나 매력적으로 느낀다는 신호를 받으면 곧바로 뇌의 브랜드 보상 예견 경험을 자극하여 도파민 분비를 유도하는 것이다. 이렇게 유명 브랜드가 갖는 효과는 소비자가 선택할 수 있는 대안이 많을수록 더 유의미하게 작용한다. 소비자들에게 유명하고 매력적인 브랜드일수록 소비자 스스로가 잘못된 선택으로 인한 미래의 후회를 최소화하기 때문에 신속한 결정을 이끌어 낸다.

이와 더불어 매력적인 브랜드는 소비자들이 그 브랜드에 대해 긍정적인 감정을 느끼도록 유도한다는 특징을 갖는다. 유명 브랜드에 대한 신체 외부로부터의 자극과 신체 내부에서 발원한 감정 신호가 동시에 나타날 때마다 뇌는 각각의 신호들을 연결하여 하나의 '신경 브랜드 네트워크'를 활성화한다. 만약 신체 외부의 자극과 내부의 감정 사이의 연관성이 감소한다고 하더라도 우리의 뇌는 이 정보들을 전체적인 표상으로 만들어 저장한다.

여기서 브랜드와 관련된 시각 정보는 대뇌피질, 청각 정보는 측두엽, 브랜드 이미지를 구성하는 감정적 요소는 안와전두피질에 저장된다. 따라서 특정 브랜드의 상품과 광고 문구가 한꺼번에 제시되면 뇌의 신경 브랜드 네트워크가 한층 더 활성화되어 긍정적인 감정을 유발하는 것이 용이해진다. 유명 브랜드는 덜 매력적인 브랜드에 비해 뇌에서 신경 브랜드 네트워크가 활성화되기 때문에 기억, 감정, 의사결정 등을 관할하는 뇌 영역에 폭넓게 영향을 미치고, 소비자들로부터 더 쉽게 호감을 얻게 되는 것이다. 각 기업에서는 브랜드에 대한 소비자 충성도를 높이기 위해 마케팅 분야에서 이러한 메커니즘을 활용하기도 한다.

① 선택 대안이 많을수록 브랜드 보상 예견 경험을 자극하여 도파민 분비 유도 효과를 얻는 데 유용하다.

② 뇌가 신체 외부의 자극과 신체 내부에서 비롯된 감정 신호를 연결하여 신경 브랜드 네트워크를 만든다.

③ 해당 제품 소비자의 뇌에서는 전두엽의 작용이 중단되고 측좌핵 등 쾌감 관장 영역이 활성화된다.

④ 뇌에서 기억, 감정 등을 관할하는 영역에 넓은 영향을 미쳐서 소비자에게 긍정적인 감정을 유도한다.

⑤ 소비자들이 제품을 평가할 때 경험보다 브랜드 평판에 의존하는 경향으로 인해 높은 선호도를 보인다.

24 다음 글의 논리적 흐름을 고려할 때, (가)~(마) 중 삭제되어야 하는 문단은?

> (가) 플라스틱은 가공이 쉽고 가벼워 다양한 용기를 제작하는 데 유용하게 사용되어 왔다. 하지만 쓰고 난 플라스틱은 토양과 강, 바다에 무분별하게 버려져 오늘날 자연과 인간의 안위를 위협하는 수준까지 이르렀으며, 플라스틱 쓰레기 문제는 우리나라를 비롯한 많은 국가에서 중요하게 다루고 있는 이슈 중 하나가 된 지 오래다.
>
> (나) 이러한 가운데 이른바 '플라스틱을 먹는 효소'라 불리는 플라스틱 분해 효소가 발견되어 관심이 쏠리고 있다. 영국 포츠머스대학의 연구진은 2016년 일본에서 발견된 플라스틱의 일종인 페트(PET)를 분해하는 효소를 분비하는 박테리아에 주목했다. 그리고 이 박테리아의 구조를 연구하여 변종 효소를 만들어 내는 데 성공하였다.
>
> (다) 변종 효소는 페트 이외의 플라스틱도 분해할 수 있으며, 자연 상태보다 훨씬 빠른 속도로 플라스틱을 분해한다. 분해된 플라스틱은 다시 원료 상태가 되어 새로운 투명 플라스틱을 만드는 데 사용될 수 있다. 즉, 완벽한 재활용이 가능해지므로 플라스틱의 추가적인 생산과 이로 인한 환경오염 우려가 줄어든다.
>
> (라) 이보다 앞선 2015년 중국과 미국의 공동연구진은 밀웜이 스티로폼을 먹는다는 사실을 밝힌 바 있는데, 이에 우리나라도 밀웜을 통한 플라스틱 분해 기술을 연구하고 있다. 더 나아가 일회용 플라스틱을 대체하는 생분해 플라스틱을 개발함으로써 관련 시장을 선점하기 위한 기회를 엿보고 있다.
>
> (마) 하지만 변종 효소가 상용화되어 산업현장에 활용하기 위해서는 아직 개선해야 할 부분이 남아있다. 효소를 대량 생산할 수 있어야 하고, 가격도 낮아져야 하며, 분해속도도 지금보다 더 빨라져야 한다. 변종 효소를 개발한 연구진은 몇 년 안에 플라스틱을 대규모로 분해할 수 있는 기술을 상용화할 수 있도록 개발에 더욱 박차를 가할 예정이다.

① (가)　　　　② (나)　　　　③ (다)　　　　④ (라)　　　　⑤ (마)

25 다음 〈보기〉에 이어질 문단을 논리적 순서대로 알맞게 배열한 것은?

─〈보기〉─

　시장 경제에서 상품의 가격은 수요량과 공급량이 서로 맞아떨어져 균형을 이루는 수준에서 결정된다. 시장 균형을 이루어지게 하는 상품의 가격인 균형 가격에 비해 시장 가격이 낮으면 초과 수요가 발생하고, 그 반대의 경우 초과 공급이 발생한다. 그러나 균형 가격보다 높거나 낮은 수준의 가격은 그 수준에서 안정되지 못한다. 초과 수요가 발생하면 소비자들이 해당 상품을 구매하기 위해 경쟁함으로써 시장 가격이 상승하게 되고, 초과 공급이 발생하면 생산자들이 해당 상품을 팔지 못해 쌓인 재고를 처리하기 위해 경쟁하는 과정에서 시장 가격이 하락해 시장 균형을 회복하게 되기 때문이다.

(가) 이와 반대로 노동자의 최저 임금을 법으로 규정한 최저임금제와 같이 시장 가격을 균형 가격 수준 이하로 내려가지 못하게 의무화하는 제도를 최저가격제라고 한다. 최고가격제가 소비자를 보호하기 위한 것이라면, 최저가격제는 생산자를 보호하기 위한 제도라고 할 수 있다. 우리나라에서 시행되고 있는 최저가격제의 대표적인 사례로는 농산물의 수급 상황에 따라 정부가 잉여농산물을 수매하거나 수매한 농산물을 방출함으로써 농산물의 가격 급등락을 막는 농산물 가격지지 정책이 있다.

(나) 이렇게 균형에 도달한 상태에서는 다른 교란 요인이 없는 한 그 가격과 거래량이 유지되나, 만약 수요와 공급에 영향을 주는 변수가 작용할 경우 시장의 균형 가격이 변화하게 된다. 예컨대 최근의 국제 유가 하락은 셰일 혁명으로 미국의 원유 생산이 증대되고 있음에도 불구하고 석유수출국기구(OPEC)가 산유량을 늘리면서 공급이 증가했기 때문이다. 게다가 유럽, 일본 등의 경제 침체로 인해 수요가 감소하면서 균형 가격의 하락이 촉진되고 있는 것이다.

(다) 가격 규제 정책은 그 취지가 바람직하지만, 의도치 않게 비효율적인 결과를 초래할 수 있다. 최고가격제는 소비자를 위해 시행한 제도임에도 초과 수요로 인해 그 상품을 소비하지 못하는 경우가 발생할 수 있다. 게다가 정부가 고시한 것보다 훨씬 높은 가격으로 상품이 거래되는 암시장이 형성되는 부작용이 나타나고, 기업의 입장에서는 제품을 생산했을 때 얻을 수 있는 이윤이 제한되어 있어서 제품의 질이 떨어지게 될 수도 있다. 또한, 최고가격제와 최저가격제는 모두 가격 규제를 준수하도록 정부가 확인 및 통제하는 과정에서 수많은 인력과 큰 비용이 소요되어 오히려 비효율이 발생할 여지가 있다.

(라) 한편 이렇게 시장에서 결정된 가격을 무시하고, 정부가 시장에 개입하여 가격을 통제하는 정책을 시행하는 경우가 있는데 이를 가격 규제 정책이라 한다. 가격 규제 정책의 하나인 최고가격제는 어떤 상품의 시장 가격이 너무 높다고 판단한 정부가 균형 가격보다 낮게 가격 상한선을 정하고 그 이상의 가격으로 판매되는 일이 없도록 규제하는 것으로, 가격상한제라고 불리기도 한다. 이는 특정 상품에 대한 지속적인 가격 상승이 예상되어 투기 과열을 방지할 목적으로 사용되기도 한다.

① (나) - (가) - (다) - (라)
② (나) - (다) - (라) - (가)
③ (나) - (라) - (가) - (다)
④ (라) - (가) - (나) - (다)
⑤ (라) - (나) - (다) - (가)

26 미지와 현준이는 동일한 다이어리를 원가로 구매하여 상점에서 판매하였다. 현준이는 원가의 25%만큼 이 윤이 남도록 정가를 책정하였고, 미지는 현준이가 책정한 정가보다 20% 더 높은 가격으로 정가를 책정하여 판매하였다. 미지가 다이어리를 1,000개 판매하고 남은 이익이 400만 원일 때, 다이어리 1개의 원가는?

① 6,000원　　　② 7,000원　　　③ 8,000원　　　④ 9,000원　　　⑤ 10,000원

27 갑과 을이 A 건물을 청소하는 데 처음 3시간 동안은 두 명이 같이 청소하다가 을이 먼저 집에 가고 갑은 혼자 20분 동안 더 청소를 한 후에 청소가 끝났다. A 건물을 갑이 혼자 청소하면 5시간이 걸릴 때, 같은 건물을 을이 혼자 청소하는 데 걸리는 시간은?

① 3시간　　　② 6시간　　　③ 9시간　　　④ 12시간　　　⑤ 15시간

28 A~E 기업은 경영효율성 제고를 위해 공공성, 윤리성, 전문성, 혁신성, 투명성 5가지 항목을 기준으로 평가 기관의 평가를 받았다. 각 공사의 평가 점수가 다음과 같을 때, 평균 점수와 최종 점수가 동일한 공사를 모두 고르면?

[공사별 평가 점수]

구분	A 기업	B 기업	C 기업	D 기업	E 기업
공공성	50점	100점	90점	75점	85점
윤리성	95점	(　)점	85점	90점	95점
전문성	80점	90점	65점	95점	90점
혁신성	90점	95점	60점	50점	100점
투명성	85점	85점	100점	(　)점	80점
평균 점수	(　)점	85점	(　)점	80점	(　)점
최종 점수	(　)점	(　)점	(　)점	(　)점	(　)점

※ 각 공사의 평균 점수는 5가지 항목의 평균 점수를 의미하며, 최종 점수는 최고점을 받은 항목과 최저점을 받은 항목을 제외한 나머지 3가지 항목의 평균 점수를 의미함

① A 기업, C 기업　　　　② B 기업, D 기업　　　　③ B 기업, E 기업
④ C 기업, D 기업　　　　⑤ C 기업, E 기업

29 외장하드를 판매하는 어느 회사는 전년도에 총 매출액의 30%를 수익으로 남겼다. 올해 판매개수는 전년도 대비 40% 감소할 것으로 예상될 때, 전년도와 같은 수익을 남기기 위해서는 올해 원가가 전년도 원가의 몇 배가 되어야 하는가? (단, 올해 판매가는 전년도 판매가와 동일하게 책정되었다.)

① $\frac{2}{7}$ ② $\frac{3}{7}$ ③ $\frac{4}{7}$ ④ $\frac{5}{7}$ ⑤ $\frac{6}{7}$

30 상여금으로 받은 200만 원을 은행에 예금하여 1년 뒤에 11만 원 이상 12만 원 미만의 이자를 받았다. 이때 은행의 연이율은 최소 몇 %인가?

① 4.5%   ② 5%   ③ 5.5%   ④ 6%   ⑤ 7%

31 임규의 작년 총소득액은 3,400만 원으로 소득공제액 800만 원을 제외하고 나머지 금액에 대한 세율이 20%였다. 올해 임규는 작년 대비 총소득액이 30%, 소득공제액이 45%, 세율이 25% 증가하였을 때, 임규가 올해에 낸 세금과 작년에 낸 세금의 차이는?

① 2,400,000원   ② 2,950,000원   ③ 3,250,000원   ④ 3,500,000원   ⑤ 3,850,000원

32 다음 숫자가 규칙에 따라 나열되어 있을 때, 빈칸에 들어갈 알맞은 것을 고르면?

−2	−3	0	6	3	−12	( )	24	12	−48

① −6   ② 7   ③ −10   ④ 14   ⑤ −16

33 다음 숫자가 규칙에 따라 나열되어 있을 때, 빈칸에 들어갈 알맞은 것을 고르면?

7	8	14	( )	34	54	87	140	226

① 18   ② 21   ③ 24   ④ 27   ⑤ 30

34 다음 문자가 규칙에 따라 나열되어 있을 때, 빈칸에 들어갈 알맞은 것을 고르면?

E	F	H	( )	T	J

① L   ② M   ③ O   ④ P   ⑤ R

35 다음 문자와 숫자가 규칙에 따라 나열되어 있을 때, 빈칸에 들어갈 알맞은 것을 고르면?

3	F	12	H	11	V	18	( )

① J   ② N   ③ O   ④ R   ⑤ U

36 다음은 우리나라 유제품별 소비량에 대한 자료이다. 해당 자료를 보고 A, B, C, D, E에 들어갈 유제품의 종류를 바르게 짝지은 것은?

[유제품별 소비량]

(단위: 톤)

구분	2018년	2019년	2020년	2021년	2022년
A	71,951	71,444	88,608	99,520	99,243
탈지분유	25,342	27,795	19,601	37,278	27,079
B	3,427	3,382	3,294	1,611	1,728
C	449,850	439,578	496,706	516,687	551,595
D	15,034	13,913	14,860	13,786	14,475
E	6,956	9,396	9,121	9,800	10,446

㉠ 2022년에 연유 소비량의 전년 대비 증가율은 버터 소비량의 전년 대비 증가율보다 높다.
㉡ 조제분유의 전년 대비 소비량의 증감 추이는 탈지분유와 정반대 형태를 띠고 있다.
㉢ 2021년 소비량이 3년 전 대비 두 번째로 많이 증가한 유제품은 치즈이다.
㉣ 매년 버터와 연유 소비량의 합은 조제분유 소비량을 넘지 못한다.
㉤ 발효유 소비량은 전년 대비 3년 연속 증가하였다.

	A	B	C	D	E
①	치즈	연유	발효유	조제분유	버터
②	치즈	버터	발효유	조제분유	연유
③	발효유	연유	치즈	조제분유	버터
④	연유	치즈	조제분유	발효유	버터
⑤	연유	치즈	발효유	조제분유	버터

[37-38] 다음은 서울시 일부 산업별 사업체 수 및 매출액과 2017년 서울시 일부 산업별 종사자 수의 비중을 나타낸 자료이다. 각 물음에 답하시오.

[서울시 일부 산업별 사업체 수 및 매출액]

구분	2016년		2017년		2018년		2019년	
	사업체 수 (개)	매출액 (십억 원)	사업체 수 (개)	매출액 (십억 원)	사업체 수 (개)	매출액 (십억 원)	사업체 수 (개)	매출액 (십억 원)
제조업	62,150	54,031	61,580	53,226	58,970	54,625	57,320	56,925
교육 서비스업	34,070	28,087	34,760	27,980	35,370	28,476	35,760	31,638
폐기물 처리·원료 재생업	450	1,117	440	1,260	450	1,354	470	1,375
금융·보험업	11,010	510,850	11,160	499,055	11,220	470,366	11,440	574,969

[2017년 서울시 일부 산업별 종사자 수 비중]

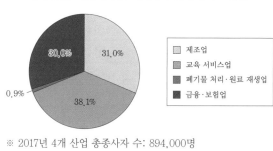

제조업
교육 서비스업
폐기물 처리·원료 재생업
금융·보험업

※ 2017년 4개 산업 총종사자 수: 894,000명

※ 출처: KOSIS(통계청, 전국사업체조사)

37 다음 중 자료에 대한 설명으로 옳은 것은?

① 2017년 이후 제조업 사업체 수의 전년 대비 증감 추이는 폐기물 처리·원료 재생업 사업체 수의 전년 대비 증감 추이와 같다.

② 2018년 금융·보험업의 매출액은 전년 대비 6% 이상 감소하였다.

③ 2017년 제시된 4개 산업의 총매출액에서 교육 서비스업 매출액이 차지하는 비율은 5% 미만이다.

④ 2017년 제조업과 교육 서비스업 종사자 수의 차이는 64,000명 이상이다.

⑤ 제시된 기간 동안 연도별 금융·보험업 사업체 수의 평균은 11,210개 이상이다.

38 제시된 서울시 일부 산업 중 2017년에 종사자 수가 가장 많은 산업의 2018년과 2019년 전년 대비 사업체 수 증가량의 차이는?

① 80개　　② 160개　　③ 220개　　④ 960개　　⑤ 2,666개

[39-40] 다음은 외식 업종별 외식산업 경기전망지수에 대한 자료이다. 각 물음에 답하시오.

[2020년 분기별 외식산업 경기전망지수]

구분		1분기	2분기	3분기	4분기
한식 음식점업	일반 음식점업	58.96	60.21	59.41	55.49
	면 요리 전문점	61.28	70.71	65.41	59.77
	육류 요리 전문점	60.12	66.67	64.38	60.71
	해산물 요리 전문점	57.43	64.44	57.87	56.47
외국식 음식점업	중식 음식점업	63.89	73.61	66.37	65.62
	일식 음식점업	57.88	65.37	62.62	60.06
	서양식 음식점업	62.37	66.43	62.08	61.13
	기타 외국식 음식점업	55.26	57.35	59.23	56.67
기타 간이 음식점업	제과점업	66.32	68.80	64.90	64.08
	즉석식 음식점업	71.98	78.57	69.83	71.82
	치킨 전문점	68.79	67.53	68.17	66.91
	김밥 및 기타 간이 음식점업	58.56	65.26	61.58	59.26
	간이 음식 포장 판매 전문점	54.46	60.29	56.71	56.51
주점업	일반 유흥 주점업	52.17	51.94	53.64	51.04
	무도 유흥 주점업	51.85	54.46	52.27	50.00
	생맥주 전문점	53.12	57.59	53.73	52.03
	기타 주점업	52.93	58.68	54.61	52.58
비알코올 음료점업	커피 전문점	58.72	63.90	58.52	57.37
	기타 비알코올 음료점업	55.62	56.36	54.79	53.73

[2021년 1분기 한식 음식점업 외식산업 경기전망지수의 전년 동 분기 대비 증가율]

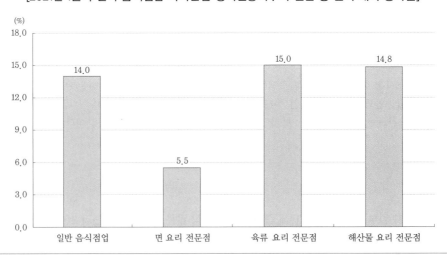

※ 외식산업 경기전망지수의 기준치는 100이며, 100 초과는 성장, 100 미만은 위축을 의미함

※ 출처: KOSIS(농림축산식품부, 외식산업경기전망지수)

39 다음 중 자료에 대한 설명으로 옳지 않은 것은?

① 2020년 1분기 기타 간이 음식점업의 외식산업 경기전망지수 평균은 64.00 이상이다.

② 2021년 1분기 한식 음식점업 외식산업 경기전망지수의 전년 동 분기 대비 증가율이 가장 낮은 외식 업종의 2021년 1분기 외식산업 경기전망지수는 약 64.65이다.

③ 2020년 4분기 외식산업 경기전망지수가 직전 분기 대비 증가한 외식 업종은 1개 업종뿐이다.

④ 2020년 2분기 비알코올 음료점업 중 커피 전문점의 외식산업 경기전망지수의 직전 분기 대비 증가량과 기타 비알코올 음료점업의 직전 분기 대비 증가량의 차이는 5.00보다 크다.

⑤ 2020년 분기별 외식산업 경기전망지수는 외국식 음식점업 중 중식 음식점업이 서양식 음식점업보다 매분기 더 높다.

40 다음 중 자료에 대한 설명으로 옳은 것을 모두 고르면?

> ㉠ 2020년 3분기 한식 음식점업 중 일반 음식점업의 외식산업 경기전망지수는 전 분기 대비 0.80 감소하였다.
>
> ㉡ 2021년 1분기 육류 요리 전문점의 외식산업 경기전망지수는 70.00 이상이다.
>
> ㉢ 2020년 2분기 이후 주점업 중 외식산업 경기전망지수가 전 분기 대비 증감 추이가 같은 업종은 총 3개이다.
>
> ㉣ 2020년 분기별로 외식산업 경기전망지수가 가장 높은 업종은 매 분기 모두 즉석식 음식점업이다.

① ㉠, ㉢   ② ㉡, ㉢   ③ ㉡, ㉣   ④ ㉠, ㉢, ㉣   ⑤ ㉡, ㉢, ㉣

41 어느 회사의 영업팀은 매주 월요일마다 팀 회의를 진행한다. 이 회사에 영업팀 직원 R 씨가 팀 회의에 참석하지 못하고 그다음 주에 또다시 참석하지 못할 확률은 $\frac{1}{2}$이고, 팀 회의에 참석하고 그다음 주에도 참석할 확률은 $\frac{3}{4}$이다. R 씨가 지난주 월요일 팀 회의에 참석하지 못했다면 다음 주 월요일 팀 회의에 참석할 확률은?

① $\frac{1}{2}$　　　② $\frac{5}{8}$　　　③ $\frac{7}{8}$　　　④ $\frac{9}{16}$　　　⑤ $\frac{13}{16}$

42 다음 중 비판적 사고를 개발하기 위한 태도에 해당하지 않는 것은?

① 지속성　　② 융통성　　③ 주관성　　④ 지적 회의성　　⑤ 지적 호기심

43 다음은 A, B, C, D 4명의 영어, 프랑스어, 독일어 시험 결과에 대한 설명이다. 제시된 조건을 모두 고려하였을 때, 항상 옳은 것은?

- A의 독일어 점수와 B의 프랑스어 점수가 같다.
- C의 프랑스어 점수와 D의 영어 점수가 같다.
- C의 영어 점수와 A의 프랑스어 점수가 같다.
- D의 영어 점수는 80점이다.
- 4명 모두 세 과목 중에서 영어 점수가 가장 높다.

① A의 영어 점수는 C의 영어 점수보다 높다.
② B의 영어 점수는 C의 영어 점수보다 높다.
③ C의 세 과목 평균 점수는 80점 이상이다.
④ 영어 점수가 80점 미만인 사람은 있을 수 없다.
⑤ D의 프랑스어 점수는 4명 중 가장 낮다.

44 다음 명제가 모두 참일 때, 항상 옳은 것은?

> • 날씨가 따뜻해지면 춘곤증이 생긴다.
> • 봄이 오면 벚꽃이 핀다.
> • 봄이 오지 않으면 날씨는 따뜻해지지 않는다.

① 춘곤증이 생기면 봄이 온다.
② 날씨가 따뜻해지면 벚꽃이 핀다.
③ 봄이 오지 않으면 벚꽃이 피지 않는다.
④ 벚꽃이 피면 춘곤증이 생긴다.
⑤ 봄이 오면 날씨가 따뜻해진다.

1회

2회

3회

4회

5회

6회

해커스 **지역농협 6급** NCS 실전모의고사

45 ○○공사에서는 신입사원 채용을 위해 지원자 18명의 면접을 진행하려고 한다. 면접관은 A 부장, B 부장, C 차장, D 과장으로 2명씩 두 팀으로 나뉘어 면접에 들어가고, 지원자는 최소 3명, 최대 7명으로 이루어진 네 개의 조로 나뉘어 면접을 본다. 다음 조건을 모두 고려하였을 때, 항상 옳지 않은 것은?

> • 면접은 1층의 101호와 102호, 2층의 201호와 202호에서 진행되고, 네 개의 조는 모두 서로 다른 곳에서 면접을 본다.
>
> | 201호 | 202호 |
> | --- | --- |
> | 101호 | 102호 |
>
> • 모든 조의 지원자 수는 서로 다르다.
> • 부장끼리는 같은 팀이 될 수 없고, 각 팀은 한 층씩 담당하여 면접에 들어간다.
> • 면접은 1호, 2호 순으로 진행된다.
> • C 차장은 201호에서 지원자 4명의 면접을 본다.
> • 1층과 2층 모두 1호에서 면접을 보는 지원자 수는 2호에서 면접을 보는 지원자 수보다 많다.

① A 부장과 C 차장은 같은 팀이 아니다.
② 102호에서 면접을 보는 지원자 수는 5명이다.
③ B 부장은 1층의 면접에 들어간다.
④ A 부장이 면접을 보는 총 지원자 수는 11명이다.
⑤ 202호에서 면접을 보는 지원자 수는 102호에서 면접을 보는 지원자 수보다 많다.

46 전시회장에 배치된 안내용 로봇 5대 중 1대에만 사진촬영 기능이 있다. 다섯 로봇의 진술 중 하나의 진술만 거짓일 때, 사진촬영 기능이 있는 로봇은?

- 로봇 1: 사진촬영 기능은 저 또는 로봇 4에 있어요.
- 로봇 2: 로봇 3은 사진촬영 기능이 없어요.
- 로봇 3: 로봇 5에게 사진촬영 기능이 있는 것이 확실해요.
- 로봇 4: 나와 로봇 2는 사진촬영 기능이 없어요.
- 로봇 5: 나는 사진촬영 기능이 없어요.

① 로봇 1　　　② 로봇 2　　　③ 로봇 3　　　④ 로봇 4　　　⑤ 로봇 5

47 다음 명제가 모두 참일 때, 항상 참인 것은?

- 기계를 잘 활용하는 사람은 손재주가 뛰어난 사람이다.
- 그림을 잘 그리지 못하는 사람은 손재주가 뛰어난 사람이 아니다.
- 기계를 잘 활용하는 사람은 현대 문명에 익숙한 사람이다.

① 그림을 잘 그리는 사람은 기계를 잘 활용하지 못한다.
② 손재주가 뛰어나지 못한 사람은 기계를 잘 활용하지 못한다.
③ 기계를 잘 활용하지 못하는 사람은 현대 문명에 익숙하다.
④ 그림을 잘 그리는 사람은 손재주가 뛰어나다.
⑤ 현대 문명에 익숙한 사람은 그림을 잘 그리지 못한다.

48 ○○은행 회계부에 재직 중인 귀하는 내년에 진행할 수 있는 사업 A~G 7개 중 최대한 많은 사업을 진행하면서 그 중 총 기간당 단가가 가장 저렴한 사업으로 내년 추경예산을 선정하고자 한다. A~G 사업 조건이 다음과 같을 때, 귀하가 선정할 내년 추경예산은? (단, 동시에 진행할 수 있는 사업은 최대 2개이며, 하나의 사업을 같은 해 두 번 이상 진행할 수 없다.)

[A~G 사업 조건]

구분	A	B	C	D	E	F	G
사업소요 기간	4개월	5개월	5개월	6개월	4개월	3개월	7개월
비용	76백만 원	100백만 원	90백만 원	126백만 원	72백만 원	48백만 원	108백만 원

① 386백만 원   ② 394백만 원   ③ 412백만 원   ④ 418백만 원   ⑤ 436백만 원

1회

2회

3회

4회

5회

6회

49 제시된 문장을 읽고 항상 참인 결론을 고르면?

- a, b, c, d, e 5개의 도시는 좌우로 일직선상에 위치해 있다.
- b 도시와 c 도시 사이의 정확히 중간에 위치한 도시가 있다.
- a 도시와 d 도시 간의 거리가 가장 멀다.
- a 도시는 b 도시의 왼쪽에 위치하지 않는다.

A: e 도시를 기준으로 본다면, 좌우 같은 거리에 b 도시와 c 도시가 위치한다.
B: d 도시에서 거리가 가장 가까운 도시는 c이다.

① A만 옳다.
② B만 옳다.
③ A와 B 모두 옳다.
④ A와 B 모두 그르다.
⑤ A와 B 모두 옳은지 그른지 파악할 수 없다.

50 다음은 ○○공사의 공용차량 매각 전자입찰 공고문과 매각대상 차량을 입찰하고자 하는 입찰 참가자 A~D에 대한 정보이다. A~D의 정보를 고려하였을 때, 입찰서를 제출하는 참가자를 모두 고르면? (단, A~D의 입찰금액은 입찰예정금액과 같다.)

[○○공사 공용차량 매각 전자입찰 공고]

1. 입찰 사항

1) 입찰건명: 공용차량 매각
2) 매각대상 차량 내역

구분	차량번호	배기량	최초 등록일	운행거리	입찰예정금액
가	XX가XXXX	3,300cc	2012. XX. XX.	45,681km	5,000,000원
나	XXL나XXXX	2,500cc	2008. XX. XX.	93,295km	3,000,000원
다	XX다XXXX	4,000cc	2011. XX. XX.	75,371km	4,000,000원

※ 입찰예정금액: 입찰 전 낙찰자 및 계약금액을 결정하기 위한 기준 가액임

2. 세부 내용

1) 입찰서 제출 및 보증금 납부기간: 20XX. 6. 16.(화) 10시부터 20XX. 6. 23.(화) 18시까지
   ※ 입찰서는 입찰보증금과 함께 제출함
2) 개찰일시: 20XX. 6. 24.(수) 10시
3) 입찰 참가자격: 전자자산처분시스템 회원으로 등록 및 공인인증서로 전자자산처분시스템에 등록한 개인이나 사업자
4) 입찰서 제출 방법: 전자자산처분시스템 홈페이지 온라인 제출(www.XXXX.co.kr)
5) 계약체결 방법: 낙찰자는 낙찰통보일로부터 10일 이내에 계약서 작성 및 계약금액을 전액 납부하여야 함
   ※ 지방계약법 시행령 제37조 및 동법 시행규칙 제41조에 의거 입찰하고자 하는 금액(입찰금액)의 5/100 이상에 해당하는 입찰보증금을 보증금 납부 마감 시간까지 전자자산처분시스템 입찰화면에서 입찰자에게 부여된 은행 계좌에 납부하여야 하며 입찰보증금 납부에 따른 수수료(1만 원)는 입찰자가 부담함

[A~D의 필요차량, 보유현금, 전자자산처분시스템 등록정보]

구분		A	B	C	D
필요 차량	배기량	3,000cc 이상	3,500cc 이상	2,500cc 이상	3,800cc 이상
	운행거리	40,000km 이하	100,000km 이하	50,000km 이하	95,000km 이하
보유현금		4,000,000원	5,000,000원	4,500,000원	1,000,000원
전자자산처분시스템 등록 여부		O	X	O	O

※ 입찰 참가자 A~D는 각각 필요차량 조건을 만족하는 모든 차량에 입찰서를 제출함

① A ② B ③ C ④ A, D ⑤ C, D

51 다음은 SWOT 분석에 대한 설명과 ○○스마트폰 회사의 SWOT 분석 결과이다. 이를 근거로 판단할 때, ○○스마트폰 회사의 대응 전략으로 옳은 것은?

SWOT 분석이란 기업 내부의 강점(Strength)과 약점(Weakness), 기업을 둘러싼 외부의 기회(Opportunity)와 위협(Threat)이라는 4가지 요소를 규정하고 이를 토대로 기업의 경영전략을 수립하는 기법이다. SO(강점-기회) 전략은 시장의 기회를 활용하기 위해 강점을 적극 활용하는 전략이고, WO(약점-기회) 전략은 약점을 극복하거나 제거함으로써 시장의 기회를 활용하는 전략이다. ST(강점-위협) 전략은 시장의 위협을 회피하기 위해 강점을 사용하는 전략이고, WT(약점-위협) 전략은 시장의 위협을 회피하고 약점을 최소화하거나 없애는 전략이다.

내부환경 외부환경	강점(Strength)	약점(Weakness)
기회(Opportunity)	SO(강점-기회) 전략	WO(약점-기회) 전략
위협(Threat)	ST(강점-위협) 전략	WT(약점-위협) 전략

[○○스마트폰 회사 SWOT 분석 결과]

강점(Strength)	– 국내 스마트폰 소비자 선호도 1위 – 5G 모델 라인업 확충 완료 – 전문성 있는 인공지능 관련 인재 확보
약점(Weakness)	– 브랜드 대표 색상만을 활용하여 제품의 색상 다양성 부족 – 타사 대비 높은 가격대로 인한 소비자 부담 증가
기회(Opportunity)	– 인공지능 적용 분야 확대로 연관 수익 발생 가능성 증대 – 베트남과의 FTA 체결로 인한 생산공장 설립 관련 규제 해제
위협(Threat)	– 경쟁업체 간 인수합병으로 대규모 스마트폰 회사 출범 – 글로벌 경기 둔화로 인한 스마트폰 신규 수요 감소 – 국내 공장 설립 관련 정부의 과도한 규제 및 정책 번복

내부환경 외부환경	강점(Strength)	약점(Weakness)
기회(Opportunity)	① 국내 소비자 선호도 1위라는 점을 적극 홍보하여 M&A로 출범하는 대규모 신규 스마트폰 회사에 대응함	② AI 전문 인재 TF팀을 구성해 수준 높은 인공지능 어플을 개발하여 부가 수익을 창출함 ③ 5G 모델 라인업을 확충했다는 점을 마케팅 자료로 활용하여 글로벌 IT 관련 전시회에서 영업 활동을 펼침
위협(Threat)	④ 스마트폰 부자재를 납품하는 공장을 베트남에 설립하여 부자재 가격 조정을 통해 단가를 낮춤	⑤ 인건비가 낮은 해외 부지에 스마트폰 생산공장을 설립하여 저가 라인을 신규 런칭함

52 ●●시에 사는 서 주임은 연휴를 맞이하여 가족들과 함께 △△군 휴양림으로 3박 4일 여행을 떠날 계획이다. 두 지역은 직행버스만 운행되고 있어, 서 주임은 △△군으로 떠나는 10시 20분 출발 승차권을 4매 예매해 놓은 상황이다. 아래의 대화 직후 서 주임의 아내가 최소의 비용이 드는 방법을 최우선적으로 고려하여 승차권을 취소 또는 예매한다면, 다음 중 서 주임이 이용하게 될 직행버스의 출발시각은?

> 서 주임: 어, 난데. 우리 내일 △△군으로 여행 가기로 한 거 있잖아. 그거 출발시각을 미뤄야 할 거 같아. 내일 아침에 있는 회의에 참석하게 되었거든. 회의 끝나고 ●●시 터미널에 오후 2시까지는 도착할 수 있을 것 같아.
>
> 아 내: 그럼 지금 예매해 놓은 출발 승차권을 취소해야 하나? 당신 승차권만 취소하고 우리 셋은 먼저 출발하면 될까?
>
> 서 주임: 그렇게 해도 되고, 아니면 내가 회의 끝날 때까지 기다렸다가 같이 출발하는 건 어때.
>
> 아 내: 그럼 이렇게 하자. 승차권을 취소하면 수수료가 들 테니까 그거 계산해 보고 예매해 놓은 승차권을 사용하든지, 취소하고 당신하고 같이 출발할 승차권을 예매하든지 할게. 예매하는 김에 여행 마지막 날에 돌아오는 승차권도 예매할게. 최대한 휴양림에 오래 머물다가 다음 날 출근할 거 고려해서 오후 9시까지 ●●시 터미널에 도착하는 일정으로 하자.

[직행버스 승차권 요금표]

●●시 터미널 → △△군 터미널		△△군 터미널 → ●●시 터미널	
출발시각	요금(원)	출발시각	요금(원)
06:50	8,500	06:30	8,500
07:30	12,300	07:30	8,500
08:40	8,500	09:30	12,300
10:20	12,300	11:00	12,300
12:00	12,300	12:30	8,500
13:30	8,500	14:20	12,300
14:40	8,500	15:20	8,500
16:30	8,500	16:40	12,300
19:00	12,300	17:40	12,300
20:30	12,300	19:10	8,500

※ 버스 운행시간은 130분으로 동일함

[취소수수료 및 예약부도위약금]

구분	수수료
• 예매 후 승차일 2일 전까지 취소 • 당일 출발차량 예매 후 1시간 이내 취소	없음
• 예매 후 승차일 1일 전부터 출발 1시간 전까지 취소 • 당일 출발차량 예매 1시간 후부터 출발 1시간 전까지 취소	승차권 요금의 10%
• 예매 후 출발 1시간 전 이후부터 출발 직전까지 취소 • 당일 출발차량 예매 후 출발 1시간 전 이후부터 출발 직전까지 취소	승차권 요금의 20%
• 예매 후 출발시각까지 발권을 하지 않거나 취소를 하지 않을 경우 부도처리	승차권 요금의 30%

	●●시 터미널 → △△군 터미널	△△군 터미널 → ●●시 터미널
①	13:30	19:10
②	14:40	15:20
③	13:30	15:20
④	14:40	12:30
⑤	16:30	12:30

53 다음 결론이 반드시 참이 되게 하는 전제를 고르면?

전제	기부를 하는 어떤 사람은 봉사활동을 한다.
결론	봉사활동을 하는 어떤 사람은 마음이 따뜻한 사람이다.

① 마음이 따뜻한 어떤 사람은 기부를 한다.
② 마음이 따뜻한 모든 사람은 기부를 한다.
③ 기부를 하는 어떤 사람은 마음이 따뜻한 사람이 아니다.
④ 기부를 하는 어떤 사람은 마음이 따뜻한 사람이다.
⑤ 기부를 하는 모든 사람은 마음이 따뜻한 사람이다.

54 행정팀 소속인 귀하는 A~E 5명 학생의 3회차 등록금 납부 날짜 및 납부 금액을 전달받았으며, 납부 기간 내에 정확한 금액을 납부하지 않은 학생에게 경고 메일을 보내려고 한다. 등록금 분할 납부 및 장학금 안내와 학생 정보를 고려하였을 때, A~E 중 경고 메일을 받는 학생은?

[등록금 분할 납부 안내]

1. 신청 일정
   - 20△△년 3월 4일(월) 0시~20△△년 3월 8일(금) 18시(마감일 제외 신청 기간 내 24시간 신청 가능)

2. 신청 자격
   - 직전 학기 등록 학생(1학년 2학기부터 신청 가능)

3. 회차별 분할 납부 기간 및 금액

구분	납부 기간	납부 금액
1회차	3월 11일~3월 13일	실 납부 금액의 25%
2회차	4월 1일~4월 3일	실 납부 금액의 25%
3회차	4월 29일~5월 1일	실 납부 금액의 25%
4회차	5월 13일~5월 15일	실 납부 금액의 25%

※ 1) 3회차에만 3~4회차 납부 금액을 동시 납부 가능하며, 이 경우 분할 납부 신청 시 함께 접수해야 함
　 2) 실 납부 금액 = 등록금 - 장학금

[다자녀 가구 국가장학금 안내]

1. 지원 대상
   - 대한민국 국적을 소지한 국내 대학의 소득 8구간 이하인 대학생(소득 9~10구간 학생은 지원받지 못함)
   - 다자녀(자녀 3명 이상) 가구의 자녀

2. 소득 구간별 지원 금액

구분	지원 금액
기초생활수급자	300만 원
차상위계층	300만 원
2~4구간	250만 원
5~6구간	200만 원
7~8구간	150만 원
9~10구간	-

※ 한 학기 기준 지원 금액을 의미함

[성적 우수 장학금 안내]

1. 지원 대상
- 직전 학기 성적을 기준으로 학과에서 성적이 우수한 학생

2. 성적별 지원 금액

구분	지원 금액
1등	등록금 전액
2등	등록금의 50%
3등	등록금의 30%

※ 장학금은 중복 지원이 불가능하며, 성적 우수 장학금을 우선 적용함

[학생 정보]

- 5명 모두 전자공학과 2학년으로 직전 학기를 등록하였으며, 전자공학과의 한 학기 등록금은 500 만 원이다.
- 5명 모두 형제가 3명 이상으로 다자녀 가구 국가장학금을 신청했으며, 다른 국가장학금은 신청하지 않았다.
- 소득 구간은 A와 E가 9구간, B가 3구간, C가 10구간, D가 8구간으로 산정되었다.
- B와 E는 분할 납부 신청 시 3회차에 4회차 금액도 함께 납부하는 것으로 접수하였다.
- 5명 중 성적 우수 장학금은 A만 받으며, A의 직전 학기 성적은 3등이다.

	학생	납부 날짜	납부 금액
①	A	4월 29일	875,000원
②	B	5월 1일	1,250,000원
③	C	4월 29일	875,000원
④	D	4월 30일	875,000원
⑤	E	5월 1일	2,500,000원

55 G 외식업체 기획부의 부장인 귀하는 최근 침체된 매출의 원인을 파악하고 해결방안을 찾기 위해 3C 분석을 하였다. 분석 결과가 다음과 같을 때, G 외식업체가 선택할 전략으로 적절하지 않은 것은?

자사(Company)	• 신선한 식자재의 빠른 조달이 가능한 물류센터 보유 • 저녁 시간대에만 치중된 매출 비중 • 신메뉴 개발을 위한 연구 개발 부서 신설
경쟁사(Competitor)	• 체계적인 인력 관리를 통한 높은 품질의 서비스 제공 • 공격적인 마케팅을 통한 판매 채널 다각화 • 전국에 분포되어 있는 가맹점을 기반으로 한 높은 접근성
고객(Customer)	• 소통 창구의 부족으로 인한 소비자 불만 누적 • 테이크 아웃(Take-out) 음식에 대한 소비자 수요 증가 • 위생 문제에 대한 소비자 불안 및 사회적 관심 고조

① SNS 계정을 개설하여 소비자 의견을 경청하고 각종 프로모션을 진행한다.
② 기존 판매 채널을 적극 활용하여 저녁 시간대의 매출을 집중적으로 높인다.
③ 식자재의 원산지와 유통 과정을 투명하게 고시하고 조리 과정을 공개한다.
④ 테이크 아웃 및 배달이 가능하며 간편히 먹을 수 있는 신메뉴를 개발한다.
⑤ 점심 식사 고객을 대상으로 할인, 서비스 제공 등의 이벤트를 진행한다.

56 B 팀장은 매번 업무가 지연되어 야근을 자주 한다. B 팀장의 행동 중 시간낭비 요인으로 가장 적절하지 않은 것은?

① 우선순위 미설정   ② 불필요한 통화   ③ 서류 숙독
④ 커뮤니케이션 결여   ⑤ 책상 정리

57 전략사업부는 지난해 매출 성장에 기여한 공로를 인정받아 회사에서 포상 휴가를 받았으며, 포상 휴가 기간에 사업부 전체 60명의 인원이 함께할 수 있는 1박 2일 힐링 캠프를 떠날 계획을 수립하고 있다. 캠프 1일 차 일정 중 점심식사 시간과 저녁식사 시간 사이에 전체 인원을 3개의 조로 나누어 프로그램을 2개씩 진행하려고 한다. 나머지 계획은 모두 확정되었으며, 프로그램 진행 방법은 〈1안〉과 〈2안〉 두 가지 방안이 있다. 둘 중 비용이 더 적게 드는 방안과 다른 방안을 선택했을 때와의 비용 차이는?

[프로그램별 정보]

구분	숲 명상	팩 명상	차 명상	트래킹	춤 힐링	스파
요금	18,000원	18,000원	18,000원	15,000원	25,000원	20,000원
시간	90분	60분	90분	60분	120분	60분
비고	• 팩 명상과 차 명상은 별도 재료비가 부과됨 (팩: 3,000원, 차: 5,000원) • 프로그램별 10인 이상 등록 가능 • 프로그램별 20인 이상 등록 시 5% 할인			• 프로그램별 20인 이상 등록 가능 • 프로그램별 25인 이상 등록 시 25인을 초과하는 인원은 2,000원씩 할인		다른 프로그램과 함께 등록 시 50% 할인

※ 요금과 재료비는 1인 기준

[조별 진행 프로그램]

구분		1조	2조	3조
프로그램		팩 명상, 춤 힐링	트래킹, 숲 명상	차 명상, 스파
인원	〈1안〉	30명	20명	10명
	〈2안〉	20명	30명	10명

① 〈1안〉, 128,500원
② 〈1안〉, 216,000원
③ 〈2안〉, 128,500원
④ 〈2안〉, 216,000원
⑤ 〈2안〉, 236,000원

58 근무 일정표 관리 담당자인 귀하는 근무 규정에 따라 다음과 같이 11월 근무 일정표 초안을 작성한 뒤, 팀원들로부터 근무 일정 변경 신청을 받았다. 이때, 근무 일정 변경을 잘못 신청한 팀원은?

[근무 규정]

1. 4조 3교대제를 시행하며, 휴게 시간은 근로 시간 4시간에 30분 이상, 8시간에 1시간 이상 부여한다.
2. 연장 근로는 당사자 간 합의를 요하며, 연장 근로 시간은 1주에 12시간을 초과할 수 없다.
3. 근무 간격은 최소 12시간 이상을 유지한다.
4. 1근무조는 6시부터 14시까지, 2근무조는 14시부터 22시까지, 3근무조는 22시부터 6시까지 근무한다.
5. 근무 일정 변경이 필요할 경우, 당사자 간 합의 후 최소 2주 전까지 근무 일정표 관리 담당자에게 알려야 한다.
6. 근무 일정 변경 시 신청자와 근무 일정 교체자의 근무 시간을 서로 바꾸어 근무한다.

[조별 직원 명단]

구분	이름
1조	김석진, 남윤도, 김연우
2조	민윤기, 정호석
3조	김남준, 박지민, 홍대광
4조	김태형, 전정국, 이진기

[11월 근무 일정표]

구분	1일(일)	2일(월)	3일(화)	4일(수)	5일(목)	6일(금)	7일(토)	8일(일)	9일(월)	10일(화)
1조	1근	2근	3근	휴	1근	2근	3근	휴	1근	2근
2조	2근	3근	휴	1근	2근	3근	휴	1근	2근	3근
3조	3근	휴	1근	2근	3근	휴	1근	2근	3근	휴
4조	휴	1근	2근	3근	휴	1근	2근	3근	휴	1근

구분	11일(수)	12일(목)	13일(금)	14일(토)	15일(일)	16일(월)	17일(화)	18일(수)	19일(목)	20일(금)
1조	3근	휴	1근	2근	3근	휴	1근	2근	3근	휴
2조	휴	1근	2근	3근	휴	1근	2근	3근	휴	1근
3조	1근	2근	3근	휴	1근	2근	3근	휴	1근	2근
4조	2근	3근	휴	1근	2근	3근	휴	1근	2근	3근

구분	21일(토)	22일(일)	23일(월)	24일(화)	25일(수)	26일(목)	27일(금)	28일(토)	29일(일)	30일(월)
1조	1근	2근	3근	휴	1근	2근	3근	휴	1근	2근
2조	2근	3근	휴	1근	2근	3근	휴	1근	2근	3근
3조	3근	휴	1근	2근	3근	휴	1근	2근	3근	휴
4조	휴	1근	2근	3근	휴	1근	2근	3근	휴	1근

※ 휴: 휴무 / 1근: 1근무조 / 2근: 2근무조 / 3근: 3근무조

	신청자	변경 요청 날짜	근무 일정 교체자	사유
①	김태형	11월 3일(화)	김남준	건강 검진
②	이진기	11월 7일(토)	김연우	집안 행사
③	홍대광	11월 16일(월)	전정국	치과 진료
④	남윤도	11월 21일(토)	민윤기	지인 결혼식
⑤	정호석	11월 28일(토)	이진기	가족 여행

1회

2회

3회

4회

5회

6회

해커스 지역농협 6급 NCS 실전모의고사

59 S 기업 시설계획처에서 근무하는 귀하는 이번 분기에 시설 설비 업무를 담당하게 되었다. 귀하가 업무를 수행하기 위해 수립할 자원관리계획 과정으로 가장 적절한 것은?

> ㉠ 이용 가능한 장비 및 시설 관련 자원 수집
> ㉡ 계획에 따라 시설 설비 업무 수행
> ㉢ 시설 설비에 필요한 자원의 종류 및 수량 확인
> ㉣ 장비 및 시설 관련 자원 활용 계획 수립

① ㉠ → ㉡ → ㉢ → ㉣

② ㉢ → ㉠ → ㉣ → ㉡

③ ㉢ → ㉣ → ㉡ → ㉠

④ ㉣ → ㉡ → ㉢ → ㉠

⑤ ㉣ → ㉢ → ㉠ → ㉡

[60-61] 다음은 태양광 모듈 신제품 전시회에 대한 안내문이다. 각 물음에 답하시오.

[태양광 모듈 신제품 전시회 안내문]

1. 전시회 일정
   1) 1회차
      – 일자: 20XX년 4월 5일(월)~20XX년 4월 9일(금)
      – 장소: 대전 ○○홀
   2) 2회차
      – 일자: 20XX년 4월 19일(월)~20XX년 4월 23일(금)
      – 장소: 대전 ☆☆홀

2. 대상
   – 태양광 모듈 신제품에 관심 있는 누구나

3. 등록 기간 및 절차

구분	사전 등록	현장 등록
등록 기간	20XX년 2월 22일(월)~2월 26일(금)	방문 당일
입장료	무료	20,000원
절차	홈페이지에서 신청서 작성 후 방문 당일 본인 확인 및 명찰 수령하여 입장 가능	방문 신청서 작성 및 명찰 수령하여 입장 가능

   ※ 1) 회차별로 동일한 내용의 프로그램이 진행되므로 한 회차만 등록 신청받음
   　 2) 사전 등록 후에 등록한 회차와 다른 회차에 방문을 원하는 경우 현장 등록으로 변경해야 하며, 방문 당일 현장 등록 입장료의 80%를 지불해야 함

4. 주요 프로그램 및 내용
   1) 1일차: 국내·외 태양광 기술 동향 및 사례 소개
   2) 2~3일차: 국내 태양광 모듈 신제품 라인업 전시
   3) 4~5일차: 해외 태양광 모듈 신제품 라인업 전시

---

60 강 대리가 태양광 모듈 신제품 전시회에 방문하기 위해 안내문을 확인하였을 때, 강 대리가 파악한 내용으로 옳지 않은 것은?

① 4월 22일에는 대전 ☆☆홀에서 해외 신제품 라인업이 전시된다.
② 2회 차에 사전 등록한 2명이 4월 8일 전시회에 모두 방문하려면, 방문 당일 현장 등록 후 32,000원을 지불해야 한다.
③ 4월 5일과 4월 19일에는 국내·외 태양광 기술 동향 및 사례 소개가 동일하게 진행된다.
④ 사전 등록은 방문 당일 신청서 작성 후 명찰을 수령하여 입장이 가능하다.
⑤ 1회차와 2회차는 다른 장소에서 진행된다.

강 대리는 신입사원 2명과 함께 국내와 해외 태양광 모듈 신제품 라인업을 모두 확인할 수 있도록 1박 2일로 전시회에 방문할 예정이다. 대전에 소재한 호텔의 숙박 가능 여부와 전시회 일정을 고려하여 숙박 가능한 날짜에 따라 1회차 또는 2회차 전시회에 방문하려고 한다. 숙박 가능한 호텔 중 숙박 요금이 가장 저렴한 호텔을 예약할 때, 강 대리가 선입금할 예약금은? (단, 호텔에서 전시회장 위치는 고려하지 않는다.)

[대전 소재 호텔별 정보]

구분	하루 숙박 요금	예약 가능 객실	비고
A 호텔	63,000원	1인실	4월 5일, 6일, 7일, 19일, 20일 숙박 불가능
B 호텔	88,000원	2인실	4월 7일, 8일, 9일, 20일, 21일 숙박 불가능
C 호텔	96,000원	2인실	4월 8일, 9일, 19일, 20일 숙박 불가능
D 호텔	58,000원	1인실	4월 6일, 7일, 20일, 21일, 22일 숙박 불가능
E 호텔	174,000원	3인실	4월 5일, 6일, 21일, 22일, 23일 숙박 불가능

※ 1) 하루 숙박 요금은 한 객실당 요금에 해당함
   2) 모든 호텔은 예약 가능 객실 외 다른 객실은 예약할 수 없으며, 한 객실에 인원을 초과하여 숙박할 수 없음
   3) 모든 호텔은 예약 시 전체 숙박 요금의 30%를 예약금으로 선입금해야 함

① 43,200원　　② 48,600원　　③ 52,200원　　④ 56,700원　　⑤ 57,600원

62 다음 사례와 관련 있는 용어로 가장 적절한 것은?

조선 후기 흥선 대원군은 국가의 재정난을 타개하기 위해 당백전이라는 새로운 화폐를 주조하였다. 당백전의 실질 가치는 시중에 통용되던 상평통보의 5~6배에 불과했지만, 명목 가치는 상평통보의 100배로 통용되어 조선 정부는 한시적으로 거액의 차익을 얻을 수 있었다. 그러나 짧은 기간에 대량의 화폐가 시중에 유통되자 화폐의 가치가 크게 하락하여 비정상적인 물가 상승이 일어났고, 결국 국가 재정의 파탄을 초래하였다.

① 디플레이션　　　　② 애그플레이션　　　　③ 바이플레이션
④ 스태그플레이션　　⑤ 하이퍼인플레이션

63 다음 글과 대화를 읽고 사내 결재 규정에 따라 결재 양식을 가장 올바르게 작성한 것은?

[사내 결재 규정]

- 결재를 받으려는 업무에 대해서는 최고결재권자를 포함한 이하 직책자의 결재를 받아야 한다.
- '전결'은 회사의 경영활동이나 관리활동을 수행함에 있어 의사결정이나 판단을 요하는 일에 대하여 최고결재권자의 결재를 생략하고, 자신의 책임하에 최종적으로 의사결정이나 판단을 하는 행위를 말한다.
- '대결'은 결재권자가 출장, 휴가, 기타 사유로 부재 시 그 직무를 대리하는 자가 결재하는 행위로, 결재권자가 결재한 것과 동일한 효력을 갖는다.
- 전결사항에 대해서도 위임받은 자를 포함한 이하 직책자의 결재를 받아야 한다.
- 결재가 불필요한 직책자의 결재란은 상향대각선으로 표시한다.
- 결재 양식: 행정자치부의 '행정업무의 효율적 운영에 관한 규정 시행규칙 제7조(문서의 결재)'에 따른다.

> #### 제7조(문서의 결재)
> ① 결재권자의 서명란에는 서명 날짜를 함께 표시한다.
> ② 영 제10조 제2항에 따라 위임전결하는 경우에는 전결하는 사람의 서명란에 "전결" 표시를 한 후 서명하여야 한다.
> ③ 영 제10조 제3항에 따라 대결(代決)하는 경우에는 대결하는 사람의 서명란에 "대결" 표시를 하고 서명하되, 위임전결사항을 대결하는 경우에는 전결하는 사람의 서명란에 "전결" 표시를 한 후 대결하는 사람의 서명란에 "대결" 표시를 하고 서명하여야 한다.
> ④ 제2항과 제3항의 경우에는 서명 또는 "전결" 표시를 하지 아니하는 사람의 서명란은 만들지 아니한다.

강 부장: 오 대리, 상반기 영업실적 보고서 혹시 언제쯤 결재 올릴 예정인가요?
오 대리: 네, 부장님. 금일 목요일 오후에 결재 요청드릴 예정입니다.
강 부장: 해당 문서는 제 전결사항인데 제가 출장이 잡혀서 다음 주 수요일까지 자리를 비울 것 같아요. 서 차장에게 인수인계할 예정이니, 결재 양식 수정해서 서 차장에게 결재 요청해 주세요.
오 대리: 네, 알겠습니다. 서명란에 서명 날짜는 표시할까요?
강 부장: 아뇨, 서명 날짜는 생략해도 좋습니다.

①

대리	과장	차장	부장
대리 서명	과장 서명	차장 서명	전결 부장 서명

②

대리	과장	차장	부장
대리 서명	과장 서명	차장 서명	

③

대리	과장	차장	부장
대리 서명	과장 서명	대결 차장 서명	전결

④

대리	과장	차장	부장
대리 서명	과장 서명	대결 차장 서명	

⑤

대리	차장	부장
대리 서명	전결 차장 서명	

1회 2회 3회 4회 5회 6회

64 농협은 '변화와 혁신을 통한 새로운 대한민국 농협'이라는 비전을 달성하기 위해 임직원의 사고와 행동 기준이 되는 몇 가지 핵심가치를 추구한다. 다음 중 농협의 핵심가치에 해당하는 것의 총 개수는?

> ㉠ 미래 지속가능한 성장을 위하여 국내를 벗어나 세계 속에서도 경쟁력을 갖춘 농협으로 도약
> ㉡ 중앙회 중심의 전략적 조직혁신을 통한 농축협 운영체계 통합 및 의사결정 최적화 방안 구현
> ㉢ 농업인의 행복과 발전을 위해 노력하고, 농업인의 경제적·사회적·문화적 지위 향상을 추구
> ㉣ 지역사회와 국가 경제 발전에 공헌하여 온 국민에게 신뢰받고 사랑받는 농협을 구현
> ㉤ 해외 농산물 수입 확대를 위한 글로벌 유통망 구축과 디지털 플랫폼 구현

① 1개 ② 2개 ③ 3개 ④ 4개 ⑤ 5개

65 민츠버그(Mintzberg)의 5가지 조직유형 중 기계적 관료제에 대한 설명으로 가장 적절하지 않은 것은?

① 대규모 조직에서 주로 나타나는 유형이다.
② 작업과정을 표준화시켜 조직활동을 관리한다.
③ 덜 복잡하고 규제화된 기술 체계에 적합하다.
④ 조직에서 가장 중요한 핵심 부문은 기술구조이다.
⑤ 안정적이지만 다소 복잡한 환경에서 나타난다.

66 다음 중 조직 문화의 기능에 대한 설명으로 가장 적절하지 않은 것은?

① 강력한 조직 문화는 조직의 안정성을 유지하지만, 구성원들의 다양한 의견 수렴에 장애가 될 수 있다.
② 창의적인 사고방식을 자극하여 조직 구성원이 새롭고 다양한 방법으로 업무를 처리할 수 있도록 돕는다.
③ 조직 구성원의 조직 몰입도를 높여 조직의 목표를 달성하기 위해 능력과 노력을 기울이도록 만든다.
④ 조직 구성원 간 일체감을 형성하여 외부 환경에서 변동이 일어날 때 조직의 내부 결속력을 강화한다.
⑤ 조직이 지속되면서 조직구성원들이 생활양식이나 가치를 공유하게 되는 것은 조직 문화라고 한다.

67 다음 중 농협의 국외 사무소가 설치되어 있는 국가로 적절하지 않은 것은?

① 중국　　　　② 베트남　　　　③ 몽골　　　　④ 튀르키예　　　　⑤ 프랑스

68 다음 중 조직이 일차적으로 수행해야 할 과업인 운영목표에 포함되는 목표로 가장 적절하지 않은 것은?

① 자원　　　　② 시간　　　　③ 생산성　　　　④ 인력개발　　　　⑤ 혁신과 변화

69 농협에 재직 중인 귀하는 입사 동기들과 함께 농협 커뮤니케이션 브랜드에 대한 대화를 나누고 있다. 다음 중 농협 커뮤니케이션 브랜드에 대해 잘못 설명한 사람을 고르면?

> 예준: 농협의 영문 브랜드인 NH는 미래지향적이고 글로벌한 농협의 이미지를 표현한 것이야.
>
> 서현: NH는 자연과 인간의 조화, 새로운 희망과 행복을 상징하지.
>
> 연우: 커뮤니케이션 브랜드의 색상 시스템 중 파란색은 농협의 젊은 에너지와 전문적 이미지를 표현하고 있어.
>
> 지유: 풍요로운 생활의 중심, 근원이 되는 농협의 이미지를 계승한다는 의미를 담은 색은 초록색이야.
>
> 지안: NH Wave는 인간과 자연을 위한 새로운 물결, 상생, 화합, 조화와 변화, 혁신, 새로운 바람을 상징해.

① 예준   ② 서현   ③ 연우   ④ 지유   ⑤ 지안

1회

2회

3회

4회

5회

6회

해커스 지역농협 6급 NCS 실전모의고사

70 다음 중 농협의 심벌마크에 대한 설명에서 A~C에 들어갈 내용으로 바르게 짝지어진 것은?

농협 심벌마크의 요소	의미	상징
'농'자의 'ㄴ'을 변형한 [V]꼴	A	농협의 무한한 발전
'업'자의 'ㅇ'을 변형한 [V]꼴 아랫부분	원만과 돈	B
'협'자의 'ㅎ'을 변형한 마크 전체	항아리에 쌀이 가득한 모습	C

	A	B	C
①	풍요와 결실	협동 단결	농업 경쟁력 강화
②	풍요와 결실	도농 상생	농가 경제의 발전
③	싹과 벼	협동 단결	농가 경제의 발전
④	싹과 벼	도농 상생	농가 경제의 발전
⑤	싹과 벼	협동 단결	농업 경쟁력 강화

약점 보완 해설집 p.60

무료 바로 채점 및 성적 분석 서비스 바로 가기
QR코드를 이용해 모바일로 간편하게 채점하고 나의 실력이 어느 정도인지, 취약 부분이 어디인지 바로 파악해 보세요!

	①	②	③	④		①	②	③	④		①	②	③	④		①	②	③	④
1	①	②	③	④	16	①	②	③	④	31	①	②	③	④	46	①	②	③	④
2	①	②	③	④	17	①	②	③	④	32	①	②	③	④	47	①	②	③	④
3	①	②	③	④	18	①	②	③	④	33	①	②	③	④	48	①	②	③	④
4	①	②	③	④	19	①	②	③	④	34	①	②	③	④	49	①	②	③	④
5	①	②	③	④	20	①	②	③	④	35	①	②	③	④	50	①	②	③	④
6	①	②	③	④	21	①	②	③	④	36	①	②	③	④	51	①	②	③	④
7	①	②	③	④	22	①	②	③	④	37	①	②	③	④	52	①	②	③	④
8	①	②	③	④	23	①	②	③	④	38	①	②	③	④	53	①	②	③	④
9	①	②	③	④	24	①	②	③	④	39	①	②	③	④	54	①	②	③	④
10	①	②	③	④	25	①	②	③	④	40	①	②	③	④	55	①	②	③	④
11	①	②	③	④	26	①	②	③	④	41	①	②	③	④	56	①	②	③	④
12	①	②	③	④	27	①	②	③	④	42	①	②	③	④	57	①	②	③	④
13	①	②	③	④	28	①	②	③	④	43	①	②	③	④	58	①	②	③	④
14	①	②	③	④	29	①	②	③	④	44	①	②	③	④	59	①	②	③	④
15	①	②	③	④	30	①	②	③	④	45	①	②	③	④	60	①	②	③	④

자르는 선

해커스 잡

2회 실전모의고사

성명

1	①	②	③	④
2	①	②	③	④
3	①	②	③	④
4	①	②	③	④
5	①	②	③	④
6	①	②	③	④
7	①	②	③	④
8	①	②	③	④
9	①	②	③	④
10	①	②	③	④
11	①	②	③	④
12	①	②	③	④
13	①	②	③	④
14	①	②	③	④
15	①	②	③	④
16	①	②	③	④
17	①	②	③	④
18	①	②	③	④
19	①	②	③	④
20	①	②	③	④
21	①	②	③	④
22	①	②	③	④
23	①	②	③	④
24	①	②	③	④
25	①	②	③	④
26	①	②	③	④
27	①	②	③	④
28	①	②	③	④
29	①	②	③	④
30	①	②	③	④
31	①	②	③	④
32	①	②	③	④
33	①	②	③	④
34	①	②	③	④
35	①	②	③	④
36	①	②	③	④
37	①	②	③	④
38	①	②	③	④
39	①	②	③	④
40	①	②	③	④
41	①	②	③	④
42	①	②	③	④
43	①	②	③	④
44	①	②	③	④
45	①	②	③	④
46	①	②	③	④
47	①	②	③	④
48	①	②	③	④
49	①	②	③	④
50	①	②	③	④
51	①	②	③	④
52	①	②	③	④
53	①	②	③	④
54	①	②	③	④
55	①	②	③	④
56	①	②	③	④
57	①	②	③	④
58	①	②	③	④
59	①	②	③	④
60	①	②	③	④

자르는 선

해커스 잡

3회 실전모의고사

1	①	②	③	④
2	①	②	③	④
3	①	②	③	④
4	①	②	③	④
5	①	②	③	④
6	①	②	③	④
7	①	②	③	④
8	①	②	③	④
9	①	②	③	④
10	①	②	③	④
11	①	②	③	④
12	①	②	③	④
13	①	②	③	④
14	①	②	③	④
15	①	②	③	④

16	①	②	③	④
17	①	②	③	④
18	①	②	③	④
19	①	②	③	④
20	①	②	③	④
21	①	②	③	④
22	①	②	③	④
23	①	②	③	④
24	①	②	③	④
25	①	②	③	④
26	①	②	③	④
27	①	②	③	④
28	①	②	③	④
29	①	②	③	④
30	①	②	③	④

31	①	②	③	④
32	①	②	③	④
33	①	②	③	④
34	①	②	③	④
35	①	②	③	④
36	①	②	③	④
37	①	②	③	④
38	①	②	③	④
39	①	②	③	④
40	①	②	③	④
41	①	②	③	④
42	①	②	③	④
43	①	②	③	④
44	①	②	③	④
45	①	②	③	④

46	①	②	③	④
47	①	②	③	④
48	①	②	③	④
49	①	②	③	④
50	①	②	③	④
51	①	②	③	④
52	①	②	③	④
53	①	②	③	④
54	①	②	③	④
55	①	②	③	④
56	①	②	③	④
57	①	②	③	④
58	①	②	③	④
59	①	②	③	④
60	①	②	③	④

1	①	②	③	④
2	①	②	③	④
3	①	②	③	④
4	①	②	③	④
5	①	②	③	④
6	①	②	③	④
7	①	②	③	④
8	①	②	③	④
9	①	②	③	④
10	①	②	③	④
11	①	②	③	④
12	①	②	③	④
13	①	②	③	④
14	①	②	③	④
15	①	②	③	④

16	①	②	③	④
17	①	②	③	④
18	①	②	③	④
19	①	②	③	④
20	①	②	③	④
21	①	②	③	④
22	①	②	③	④
23	①	②	③	④
24	①	②	③	④
25	①	②	③	④
26	①	②	③	④
27	①	②	③	④
28	①	②	③	④
29	①	②	③	④
30	①	②	③	④

31	①	②	③	④
32	①	②	③	④
33	①	②	③	④
34	①	②	③	④
35	①	②	③	④
36	①	②	③	④
37	①	②	③	④
38	①	②	③	④
39	①	②	③	④
40	①	②	③	④
41	①	②	③	④
42	①	②	③	④
43	①	②	③	④
44	①	②	③	④
45	①	②	③	④

46	①	②	③	④
47	①	②	③	④
48	①	②	③	④
49	①	②	③	④
50	①	②	③	④
51	①	②	③	④
52	①	②	③	④
53	①	②	③	④
54	①	②	③	④
55	①	②	③	④
56	①	②	③	④
57	①	②	③	④
58	①	②	③	④
59	①	②	③	④
60	①	②	③	④

5회 실전모의고사

성명

해커스 정답

번호	①	②	③	④	⑤
1	①	②	③	④	⑤
2	①	②	③	④	⑤
3	①	②	③	④	⑤
4	①	②	③	④	⑤
5	①	②	③	④	⑤
6	①	②	③	④	⑤
7	①	②	③	④	⑤
8	①	②	③	④	⑤
9	①	②	③	④	⑤
10	①	②	③	④	⑤
11	①	②	③	④	⑤
12	①	②	③	④	⑤
13	①	②	③	④	⑤
14	①	②	③	④	⑤
15	①	②	③	④	⑤

번호	①	②	③	④	⑤
16	①	②	③	④	⑤
17	①	②	③	④	⑤
18	①	②	③	④	⑤
19	①	②	③	④	⑤
20	①	②	③	④	⑤
21	①	②	③	④	⑤
22	①	②	③	④	⑤
23	①	②	③	④	⑤
24	①	②	③	④	⑤
25	①	②	③	④	⑤
26	①	②	③	④	⑤
27	①	②	③	④	⑤
28	①	②	③	④	⑤
29	①	②	③	④	⑤
30	①	②	③	④	⑤

번호	①	②	③	④	⑤
31	①	②	③	④	⑤
32	①	②	③	④	⑤
33	①	②	③	④	⑤
34	①	②	③	④	⑤
35	①	②	③	④	⑤
36	①	②	③	④	⑤
37	①	②	③	④	⑤
38	①	②	③	④	⑤
39	①	②	③	④	⑤
40	①	②	③	④	⑤
41	①	②	③	④	⑤
42	①	②	③	④	⑤
43	①	②	③	④	⑤
44	①	②	③	④	⑤
45	①	②	③	④	⑤

번호	①	②	③	④	⑤
46	①	②	③	④	⑤
47	①	②	③	④	⑤
48	①	②	③	④	⑤
49	①	②	③	④	⑤
50	①	②	③	④	⑤
51	①	②	③	④	⑤
52	①	②	③	④	⑤
53	①	②	③	④	⑤
54	①	②	③	④	⑤
55	①	②	③	④	⑤
56	①	②	③	④	⑤
57	①	②	③	④	⑤
58	①	②	③	④	⑤
59	①	②	③	④	⑤
60	①	②	③	④	⑤

번호	①	②	③	④	⑤
61	①	②	③	④	⑤
62	①	②	③	④	⑤
63	①	②	③	④	⑤
64	①	②	③	④	⑤
65	①	②	③	④	⑤
66	①	②	③	④	⑤
67	①	②	③	④	⑤
68	①	②	③	④	⑤
69	①	②	③	④	⑤
70	①	②	③	④	⑤

자르는 선

해커스 **공무원**

6회 실전모의고사

성명

1	①	②	③	④	⑤	16	①	②	③	④	⑤	31	①	②	③	④	⑤	46	①	②	③	④	⑤
2	①	②	③	④	⑤	17	①	②	③	④	⑤	32	①	②	③	④	⑤	47	①	②	③	④	⑤
3	①	②	③	④	⑤	18	①	②	③	④	⑤	33	①	②	③	④	⑤	48	①	②	③	④	⑤
4	①	②	③	④	⑤	19	①	②	③	④	⑤	34	①	②	③	④	⑤	49	①	②	③	④	⑤
5	①	②	③	④	⑤	20	①	②	③	④	⑤	35	①	②	③	④	⑤	50	①	②	③	④	⑤
6	①	②	③	④	⑤	21	①	②	③	④	⑤	36	①	②	③	④	⑤	51	①	②	③	④	⑤
7	①	②	③	④	⑤	22	①	②	③	④	⑤	37	①	②	③	④	⑤	52	①	②	③	④	⑤
8	①	②	③	④	⑤	23	①	②	③	④	⑤	38	①	②	③	④	⑤	53	①	②	③	④	⑤
9	①	②	③	④	⑤	24	①	②	③	④	⑤	39	①	②	③	④	⑤	54	①	②	③	④	⑤
10	①	②	③	④	⑤	25	①	②	③	④	⑤	40	①	②	③	④	⑤	55	①	②	③	④	⑤
11	①	②	③	④	⑤	26	①	②	③	④	⑤	41	①	②	③	④	⑤	56	①	②	③	④	⑤
12	①	②	③	④	⑤	27	①	②	③	④	⑤	42	①	②	③	④	⑤	57	①	②	③	④	⑤
13	①	②	③	④	⑤	28	①	②	③	④	⑤	43	①	②	③	④	⑤	58	①	②	③	④	⑤
14	①	②	③	④	⑤	29	①	②	③	④	⑤	44	①	②	③	④	⑤	59	①	②	③	④	⑤
15	①	②	③	④	⑤	30	①	②	③	④	⑤	45	①	②	③	④	⑤	60	①	②	③	④	⑤

	①	②	③	④	⑤
61	①	②	③	④	⑤
62	①	②	③	④	⑤
63	①	②	③	④	⑤
64	①	②	③	④	⑤
65	①	②	③	④	⑤
66	①	②	③	④	⑤
67	①	②	③	④	⑤
68	①	②	③	④	⑤
69	①	②	③	④	⑤
70	①	②	③	④	⑤

자르는 선

2025 최신판

해커스
지역농협 6급
NCS 실전모의고사

개정 2판 1쇄 발행 2025년 3월 7일

지은이	해커스 NCS 취업교육연구소
펴낸곳	㈜챔프스터디
펴낸이	챔프스터디 출판팀

주소	서울특별시 서초구 강남대로61길 23 ㈜챔프스터디
고객센터	02-537-5000
교재 관련 문의	ejob.Hackers.com
	해커스잡 사이트(ejob.Hackers.com) 교재 Q&A 게시판
학원 강의 및 동영상강의	ejob.Hackers.com

ISBN	978-89-6965-605-6 (13320)
Serial Number	02-01-01

취업강의 1위,

해커스잡 ejob.Hackers.com

해커스잡

· 공기업 전문 스타강사의 **본 교재 인강**(교재 내 할인쿠폰 수록)
· 지역농협 6급 합격을 위한 **합격족보**(PDF) · **지역농협 온라인 모의고사**
· 인적성검사 합격 전략을 담은 **인적성검사 모의 테스트**(PDF)
· 이론부터 확실하게 잡을 수 있는 **모듈이론공략 200제**(PDF)

토익 교재 시리즈

유형+문제

~450점 왕기초	450~550점 입문	550~650점 기본	650~750점 중급	750~900점 이상 정규

현재 점수에 맞는 교재를 선택하세요! ▷ : 교재별 학습 가능 점수대

해커스 토익
왕기초 리딩 해커스 토익 왕기초 리스닝

해커스 첫토익
LC+RC+VOCA

해커스 토익
스타트 리딩 해커스 토익 스타트 리스닝

해커스 토익 700+
[LC+RC+VOCA]

해커스 토익
750+ RC 해커스 토익 750+ LC

해커스 토익
리딩 해커스 토익 리스닝

해커스 토익
Part 7 집중공략 777

실전모의고사

해커스 토익
실전 LC+RC 1 해커스 토익 실전 LC+RC 2 해커스 토익 실전 LC+RC 3 해커스 토익 실전 1200제 리딩 해커스 토익 실전 1200제 리스닝 해커스 토익 실전 1000제 1 리딩/리스닝 (문제집 + 해설집) 해커스 토익 실전 1000제 2 리딩/리스닝 (문제집 + 해설집) 해커스 토익 실전 1000제 3 리딩/리스닝 (문제집 + 해설집)

보카 | 문법 · 독해

해커스 토익
기출 보카

그래머 게이트웨이 베이직 그래머 게이트웨이 베이직 Light Version 그래머 게이트웨이 인터미디엇 해커스 그래머 스타트 해커스 구문독해 100

토익스피킹 교재 시리즈

해커스 토익스피킹 스타트 만능 템플릿과 위기탈출 표현으로 해커스 토익스피킹 5일 완성 해커스 토익스피킹 해커스 토익스피킹 실전모의고사 15회

오픽 교재 시리즈

해커스 오픽 스타트 [Intermediate 공략] 서베이부터 실전까지 해커스 오픽 매뉴얼 해커스 오픽 [Advanced 공략]

2025 최신판

해커스
지역농협 6급
NCS 실전모의고사

약점 보완 해설집

해커스잡

해커스
지역농협6급
NCS 실전모의고사

약점 보완 해설집

해커스

1회 실전모의고사

정답

p.40

01	②	의사소통능력	16	①	의사소통능력	31	②	수리능력	46	②	문제해결능력
02	②	의사소통능력	17	①	의사소통능력	32	④	수리능력	47	③	문제해결능력
03	②	의사소통능력	18	③	의사소통능력	33	②	수리능력	48	①	문제해결능력
04	③	의사소통능력	19	②	의사소통능력	34	③	수리능력	49	③	문제해결능력
05	③	의사소통능력	20	①	의사소통능력	35	④	수리능력	50	③	문제해결능력
06	②	의사소통능력	21	②	수리능력	36	①	수리능력	51	③	자원관리능력
07	①	의사소통능력	22	④	수리능력	37	②	수리능력	52	③	자원관리능력
08	③	의사소통능력	23	④	수리능력	38	②	수리능력	53	④	자원관리능력
09	③	의사소통능력	24	③	수리능력	39	③	수리능력	54	④	자원관리능력
10	④	의사소통능력	25	①	수리능력	40	④	수리능력	55	②	자원관리능력
11	③	의사소통능력	26	④	수리능력	41	④	문제해결능력	56	③	조직이해능력
12	③	의사소통능력	27	④	수리능력	42	③	문제해결능력	57	③	조직이해능력
13	④	의사소통능력	28	④	수리능력	43	④	문제해결능력	58	④	조직이해능력
14	④	의사소통능력	29	④	수리능력	44	②	문제해결능력	59	④	조직이해능력
15	②	의사소통능력	30	②	수리능력	45	④	문제해결능력	60	④	조직이해능력

취약 영역 분석표

영역별로 맞힌 개수와 정답률을 적고 나서 취약한 영역이 무엇인지 파악해 보세요.
정답률이 60% 미만인 취약한 영역은 틀린 문제를 다시 풀어보면서 확실히 극복하세요.

영역	의사소통능력	수리능력	문제해결능력	자원관리능력	조직이해능력	TOTAL
맞힌 개수	/20	/20	/10	/5	/5	/60
정답률	%	%	%	%	%	%

※ 정답률(%) = (맞힌 개수/전체 개수) × 100

해설

01 의사소통능력 정답 ②

밑줄 친 단어는 선거에서 졌다는 의미로 쓰였으므로 시험, 모집, 선거 따위에 응하였다가 뽑히지 못한다는 의미의 ② 가 적절하다.

오답 체크
① 낙상하다: 떨어지거나 넘어져서 다치다
③ 쇠락하다: 쇠약하여 말라서 떨어지다
④ 쇠퇴하다: 기세나 상태가 쇠하여 전보다 못하여 가다

02 의사소통능력 정답 ②

ⓒ, ⓓ은 모두 귤이 바구니에 먹음직스럽게 넉넉히 담겨있 었다는 의미이다.
ⓒ 덜퍽지다: 푸지고 탐스럽다
ⓓ 소담하다: 음식이 풍족하여 먹음직하다

오답 체크
㉠ 난숙하다: 열매 따위가 무르익다
㉡ 숙수그레하다: 조금 굵은 여러 개의 물건이 크기가 거의 고르다
㉣ 빈약하다: 형태나 내용이 충실하지 못하고 보잘것없다

03 의사소통능력 정답 ②

이 글은 작은 성공에 안주하여 새로운 변화와 혁신을 거부하 며 더 이상의 노력이나 발전을 하지 않는 어리석은 창업가의 태도를 보여주는 글이다.
따라서 한 가지 일에만 얽매여 발전을 모르는 어리석은 사람 을 뜻하는 '수주대토(守株待兔)'와 관련 있다.

오답 체크
① 마부위침(磨斧爲針): '도끼를 갈아 바늘을 만든다.'는 뜻으로, 아무리 어려운 일이라도 끊임없이 노력하면 반드시 이룰 수 있음을 이르는 말
③ 연목구어(緣木求魚): '나무에 올라가서 물고기를 구한다.'는 뜻 으로, 도저히 불가능한 일을 굳이 하려 함을 비유적으로 이르 는 말
④ 문경지교(刎頸之交): '서로를 위해서라면 목이 잘린다 해도 후 회하지 않을 정도의 사이'라는 뜻으로, 생사를 같이할 수 있는 아주 가까운 사이, 또는 그런 친구를 이르는 말

04 의사소통능력 정답 ③

밑줄 친 단어는 제출된 의안이나 청원 따위가 담당 기관이 나 회의에서 승인되거나 가결된다는 의미로 쓰였으므로 의 논한 안건을 받아들이지 아니하기로 결정한다는 의미의 ③ 이 가장 적절하다.

오답 체크
① 가결(可決): 회의에서, 제출된 의안을 합당하다고 결정함
② 표결(表決): 회의에서 어떤 안건에 대하여 가부 의사를 표시하여 결정함
④ 판결(判決): 시비나 선악을 판단하여 결정함

05 의사소통능력 정답 ③

밑줄 친 단어는 문제의 답을 찾는다는 의미로 쓰였으므로 모 르거나 복잡한 문제 따위를 알아내거나 해결한다는 의미의 ③이 적절하다.

오답 체크
① 묶이거나 감기거나 얽히거나 합쳐진 것 따위를 그렇지 아니한 상태로 되게 하다
② 마음에 맺혀 있는 것을 해결하여 없애거나 품고 있는 것을 이 루다
④ 어려운 것을 알기 쉽게 바꾸다

06 의사소통능력 정답 ②

어떠한 일을 이루고자 하는 마음이라는 의미의 의지를 한자 로 표기하면 '意志(뜻 의, 뜻 지)'이다.

오답 체크
① 依支(의지할 의, 지탱할 지): 다른 것에 몸을 기댐
③ 意義(뜻 의, 옳을 의): 말이나 글의 속뜻
④ 決意(결단할 결, 뜻 의): 뜻을 정하여 굳게 마음을 먹음

07 의사소통능력 정답 ①

빈칸 앞에서는 타인의 관심에 부응하기 위해 노력을 하여 능 률이 향상되는 것이 피그말리온 효과라는 내용을 말하고 있 고, 빈칸 뒤에서는 이에 대한 예를 들어 낮은 성적을 유지하 던 학생이 선생님의 지속적인 격려에 힘입어 성적이 향상되 는 것이 피그말리온 효과에 속한다는 내용을 말하고 있으므 로 앞의 내용에 대한 예를 드는 경우에 사용하는 접속어 ① 이 가장 적절하다.

08 의사소통능력 정답 ③

ⓒ 한글 맞춤법 제11항에 따라 받침이 있는 말 다음에는 '률, 렬'로 작성해야 하므로 '출석률'이 적절하다.
ⓔ 한글 맞춤법 제42항에 따라 의존 명사는 띄어 써야 하므 로 '20년 만에'가 적절하다.
ⓖ 고유어와 외래어 명사 뒤에는 '양'을 쓰고, 한자어 명사 뒤 에는 '량'으로 작성해야 하므로 '칼로리양'이 적절하다.
따라서 어법상 적절하지 않은 문장은 '3개'이다.

09 의사소통능력 정답 ③

하라는대로(X) → 하라는 대로(O)
• 한글 맞춤법 제42항에 따라 의존 명사는 띄어 쓴다.

10 의사소통능력 정답 ④

보고서 작성 시 보고서에 사용되는 참고자료를 정확하게 제시해야 하므로 자료명을 '사업 공고문 2부'로 수정하는 것은 가장 적절하지 않다.

11 의사소통능력 정답 ③

책상 정리하는 일을 기꺼이 도와준다는 상대방에 대한 고마움을 표현하는 내용의 대화이므로 '(B) 책상 정리하는 일을 도와드릴까요? → (C) 네. 번거롭지 않다면 부탁드려요. → (A) 천만에요. 도와드릴 수 있어서 기쁜걸요.' 순으로 연결되어야 한다.

12 의사소통능력 정답 ③

빈칸 앞에서는 심장 기능은 일정 강도의 운동을 통해 강화할 수 있다는 내용을 말하고 있고, 빈칸 뒤에서는 운동 강도가 높아지면 심장은 더 많은 혈액을 공급하기 위해 박동수가 빨라진다는 내용을 말하고 있다.
따라서 운동 강도는 심박수를 통해 측정할 수 있다는 내용이 들어가야 한다.

13 의사소통능력 정답 ②

이 글은 윤달이 태음력과 태양력의 차이에서 비롯된 날짜와 계절의 불일치를 해소하기 위해 등장하였다는 내용을 소개하며 윤달을 두는 데 가장 많이 사용되는 19년 7윤법에 대해 설명하는 내용이므로 이 글의 주제로 가장 적절한 것은 ②이다.

오답 체크
① 윤달이 날짜와 계절의 불일치 문제를 해결하기 위해 만든 치윤법에서 파생된 개념이라고 하였으므로 적절하지 않은 내용이다.
③ 동서양에서 윤달을 두는 방법의 차이점에 대해서는 다루고 있지 않으므로 적절하지 않은 내용이다.
④ 19년 7윤법의 계산 방법과 특징에 대해 서술하고 있지만, 글 전체를 포괄할 수 없으므로 적절하지 않은 내용이다.

14 의사소통능력 정답 ④

이 글은 토리의 개념과 지역별로 구분되는 토리의 특징에 대해 소개하고, 토리가 우리나라 민요에서 갖는 의의에 대해 설명하는 글이다.

따라서 '(나) 토리의 정의 → (다) 민요권별 토리의 특징(1): 경토리, 수심가토리 → (마) 민요권별 토리의 특징(2): 메나리토리 → (라) 민요권별 토리의 특징(3): 육자배기토리, 제주토리 → (가) 우리나라 민요에서 토리의 존재 이유와 중요성' 순으로 연결되어야 한다.

15 의사소통능력 정답 ②

사설시조는 서민을 비롯해 중인, 몰락 양반 등 다양한 계층에서 향유되었다고 하였으므로 사설시조가 서민층을 시작으로 여러 계층에 전파된 것은 아님을 알 수 있다.

16 의사소통능력 정답 ①

글 전체에서 역사를 보는 관점을 주관적 의미와 객관적 의미로 나누어 각각의 정의, 주요 역사가 등을 비교하며 차이점을 중심으로 설명하고 있다.

17 의사소통능력 정답 ①

제시된 글의 1문단에서 자문자답의 문장을 통해 카스트와 관련된 논지를 확대 및 강화하고 있다.

18 의사소통능력 정답 ③

이 글은 4차 산업혁명과 친환경 신사업 발전에 따라 구리 수요가 증대되고 있는데, 여러 사업 중 구리 수요 증대에 가장 큰 영향을 미치는 전기자동차 산업은 앞으로도 활성화될 것임에 따라 구리의 신규 수요 및 초과 수요를 충족시킬 필요가 있으므로 구리의 원료 공급을 확대하고 이를 통해 새로운 수요 창출, 원가 절감, 품질 제고를 해야 한다는 내용이므로 이 글의 핵심 내용으로 가장 적절한 것은 ③이다.

오답 체크
① 2문단에서 그린 뉴딜 정책에 따라 전기자동차 산업을 육성하는 국가가 늘어나고 있어 구리 수요 역시 증대되고 있다는 내용은 서술하고 있지만, 전기자동차 충전 인프라 확대에 대해서는 다루고 있지 않으므로 적절하지 않은 내용이다.
② 3문단에서 구리가 오랜 기간 경기 선행 지표로서 활용되어 왔다는 내용은 서술하고 있지만, 글 전체를 포괄할 수 없으므로 적절하지 않은 내용이다.
④ 글 전체에서 구리 소비량 증대를 위해 내연기관 자동차의 생산량을 증대시킬 수 있는 방법에 대해서는 다루고 있지 않으므로 적절하지 않은 내용이다.

19 의사소통능력　　　정답 ②

4문단에서 오늘날 긱 경제의 많은 부분을 차지하고 있는 업무의 진입장벽은 비교적 낮다고 하였으므로 긱 경제의 성장으로 노동자가 단기 일자리 시장에 진입하기 어려워진 것은 아님을 알 수 있다.

오답 체크
① 3문단에서 현대 사회는 디지털 플랫폼의 발전으로 일자리 현황을 쉽게 공유할 수 있는 환경이 조성되어 긱 경제가 이전보다 훨씬 더 활성화될 전망이라고 하였으므로 적절한 내용이다.
③ 4문단에서 긱 경제하에서는 근로 시간이 불규칙하게 되어 근로자의 일과 삶이 균형을 이루지 못할 가능성이 커진다고 하였으므로 적절한 내용이다.
④ 2문단에서 2007년 발생한 글로벌 경제 대공황으로 인해 기업들은 비용 절감을 목적으로 정규직을 대신해 비정규직을 고용하는 비율이 증가했다고 하였으므로 적절한 내용이다.

20 의사소통능력　　　정답 ①

4문단에서 인포그래픽은 전달하려는 정보의 성격에 적합하게 활용됨으로써 정보 이해에 도움을 주는 요소로 작용하지만, 관련성 여부와 관계없이 과도하게 사용될 경우 오히려 인포그래픽의 장점을 방해할 수 있다고 하였으므로 인포그래픽을 사용하여 효율성을 극대화하기 위해 다량의 정보를 담아내는 것을 우선시해야 하는 것은 아님을 알 수 있다.

오답 체크
② 3문단에서 정보 이용자의 선택을 통해 반응하는 인포그래픽의 형태를 인터랙티브 애니메이션이라 한다고 하였으므로 적절한 내용이다.
③ 4문단에서 인포그래픽에 그래픽 요소를 추가로 사용하면 인포그래픽만의 특성이 부각되기 힘들다고 하였으므로 적절한 내용이다.
④ 1문단에서 인간은 정보 습득 시 80% 이상을 시각 자극에 의존하여 청각이나 촉각의 자극보다 눈으로 볼 때 더 많은 정보를 습득할 수 있다고 하였으므로 적절한 내용이다.

21 수리능력　　　정답 ②

구의 부피 $=\frac{4}{3}\pi r^3$임을 적용하여 구한다.

구슬의 부피(cm³): $\frac{4}{3}\pi \times 2^3 = \frac{4}{3}\pi \times 8$

구슬의 부피를 제외한 공의 부피(cm³): $\frac{4}{3}\pi \times 4^3 - \frac{4}{3}\pi \times 2^3 = \frac{4}{3}\pi \times 56$

따라서 내부에 있는 구슬의 부피를 제외한 공의 부피는 구슬의 부피의 $\frac{56}{8}$=7배이다.

22 수리능력　　　정답 ④

주어진 방정식에 x의 최솟값과 최댓값을 각각 대입하여 y의 범위를 구한다.
$x=-5$를 대입하면
$-30+2y=4 \rightarrow y=17$
$x=3$을 대입하면
$18+2y=4 \rightarrow y=-7$
따라서 y의 범위는 $-7 \leq -y \leq 17$이므로 y의 최댓값과 최솟값의 차이는 $17-(-7)=24$이다.

23 수리능력　　　정답 ④

5명을 오전에 출발하는 팀과 오후에 출발하는 팀, 두 팀으로 나누는 경우는 오전과 오후에 각각 1명과 4명, 2명과 3명, 3명과 2명이 출발하는 것으로 총 세 가지이다.
오전에 출발하는 버스는 3대, 오후에 출발하는 버스는 5대이므로 5명이 두 팀으로 나누어 버스 티켓을 예매하는 방법의 수는 다음과 같다. 이때, 각 버스 좌석은 한 자리씩 남아 있으므로 입사 동기 5명은 서로 다른 버스 티켓을 예매한다.
오전에 1명, 오후에 4명이 출발하는 방법의 수는
$_5C_1 \times (_3P_1 \times _5P_4) = 5 \times (3 \times 120) = 1,800$가지,
오전에 2명, 오후에 3명이 출발하는 방법의 수는
$_5C_2 \times (_3P_2 \times _5P_3) = 10 \times (6 \times 60) = 3,600$가지,
오전에 3명, 오후에 2명이 출발하는 방법의 수는
$_5C_3 \times (_3P_3 \times _5P_2) = 10 \times (6 \times 20) = 1,200$가지이다.
따라서 버스 티켓을 예매하는 방법은 $1,800+3,600+1,200=6,600$가지이다.

24 수리능력　　　정답 ③

세 부분집합의 원소는 다음과 같다.
A={1, 2, 7, 14},
B={2, 3, 5, 7, 11 ,13},
C={2, 3, 4, 6, 8, 9, 10, 12 ,14 ,15}
• A^C={3, 4, 5, 6, 8, 9, 10, 11, 12, 13, 15}, C={2, 3, 4, 6, 8, 9, 10 ,12 ,14 ,15}이므로 $A^C \cap C$={3, 4, 6, 8, 9, 10, 12, 15}로 원소의 개수는 8개이다.
• B={2, 3, 5, 7, 11 ,13}, C^C={1, 5, 7, 11, 13}이므로 $B \cap C^C$={5, 7, 11, 13}로 원소의 개수는 4개이다.
• A^C={3, 4, 5, 6, 8, 9, 10, 11, 12, 13, 15}, B^C={1, 4, 6, 8, 9, 10, 12, 14, 15}, C={2, 3, 4, 6, 8, 9, 10, 12, 14, 15}이므로 $A^C \cap B^C \cap C$={4, 6, 8, 9, 10, 12, 15}로 원소의 개수는 7개이다.
따라서 각 집합의 원소의 개수가 8개, 4개, 7개인 ③이 정답이다.

25 수리능력 정답 ①

시간$=\dfrac{거리}{속력}$, 원의 둘레$=2\pi\times$반지름임을 적용하여 구한다.
구간 a, b, c의 길이의 비가 4:1:2이고, 원주율은 3으로 계산하므로 구간 a, b, c의 길이를 각각 $4x$, x, $2x$라고 하면,
세 개의 구간을 차례대로 걸었을 때 이동한 거리는 가장 안쪽으로 걸었을 때 $4x+\pi(x-60)+2x=9x-180$이고, 가장 바깥쪽으로 걸었을 때 $4x+\pi x+2x=9x$이다.
이에 따라 트랙의 가장 안쪽으로 세 개의 구간을 차례대로 걸었을 때의 속력을 y라고 하면
$\dfrac{9x-180}{y}=\dfrac{9x}{1.2y}$
$\rightarrow 9x-180=7.5x$
$\rightarrow x=120$
따라서 구간 a의 길이는 $4\times120=480$m이다.

26 수리능력 정답 ④

평균$=\dfrac{변량의\ 총합}{변량의\ 개수}$임을 적용하여 구한다.
a의 평균점수를 x라고 하면
전체 가중평균점수가 66점이므로
$\dfrac{(x\times30)+(70\times20)+(60\times30)+(65\times20)}{30+20+30+20}=$
$\dfrac{(x\times30)+1,400+1,800+1,300}{100}=66$
$\rightarrow 30x+1,400+1,800+1,300=6,600 \rightarrow 30x=2,100$
$\rightarrow x=70$
따라서 a의 평균점수는 '70점'이다.

27 수리능력 정답 ④

할인가$=$정가$\times(1-\dfrac{할인율}{100})$임을 적용하여 구한다.
1모당 정가가 2,000원인 두부 10모를 구매하려고 하며 마감이벤트로 총 구매금액의 10%를 할인받고 추가로 두부 2모를 더 받았으므로 총 구매금액은 $2,000\times10\times(1-\dfrac{10}{100})=18,000$원이다.
두부 1모당 할인율을 x라고 하면
두부 10모를 구매하고 추가로 두부 2모를 더 받았으므로
$2,000\times12\times(1-\dfrac{x}{100})=18,000 \rightarrow 24,000-240x=18,000$
$\rightarrow 240x=6,000 \rightarrow x=25$
따라서 광희가 가지고 있는 두부 1모당 할인율은 25%이다.

⏱ 빠른 문제 풀이 Tip

광희는 두부 10모를 구매하려고 하였으며, 총 구매금액의 10%를 할인받고 추가로 두부 2모를 더 받았으므로 $2,000\times10\times(1-\dfrac{10}{100})=18,000$원으로 두부 12모를 구매한 것과 같다. 이에 따라 두부 1모당 $\dfrac{18,000}{12}=1,500$원에 구매한 것이 된다. 이때 두부 1모당 정가는 2,000원이므로 1모당 할인율은 $\dfrac{2,000-1,500}{2,000}\times100=25$%이다.

28 수리능력 정답 ④

작업량$=$시간당 작업량$\times$시간임을 적용하여 구한다.
물탱크에 들어갈 수 있는 전체 물의 양을 1이라고 하면
A 호스로만 물을 가득 채울 때 9시간이 걸린다고 하였으므로
A 호스의 시간당 작업량은 $\dfrac{1}{9}$.
B 호스로만 물을 가득 채울 때 12시간이 걸린다고 하였으므로 B 호스의 시간당 작업량은 $\dfrac{1}{12}$이다.
C 호스로만 물을 가득 채울 때 걸리는 시간을 x라고 하면
C 호스의 시간당 작업량은 $\dfrac{1}{x}$이다.
처음 2시간 동안은 A, B 호스만 이용해 물을 넣다가 이어서 C 호스도 추가로 이용해 1시간 동안 물을 넣어 물탱크를 가득 채웠다고 하였으므로
$2\times(\dfrac{1}{9}+\dfrac{1}{12})+(\dfrac{1}{9}+\dfrac{1}{12}+\dfrac{1}{x})=1 \rightarrow x=\dfrac{12}{5}$
따라서 C 호스로만 물을 가득 채울 때 걸리는 시간은 $\dfrac{12}{5}$시간$=$2시간 24분이다.

29 수리능력 정답 ④

'적어도…'의 확률$=1-$(반대 사건의 확률)임을 적용하여 구한다.
5문제 중 적어도 2문제 이상 맞힐 확률은 $1-$(5문제를 모두 틀릴 확률$+$5문제 중 1문제만 맞힐 확률)이다.
OX형 1문제를 맞힐 확률과 틀릴 확률은 각각 $\dfrac{1}{2}$, $\dfrac{1}{2}$이고, 사지선다형 1문제를 맞힐 확률과 틀릴 확률은 각각 $\dfrac{1}{4}$, $\dfrac{3}{4}$이므로 5문제를 모두 틀릴 확률은 $(\dfrac{1}{2})^3\times(\dfrac{3}{4})^2=\dfrac{9}{128}$이고, OX형 1문제를 맞히고 나머지 4문제를 틀릴 확률은 $\{\dfrac{1}{2}\times(\dfrac{1}{2})^2\times(\dfrac{3}{4})^2\}\times{}_3C_1=\dfrac{27}{128}$이며, 사지선다형 1문제를 맞히고 나머지 4문제를 틀릴 확률은 $\{\dfrac{1}{4}\times(\dfrac{1}{2})^3\times\dfrac{3}{4}\}\times{}_2C_1=\dfrac{6}{128}$이다.
따라서 5문제 중 적어도 2문제 이상 맞힐 확률은 $1-(\dfrac{9}{128}+\dfrac{27}{128}+\dfrac{6}{128})=\dfrac{86}{128}(=\dfrac{43}{64})$이다.

30 수리능력 정답 ②

두 부등식을 간단히 정리하면 다음과 같다.
$-x+13>2x-5 \rightarrow 3x<18 \rightarrow x<6$
$\dfrac{2}{3}x+2>\dfrac{1}{3} \rightarrow 2x+6>1 \rightarrow x>-\dfrac{5}{2}$
따라서 $-\dfrac{5}{2}<x<6$을 만족하는 자연수 x는 1, 2, 3, 4, 5이므로 평균은 $\dfrac{1+2+3+4+5}{5}=3.0$이다.

31 수리능력   정답 ②

평균은 변량의 총합을 변량의 개수로 나눈 값임을 적용하여 구한다.

카드에 가입한 첫 달에는 전월 이용실적이 없으므로 30만 원 미만에 해당하여 1월의 적립률은 0.7%이고, 2월의 전월 이용실적은 834,000원으로 30만 원 이상 100만 원 미만에 해당하여 적립률은 0.8%, 3월의 전월 이용실적은 1,132,000원으로 100만 원 이상 200만 원 미만에 해당하여 적립률은 0.9%이다. 이에 따라 1월부터 3월까지 적립된 포인트는 각각 1월에 834,000 × 0.007 = 5,838P, 2월에 1,132,000 × 0.008 = 9,056P, 3월에 756,000 × 0.009 = 6,804P이다.

따라서 1분기에 적립된 월평균 포인트는 $\frac{5,838+9,056+6,804}{3}$ ≒ 7,232P이다.

32 수리능력   정답 ④

배당률은 주식 1주의 액면가에 대해 지급되는 배당금의 비율이므로 배당금 = $\frac{1주당 액면가 \times 배당률}{100}$ 임을 적용하면 기업별 배당금은 A 기업이 $\frac{5,000 \times 6}{100}$ = 300원, B 기업이 $\frac{2,000 \times 20}{100}$ = 400원, C 기업이 $\frac{500 \times 20}{100}$ = 100원, D 기업이 $\frac{1,500 \times 16}{100}$ = 240원이다. 이때 배당수익률은 주식 1주의 현재 주가에 대해 지급되는 배당금의 비율이므로 기업별 주식 1주당 배당수익률은 A 기업이 $\frac{300}{6,000} \times 100$ = 5%, B 기업이 $\frac{400}{10,000} \times 100$ = 4%, C 기업이 $\frac{100}{2,500} \times 100$ = 4%, D 기업이 $\frac{240}{4,000} \times 100$ = 6%이다.

따라서 제시된 기업 중 주식 1주당 배당수익률이 가장 높은 기업은 D 기업이다.

33 수리능력   정답 ②

제시된 각 숫자 간의 값은 ×4, ÷2로 반복되므로 빈칸에 들어갈 알맞은 수는 '$\frac{1}{2}$'이다.

34 수리능력   정답 ③

각 행은 열이 한 열 이동할 때마다 두 행의 위치가 서로 바뀐다. 첫 번째 행 첫 번째 열의 숫자 85의 경우 제시된 각 숫자 간의 값이 -3씩 변화하고, 두 번째 행 첫 번째 열의 숫자 13의 경우 제시된 각 숫자 간의 값이 +9씩 변화한다는 규칙이 적용된다.

따라서 첫 번째 행의 빈칸에 들어갈 숫자는 70 - 3 = 67이고, 두 번째 행의 빈칸에 들어갈 숫자는 58 + 9 = 67이므로 빈칸에 공통으로 들어갈 알맞은 숫자는 '67'이다.

35 수리능력   정답 ④

제시된 각 문자를 알파벳 순서에 따라 숫자로 변경한다.

N   T   E   U   (P)
14   20   31   47   (68)

각 숫자 간의 값이 +6, +11, +16, …과 같이 +5씩 변화하므로 빈칸에 들어갈 알맞은 문자는 숫자 68에 해당하는 'P'이다.

36 수리능력   정답 ①

지연: 2010년부터 2015년까지 밭농업 기계화율은 매년 60% 미만이고, 60%의 1.5배는 90%이다. 이때 벼농업 기계화율은 매년 90% 이상이므로 옳은 설명이다.

성호: 2015년 농업 기계 보유 대수에서 경운기 보유 대수가 차지하는 비중은 (598 / 1,173) × 100 ≒ 51.0%로 2010년의 비중인 (698 / 1,320) × 100 ≒ 52.9%보다 줄었으므로 옳은 설명이다.

오답 체크

주은: 2014년 트랙터 보유 대수는 전년 대비 줄었으므로 옳지 않은 설명이다.

준필: 벼농업과 밭농업의 기계화율이 모두 전년 대비 변함없는 해는 2011년과 2015년이며, 2015년의 콤바인 보유 대수만 전년 대비 늘어났으므로 옳지 않은 설명이다.

37 수리능력   정답 ②

2015년 성인 자원봉사자 수가 2,000명이고, 2015년 대비 2016년 자원봉사 참여 증감률이 27.1%이므로 2016년 성인 자원봉사자 수는 2,000 × 1.271 = 2,542명이다. 또한, 2016년 대비 2017년 자원봉사 참여 증감률이 7.4%이므로 2017년 성인 자원봉사자 수는 2,542 × 1.074 ≒ 2,730명이다. 따라서 2017년 대비 2018년 자원봉사 참여 증감률이 -21.6%이므로 2018년 성인 자원봉사자 수는 2,730 × (1 - 0.216) ≒ 2,140명이다.

38 수리능력   정답 ②

전력 잉여량 = 생산량 - 소비량, 설비용량 = {(생산량 + 소비량) / 전력효율지수} × 100임을 적용하여 구한다.

2023년 전력 잉여량은 A 발전소가 1,120 - 740 = 380GWh, B 발전소가 845 - 535 = 310GWh, C 발전소가 1,165 - 890 = 275GWh, D 발전소가 1,860 - 1,380 = 480GWh, E 발전소가 760 - 470 = 290GWh로 C 발전소가 가장 적으며, C 발전소의 설비용량은 2023년에 (1,165 + 890)/0.3 = 6,850GWh, 2024년에 (1,680 + 1,260)/0.4 = 7,350GWh이다.

따라서 2023년 전력 잉여량이 가장 적은 C 발전소의 2024년 설비용량의 전년 대비 증가량은 7,350 - 6,850 = 500GWh이다.

39 수리능력   정답 ③

환전 수수료＝현찰 살 때 금액－매매기준율임을 적용하여
구한다.
비회원의 환전 수수료 이벤트 우대율은 80%이고, 회원의 환
전 수수료 기본 우대율은 50%이므로 승희가 300달러를 현
찰로 살 때 비회원으로 우대율 80%를 적용한 환전 수수료는
(1,206－1,186)×300×(1－0.8)＝1,200원, 승희가 300달러를
현찰로 살 때 회원으로 기본 우대율 50%를 적용한 환전 수수
료는 (1,206－1,186)×300×(1－0.5)＝3,000원이다.
따라서 환전 수수료의 차이는 3,000－1,200＝1,800원이다.

40 수리능력   정답 ④

b. 신규 구인 인원수가 가장 많은 2019년과 가장 적은 2016
년의 신규 구인 인원수 차이는 1,779－1,225＝554천 명이
므로 옳은 설명이다.
d. 2020년 취업률은 (853/2,881)×100≒29.6%, 2017년 취
업률은 (702/2,755)×100≒25.5%로 2020년 취업률은
2017년 대비 29.6－25.5≒4.1%p 증가했으므로 옳은 설
명이다.

> [오답 체크]
> a. 2019년 신규 구직자 수는 전년 대비 감소했지만, 취업자 수는
>   전년 대비 증가했으므로 옳지 않은 설명이다.
> c. 취업자 수가 가장 적은 2018년의 구인 배수는 1,742/2,560
>   ≒0.68배이므로 옳지 않은 설명이다.

41 문제해결능력   정답 ④

제시된 조건에 따르면 금리는 2% 이상이고, A 은행의 금리
는 2.15%로 D 은행과 0.5%p 차이가 나므로 D 은행의 금리
는 2.15＋0.5＝2.65%이다. 이때, C 은행과 D 은행의 금리 차
이는 0.32%p이므로 C 은행의 금리는 2.65－0.32＝2.33% 또
는 2.65＋0.32＝2.97%이다. C 은행과 E 은행의 금리 차이는
0.02%p이므로 C 은행의 금리가 2.33%일 때, E 은행의 금리
는 2.33－0.02＝2.31% 또는 2.33＋0.02＝2.35%이고, C 은행
의 금리가 2.97%일 때, E 은행의 금리는 2.97－0.02＝2.95%
또는 2.97＋0.02＝2.99%이다. 이때, 금리는 3% 이하이며 B
은행의 금리가 A 은행과 E 은행의 금리 차이와 D 은행의 금
리를 합한 것과 같고, D 은행의 금리는 2.65%이므로 A 은행
과 E 은행의 금리 차이는 3.00－2.65＝0.35%p 이하여야 한
다. 이에 따라 C 은행의 금리는 2.33%이고, E 은행과 B 은
행의 금리는 각각 2.31%와 (2.31－2.15)＋2.65＝2.81%이거나,
2.35%와 (2.35－2.15)＋2.65＝2.85%이다.
④ A 은행과 B 은행의 금리 차이는 2.81－2.15＝0.66%p 또는
   2.85－2.15＝0.70%p이므로 항상 옳은 설명이다.

> [오답 체크]
> ① 정기예금 금리가 2.30% 이하인 은행은 2.15%인 A 은행 한 곳
>   뿐이므로 항상 옳지 않은 설명이다.
> ② E 은행의 금리는 2.31% 또는 2.35%이므로 항상 옳지 않은 설
>   명이다.
> ③ 정기예금 금리가 두 번째로 낮은 은행은 C 또는 E이므로 항상
>   옳은 설명은 아니다.

42 문제해결능력   정답 ③

B는 A가 국회의원의 발언 내용이 아니라 군대를 면제받은 사
람이라는 점을 공격하는 오류를 저질렀음을 지적하고 있으
므로 옳은 설명이다.

43 문제해결능력   정답 ④

두 번째 명제의 '대우', 분리 가능한 네 번째 명제, 분리 가능
한 세 번째 명제의 '대우', 첫 번째 명제의 '대우'를 차례로 결
합한 결론은 다음과 같다.
- 두 번째 명제(대우): 운동화를 신는 사람은 책가방을 멘다.
- 분리 가능한 네 번째 명제: 책가방을 멘 사람은 1학년 학
  생이다.
- 분리 가능한 세 번째 명제(대우): 1학년 학생은 봉사활동에
  참여하지 않는다.
- 첫 번째 명제(대우): 봉사활동에 참여하지 않는 사람은 공
  과대학 학생이다.
- 결론: 운동화를 신는 사람은 공과대학 학생이다.

> [오답 체크]
> ① 책가방을 멘 사람이 약학대학 학생이 아닌지는 알 수 없으므
>   로 항상 참인 설명은 아니다.
> ② 봉사활동에 참여하는 사람은 1학년 학생이 아니고, 1학년 학생
>   이 아닌 사람은 책가방을 메지 않고, 책가방을 메지 않는 사람
>   은 운동화를 신지 않으므로 항상 거짓인 설명이다.
> ③ 공과대학 학생이 아닌 사람은 봉사활동에 참여하고, 봉사활동
>   에 참여하는 사람은 1학년 학생이 아니고, 1학년 학생이 아닌
>   사람은 학교 잠바를 입지 않으므로 항상 거짓인 설명이다.

44 문제해결능력   정답 ②

공격적인 성향이 강하지 않은 모든 동물이 무리 생활을 한다
는 것은 무리 생활을 하지 않는 모든 동물이 공격적인 성향이
강하다는 것이므로 무리 생활을 하지 않는 어떤 동물이 육식
동물이면 무리 생활을 하지 않으면서 육식 동물인 어떤 동물
은 공격적인 성향이 강하다.
따라서 '공격적인 성향이 강한 어떤 동물은 육식 동물이다.'
가 타당한 결론이다.

> [오답 체크]
> 공격적인 성향이 강하지 않은 동물을 A, 무리 생활을 하는 동물을
> B, 육식 동물을 C라고 하면
> ①, ③, ④ 공격적인 성향이 강하지 않은 모든 동물이 무리 생활
>   을 하고, 무리 생활을 하지 않는 어떤 동물이 육식 동물이면
>   모든 육식 동물이 공격적인 성향이 강하거나 공격적인 성향
>   이 강하지 않은 모든 동물이 육식 동물이 아닐 수도 있으므로
>   반드시 참인 결론은 아니다.

45 문제해결능력 정답 ④

제시된 조건에 따르면 원훈희 사원의 카드는 연회비가 없고, 커피 전문점에서 카드 혜택으로 할인받은 금액은 총결제액의 10% 미만이므로 원훈희 사원은 THE-F를 소지하고 있다. 이정윤 사원은 이번 달에 카드로 결제한 교통비가 138,500 원이고, 카드 혜택으로 총교통비의 5%인 6,925원을 할인받았으므로 교통비 최대 할인 금액이 7,000원인 THE-W 또는 THE-Q를 소지하고 있다. 이때, 우경화 사원의 카드는 연회비가 있고 이정윤 사원보다 최대로 할인받을 수 있는 교통비 금액이 더 적으므로 우경화 사원은 THE-A를 소지하고 있다. 원훈희 사원과 이상화 사원은 서로 다른 종류의 카드를 소지하고 있으므로 이상화 사원의 카드 종류는 신용카드이고, 이상화 사원과 이정윤 사원도 서로 다른 종류의 카드를 소지하고 있으므로 이정윤 사원은 체크카드인 THE-W를 소지하고 있다. 신수정 사원의 카드 연회비는 이상화 사원보다 비싸므로 신수정 사원이 THE-K, 이상화 사원이 THE-Q를 소지하고 있다.

46 문제해결능력 정답 ②

제시된 조건에 따르면 가로, 세로 길이가 같은 하나의 밭을 서로 다른 크기의 직사각형 모양인 A, B, C, D 네 구역으로 나누므로 면적이 가장 큰 구역과 가장 작은 구역은 서로 접해 있지 않다. 참깨와 콩을 심은 구역은 서로 접해있지 않으므로 가지와 수수를 심은 구역도 서로 접해있지 않다. 이에 따라 콩을 심은 구역보다 면적이 작은 구역은 한 개뿐이므로 면적이 세 번째로 큰 구역에 콩을 심었고 면적이 두 번째로 큰 구역에 참깨를 심었으며, 면적이 가장 큰 구역과 가장 작은 구역에 각각 가지 또는 수수를 심었다. 이때, 면적이 가장 작은 구역은 A이고, A와 C는 접해있지 않으므로 면적이 가장 큰 구역은 C이다. 또한, 면적이 가장 큰 구역에 수수를 심지 않았으므로 A에 수수, C에 가지를 심었으며, 면적이 두 번째로 큰 구역이 D가 아니므로 면적이 세 번째로 큰 구역인 D에 콩을 심었고, 면적이 두 번째로 큰 구역인 B에 참깨를 심었다.

면적 크기	첫 번째	두 번째	세 번째	네 번째
구역	C	B	D	A
농작물	가지	참깨	콩	수수

따라서 A, B, C, D 네 구역에 심어진 각 농작물을 짝지으면 'A-수수, B-참깨, C-가지, D-콩'이다.

47 문제해결능력 정답 ③

제시된 조건에 따르면 C의 진술이 거짓일 경우 B는 진실을 말했고, C가 거짓을 말하고 있다는 E 또한 진실을 말한 것이 된다. 이때 다섯 명 중 한 명만 진실을 말했으므로 모순이 되어 C의 진술은 진실이며, 자신이 지각하지 않았다는 B의 진술은 거짓이 된다.
따라서 진실을 말한 사람은 'C', 지각한 사람은 'B'이다.

48 문제해결능력 정답 ①

[정차역 신설 계획안]에 따르면 도시별 2023년 현재 철도 이용자 수와 최근 3년간 철도 이용률의 전년 대비 평균 증감률은 다음과 같다.

구분	2023년 현재 철도 이용자 수	평균 증감률
A 도시	$30,200 \times (74/100) = 22,348$명	$(3-2+7)/3 ≒ 2.7\%p$
B 도시	$35,100 \times (69/100) = 24,219$명	$(6+2+1)/3 = 3\%p$
C 도시	$39,700 \times (64/100) = 25,408$명	$(3-4+6)/3 ≒ 1.7\%p$
D 도시	$44,200 \times (61/100) = 26,962$명	$(-1+7+2)/3 ≒ 2.7\%p$
E 도시	$31,300 \times (72/100) = 22,536$명	$(2-2+7)/3 ≒ 2.3\%p$

따라서 B 도시는 2가지 선정 기준을 모두 충족하여 정차역을 신설할 도시의 후보로 선별되므로 옳은 설명이다.

오답 체크
② A 도시는 최근 3년간 철도 이용률의 전년 대비 평균 증감률이 2.7%p로 2.5%p 이상이므로 옳지 않은 설명이다.
③ C 도시는 2023년 현재 철도 이용자 수가 25,408명으로 24,000명 이상이므로 옳지 않은 설명이다.
④ E 도시는 2023년 현재 철도 이용자 수가 22,536명으로 22,348 명인 A 도시보다 많으므로 옳지 않은 설명이다.

49 문제해결능력 정답 ③

재테크 세미나는 참가자들이 대부분 직장인으로 예상되어 평일에는 17시 이후에 시작하고, 1차와 2차 세미나는 서로 다른 요일에 시간대가 같지 않아야 한다. 또한, 매일 12시부터 13시, 17시부터 18시는 세미나실 예약이 불가능하고, 1차 세미나를 진행한 후 4일이나 5일 뒤에 2차 세미나를 진행해야 하므로 11월 2주 차에 모든 세미나를 마치기 위해 1차 세미나는 8일, 9일, 10일 중 진행할 수 있다. 이때 8일에 1차 세미나를 진행하는 경우 18~21시에 진행해야 하고, 2차 세미나는 12일 19~22시 사이 2시간이나 13일 20~22시에 진행해야 하지만, 1차 세미나와 시간대가 겹치므로 불가능하다. 이에 따라 9일이나 10일에 1차 세미나가 진행되어 2차 세미나가 진행될 수 있는 시간은 14일 13~15시 또는 14일 14~16시이므로 옳지 않은 내용이다.

오답 체크
① 1차 세미나의 경우 9일과 10일에 진행할 수 있고, 가장 빠른 일자에 세미나를 진행한다면 1차 세미나는 9일 19시에 시작하므로 옳은 내용이다.
② 평일에는 17시 이후에만 가능하고, 매일 17시부터 18시는 세미나실 예약이 불가능하므로 옳은 내용이다.
④ 1차 세미나는 9일 또는 10일에 진행하며, 2차 세미나는 14일에 진행 가능하므로 옳은 내용이다.

50 문제해결능력   정답 ③

ⓒ 친환경 항만 운영 경험 축적은 기업 내부의 '강점'에 해당한다.

ⓔ 육로 교통망과의 우수한 연계성은 기업 내부의 '강점'에 해당한다.

따라서 SWOT 분석 결과의 강점에 해당하는 것은 ⓒ, ⓔ이다.

오답 체크

ⓐ 해안의 얕은 수심으로 인해 선박 통행이 제약된 입지 조건은 기업 내부의 '약점'에 해당한다.

ⓑ 소속 항구의 자유무역지역 내 투자 규모가 확대되는 것은 기업을 둘러싼 외부의 '기회'에 해당한다.

51 자원관리능력   정답 ③

오미소 대리는 월요일에 서울 본사에서 출발해 대전 지점을 거쳐 울산 지점으로 이동하며, 각 지점에서 진행되는 회의에 참석한 후, 출장 마지막 날에는 본사에서 진행되는 회의에 참석할 예정이다. 또한, 출장 중 하루에 한 번만 열차를 이용하므로 회의 일시와 역에서 회사까지 20분 소요되는 것을 고려하여 열차를 선택한다. 먼저, 대전 지점의 회의 시작 시각은 11시이므로 늦어도 10시 40분 전에 대전역에 도착해야 한다. 이때, 서울(출발역)에서 대전역까지 소요 시간은 1시간이므로 9시 20분에 출발하는 SRT 열차를 이용한다. 다음 날 울산 지점의 회의 시작 시각은 14시이며, 대전역에서 울산역까지 소요 시간은 1시간이므로 11시 47분에 출발하는 SRT 열차를 이용한다. 출장 마지막 날 서울 본사에서 진행되는 회의 시작 시각은 15시이며, 울산역에서 서울(도착역)까지 소요 시간은 2시간 20분이므로 11시 23분에 출발하는 KTX 열차를 이용한다.

따라서 오미소 대리가 출장 동안 지출하는 열차 운임은 20,100+27,100+53,500=100,700원이다.

52 자원관리능력   정답 ③

[면접 전형 평가 기준]에 따르면 성품 25%, 직무 적합성 25%, 조직 적합성 25%, 성장 가능성 25%의 가중치를 적용하여 합산한 직무 면접 점수와 필기시험 점수의 50%를 적용한 필기 전형 점수의 합인 총점이 높은 응시자 순으로 합격하고, 동점자는 성품, 직무 적합성, 조직 적합성, 성장 가능성 순으로 점수를 비교하여 점수가 높은 응시자가 합격한다. 이에 따라 면접 전형 응시자의 각 점수를 표로 나타내면 다음과 같다.

구분	직무 면접 점수	필기 전형 점수	총점
갑	$(95+85+90+80)$ $\times 0.25=87.5$점	$80/2=40$점	$87.5+40$ $=127.5$점
을	$(85+90+95+80)$ $\times 0.25=87.5$점	$95/2=47.5$점	$87.5+47.5$ $=135$점
병	$(80+95+80+95)$ $\times 0.25=87.5$점	$85/2=42.5$점	$87.5+42.5$ $=130$점
정	$(85+75+90+80)$ $\times 0.25=82.5$점	$88/2=44$점	$82.5+44$ $=126.5$점
무	$(75+85+80+100)$ $\times 0.25=85$점	$100/2=50$점	$85+50$ $=135$점
기	$(85+80+85+85)$ $\times 0.25=83.75$점	$98/2=49$점	$83.75+49$ $=132.75$점
경	$(90+80+85+80)$ $\times 0.25=83.75$점	$98/2=49$점	$83.75+49$ $=132.75$점
신	$(100+85+75+100)$ $\times 0.25=90$점	$80/2=40$점	$90+40$ $=130$점
임	$(85+90+85+90)$ $\times 0.25=87.5$점	$82/2=41$점	$87.5+41$ $=128.5$점
계	$(90+90+90+90)$ $\times 0.25=90$점	$84/2=42$점	$90+42$ $=132$점

이에 따라 총점이 135점으로 가장 높은 을과 무는 합격하고, 그다음으로 점수가 높은 기와 경의 성품 점수를 비교하여 성품 점수가 더 높은 경이 합격한다.

따라서 20XX년 상반기에 선발된 면접 합격자는 을, 무, 경이다.

53 자원관리능력   정답 ④

물적 자원 활용 시, 수량 부족에 대비하여 여분의 물적 자원을 준비하는 것은 바람직하므로 가장 적절하지 않다.

오답 체크

① 물적 자원 활용의 방해요인 중 물적 자원을 분실한 경우에 해당하므로 적절하다.

② 물적 자원 활용의 방해요인 중 물적 자원의 보관 장소를 파악하지 못한 경우에 해당하므로 적절하다.

③ 물적 자원 활용의 방해요인 중 물적 자원이 훼손된 경우에 해당하므로 적절하다.

54 자원관리능력   정답 ④

자원은 유형과 관계없이 유한하다는 공통점을 가지고 있으므로 첫 번째 빈칸에는 '유한성'이 적절하고, 대표적인 자원 낭비요인 4가지는 비계획적 행동, 편리성 추구, 자원에 대한 인식 부재, 노하우 부족이므로 두 번째 빈칸에는 '편리성'이 적절하다.

따라서 각 빈칸에 들어갈 단어를 차례대로 나열한 것은 '유한성 – 편리성'이다.

55 자원관리능력   정답 ②

출장비에는 숙박비와 식사비만 포함되고, 출장이 1박 2일일 경우 식사비는 첫째 날 석식과 둘째 날 조식만 지원되므로 이 대리가 신입사원 5명과 함께 출장을 갔을 때 소요되는 숙박업소별 총출장비는 다음과 같다.

구분	숙박비	식사비	출장비
A 호텔	102,000원	10,000 × (6명 × 2) =120,000원	102,000+120,000 =222,000원
B 호텔	118,000원	8,000 × (6명 × 2) =96,000원	118,000+96,000 =214,000원
C 호텔	62,000 × 2 =124,000원	7,000 × (6명 × 2) =84,000원	124,000+84,000 =208,000원
D 호텔	51,000 × 2 =102,000원	8,000 × (6명 × 2) =96,000원	102,000+96,000 =198,000원
E 호텔	48,000 × 2 =96,000원	11,000 × (6명 × 2) =132,000원	96,000+132,000 =228,000원
F 호텔	125,000원	6,500 × (6명 × 2) =78,000원	125,000+78,000 =203,000원

따라서 출장비가 최소로 소요되는 숙박업소는 D 호텔이므로 이 대리와 신입사원 5명의 총출장비는 198,000원이다.

56 조직이해능력   정답 ③

축산유통단계별 위생관련 법정교육을 실시하는 기관은 축산물위생교육원이며, NH하나로목장은 농협축산경제가 개발한 스마트 목장관리 애플리케이션이므로 적절하지 않다.

57 조직이해능력   정답 ③

제시된 내용은 'MECE(Mutually Exclusive, Collectively Exhaustive) 원칙'에 대한 설명이다.

오답 체크

① VRIO 분석: 기업이 보유한 내·외부의 자원을 내부보유가치, 희소성, 모방 가능성의 정도, 조직의 네 가지 기준으로 분석함으로써 기업의 성장 가능성을 가늠하는 도구
② 파레토 법칙: 전체 결과의 80%는 전체 원인의 20%에 해당하는 핵심적인 소수에게서 창출된다는 법칙
④ 피터의 원리: 위계 조직에서 직원들은 자신의 무능력 수준에 도달할 때까지 승진하려는 경향이 있다는 법칙

58 조직이해능력   정답 ④

국제표준화기구(ISO)가 정의한 기업의 사회적 책임에 대한 국제표준은 'ISO 26000'이다.

오답 체크

① ISO 9000은 제품 생산과 유통 과정의 국제 규격을 정의한 소비자 중심의 품질보증 제도이므로 적절하지 않다.
② ISO 9001은 ISO 9000 시리즈 중 제품 및 서비스의 생산·공급 과정에 대한 품질보증 체계이므로 적절하지 않다.
③ ISO 14000은 국제 환경 표준화 인증 규격이므로 적절하지 않다.

59 조직이해능력   정답 ④

㉠ 차별화된 생산품이나 서비스를 고객에게 가치 있고 독특하게 인식되도록 하는 '차별화 전략'에 해당한다.
㉡ 특정 시장이나 고객에게 한정하여 경쟁조직들이 주목하고 있지 않은 시장을 집중적으로 공략하는 '집중화 전략'에 해당한다.
㉢ 대량생산이나 새로운 생산기술 개발을 통한 원가절감으로 산업에서의 우위를 점하는 '원가우위 전략'에 해당한다.
따라서 마이클 포터의 본원적 경쟁전략의 유형이 바르게 연결된 것은 ④이다.

60 조직이해능력   정답 ④

빈칸에 들어갈 말은 조직으로, 영리성에 따라 조직을 분류하였을 때 학교, 병원, 시민단체 등은 공익을 추구하는 비영리 조직에 해당하므로 가장 적절하지 않다.

 알아보기

조직의 개념 및 분류기준

개념		• 두 사람 이상이 공동 목표를 성취하기 위해 의식적으로 구성하여 상호작용을 통해 조정된 행동의 집합체 • 목적과 구조를 갖춘 조직의 구성원들은 목적 달성을 위해 협동하고 외부 환경과 긴밀한 관계를 형성함 • 일반적으로 재화·서비스를 생산하는 경제적 기능과 조직 구성원에게 만족감을 주는 사회적 기능을 지님
분류 기준	공식성	• 공식 조직: 규모, 기능, 규정이 조직화가 된 조직 • 비공식 조직: 인간관계에 따라 형성된 자발적인 조직
	영리성	• 영리 조직: 기업 등 이윤을 목적으로 하는 조직 • 비영리조직: 정부조직, 병원, 대학, 시민단체 등 공익을 추구하는 조직
	규모	• 소규모 조직: 가족 경영 상점 등 규모가 작은 조직 • 대규모 조직: 대기업 등 규모가 큰 조직

2회 실전모의고사

정답

p.78

01	③	의사소통능력	16	①	의사소통능력	31	③	수리능력	46	③	문제해결능력
02	③	의사소통능력	17	④	의사소통능력	32	②	수리능력	47	①	문제해결능력
03	①	의사소통능력	18	①	의사소통능력	33	②	수리능력	48	③	문제해결능력
04	②	의사소통능력	19	③	의사소통능력	34	④	수리능력	49	②	문제해결능력
05	①	의사소통능력	20	④	의사소통능력	35	④	수리능력	50	④	문제해결능력
06	④	의사소통능력	21	④	수리능력	36	④	수리능력	51	④	자원관리능력
07	④	의사소통능력	22	④	수리능력	37	①	수리능력	52	④	자원관리능력
08	③	의사소통능력	23	②	수리능력	38	②	수리능력	53	④	자원관리능력
09	②	의사소통능력	24	②	수리능력	39	③	수리능력	54	④	자원관리능력
10	①	의사소통능력	25	④	수리능력	40	④	수리능력	55	①	자원관리능력
11	②	의사소통능력	26	③	수리능력	41	④	문제해결능력	56	④	조직이해능력
12	④	의사소통능력	27	③	수리능력	42	②	문제해결능력	57	①	조직이해능력
13	③	의사소통능력	28	③	수리능력	43	④	문제해결능력	58	③	조직이해능력
14	④	의사소통능력	29	③	수리능력	44	③	문제해결능력	59	③	조직이해능력
15	④	의사소통능력	30	①	수리능력	45	②	문제해결능력	60	②	조직이해능력

취약 영역 분석표

영역별로 맞힌 개수와 정답률을 적고 나서 취약한 영역이 무엇인지 파악해 보세요.
정답률이 60% 미만인 취약한 영역은 틀린 문제를 다시 풀어보면서 확실히 극복하세요.

영역	의사소통능력	수리능력	문제해결능력	자원관리능력	조직이해능력	TOTAL
맞힌 개수	/20	/20	/10	/5	/5	/60
정답률	%	%	%	%	%	%

※ 정답률(%) = (맞힌 개수/전체 개수) × 100

01 의사소통능력 정답 ③

밑줄 친 단어는 그녀의 향수 냄새가 아주 진했다는 의미로 쓰였으므로 일정한 공간에 냄새가 가득 차 보통 정도보다 강하다는 의미의 ③이 적절하다.

오답 체크
① 그윽하다: 느낌이 은근하다
② 은은하다: 냄새가 진하지 않고 그윽하다
④ 싱그럽다: 싱싱하고 맑은 향기가 있다

02 의사소통능력 정답 ③

제시된 한자어는 겨루어 이김을 의미하는 '勝利(이길 승, 날카로울 리)'이고, 유사한 의미의 한자어는 싸움이나 경쟁 따위에서 이김을 의미하는 '得捷(얻을 득, 빠를 첩)'이다.

오답 체크
① 始作: 비로소 시, 지을 작
② 敗北: 패할 패, 달아날 배
④ 理解: 다스릴 이, 풀 해

03 의사소통능력 정답 ①

밑줄 친 단어는 기쁨이라는 감정이 가득했다는 의미로 쓰였으므로 감정이나 기운 따위가 가득하게 된다는 의미의 ①이 적절하다.

오답 체크
② 일정한 공간에 사람, 사물, 냄새 따위가 더 들어갈 수 없이 가득하게 되다
③ 어떤 대상이 흡족하게 마음에 들다
④ 정한 수량, 나이, 기간 따위가 다 되다

04 의사소통능력 정답 ②

밑줄 친 부분은 야구 경기에서 삼진으로 상대 팀의 타자를 물러나게 했다는 의미로 쓰였으므로 운동 경기 따위에서 상대를 손쉽게 물리쳤다는 의미의 ②가 적절하다.

오답 체크
① 휩쓸다: 경기 따위에서, 상·메달 따위를 모두 차지하다
③ 몰아치다: 한꺼번에 몰려 닥치다
④ 공격하다: 운동 경기나 오락 따위에서 상대편을 이기기 위해 적극적으로 행동하다

05 의사소통능력 정답 ①

㉠ 제시된 의미에 해당하는 한자성어는 語不成說(말씀 어, 아닐 불, 이룰 성, 말씀 설)이다.
㉡ 제시된 의미에 해당하는 한자성어는 刻骨難忘(새길 각, 뼈 골, 어려울 난, 잊을 망)이다.
㉢ 제시된 의미에 해당하는 한자성어는 格物致知(격식 격, 만물 물, 이를 치, 알 지)이다.
따라서 ㉠~㉢의 의미에 해당하는 한자성어를 바르게 연결한 것은 ①이다.

오답 체크
• 重言復言(중언부언): 이미 한 말을 자꾸 되풀이함 또는 그런 말
• 刻骨痛恨(각골통한): 뼈에 사무칠 만큼 원통하고 한스러움 또는 그런 일
• 捲土重來(권토중래): 땅을 말아 일으킬 것 같은 기세로 다시 온다는 뜻으로, 한 번 실패하였으나 힘을 회복하여 다시 쳐들어옴을 이르는 말

06 의사소통능력 정답 ④

빈칸 앞에서는 젊은 세대들이 경제적 문제로 인해 부모로부터 독립하려 하지 않고 있다는 내용을 말하고 있고, 이 내용을 심화하여 빈칸 뒤에서는 젊은 세대들이 경제적 문제로 인해 결혼까지 기피하고 있다는 내용을 말하고 있으므로 앞의 내용과 비슷한 내용을 추가할 때 사용하는 접속어 ④가 적절하다.

07 의사소통능력 정답 ④

빈칸이 있는 문장에서 신입사원이 업무 담당자를 잘못 기입하여 또다시 사고를 쳤다는 의미로 쓰였으므로 사고나 탈이라는 의미의 ④가 가장 적절하다.

오답 체크
① 사단(事端): 사건의 단서 또는 일의 실마리
② 사상(史上): 역사에 나타나 있는 바
③ 사태(事態): 일이 되어 가는 형편이나 상황

08 의사소통능력 정답 ③

설명서 작성법에 따르면 효과적인 내용 전달을 위해 복잡한 내용은 표나 도표를 이용하여 시각화해야 하므로 표의 내용을 모두 문장으로 풀어서 표현해야 한다는 것이 가장 적절하지 않다.

09 의사소통능력 정답 ②

짧다랗고(X) → 짤따랗고(O)
- 한글 맞춤법 제21항에 따라 용언의 어간 뒤에 자음으로 시작된 접미사가 붙어서 된 말 중에서 겹받침의 끝소리가 드러나지 않는 것은 소리대로 적는다.

10 의사소통능력 정답 ①

수학 밖에(X) → 수학밖에(O)
- 한글 맞춤법 제41항에 따라 조사는 그 앞말에 붙여 쓴다.

11 의사소통능력 정답 ②

A가 '안녕하세요. NH 호텔입니다. 무엇을 도와드릴까요?'라고 물었으며, B는 빈칸에 대해 알아보고 싶다고 대답하고 있으므로 '다음 주 월요일에 빈방이 있는지 알아보고 싶어요'가 B의 대답으로 적절하다.

오답 체크
① 1인 또는 2인
③ 객실 예약
④ 빈방이 있다는 것

12 의사소통능력 정답 ④

소득효과는 재화의 절대가격이 하락한 만큼 구매력이 상승함으로써 실질소득 증가에 따른 수요 증가와 동일한 효과를 보인다고 하였으므로 가장 적절하지 않은 것은 ④이다.

오답 체크
① 소득효과는 제품의 절대가격이 하락한 만큼 구매력이 상승한다고 하였으므로 적절하다.
② 대체효과는 두 제품 중 하나의 가격이 내려가 상대적으로 비싼 제품보다 상대적으로 저렴한 제품의 대체 수요가 증가한다고 하였으므로 적절하다.
③ 정상재는 실질소득이 증가할 때 제품 구매량이 증가하는 양의 소득효과를 보인다고 하였으므로 적절하다.

13 의사소통능력 정답 ③

지문 전체에서 사구의 이동성 여부, 형성 장소, 형태 등의 기준에 따라 사구를 분류 및 구분하여 설명하고 있다.

14 의사소통능력 정답 ④

이 글은 어떠한 대비도 없이 막연히 곧 풀려나리란 기대를 하던 동료들은 반복되는 좌절과 상실감을 이기지 못하고 수용소에서 생을 마감한 것과 달리, 비관적인 현실을 수용하면서도 언젠가 풀려나리란 굳건한 믿음을 바탕으로 통제 가능한 일에 적절히 대처한 스톡데일은 10여 년의 포로 생활을 견디고 살아남을 수 있었다는 내용이므로 이 글의 주제로 가장 적절한 것은 ④이다.

오답 체크
① 포로 생활 중 동료와의 소통이 생존 비결로 꼽힌다고 하였지만, 글 전체의 내용을 포괄할 수 없으므로 적절하지 않은 내용이다.
② 막연한 기대와 희망을 품고 있던 스톡데일의 동료들은 반복되는 절망과 상실감을 견디지 못하여 수용소 내에서 생을 마감했다고 하였지만, 실현되기 어려운 상황을 상상하지 않는 것의 이로움에 대해서는 다루고 있지 않으므로 적절하지 않은 내용이다.
③ 통제 불가능한 현실에서 무조건적으로 긍정적 사고를 하는 것의 이점에 대해서는 다루고 있지 않으므로 적절하지 않은 내용이다.

15 의사소통능력 정답 ④

'임신 및 출산휴가'에 따르면 쌍둥이와 같이 한 번에 둘 이상의 자녀를 임신한 사원은 총 120일의 출산전후휴가를 받게 되며 출산 후의 휴가 기간이 60일 이상이 되어야 하므로 쌍둥이를 임신하고 출산 전에 45일의 휴가를 사용하게 될 경우 출산 후에는 75일의 휴가가 주어지게 된다.
따라서 쌍둥이를 임신한 사원이 출산 전에 45일의 휴가를 사용할 경우 출산 후에 45일의 휴가가 주어진다는 답변이 가장 적절하지 않다.

16 의사소통능력 정답 ①

'2. 우리나라의 노인 빈곤율이 높은 원인 – 2)'에서 노후 준비를 하지 않고 있다고 응답한 비중이 60대 이상 가구에서 40% 이상인 것으로 나타났다고 하였으므로 60대 이상 가구 중 노후 준비를 하지 않는 가구가 약 30%를 차지한다는 반응은 가장 적절하지 않다.

오답 체크
② '2. 우리나라의 노인 빈곤율이 높은 원인 – 1)'에서 우리나라는 2025년에 전체 인구에서 65세 이상 인구의 비중이 20% 이상인 초고령화 사회에 들어서게 될 것으로 전망된다고 하였으므로 적절하다.
③ '1. 빈곤의 개념'에서 우리나라가 빈곤 유형과 관계없이 OECD 국가 중에서 노인 빈곤율이 가장 높은 것으로 파악된다고 하였으므로 적절하다.
④ '3. 높은 노인 빈곤율이 사회·경제에 미치는 영향 – 1)'에서 노인 빈곤율과 자살률이 밀접한 연관이 있다는 점을 바탕으로 추론하면 은퇴 후 악화되는 고령층의 경제 상황이 높은 자살률의 주된 원인 중 하나라고 하였으므로 적절하다.

17 의사소통능력 정답 ④

(라)문단은 완성된 이화주의 색깔은 희거나 미색을 띠고 있는데, 이 때문에 이화주는 백설향이라고 불리기도 하였으며, 완성된 이화주를 다양한 방법으로 섭취할 수 있었음을 설명하는 내용이므로 중심 내용으로 가장 적절하지 않은 것은 ④이다.

18 의사소통능력 정답 ①

앨모트 모어 부부가 1962년에서 1963년 사이에 충청남도 공주시 석장리를 찾았다가 발견한 쪼개진 돌을 손보기 선생이 확인하고는 석장리가 구석기 시대와 관련 있다는 것을 깨닫고 발굴 사업을 출범했다고 하였으므로 앨모트 모어 부부가 석장리가 구석기 시대와 연관되어 있다는 점을 알아채고 직접 발굴 사업을 출범시킨 것은 아님을 알 수 있다.

오답 체크
② 손보기 선생은 석장리 유적을 조사하며 구석기 시대 용어들을 우리말로 재정립하였다고 하였으며, 영어식 용어와 일본식 용어가 직관적으로 이해되지 않고 우리의 개념과 들어맞지 않아 각 도구의 실제 기능을 고려하여 우리말 이름을 붙였다고 하였으므로 적절한 내용이다.
③ 1970년 4월 석장리 발굴 현장에서 남한에서는 처음으로 구석기 시대 막집의 집터와 긁개, 밀개 등의 유물이 발굴되었다고 하였으므로 적절한 내용이다.
④ 1932년 함경북도 종성군 동관진 유적에서 구석기 시대 유물이 발굴되어 1941년 나오라 노부오가 이와 관련된 논문을 발표하였지만 일본 학계에서는 인정하지 않았다고 하였으므로 적절한 내용이다.

19 의사소통능력 정답 ③

ⓒ이 있는 문장에서 과거에는 '고령친화 산업 진흥법'상 고령친화 제품의 범위가 노인을 위한 의료용품, 주거설비용품, 일상생활용품, 건강기능식품으로 한정된 탓에 식품 분야에서 고령자의 어려움을 개선하는 정책 개발에 어려움을 겪었다고 하였으므로 가장 적절하지 않은 것은 ③이다.

오답 체크
① ㉠이 있는 문장에서 '고령친화 우수식품'은 고령자의 섭취, 영양 보충, 소화·흡수 등을 돕기 위해 물성·형태·성분 등을 조정해 제조·가공한 제품이라고 하였으므로 적절하다.
② ⓒ이 있는 문장에서 '고령친화 우수식품'으로 지정된 제품에는 목넘김을 부드럽게 한 영양강화 음료류가 포함된다고 하였으므로 적절하다.
④ ⓔ이 있는 문장에서 정부가 고령자를 위한 식품 개발 및 시장 활성화 등을 위해 '고령친화 산업 진흥법' 시행령을 개정하고 고령친화제품의 범위에 식품을 포함하게 되었다고 하였으므로 적절하다.

20 의사소통능력 정답 ④

신문 기사는 키덜트 문화의 확산이 제품과 서비스를 필요해서 구매하던 시대에서 벗어나 취향까지 소비하는 시대로 변화하고 있음을 시사하며, 개인의 가치와 취향을 존중하는 경향에 맞추어 본인의 관심사에 집중하는 사람이 늘어나면서 키덜트 시장과 소비층이 지속적으로 확대될 것으로 예측된다고 설명하고 있다.
따라서 키덜트 문화가 대중화되는 현상이 소비자가 제품과 서비스를 구매할 때 본인의 취향까지 고려하는 시대로 변화하고 있다는 증거로 여겨진다는 내용의 ④가 가장 적절하다.

오답 체크
① 현재 키덜트의 상당수를 차지하는 30~40대가 경제력을 갖추고 있으며 관심 있는 분야에 시간과 돈을 적극 투자하는 경우가 많다고 하였지만, 키덜트 문화가 대중화되는 현상이 30~40대가 관심 분야에 적극적으로 시간과 돈을 투자할 충분한 경제력을 갖추고 있다는 증거인지는 알 수 없으므로 적절하지 않다.
② 과거에는 키덜트를 다 큰 어른이 현실에서 도피하는 퇴행 현상 등 부정적으로 보는 시각이 많았지만 요즘에는 긍정적인 평가를 받으며 하나의 문화이자 소비 성향으로 자리 잡고 있다고 하였으므로 적절하지 않다.
③ 기존에 어린이를 주 고객층으로 하던 관련 분야에서는 저출산으로 아이들의 수가 줄어들면서 키덜트를 새로운 고객층으로 확보하기 위한 노력을 지속하고 있다고 하였으므로 적절하지 않다.

21 수리능력 정답 ④

n개 중 같은 것이 각각 p개, q개일 때, n개 모두를 사용하여 한 줄로 배열하는 방법의 수 $=\frac{n!}{p!q!}$이다.
s와 g가 이웃하는 경우는 s와 g를 한 문자로 보고, 6개의 문자를 일렬로 배열한 후 s와 g가 서로 자리를 바꾸어야 하므로 배열하는 방법의 수: $\frac{6!}{2!2!} \times 2 = 360$가지
따라서 s와 g가 이웃하는 경우는 360가지이다.

22 수리능력 정답 ④

$\frac{1}{2}(5x+3a) \geq 3x - \frac{1}{4} \rightarrow 5x + 3a \geq 6x - \frac{1}{2} \rightarrow x \leq 3a + \frac{1}{2}$
이때 부등식을 만족하는 자연수 x의 개수가 5개이므로 $3a + \frac{1}{2}$은 5보다 크거나 같고 6보다 작아야 한다.
$5 \leq 3a + \frac{1}{2} < 6 \rightarrow \frac{3}{2} \leq a < \frac{11}{6}$
따라서 a의 범위는 $\frac{3}{2} \leq a < \frac{11}{6}$이다.

23 수리능력 정답 ②

주어진 방정식을 x에 대해 정리하여 y의 범위를 구한다.
$3x - 4y = -10 \rightarrow x = \frac{4}{3}y - \frac{10}{3}$이므로
y의 범위는 $-6 < \frac{4}{3}y - \frac{10}{3} < 5 \rightarrow -2 < y < \frac{25}{4}$이며, 이에 해당하는 정수 y는 $-1, 0, 1, 2, 3, 4, 5, 6$이다.
따라서 y의 범위에 해당하는 정수를 모두 더한 값은 $(-1) + 0 + 1 + 2 + 3 + 4 + 5 + 6 = 20$이다.

24 수리능력　　　　　　　　정답 ②

주어진 방정식을 x에 대해 정리하여 a의 범위를 구한다.

$a = \frac{8}{5}x + 3 \rightarrow x = \frac{5}{8}a - \frac{15}{8}$ 이므로 a의 범위는 아래와 같다.

$\frac{5}{8}a - \frac{15}{8} < -3 \rightarrow a < -\frac{9}{5}$

$\frac{5}{8}a - \frac{15}{8} > 4 \rightarrow a > \frac{47}{5}$

따라서 a의 범위에 해당하지 않는 범위인 $-\frac{9}{5}$ 이상 $\frac{47}{5}$ 이하

의 수는 $-\frac{3}{2}$이다.

25 수리능력　　　　　　　　정답 ④

1일에 저축하고 상환금을 낸 나머지 금액에서 생활비로 사용한 비율을 x라고 하면
1일에 저축한 금액은 $300 \times 0.4 = 120$만 원이고, 상환금이 60만 원이므로 나머지 금액은 $300 - 120 - 60 = 120$만 원이다.

이때, 저축률이 50% 이상이므로 $\frac{120 + 120 \times (1 - \frac{x}{100})}{300} \geq 0.5$

$\rightarrow 120 + 120 - \frac{120}{100}x \geq 150 \rightarrow x \leq 75$

따라서 1일에 저축하고 상환금을 낸 나머지 금액에서 생활비로 사용한 비율은 최대 75%이다.

26 수리능력　　　　　　　　정답 ③

전체 평균 $= \frac{\text{전체 점수의 합}}{\text{전체 학생 수}}$임을 적용하여 구한다.

초등학교 각 반의 학생 수는 50명으로 같기 때문에 전체 평균은 세 반의 평균 점수의 평균과 같다.
초등학교 전체 받아쓰기 평균

$= \frac{\text{세 반 평균 점수의 합}}{3} = \frac{60 + 95 + 85}{3} = 80$점

따라서 초등학교 전체의 평균 받아쓰기 점수는 80점이다.

27 수리능력　　　　　　　　정답 ③

제시된 조건에 따르면 서현이가 치른 입사 시험의 총 문항수 25문항은 배점 3점 문항과 배점 4점 문항 2가지로 구성되어 있으며, 서현이는 20문항의 정답을 맞혔으므로 서현이가 맞힌 배점 3점 문항의 개수를 x라고 하면 서현이가 맞힌 배점 4점 문항의 개수는 $20 - x$이다. 이때, 정답을 맞힌 문항의 배점대로 점수를 합산하며, 오답이거나 답을 미표기한 문제는 0점으로 처리하고, 서현이는 68점의 점수를 받았으므로
$3x + 4(20 - x) = 68 \rightarrow 3x + 80 - 4x = 68 \rightarrow x = 12$
따라서 서현이가 맞힌 배점 3점 문항의 개수는 12개이다.

28 수리능력　　　　　　　　정답 ③

A의 월 투자액을 x라고 하면
A의 연간 수익은 $x \times 12 \times 0.12 = 1.44x$이고, B의 연간 수익은 $0.6x \times 0.4 \times 12 = 2.88x$이므로
$2.88x - 1.44x = 1,080$ 원 $\rightarrow x = 750$만 원
따라서 B의 월 수익은 $750 \times 0.6 \times 0.4 = 180$만 원이다.

29 수리능력　　　　　　　　정답 ③

작업량 $=$ 시간당 작업량 $\times$ 시간임을 적용하여 구한다.
미혜의 시간당 작업량을 x, 준호의 시간당 작업량을 y라고 하면 미혜와 준호가 함께 90분 동안 개표하여 완료할 예정이었으므로

$(x + y) \times \frac{3}{2} = 1 \rightarrow x + y = \frac{2}{3} \cdots$ ⓐ

그러나 두 명 모두 조별 과제를 수행하기 위해 1명씩 하되, 준호가 1시간, 미혜가 2시간 동안 개표하여 완료하였으므로
$2x + y = 1 \rightarrow y = 1 - 2x \cdots$ ⓑ
ⓑ를 ⓐ에 대입하면

$x + (1 - 2x) = \frac{2}{3} \rightarrow x = \frac{1}{3}$

따라서 미혜의 시간당 작업량이 $\frac{1}{3}$이므로 미혜가 혼자 전체 투표 용지를 개표할 때 걸리는 시간은 3시간이다.

30 수리능력　　　　　　　　정답 ①

선분 AC를 회전축으로 하는 회전체는 원뿔이다.

원뿔의 부피 $= \frac{1}{3}\pi r^2 h$이므로 $\frac{1}{3}\pi r^2 \times 12 = 4\pi r^2 = 100\pi$

$\rightarrow r^2 = 25 \rightarrow r = \pm 5$

이때 $r > 0$이므로 $r = 5$

피타고라스의 정리를 적용하면 $\overline{AB}^2 = \overline{BC}^2 + \overline{AC}^2 = 5^2 + 12^2 = 169 = 13^2$

따라서 선분 AB의 길이는 13cm이다.

31 수리능력　　　　　　　　정답 ③

제시된 조건에 따르면 용재는 4일 간격으로 쉬고, 선주는 5일 간격으로 쉼에 따라 4와 5의 최소 공배수인 20일 간격으로 용재와 선주는 함께 여행을 간다. 2월 1일의 20일 후는 2월 21일이지만, 매월 7일, 14일, 21일, 28일에는 여행을 가지 않으므로 두 사람은 2월 21일에 여행을 가지 않는다. 이때 2월은 28일까지 있다고 가정하므로 2월 21일의 20일 후인 3월 13일에 여행을 간다.
따라서 용재와 선주가 2월 1일 바로 다음으로 여행을 가는 날짜는 3월 13일이다.

32 수리능력　　　　　　　　정답 ②

회사 사람의 수를 x라고 하면 회사 사람 한 명이 받는 초콜릿의 개수는 $x - 2$이다.
$x(x - 2) = 195 \rightarrow x^2 - 2x = 195 \rightarrow x^2 - 2x - 195 = 0$
$\rightarrow (x + 13)(x - 15) = 0 \rightarrow x = -13$ 또는 $x = 15$
이때, 사람의 수는 음수일 수 없으므로 $x = 15$이다.
따라서 회사 사람의 수는 15명이므로 회사 사람 한 명이 받는 초콜릿의 개수는 $15 - 2 = 13$개이다.

33 수리능력   정답 ②

♥: 문자와 숫자의 순서에 따라 첫 번째, 세 번째 문자(숫자)를 바로 이전 순서에 오는 문자(숫자)로, 두 번째, 네 번째 문자(숫자)를 다음 두 번째 순서에 오는 문자(숫자)로 변경한다.
- [예] abcd → zdbf (a−1, b+2, c−1, d+2)

♠: 첫 번째 문자(숫자)를 세 번째 자리로, 두 번째 문자(숫자)를 네 번째 자리로, 세 번째 문자(숫자)를 첫 번째 자리로, 네 번째 문자(숫자)를 두 번째 자리로 이동시킨다.
- [예] abcd → cdab

따라서 X28L → ♥ → W47N → ♠ → 7NW4이므로 빈칸에 들어갈 알맞은 것은 '7NW4'이다.

34 수리능력   정답 ④

홀수항에 제시된 각 숫자 간의 값은 −2로 반복되고, 짝수항에 제시된 각 숫자 간의 값은 −1로 반복되므로 빈칸에 들어갈 알맞은 숫자는 '2'이다.

35 수리능력   정답 ④

제시된 각 문자를 알파벳 순서에 따라 숫자로 변경한다.
D   H   J   E   C   F   H   (D)
4   8   10   5   3   6   8   (4)
각 숫자 간의 값이 ×2, +2, ÷2, −2로 반복되므로 빈칸에 들어갈 알맞은 문자는 숫자 4에 해당하는 'D'이다.

36 수리능력   정답 ④

2016년 평균 근속연수의 전년 대비 증가율은 $\{(6.4-6.2)/6.2\} \times 100 ≒ 3.2\%$로 2015년 평균 근속연수의 전년 대비 증가율인 $\{(6.2-6.0)/6.0\} \times 100 ≒ 3.3\%$보다 낮으므로 옳지 않은 설명이다.

[오답 체크]
① 근로자의 평균 연령이 처음으로 감소한 2014년에 대졸 이상 근로자의 상대적 임금지수는 153.8로 전년 대비 증가했으므로 옳은 설명이다.
② 고졸 근로자의 상대적 임금지수는 항상 100.0으로 중졸 이하 근로자의 상대적 임금지수가 가장 높은 2010년에 임금지수 격차가 가장 작으므로 옳은 설명이다.
③ 2012년부터 2016년까지 근로자의 평균 연령과 평균 근속연수는 모두 전년 대비 증가, 증가, 감소, 증가, 증가했으므로 옳은 설명이다.

37 수리능력   정답 ①

2022년 외국인 유학생 수＝2021년 외국인 유학생 수×{1+(2022년 외국인 유학생 수의 전년 대비 증감률/100)}임을 적용하여 구한다.
2021년 중국의 외국인 유학생 수는 66,468명이고, 2022년 중국의 외국인 유학생 수의 전년 대비 증감률은 0.4%이므로 2022년 중국의 외국인 유학생 수는 66,468×(1+0.004) ≒ 66,734명이다. 또한, 2021년 대만의 외국인 유학생 수는 2,163명이고, 2022년 대만의 외국인 유학생 수의 전년 대비 증감률은 −0.1%이므로 2022년 대만의 외국인 유학생 수는 2,163×(1−0.001) ≒ 2,161명이다.
따라서 2022년 중국과 대만의 외국인 유학생 수의 차이는 66,734−2,161 ≒ 64,573명이다.

38 수리능력   정답 ②

기타를 제외하고 사업장 1개소당 근로자 수가 1,000명 이상인 업종은 1,084,986/875≒1,240명인 제조업, 331,144/239≒1,386명인 도매 및 소매업, 229,875/189≒1,216명인 정보통신업, 321,665/176≒1,828명인 금융 및 보험업으로 총 4종이므로 옳은 설명이다.

[오답 체크]
① 기타를 제외하고 근로자가 많은 업종부터 순서대로 나열하면 제조업, 사업시설관리 및 사업지원 서비스업, 도매 및 소매업 순으로 세 번째로 많은 근로자를 고용하고 있는 업종은 도매 및 소매업이므로 옳지 않은 설명이다.
③ 보건업 및 사회복지 서비스업은 사업장이 200개소 이상이지만 고용된 근로자가 149,316명으로 150,000명 미만이므로 옳지 않은 설명이다.
④ 사업장 전체 개소수에서 전문과학 및 기술 서비스업 사업장이 차지하는 비중은 전문과학 및 기술 서비스업 사업장의 비율인 6.5%로 5.0% 이상이므로 옳지 않은 설명이다.

39 수리능력   정답 ③

일본 환율이 가장 낮은 2014년에 100만 원으로 환전한 엔화는 $1,000,000원 \times \frac{106엔/달러}{1,053원/달러} ≒ 100,665엔$이고, 일본 여행에서 환전한 엔화의 80%를 사용하고 남은 엔화는 $100,665 \times (1-0.8) ≒ 20,133엔$이다.
따라서 2019년에 남은 엔화를 달러로 환전하였을 때의 금액은 $20,133엔 \times \frac{1}{109엔/달러} ≒ 185달러$이다.

40 수리능력 정답 ②

2024년 남녀 귀촌 인구 비중은 남자가 (241,800/465,000) ×
100=52%, 여자가 (223,200/465,000) × 100=48%이므로 옳
지 않은 그래프는 ②이다.

오답 체크
① 40대 귀촌 인구의 전년 대비 증가 인원은 2022년에 68,800−
65,270=3,530명, 2023년에 77,350−68,800=8,550명, 2024
년에 83,700−77,350=6,350명이므로 옳은 그래프이다.
③ 연도별 60대 이상 귀촌 인구 수는 2021년에 162,450명=
162.45천 명, 2022년에 164,800명=164.8천 명, 2023년에
134,000명=134천 명, 2024년에 139,500명=139.5천 명이므
로 옳은 그래프이다.
④ 2024년 연령대별 귀촌 인구 비중은 30대 이하가 (116,250/
465,000) × 100=25%, 40대가 (83,700/465,000) × 100=18%,
50대가 (125,550/465,000) × 100=27%, 60대 이상이 (139,500/
465,000) × 100=30%이므로 옳은 그래프이다.

41 문제해결능력 정답 ④

제시된 조건에 따르면 6명은 동시에 출발했으며, 결승선을
동시에 통과한 사람은 없었다. 또한, 김형진과 권혜민의 순위
사이에는 2명이 있고, 변혜라는 김하진 바로 다음 순서로, 정
권식은 권세령보다 늦게 결승선을 통과했다. 김형진 또는 권
혜민이 각각 3위 또는 6위일 경우 변혜라 또는 정권식이 2
위가 되지만 이는 2위로 결승선을 통과한 사람이 권세령 또
는 김하진이라는 조건에 모순되므로 김형진과 권혜민은 각각
1위 또는 4위이다. 이때, 결승선을 가장 먼저 통과한 사람은
권혜민이 아니므로 김형진이 1위, 권혜민이 4위이다. 2위인
사람에 따라 가능한 경우는 다음과 같다.

경우 1. 권세령이 2위일 경우

1위	2위	3위	4위	5위	6위
김형진	권세령	정권식	권혜민	김하진	변혜라

경우 2. 김하진이 2위일 경우

1위	2위	3위	4위	5위	6위
김형진	김하진	변혜라	권혜민	권세령	정권식

따라서 김하진이 2위, 정권식이 6위일 경우 변혜라는 3위임
을 알 수 있다.

42 문제해결능력 정답 ②

한식을 요리할 줄 아는 사람 중에는 일식도 요리할 줄 아는
사람이 있으므로 한식을 요리할 줄 아는 사람이 모두 요리사
라면 한식을 요리할 줄 아는 요리사 중에 일식을 요리할 줄
아는 사람이 반드시 존재하게 된다.
따라서 '한식을 요리할 줄 아는 사람은 모두 요리사이다.'가
타당한 전제이다.

오답 체크
한식을 요리할 줄 아는 사람을 A, 일식을 요리할 줄 아는 사람을
B, 요리사를 C라고 하면
① 모든 요리사가 한식을 요리할 줄 알고, 한식을 요리할 줄 아는
사람 중에 일식도 요리할 줄 아는 사람이 있으면 모든 요리사
가 일식을 요리할 줄 모를 수도 있으므로 결론이 반드시 참이
되게 하는 전제가 아니다.

③ 한식을 요리할 줄 아는 사람 중에 일식도 요리할 줄 아는 사람
이 있고, 모든 요리사가 한식을 요리할 줄 모르면 모든 요리사
가 일식을 요리할 줄 모를 수도 있으므로 결론이 반드시 참이
되게 하는 전제가 아니다.

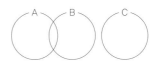

④ 한식을 요리할 줄 아는 사람 중에 일식도 요리할 줄 아는 사람
이 있고, 한식을 요리할 줄 아는 요리사가 존재하면 모든 요리
사가 일식을 요리할 줄 모를 수도 있으므로 결론이 반드시 참
이 되게 하는 전제가 아니다.

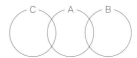

43 문제해결능력 정답 ④

첫 번째 명제, 세 번째 명제의 '대우', 네 번째 명제의 '대우',
두 번째 명제를 차례로 결합한 결론은 다음과 같다.
• 첫 번째 명제: 롤러코스터를 타지 않는 사람은 핫도그를
먹지 않는다.
• 세 번째 명제(대우): 핫도그를 먹지 않는 사람은 바이킹
을 탄다.
• 네 번째 명제(대우): 바이킹을 타는 사람은 솜사탕을 먹
는다.
• 두 번째 명제: 솜사탕을 먹는 사람은 아이스크림을 먹지
않는다.
• 결론: 롤러코스터를 타지 않는 사람은 아이스크림을 먹지
않는다.

오답 체크
① 바이킹을 타지 않는 사람이 아이스크림을 먹는지는 알 수 없
으므로 항상 참인 설명은 아니다.
② 핫도그를 먹는 사람이 솜사탕을 먹는지는 알 수 없으므로 항
상 참인 설명은 아니다.
③ 솜사탕을 먹지 않는 사람은 바이킹을 타지 않고, 바이킹을 타
지 않는 사람은 핫도그를 먹고, 핫도그를 먹는 사람은 롤러코
스터를 타므로 항상 거짓인 설명이다.

44 문제해결능력 정답 ③

제시된 조건에 따르면 체험 학습비는 5,000원 단위로 유료였으며, 4명 모두 하루에 1가지 이상의 체험 학습에 참여하였다. 또한, 일요일에 A와 C가 낸 금액의 평균은 35,000원이었으므로 두 사람이 낸 금액은 총 35,000 × 2=70,000원이다. 이때, A는 토요일과 일요일 모두 D보다 10,000원을 더 냈고, 하루에 1가지 이상의 체험 학습에 참여했으므로 A는 일요일에 최소 15,000원을 냈고, C는 최대 70,000−15,000=55,000원을 냈음을 알 수 있다. 토요일에 C가 낸 금액이 15,000원이고, B가 이틀 동안 낸 총 금액은 30,000원이므로 이틀 동안 B와 C가 냈을 최대 금액은 100,000원이고, A와 D가 냈을 최소 금액은 100,000원이다.

따라서 A는 D보다 총 20,000원을 더 냈으므로 A가 체험 학습에 참여하면서 이틀 동안 냈을 최소 금액은 {(100,000−20,000)/2}+20,000=60,000원이다.

45 문제해결능력 정답 ②

제시된 [행사 인원 배치 규칙]에 따르면 이틀 연속으로 행사 인원에 배치될 수 없으며, A는 하루 이상, D, E는 월요일에는 반드시 배치되어야 한다. 이때, 5일 동안 행사 진행에 참여하는 전체 인원은 최소로 배치해야 하므로 하루 이상 배치되어야 하는 A와 D를 월요일, 수요일, 금요일 총 3일 동안 배치한다. 또한, 화요일과 목요일도 서로 동일한 사람을 배치해야 5일 동안 행사 진행에 참여하는 전체 인원을 최소로 배치할 수 있다. 이때, 연구개발팀에서 매일 1명 이상 배치되어야 하므로 B와 C 중 1명을 선택하고, 매일 2명 이상이 배치되어야 하는 마케팅팀 F, G, H, I 중 2명을 선택하여 화요일과 목요일에 배치하며, 화요일과 목요일에 배치된 마케팅팀 2명을 제외한 나머지 인원 중 1명을 수요일과 금요일에 배치한다. 이에 따라 월요일부터 금요일까지 5일 동안 행사 진행에 참여하는 전체 인원을 최소로 배치하면 총 7명이며, 7명을 휴가 및 출장 일정, 행사 인원 배치 규칙에 위배되지 않게 배치한 것은 ②이다.

오답 체크
① A는 목요일에 휴가로 목요일 행사 진행에 참여할 수 없다.
③ 연구개발팀 팀장인 A는 반드시 하루 이상 배치되어야 하며, E는 화요일부터 금요일까지 출장이므로 수요일 행사 진행에 참여할 수 없다.
④ 행사 진행에 참여하는 전체 인원을 최소로 배치하면 7명이 되어야 한다.

46 문제해결능력 정답 ③

사물과 세상을 바라보는 인식의 틀을 전환하여 새로운 관점에서 바라보는 사고를 지향하는 사고방식인 '발상의 전환'이다.

오답 체크
① 전략적 사고: 현재 당면하고 있는 문제와 그 해결 방법에만 집착하지 않고, 그 문제와 해결 방법이 상위 시스템 또는 다른 문제와 어떻게 연결되어 있는지 생각하는 사고방식
② 분석적 사고: 전체를 각각의 요소로 나누어 그 요소의 의미를 도출한 다음 우선순위를 부여하고 구체적인 문제 해결 방법을 실행하는 것이 요구되는 사고방식
④ 내·외부자원의 활용: 문제해결 시 기술, 재료, 방법, 사람 등 필요한 자원 확보 계획을 수립하고 내·외부자원을 효과적으로 활용하는 사고방식

⊕ 더 알아보기

분석적 사고
분석적 사고는 성과지향의 문제, 가설지향의 문제, 사실지향의 문제에 따른 분석적 사고가 요구된다.

성과지향의 문제	기대하는 결과를 명시하고 효과적으로 달성하는 방법을 사전에 구상하여 해결
가설지향의 문제	현상 및 원인 분석 전에 지식과 경험을 바탕으로 일의 과정이나 결과, 결론을 가정한 다음 검증 후 사실일 경우 다음 단계의 일을 수행하여 해결
사실지향의 문제	업무에서 일어나는 상식, 편견을 타파하여 객관적 사실로부터 사고와 행동을 시작하여 해결

47 문제해결능력 정답 ①

제시된 [건물별 정보]의 '공사 기간'과 '공사 비용'에 따라 건물별 공사 전체 비용을 계산하면 A 건물은 16 × 34=544만 원, B 건물은 9 × 48=432만 원, C 건물은 12 × 42=504만 원, D 건물은 11 × 41=451만 원이다. 이에 따라 건물별 입점 평가 점수를 나타내면 다음과 같다.

구분	A 건물	B 건물	C 건물	D 건물
월세 비용	2점	3점	1점	4점
학교 거리	3점	1점	4점	4점
공사 기간	4점	1점	2점	3점
공사 전체 비용	2점	4점	2점	3점

이에 따라 건물별 총점을 계산하면
A 건물은 (2 × 0.2)+(3 × 0.4)+(4 × 0.1)+(2 × 0.3)=2.6점,
B 건물은 (3 × 0.2)+(1 × 0.4)+(1 × 0.1)+(4 × 0.3)=2.3점,
C 건물은 (1 × 0.2)+(4 × 0.4)+(2 × 0.1)+(2 × 0.3)=2.6점,
D 건물은 (4 × 0.2)+(4 × 0.4)+(3 × 0.1)+(3 × 0.3)=3.6점이다.
이때, 건물이 도로변에 위치한 A 건물에 1점을 가산하면 A 건물의 총점은 3.6점이므로 A 건물과 D 건물의 총점이 3.6점으로 가장 높다. 총점이 같을 경우 공사 기간, 학교 거리, 공사 전체 비용, 월세 비용 순으로 우선순위를 두므로 A 건물과 D 건물의 공사 기간 점수를 비교하면 A 건물의 점수가 D 건물의 점수보다 더 높다.
따라서 귀하가 갑으로부터 추천받게 될 건물은 A 건물이다.

48 문제해결능력 정답 ③

E가 사용한 사무용품을 모두 5월 10일에 반납하면, 반납 기한을 지키지 않았으므로 신청한 물품 중 볼펜은 수령할 수 없고, 수정 테이프 2개와 메모지 1개만 수령할 수 있으므로 항상 옳은 설명이다.

오답 체크

① A는 가위를 최초신청하는 것이 아니며, 사용한 가위의 반납 여부에 따라 해당 물품을 수령하지 못할 수도 있으므로 항상 옳은 설명은 아니다.
② 메모지는 반납 없이 신청 가능한 물품으로 C가 메모지를 신청한 적이 없을 수도 있으므로 항상 옳은 설명은 아니다.
④ 지우개를 B보다 먼저 신청한 A가 볼펜은 B보다 늦게 신청하였으므로 항상 옳지 않은 설명이다.

49 문제해결능력 정답 ②

ⓒ 회원 을의 출석 횟수가 20회이고, 작성한 게시글 수가 15개이며, 댓글 수 30개일 경우 을은 브론즈 등급의 조건을 모두 충족하지만, 실버 등급의 출석 횟수 조건인 30회를 충족하지 못하여 브론즈 등급을 받게 되므로 옳은 내용이다.
ⓒ 회원 병의 출석 횟수가 150회이고, 작성한 게시글 수가 20개이며, 댓글 수 80개일 경우 병은 VIP 등급의 조건을 모두 충족하여 VIP 등급을 받게 되므로 옳은 내용이다.

오답 체크

㉠ 회원 갑의 출석 횟수가 50회이고, 작성한 게시글 수가 17개이며, 댓글 수가 80개일 경우 갑은 실버 등급의 조건을 모두 충족하지만, 골드 등급의 출석 횟수 조건인 60회를 충족하지 못하여 실버 등급을 받게 되므로 옳지 않은 내용이다.
㉣ 회원 갑은 작성한 게시글 수가 17개로 VIP 등급의 게시글 작성 기준인 20개를 충족하지 않으며, 회원 을은 작성한 댓글 수가 30개로 VIP 등급의 댓글 작성 기준인 70개를 충족하지 않는다. 이때, 회원 병은 VIP 등급의 출석 횟수 기준을 충족하므로 작성한 게시글 수가 20개 이상이고, 댓글 수가 70개 이상일 경우 VIP 등급을 받게 된다. 이에 따라 현재 상황에서 갑, 을, 병이 받을 수 있는 가장 높은 등급은 갑과 을이 골드 등급, 병은 VIP 등급이므로 옳지 않은 내용이다.

50 문제해결능력 정답 ④

문제를 해결하기 위해 개인에게 요구되는 기본 요소는 체계적인 교육 훈련, 문제 해결 방법에 대한 지식, 문제 관련 지식에 대한 가용성, 문제 해결자의 도전 의식과 끈기, 문제에 대한 체계적인 접근이다.

51 자원관리능력 정답 ④

김 대리의 2021년 월 급여액은 2020년보다 15% 인상되어 2,875,000원이 되었으므로 2020년 월 급여액은 2,875,000 / 1.15 = 2,500,000원이다. 또한, 2020년 성과 평가 점수는 $(74 \times 0.7) + (63 \times 0.3) = 70.7$점으로 C 등급이고, 2020년에 직위는 사원이었으므로 5급의 성과급 지급률 45%가 적용되어 2020년에 지급받은 성과급은 $2,500,000 \times 0.45 = 1,125,000$원이다. 2021년 성과 평가 점수는 $(82 \times 0.7) + (77 \times 0.3) = 80.5$점으로 B 등급이고, 2021년에 직위는 대리이므로 4급의 성과급 지급률 85%가 적용되어 2021년에 지급받은 성과급은 $2,875,000 \times 0.85 = 2,443,750$원이다.
따라서 2021년과 2020년에 지급받은 성과급의 차이는 $2,443,750 - 1,125,000 = 1,318,750$원이다.

52 자원관리능력 정답 ④

기업의 입장에서 작업 소요 시간의 단축으로 인해 얻을 수 있는 효과에는 생산성 향상, 가격 인상, 위험 감소, 시장 점유율 증가가 있으므로 가장 적절하지 않다.

오답 체크

② 기업의 입장에서 일을 수행할 때 소요되는 시간을 단축함으로써 비용이 절감되고, 상대적으로 이익이 늘어남으로써 사실상 가격 인상의 효과가 있으므로 적절하다.

53 자원관리능력 정답 ④

제시된 회의록에 따르면 기획팀은 ○○프로젝트 완료일인 10월 11일(금)의 다음 근무일인 10월 14일(월)부터 10월 18일(금)까지 5일 동안 '행사 프로그램 구성' 업무를 진행하므로 적절하지 않은 판단이다.

오답 체크

① 10월 15일(화)에 기획팀은 '행사 프로그램 구성' 업무를 진행하고, 홍보팀은 '회사 홈페이지 행사 안내문 업로드' 업무 또는 '경품 목록 작성 및 필요 물품 구매' 업무를 진행하며, 디자인팀은 '현수막 도안 제작' 업무를 진행하여 세 팀의 행사 준비 업무일이 모두 중복되는 날은 10월 15일(화) 하루이므로 적절한 판단이다.
② 홍보팀은 10월 15일(화)부터 17일(목)까지 '회사 홈페이지 행사 안내문 업로드' 업무와 '경품 목록 작성 및 필요 물품 구매' 업무를 진행하며, 10월 22일(화)에 '행사 장소 사전 답사' 업무를 진행하므로 적절한 판단이다.
③ 디자인팀이 행사 준비 업무에 소요하는 기간은 '현수막 도안 제작' 업무에 3일, '팸플릿 도안 제작' 업무에 2일로 총 5일이므로 적절한 판단이다.

54 자원관리능력 정답 ④

구직자 김혜진과 한재연은 D 기업의 채용 조건을 충족하고, 한지율과 황민규는 B 기업, 최민은 C 기업, 이재원은 A 기업의 채용 조건을 충족한다.
따라서 공개 이력서를 올린 구직자 12명 중 면접 제의를 받게 될 구직자는 총 6명이다.

55 자원관리능력 　　　　　　　　　　 정답 ①

직접비용에 해당하는 항목은 ㉠, ㉡, ㉣이다.

㉢, ㉤, ㉥은 간접비용에 해당한다.

더 알아보기

간접비용과 직접비용

간접비용	제품을 생산하거나 서비스를 창출하기 위해 소비된 비용 중에서 직접비용을 제외한 비용 예 보험료, 건물관리비, 광고비, 통신비, 사무비품비, 각종 공과금 등
직접비용	제품 생산 또는 서비스를 창출하기 위해 직접 소비된 것으로 여겨지는 비용 예 재료비, 원료와 장비, 시설비, 인건비 등

56 조직이해능력 　　　　　　　　　　 정답 ④

환율이 상승하면 외국인들은 저렴한 비용으로 우리나라를 여행할 수 있어 한국을 여행하는 외국인이 증가할 것이므로 가장 적절한 설명이다.

더 알아보기

환율 상승(원화 가치 하락)의 영향
수출 증가와 수입 감소로 경상수지가 개선되고, 수입품의 가격 상승으로 국내 물가가 상승하며, 원화의 가치가 하락해 외채 상환 부담이 증가함

57 조직이해능력 　　　　　　　　　　 정답 ①

제시된 대화에서 확인할 수 있는 직원들의 업무 및 부서는 다음과 같다.

- 김 사원이 하는 회의에서의 의전 준비, 소모품 구입 및 관리는 주로 총무부에서 담당하는 업무이다.
- 이 사원이 하는 판매 계획 수립 및 판매 예산 편성은 주로 영업부에서 담당하는 업무이다.
- 박 사원이 하는 국내외 출장 관련 협조는 주로 총무부에서 담당하는 업무이다.
- 최 주임의 팀에서 하는 퇴직관리는 주로 인사부에서 담당하는 업무이다.
- 강 주임의 팀에서 하는 재무제표 분석 및 보고는 주로 회계부에서 담당하는 업무이다.

따라서 같은 부서에 속했을 가능성이 가장 높은 직원은 '김 사원'과 '박 사원'이다.

58 조직이해능력 　　　　　　　　　　 정답 ③

N 기업이 현재 진행 중인 A 사업은 캐시 카우(Cash cow)에 해당하므로 수확전략 또는 유지전략을 수립하는 것이 가장 적절하다.

더 알아보기

사업 분류별 수립 전략

사업 분류	수립 전략
물음표 (Question mark)	구축전략 또는 철수전략
별(Star)	구축전략 또는 수확전략
개(dog)	수확전략 또는 철수전략
캐시 카우(Cash cow)	수확전략 또는 유지전략

전략 유형

구분	설명
구축전략	투자를 강화하는 공격적인 전략
수확전략	투자 규모는 유지한 채 이익 회수에만 집중하는 전략
유지전략	투자 규모를 사업의 지속 및 보수가 가능한 수준으로 유지하는 전략
철수전략	투자 규모를 줄이거나 사업을 완전히 그만두는 전략

59 조직이해능력 　　　　　　　　　　 정답 ③

시우: 농촌과 도시를 잇는 다리, 농민과 도시민의 연결통로 역할을 하는 농협의 CI는 농업협동조합의 노래이며, 농협의 캐릭터 아리는 기업과 고객을 가장 친근감 있게 연결시키는 역할을 하므로 농협 캐릭터인 아리가 농촌과 도시를 잇는 다리로서의 상징성을 가지고 있다는 것은 가장 적절하지 않다.

60 조직이해능력 　　　　　　　　　　 정답 ②

빈칸에 들어갈 사업은 '팜스테이'이다.
팜스테이 참여 농가가 단순히 음식판매업 또는 민박업으로 전업화가 된 경우는 팜스테이마을 지정 취소기준에 해당하므로 적절하지 않다.

① 마을주민의 $\frac{1}{4}$ 이상이 사업에 동의하고 5호 이상의 농가가 사업에 참여할 수 있어야 팜스테이마을로 지정될 수 있으므로 적절하다.
③ 마을등급제를 위한 마을 평가 결과 60점 미만의 점수를 2회 이상 받았거나, 특별한 사유 없이 2회 이상 등급 평가를 받지 않은 경우에는 팜스테이마을 지정이 취소될 수 있으므로 적절하다.
④ 사업자 대표가 농업협동조합법상의 조합원이어야 팜스테이마을으로 지정될 수 있으므로 적절하다.

바로 채점 및
성적 분석 서비스

정답

p.116

01	④	수리능력	16	③	자원관리능력	31	①	수리능력	46	③	조직이해능력
02	①	문제해결능력	17	③	의사소통능력	32	③	수리능력	47	③	수리능력
03	③	조직이해능력	18	②	의사소통능력	33	②	조직이해능력	48	④	의사소통능력
04	④	수리능력	19	④	수리능력	34	③	자원관리능력	49	④	문제해결능력
05	③	자원관리능력	20	③	수리능력	35	②	의사소통능력	50	②	문제해결능력
06	①	의사소통능력	21	①	조직이해능력	36	③	수리능력	51	②	문제해결능력
07	①	의사소통능력	22	①	문제해결능력	37	②	문제해결능력	52	③	수리능력
08	④	문제해결능력	23	②	수리능력	38	②	문제해결능력	53	②	수리능력
09	①	문제해결능력	24	③	자원관리능력	39	④	의사소통능력	54	④	의사소통능력
10	①	조직이해능력	25	③	조직이해능력	40	②	문제해결능력	55	③	자원관리능력
11	②	자원관리능력	26	②	의사소통능력	41	④	자원관리능력	56	①	자원관리능력
12	③	수리능력	27	②	조직이해능력	42	④	수리능력	57	③	문제해결능력
13	②	문제해결능력	28	④	문제해결능력	43	①	자원관리능력	58	②	의사소통능력
14	③	조직이해능력	29	④	의사소통능력	44	②	의사소통능력	59	①	수리능력
15	④	조직이해능력	30	①	자원관리능력	45	②	수리능력	60	②	자원관리능력

취약 영역 분석표

영역별로 맞힌 개수와 정답률을 적고 나서 취약한 영역이 무엇인지 파악해 보세요.
정답률이 60% 미만인 취약한 영역은 틀린 문제를 다시 풀어보면서 확실히 극복하세요.

영역	의사소통능력	수리능력	문제해결능력	자원관리능력	조직이해능력	TOTAL
맞힌 개수	/12	/15	/13	/11	/9	/60
정답률	%	%	%	%	%	%

※ 정답률(%) = (맞힌 개수/전체 개수) × 100

해설

01 수리능력 정답 ④

오른쪽 접시의 무게를 x, 왼쪽 접시의 무게를 y, 사과의 무게를 z라고 하면
오른쪽 접시 위에 사과 한 개를 올리고 왼쪽 접시 위에 추 600g을 올렸을 때 양팔 저울이 수평을 이루었으므로
$x+z=y+600 \rightarrow x-y+z=600$ … ⓐ
왼쪽 접시 위에 사과 한 개를 올리고 오른쪽 접시 위에 추 400g을 올렸을 때 양팔 저울이 수평을 이루었으므로
$y+z=x+400 \rightarrow -x+y+z=400$ … ⓑ
ⓐ+ⓑ에서 $2z=1,000 \rightarrow z=500$
따라서 사과 한 개의 무게는 500g이다.

02 문제해결능력 정답 ①

분리 가능한 두 번째 명제의 '대우', 분리 가능한 네 번째 명제, 세 번째 명제의 '대우'를 차례로 결합한 결론은 다음과 같다.

• 분리 가능한 두 번째 명제(대우): 문화 시설이 많지 않은 지역은 산업단지가 많다.
• 분리 가능한 네 번째 명제: 산업단지가 많은 지역은 교통 인프라가 발달하지 않았다.
• 세 번째 명제(대우): 교통 인프라가 발달하지 않은 지역은 녹지 면적이 크다.
• 결론: 문화 시설이 많지 않은 지역은 녹지 면적이 크다.

[오답 체크]
② 교통 인프라가 발달한 지역은 관광객이 많고, 관광객이 많은 지역은 복지 수준이 우수하므로 항상 거짓인 설명이다.
③ 산업단지가 많은 지역이 관광객이 많지 않은지는 알 수 없으므로 항상 참인 설명은 아니다.
④ 일자리가 많지 않은 지역은 산업단지가 많고, 산업단지가 많은 지역은 교통 인프라가 발달하지 않았으므로 항상 거짓인 설명이다.

03 조직이해능력 정답 ③

농약의 표시사항에 해당하는 것은 ㉠, ㉡, ㉢, ㉣, ㉤으로 총 5개이다.

알아보기

농약의 표시기준
제3조(농약의 표시사항)
농약의 표시사항은 다음 각 호와 같다.
1. '농약' 문자표기
2. 품목등록번호
3. 농약의 명칭 및 제제형태
4. 유효성분의 일반명 및 함유량과 기타성분의 함유량
5. 포장단위

6. 농작물별 적용병해충(제초제·생장조정제나 약효를 증진시키는 농약의 경우에는 적용대상토지의 지목이나 해당 용도를 말한다) 및 사용량
7. 사용방법과 사용에 적합한 시기
8. 안전사용기준 및 취급제한기준(그 기준이 설정된 농약에 한한다)
9. 다음 각 목의 어느 하나에 해당하는 경우 해당 그림문자, 경고문구 및 주의사항
   가. 맹독성·고독성·작물잔류성·토양잔류성·수질오염성 및 어독성 농약의 경우에는 그 문자와 경고 또는 주의사항
   나. 사람 및 가축에 위해한 농약의 경우에는 그 요지 및 해독 방법
   다. 수서생물에 위해한 농약의 경우에는 그 요지
   라. 인화 또는 폭발 등의 위험성이 있는 농약의 경우에는 그 요지 및 특별취급방법
10. 저장·보관 및 사용상의 주의사항
11. 상호 및 소재지(수입농약의 경우에는 수입업자의 상호 및 소재지와 제조국가 및 제조자의 상호를 말한다)
12. 농약제조 시 제품의 균일성이 인정되도록 구성한 모집단의 일련번호
13. 약효보증기간

04 수리능력 정답 ④

㉡ 밭 경지면적이 10순위에 포함되지 않는 K 지역의 밭 경지면적은 10순위 J 지역의 밭 경지면적인 6,918ha보다 작으며, I 지역 밭 경지면적의 15%는 59,022×0.15=8,853.3ha이므로 옳은 설명이다.
㉢ 전체 경지면적=논 경지면적+밭 경지면적임에 따라 I 지역의 논 경지면적은 59,039-59,022=17ha로 K 지역의 논 경지면적의 (17/5,758)×100≒0.3%이므로 옳은 설명이다.

[오답 체크]
㉠ 논과 밭 경지면적이 모두 10순위 안에 포함된 9개 지역 중 밭 경지면적의 순위가 논 경지면적의 순위보다 높은 지역은 B 지역, E 지역, H 지역 3곳이므로 옳지 않은 설명이다.
㉣ H 지역의 밭 경지면적은 67,071ha로 H 지역의 논 경지면적의 2배인 33,685×2=67,370ha보다 작으므로 옳지 않은 설명이다.

05 자원관리능력 정답 ③

평가항목별 가중치를 부여한 각 택배회사의 최종 점수를 계산하면,
〈한일#〉은 9×0.2+5×0.3+8×0.4+3×0.1=6.8점,
〈경&현〉은 3×0.2+8×0.3+5×0.4+7×0.1=5.7점,
〈신부*〉은 7×0.2+9×0.3+7×0.4+4×0.1=7.3점,
〈동성$〉은 8×0.2+5×0.3+2×0.4+9×0.1=4.8점이다.
따라서 문 차장이 협력 업체로 선정하게 될 택배회사는 〈신부*〉이다.

06 의사소통능력   정답 ①

A가 '이 재킷은 세탁하면 줄어들까요?'라고 물었으므로 '줄 어들지는 않지만, 색이 빠질 수는 있어요.'가 B의 대답으로 적절하다.

오답 체크

② 그것은 전혀 귀찮은 일이 아니에요.
③ 이 재킷은 어두운 색이에요.
④ 이 논쟁은 끊임없이 계속될 거예요

07 의사소통능력   정답 ③

이 문서는 공문서이며, 회사 외부로 전달되는 대외문서로 장기간 보관되어야 하므로 가장 적절하지 않다.

오답 체크

① 공문서는 '누가, 언제, 어디서, 무엇을, 어떻게, 왜'가 정확하게 드러나도록 작성해야 하며 한 장에 담아내는 것이 원칙이므로 적절한 내용이다.
② 공문서 내용 작성 시 마지막에는 반드시 '끝.'자로 마무리해야 하므로 적절한 내용이다.
④ 공문서 내용 작성 시 복잡한 내용은 '-다음-' 또는 '-아래-'를 사용하여 항목별로 구분해야 하므로 적절한 내용이다.

[08 - 09]

08 문제해결능력   정답 ④

'2. 상생소비지원금 신청'에 따르면 신청 첫 5일간은 출생 연도 뒷자리 숫자에 따라 5부제로만 신청 가능하며, 10월 5일인 화요일에 신청할 수 있는 출생연도 끝자리는 2 또는 7이다. 갑~무 5명 모두 상생소비지원금 신청 첫 5일 동안 에 상생소비지원금을 신청하였으므로 갑~무 5명 중 출생 연도 끝자리가 7인 병이 화요일에 지원금을 신청하였다. 이때, '5. 지원금 지급 및 사용'에 따르면 11월 15일에 지급되는 지원금은 10월 실적에 대한 지원금이라고 하였음에 따라 병이 11월 15일에 지급받은 상생소비지원금은 병의 10월 실적에 대한 상생소비지원금이다. 갑~무 모두 2분기와 10월, 11월에 해외 및 실적 제외 업종에서 카드를 사용하지 않았다고 하였으므로 병의 2분기 전체 카드 사용은 5,369,400원이고, '4. 지원금 산정 기준'에서 2분기 월평균 카드 사용액= (2분기 전체 카드 사용액－해외 사용액－실적 제외 업종 사용액)/3으로 구하므로 병의 2분기 월평균 카드 사용액은 5,369,400 / 3 = 1,789,800원이다. '3. 상생소비지원금 지원내용 – 지원방식'에 따르면 월간 카드 사용액이 2분기 월평균 사용액보다 3% 이상 증가 시, 3% 초과분의 10%를 캐시백으로 환급하므로 병의 2분기 월평균 사용액의 3% 증가한 금액을 구하면 1,789,800 × 1.03 = 1,843,494원이다.
병의 10월 카드 사용액은 1,972,800원임에 따라 10월 실적의 2분기 월평균 사용액의 3% 초과분은 1,972,800 － 1,843,494 = 129,306원, 이의 10% 금액은 129,306 × 0.1 ≒ 12,931원이다. 따라서 화요일에 지원금을 신청한 사람이 11월 15일에 지급받은 상생소비지원금은 12,931원이다.

09 문제해결능력   정답 ①

'4. 지원금 산정 기준'에 따르면 2분기 월평균 카드 사용액= (2분기 전체 카드 사용액－해외 사용액－실적 제외 업종 사용액)/3이고, 월별 카드 사용액=당월 카드 사용액－해외 사용액－실적 제외 업종 사용액이며, '3. 상생소비지원금 지원 내용 – 지원방식'에서 월간 카드 사용액이 2분기 월평균 사용액보다 3% 이상 증가 시, 3% 초과분의 10%를 캐시백으로 환급하므로 10월과 11월 각각의 카드 사용액이 상생소비지원금을 지급받을 수 있는 대상자에 해당하기 위해서는 10월과 11월 카드 사용액이 각각 2분기 월평균 카드 사용액보다 3% 이상 많아야 한다. 이때, 갑~무 5명의 2분기 전체 카드 사용액과 10월 카드 사용액, 11월 카드 사용액이 모두 국내 사용액이며, 실적 제외 업종에서 사용한 금액이 없으므로 2분기 월평균 카드 사용액과 2분기 월평균 카드 사용액의 3% 증가한 금액은 다음과 같다.

구분	2분기 전체 카드 사용액	2분기 월평균 카드 사용액	2분기 월평균 카드 사용액의 3% 증가 금액
갑	4,521,890원	4,521,890 / 3 ≒ 1,507,297원	1,507,297 × 1.03 ≒ 1,552,516원
을	3,807,760원	3,807,760 / 3 ≒ 1,269,253원	1,269,253 × 1.03 ≒ 1,307,331원
병	5,369,400원	5,369,400 / 3 = 1,789,800원	1,789,800 × 1.03 = 1,843,494원
정	2,952,330원	2,952,330 / 3 = 984,110원	984,110 × 1.03 ≒ 1,013,633원
무	917,120원	917,120 / 3 ≒ 305,707원	305,707 × 1.03 ≒ 314,878원

이에 따라 10월과 11월의 카드 사용액이 모두 2분기 월평균 카드 사용액의 3% 증가 금액보다 많은 사람은 갑임을 알 수 있다.
따라서 10월과 11월 각각의 카드 사용액이 상생소비지원금을 지급받을 수 있는 대상자에 해당하는 사람은 갑이다.

10 조직이해능력   정답 ①

사업 초기 설비 및 기술 개발에 필요한 자본이 커야 신규 진입자에게 높은 진입장벽으로 작용하므로 가장 적절하지 않다.

오답 체크

② 제품의 차별화로 고객의 충성도를 확보할 경우 신규 진입자는 고객을 확보하기 위해 막대한 마케팅 비용이 필요하여 기존 산업의 진입장벽을 높일 수 있으므로 적절하다.
③ 제품 원가를 낮추어 원가 우위를 확보할 경우 상대적으로 낮은 가격으로 제품을 유통하여 기존 산업의 진입장벽을 높일 수 있으므로 적절하다.
④ 정부의 사업 규제가 강화되면 이를 충족하기 위한 비용과 시간이 소요되어 기존 산업의 진입장벽을 높일 수 있으므로 적절하다.

11 자원관리능력 정답 ②

효율적이고 합리적인 인사관리의 원칙 중 직무 배당, 승진, 상벌, 근무 성적의 평가, 임금 등을 공정하게 처리해야 한다는 원칙은 '공정 인사의 원칙'이다.

 알아보기

효율적이고 합리적인 인사관리 원칙

적재적소 배치의 원리	해당 직무 수행에 가장 적합한 인재를 배치해야 함
공정 보상의 원칙	근로자의 인권을 존중하고 공헌도에 따라 노동의 대가를 공정하게 지급해야 함
공정 인사의 원칙	직무 배당, 승진, 상벌, 근무 성적의 평가, 임금 등을 공정하게 처리해야 함
종업원 안정의 원칙	직장에서 신분이 보장되고 계속해서 근무할 수 있다는 믿음을 갖게 하여 근로자가 안정된 회사 생활을 할 수 있도록 해야 함
창의력 계발의 원칙	근로자가 창의력을 발휘할 수 있도록 새로운 제안, 건의 등의 기회를 마련하고, 적절한 보상을 하여 인센티브를 제공해야 함
단결의 원칙	직장 내에서 구성원들이 소외감을 갖지 않도록 배려하고, 서로 유대감을 가지고 협동, 단결하는 체제를 이루도록 함

12 수리능력 정답 ③

도수분포표에서의 평균 $= \frac{(계급값 \times 도수)의\ 총합}{도수의\ 총합}$ 이고, 계급값은 각 계급의 중앙값임을 적용하여 구한다.
90분 이상 120분 미만이라고 응답한 직장인 수를 x라고 하면
0분 이상~30분 미만 계급의 계급값은 15, (계급값 × 도수)는
$15 \times 6 = 90$,
30분 이상~60분 미만 계급의 계급값은 45, (계급값 × 도수)는
$45 \times 12 = 540$,
60분 이상~90분 미만 계급의 계급값은 75, (계급값 × 도수)는
$75 \times 14 = 1,050$,
90분 이상~120분 미만 계급의 계급값은 105, (계급값 × 도수)는 $105 \times x = 105x$이다.
하루 평균 SNS 접속 시간은 63분이므로
$\frac{90+540+1,050+105x}{6+12+14+x} = 63$
→ $1,680+105x = 2,016+63x$ → $x = 8$
따라서 90분 이상 120분 미만이라고 응답한 직장인 수는 8명이다.

13 문제해결능력 정답 ②

문제의 원인을 더욱 세부적으로 파악하거나 해결 방안을 구체화할 때 도움이 되는 방법으로 주요 과제를 나무 모양으로 분해 및 정리하는 기술은 'Logic Tree'이다.

14 조직이해능력 정답 ③

제시된 지문에서 설명하고 있는 내용과 관련이 있는 운동은 '신토불이 운동'이다.

오답 체크

① 새마을 운동: 근면을 통해 능률과 생산성을 높이고 자조정신으로 주체성·독립성·잠재력을 일깨우며, 협동정신으로 사회적 생산력의 증진과 국민의 단합을 도모하는 운동
② 새농민 운동: 농협운동이 진전되기 위해서는 우선 농민이 잘 살고 농촌이 발전해야 하며, 그러기 위해서는 정부와 농협의 힘만으로는 불가능하다는 인식 아래 농민 자신이 능동적이고 적극적으로 자립·과학·협동하는 자세로 영농과 생활을 개선하도록 하는 행동적이면서도 실천적인 운동
④ 농도불이 운동: 농촌이 도시로부터 일방적인 도움을 받는다는 인식에서 벗어나 상호보완적인 상생관계를 맺음으로써 함께 발전해 나가는 것을 목표로 삼은 운동

15 조직이해능력 정답 ④

회계와 경영 감독을 통해 투명성을 확보하는 것은 사외이사 제도이며 소유주와 경영주의 이해를 일치시켜 동기를 부여하는 것은 스톡옵션이므로 가장 적절하지 않은 이야기를 한 사람은 'D 사원'이다.

 알아보기

대리인 문제

문제 상황	역선택	대리인에 대한 정보의 불균형으로 대리인의 능력보다 높은 보수를 책정하거나 능력이 부족한 대리인을 선택하는 등 불리한 의사결정을 하여 손실을 보는 상황
	도덕적 해이	정보의 불균형이 존재하는 상황에서 소유주가 대리인을 완전히 감시할 수 없을 때 대리인이 기업의 이익보다 자신의 효용을 극대화하는 과정에서 기업이 손해를 입는 상황
해결 방법	스톡옵션	일정한 수량의 주식을 일정한 가격으로 살 수 있도록 하여 주식 가치가 올랐을 때 그 차익을 얻을 수 있게 함으로써 소유주와 전문경영인의 이해를 일치시켜 동기를 부여하는 방법
	사외이사 제도	대주주의 영향권에서 벗어난 외부 전문가를 이사회에 참여시켜 독립적이고 객관적으로 내부 감사 및 조언·자문을 시행하여 경영의 투명성을 제고하는 방법

16 자원관리능력   정답 ③

8월 3주 차에 마케팅부 직원인 박준서 사원은 15일에, 장기훈 부장은 17일에, 한주원 대리는 17일과 19일에 초과 근무를 하였다. 이때, 15일은 광복절로 공휴일이고, 19일은 주말이므로 모두 휴무일 근무 수당을 적용한다. 이에 따라 15일에 근무한 박준서 사원에게 지급할 초과 근무 수당은 $(17-8) \times 12,000=108,000$원이고, 17일에 근무한 장기훈 부장과 한주원 대리에게 지급할 초과 근무 수당은 각각 $(20-17) \times 11,000=33,000$원과 $(22-17) \times 10,000=50,000$원이고, 19일에 근무한 한주원 대리에게 지급할 초과 근무 수당은 $(14-8) \times 14,000=84,000$원이다.

따라서 8월 3주 차에 초과 근무를 한 마케팅부 직원들에게 지급할 초과 근무 수당의 총금액은 $108,000+33,000+50,000+84,000=275,000$원이다.

[17 – 18]

17 의사소통능력   정답 ③

(다) 문단에서 자이가르닉 효과는 해결되지 않은 기억에 집중하고자 하는 본능과 관련 있으며, 각종 마케팅이나 경제 등에서 이를 활용하고 있다고 하였으므로 (다) 문단의 내용을 요약하면 '인간의 본능에서 비롯된 자이가르닉 효과의 실제 활용 사례'가 된다.

18 의사소통능력   정답 ②

(나) 문단에서 자이가르닉의 실험에 참가한 B 그룹의 참가자들이 정확하게 기억해 낸 과제의 과반수가 중간에 중단한 과제였다고 하였으므로 자이가르닉에 따르면 과업을 수행하는 사람들은 완료한 과업보다 도중에 멈춘 과업을 더욱 확실하게 기억하고 있음을 알 수 있다.

오답 체크

① (라) 문단에서 전문가들은 PTSD와 같은 정신적 아픔은 심리적, 정신적 충격으로 인해 치료를 받더라도 충격받은 사건을 완결된 것으로 여기지 않아 반복해서 기억하게 된다고 하였으므로 적절하지 않은 내용이다.
③ (다) 문단에서 시험을 치르고 나왔을 때 시험에 출제되었던 문제를 전혀 기억해 내지 못하는 것도 자이가르닉 효과 중 하나라고 하였으므로 적절하지 않은 내용이다.
④ (가) 문단에서 자이가르닉은 종업원과의 대화를 통해 손님이 음식값을 지불하기 전까지를 정보의 미완성 상태, 지불한 후를 정보의 완성 상태로 여겼다고 하였으므로 적절하지 않은 내용이다.

19 수리능력   정답 ④

철골 유리 시설의 면적은 2022년과 2024년에 전년 대비 증가하였고, 철골 경질 시설의 면적은 2024년에 전년 대비 증가하였으므로 철파이프 시설과 노지의 면적만 확인한다. 2021년 철파이프 시설의 면적은 $5,500 \times 0.38=2,090$ha이므로 2021년 이후 철파이프 시설의 면적은 매년 전년 대비 감소하였고,

2020년 노지의 면적은 $6,000 \times 0.56=3,360$ha이므로 2021년 이후 노지의 면적도 매년 전년 대비 감소하였다.
따라서 2024년 전체 화훼 재배시설 면적에서 철파이프 시설과 노지의 총면적이 차지하는 비중은 $\{(1,720+2,240)/4,400\} \times 100=90\%$이다.

20 수리능력   정답 ③

A 유치원이 구매한 단팥빵의 무게는 8.5근으로 kg으로 환산하면 $8.5/1.7=5$kg이고, B 유치원이 구매한 단팥빵의 무게는 80.1냥으로 kg으로 환산하면 $80.1/26.7=3$kg이다. 또한, C 유치원이 구매한 단팥빵의 무게는 15.4파운드로 kg으로 환산하면 $15.4/2.2=7$kg이므로 A, B, C 유치원에서 구매한 단팥빵 무게의 총합은 $5+3+7=15$kg이다.

21 조직이해능력   정답 ①

경제 부문에 속하는 활동은 ⑦, ⑥, ⑩이다.

오답 체크

⑥, ⑩은 금융 부문, ⑯은 교육지원 부문에 속하는 활동이다.

더 알아보기

농협이 하는 일

교육지원 부문	• 교육지원사업
	  – 농·축협 육성·발전지도·영농 및 회원 육성·지도
	  – 농업인 복지 증진
	  – 농촌사랑·또 하나의 마을 만들기 운동
	  – 농정활동 및 교육사업·사회공헌 및 국제협력 활동

금융 부문	• 상호금융사업
	  – 농촌지역 농업금융 서비스 및 조합원 편익 제공
	  – 서민금융 활성화
	• 농협금융지주
	  – 종합금융그룹(은행, 보험, 증권, 선물 등)

경제 부문	• 농업경제사업
	  – 영농자재(비료, 농약, 농기계, 면세유 등) 공급
	  – 산지유통혁신
	  – 도매 사업
	  – 소비지유통 활성화
	  – 안전한 농식품 공급 및 판매
	• 축산경제사업
	  – 축산물 생산·도축·가공·유통·판매 사업
	  – 축산 지도(컨설팅 등)
	  – 지원 및 개량 사업
	  – 축산 기자재(사료 등) 공급 및 판매

22 문제해결능력　　　정답 ①

기업 내의 교육 훈련 방법 중 하나로 직무에 종사하면서 지도 교육을 받게 되는 것은 'OJT'에 대한 설명이다.

 알아보기

- Off-JT: 직장 밖에서 강의 또는 토의를 통해 정형적으로 실시하는 교육 훈련 방법
- TWI: 중견감독자가 근로자를 통솔 및 지휘하기 위해 실시하는 교육 훈련 방법
- EDP: 리더십 교육의 하나로 경영자 교육이나 후계자 교육을 내용으로 하는 교육 훈련 방법

23 수리능력　　　정답 ②

2022년 E 지역과 H 지역 농업생산수입의 합이 N국 전체 농업생산수입에서 차지하는 비중은 {(1,523,599+820,644)/3,152,013} × 100≒74.4%로 75% 미만이므로 옳지 않은 설명이다.

오답 체크

① 2024년 농업생산수입이 전년 대비 감소한 지역은 A 지역, B 지역, D 지역, E 지역 4곳이므로 옳은 설명이다.
③ 2024년 B 지역의 농업법인 1개당 농업생산수입은 33,213/287 ≒116백만 원이므로 옳은 설명이다.
④ 2024년 D 지역의 농업법인 수는 2년 전 대비 131−125=6개 증가하였고, 농업생산수입은 2년 전 대비 67,615−40,246=27,369백만 원 감소하였으므로 옳은 설명이다.

24 자원관리능력　　　정답 ③

[성과급 지급 기준]에 따르면 정소라 과장의 평가 등급은 상위 8%이므로 S 등급에 해당하여 성과급은 월 급여액의 170%인 3,490,000 × 1.7=5,933,000원을 받아야 한다. 이때, 정소라 과장은 연봉으로 (3,490,000 × 12)+5,933,000=47,813,000원을 받아야 하지만 과장급의 연봉 상한액은 47,610,000원이므로 성과급에서 47,813,000−47,610,000=203,000원을 삭감한다. 이에 따라 정소라 과장이 수령하는 성과급은 5,933,000−203,000=5,730,000원이다. 홍종민 사원의 평가 등급은 상위 30%이므로 A 등급에 해당하여 성과급은 월 급여액의 120%인 2,450,000 × 1.2=2,940,000원을 받아야 한다. 홍종민 사원의 연봉은 (2,450,000 × 12)+2,940,000=32,340,000원으로 연봉 한도액 내에 해당하여 성과급은 2,940,000원을 받는다.

따라서 귀하가 정소라 과장과 홍종민 사원에게 지급한 성과급의 합은 5,730,000+2,940,000=8,670,000원이다.

25 조직이해능력　　　정답 ③

Dog는 성장성과 수익성이 모두 낮아 투자를 지속하면 손해를 볼 수 있어 하루빨리 철수해야 하는 사양사업이므로 가장 적절하지 않다.

26 의사소통능력　　　정답 ②

이 글은 중국 초나라 무사의 일화를 통해 시대가 바뀌었음에도 옛것만 고집하는 사람의 우매함에 대해 설명하는 글이다. 따라서 융통성 없이 현실에 맞지 않는 낡은 생각을 고집하는 어리석음이라는 의미의 '刻舟求劍(각주구검)'과 관련 있다.

오답 체크

① 切磋琢磨(절차탁마): 옥이나 돌 따위를 갈고 닦아서 빛을 낸다는 뜻으로, 부지런히 학문과 덕행을 닦음을 이르는 말
③ 乾坤一擲(건곤일척): 주사위를 던져 승패를 건다는 뜻으로, 운명을 걸고 단판걸이로 승부를 겨룸을 이르는 말
④ 窮餘之策(궁여지책): 궁한 나머지 생각다 못하여 짜낸 계책

27 조직이해능력　　　정답 ②

농협 장학관은 농협이 대학 생활을 하는 농업인 자녀들의 주거비 부담을 덜어주기 위해 운영하는 대학생 생활관이므로 가장 적절하지 않다.

 알아보기

농협의 사회공헌 범위

문화·예술·스포츠	• 지역 문화축제 및 전통문화 보존지원 • 농촌 체험활동, 농촌에서 휴가 보내기 캠페인 • 농협 스포츠단 운영, 대중문화지원 • 지역 체육·문화행사 지원
글로벌	• 다문화가정 모국 방문 지원, 해외 협동조합 지원, 외국인 근로자 정착 지원
지역사회 공익	• 소외계층 위문, 봉사활동, 농촌 일손 돕기, 농산물 구입, 직거래 장터, 농촌 중식 지원, 무더위 쉼터 운영 • 법률상담, 건강검진 등 다양한 복지서비스 제공 • 공익캠페인(헌혈, 성금 모금) • 국가유공자 지원
학술·교육	• 지역인재 육성 장학금 전달, 농업인 자녀 초청 행사 • 꿈나무 육성을 위한 행사 지원, 공모전 개최 • 농협 장학관 운영
환경	• 깨끗하고 아름다운 마을 조성, 영농 폐기물 수거지원 • 환경 관련 캠페인, 숲 조성, 환경단체 지원, 환경 정화 • 농협 공동방제단 운영

28 문제해결능력 정답 ④

제시된 조건에 따르면 각 층의 계단 바로 오른쪽에 위치한 회의실 104호, 204호에서 다음 주 수요일 오후에 면접이 진행될 예정이고 101호, 102호, 206호는 내부 공사 중이므로 101호, 102호, 104호, 204호, 206호는 예약할 수 없다. 또한, 기획2팀, 인사팀, 영업팀은 빔 프로젝터가 설치된 회의실을 예약하므로 계단 왼쪽에 위치한 2층 회의실은 예약하지 않는다. 이때, 회의실별 최대 수용인원과 회의에 참석하는 인원에 따라 기획1팀, 기획2팀, 영업팀은 계단 오른쪽에 위치한 105호, 106호, 205호 중 한 곳을 예약해야 하며, 기획1팀과 기획2팀은 같은 층에 이웃한 회의실을 예약하므로 105호와 106호를 예약해야 한다. 이에 따라 영업팀은 205호를, 빔 프로젝터가 설치된 회의실을 예약하는 인사팀은 103호를 예약하며 법무팀은 201호, 202호, 203호 중 한 곳을 예약해야 한다.
따라서 영업팀이 예약할 회의실은 205호이다.

29 의사소통능력 정답 ④

밑줄 친 단어는 경험이 많고 교활한 면모를 갖고 있다는 의미로 쓰였으므로 때가 묻지 않고 맑고 깨끗하다는 의미의 ④가 적절하다.

오답 체크
① 노련: 많은 경험으로 익숙하고 능란함
② 교활: 간사하고 꾀가 많음
③ 미숙: 일 따위에 익숙하지 못하여 서투름

30 자원관리능력 정답 ①

S 차장은 독일에서 열리는 세미나에 참석할 예정이며, 세미나 입장 시간은 개최 시각 3시간 전부터 개최 시각까지이므로 독일 시각으로 11월 7일 오전 7시 이후부터 오전 10시 이전에 도착하는 비행기를 이용해야 한다. 이때, 그리니치 표준시에 따르면 한국은 독일보다 8시간이 더 빠르므로 한국 시각으로 11월 7일 오후 3시 이후부터 오후 6시 이전에 도착해야 하며, 각 항공편별 도착 시각은 다음과 같다.

항공편 명	독일 도착 시각	
	한국 시각	독일 시각
LH0713	11월 7일 04:45 PM	11월 7일 08:45 AM
OZ0541	11월 7일 01:10 AM	11월 6일 05:10 PM
LO0098	11월 7일 00:45 AM	11월 6일 04:45 PM
SU4031	11월 7일 04:50 PM	11월 7일 08:50 AM

이에 따라 입장 시간 내에 도착하지 않는 OZ0541, LO0098 항공편을 이용할 수 없으므로 이용 가능한 LH0713 항공편과 SU4031 항공편의 요금을 비교하면 LH0713 항공편이 SU4031 항공편보다 더 저렴하다.
따라서 S 차장이 이용하게 될 항공편은 LH0713이다.

31 수리능력 정답 ①

제시된 각 숫자 간의 값이 ×7로 반복되므로 빈칸에 들어갈 알맞은 숫자는 '$\frac{2}{63}$'이다.

32 수리능력 정답 ③

2021년 순환기계통 질환, 분류되지 않은 증상에 의한 남자 사망자 수는 여자 사망자 수보다 적으므로 옳지 않은 설명이다.

오답 체크
① 2021년과 2022년 중 질병 이외의 원인으로 사망한 사람의 비중이 더 큰 2021년에 소화기계통 질환 사망자 수에서 여자가 차지하는 비중은 {3,703 / (7,335 + 3,703)} × 100 ≒ 33.5%이므로 옳은 설명이다.
② 2021년과 2022년의 사망 원인별 사망자 수의 순위는 서로 같으므로 옳은 설명이다.
④ 2021년과 2022년에 소화기계통 질환의 구성비는 동일하지만, 사망 수는 2021년에 7,335 + 3,703 = 11,038명이고, 2022년에 7,332 + 3,787 = 11,119명으로 2022년이 더 많으므로 옳은 설명이다.

33 조직이해능력 정답 ②

농협중앙회·농협은행·NH투자증권 등이 함께 애그테크·농식품 분야의 창업을 희망하는 예비 창업가들의 창업 아이디어를 지원하는 교육 프로그램은 'NH Seed'이다.

오답 체크
① N블링: 축산업의 가치를 홍보하기 위한 대학생 홍보단
③ 농협청년농부사관학교: 청년농업인 양성을 위한 6개월 과정의 귀농 장기 교육
④ 돌아온 농활: 여름방학 기간을 이용하여 대학생들이 농촌 마을에 머물며 일손을 돕는 프로그램

34 자원관리능력 정답 ③

A 아파트는 각 동별로 90세대씩 5개의 동으로 90 × 5 = 450세대이고, 이 중 전기에너지 세대수는 23 + 45 + 32 + 47 + 48 = 195세대이다. 이에 따라 세대수의 합에서 전기에너지 세대수의 합이 차지하는 비중은 (195 / 450) × 100 ≒ 43.3%이므로 전기에너지 세대수 점수는 3점이다. A 아파트의 전기 자동차 대수는 8 + 13 + 11 + 9 + 18 = 59대로 전기 자동차 대수 점수는 2점이며, A 아파트의 전기 자동차 충전소 개수는 2 + 5 + 3 + 2 + 6 = 18개로 전기 자동차 충전소 개수 점수는 2점이다. 또한, A 아파트의 전기 절약 만족도 점수는 만족도별 (점수 × 세대수)의 합 / 세대수의 합인 {(1 × 33) + (2 × 48) + (3 × 56) + (4 × 152) + (5 × 161)} / 450 = 3.8점이다.
따라서 A 아파트의 전기 절약 평가 총점은 (3 × 6) + (2 × 6) + (2 × 3) + (3.8 × 5) = 55점이다.

35 의사소통능력 정답 ②

떠내려가버리는(X) → 떠내려가 버리는(O)
- 한글 맞춤법 제47항에 따라 앞말이 합성 동사인 경우, 그 뒤에 오는 보조 용언은 띄어 쓴다.

36 수리능력 정답 ③

2024년 비료 공급량이 전년 동월 대비 증가한 달은 1~6월이며, 2024년 비료 공급량의 전년 동월 대비 증가율은 1월에 $\{(2,646-2,100)/2,100\} \times 100 = 26.0\%$, 2월에 $\{(2,431-1,870)/1,870\} \times 100 = 30.0\%$, 3월에 $\{(2,597-1,960)/1,960\} \times 100 = 32.5\%$, 4월에 $\{(2,976-2,325)/2,325\} \times 100 = 28.0\%$, 5월에 $\{(3,007-2,425)/2,425\} \times 100 = 24.0\%$, 6월에 $\{(3,010-2,408)/2,408\} \times 100 = 25.0\%$이다.
따라서 2024년 비료 공급량의 전년 동월 대비 증가율이 가장 큰 달은 3월이며, 3월에 전년 동월 대비 증가율은 32.5%이다.

37 문제해결능력 정답 ②

봉지 견과류는 직원 1명당 2개, 음료수는 직원 4명당 1개, 도시락은 직원 1명당 1개를 제공하고 지역별로 봉지 견과류는 5개를 여유분으로 준비해야 한다. 황 사원이 정리해 둔 주문해야 할 음식 개수와 C 지역의 참석 인원 변동에 따라 지역별로 주문해야 할 음식 개수는 다음과 같다.

지역 (참석 인원)	음료수	도시락	봉지 견과류
A 지역(20명)	5개	20개	40개 → 45개
B 지역(15명)	4개	15개	35개
C 지역(19명)	6개 → 5개	21개 → 19개	49개 → 43개
D 지역(18명)	4개 → 5개	18개	41개

따라서 B 지역의 음료수 개수는 조정 없이 4개 주문해야 한다.

38 문제해결능력 정답 ②

제시된 '용역 업체 평가 점수'에 따라 A~D 기업이 받은 평가 결과를 계산하면 다음과 같다.

구분	평가 결과
A 기업	8+18+15+10+6+18=75점
B 기업	9+16+17+12+7+16=77점
C 기업	10+13+18+15+7+14=77점
D 기업	6+19+14+8+6+20=73점

이때 B 기업과 C 기업의 평가 결과가 77점으로 가장 높으며 평가 결과가 동점인 기업의 경우 가격 평가 점수가 더 높은 업체를 우선 선발하므로 김성배 대리가 채택할 마케팅 용역 업체는 B 기업이다.

39 의사소통능력 정답 ④

ⓔ이 포함된 문장은 2011년에 창립 50주년을 맞은 농협이 농협법 개정을 통해 경제사업과 신용사업 체제를 전문화시켜 지역 농축협과 농업인들의 실질적인 권익을 향상시킬 수 있는 역량을 강화했다는 내용이므로 ⓔ에는 'strengthen'이 들어가야 한다.

[오답 체크]
① comprehensive: 종합적인
② development: 발달, 발전
③ integrate: 통합시키다

알아보기

농협 연혁에 대한 내용 중 제시된 일부 내용은 다음과 같다.
농협은 농업인이 중심이 되는 자주적 협동조직으로서 1961년 ⓐ종합농협으로 출범하여 우리 농업 그리고 농촌과 함께 성장한 대한민국의 대표적인 협동조합입니다. 농협은 출범 이래 지속적인 조직과 사업정비를 통해 농업 농촌 ⓑ발전에 기여해왔습니다. 2000년에는 중앙조직을 ⓒ통합하여 일원화하는 '통합농협중앙회 체제'를 구축하였습니다. 창립 50주년을 맞은 2011년에는 농협법 개정을 통해 경제사업과 신용사업 체제를 전문화시켜 지역 농축협과 농업인들의 실질적인 권익을 향상시킬 수 있는 역량을 ⓓ강화하였습니다.

40 문제해결능력 정답 ②

퍼실리테이션에 대한 설명으로 옳은 것은 ㉠, ㉢이다.

[오답 체크]
㉡ 하드 어프로치에 대한 설명이므로 옳지 않다.
㉣ 문제해결을 위해서 직접 표현하는 것이 바람직하지 않다고 여기며, 무언가를 시사하거나 암시하는 방법을 통하여 의사를 전달하고 기분을 서로 통하게 함으로써 문제해결을 도모하려는 문제해결 방법은 소프트 어프로치이므로 옳지 않다.

41 자원관리능력 정답 ④

W, X 공장은 월요일부터 토요일까지 주 6일간 근무하며, Y, Z 공장은 월요일부터 금요일까지 주 5일간 근무하므로 각 공장의 기간별 생산량을 계산하면 다음과 같다.

구분	하루당 생산 개수	한 주당 생산 개수
W 공장	40×7=280개	280×6=1,680개
X 공장	36×8=288개	288×6=1,728개
Y 공장	74×5=370개	370×5=1,850개
Z 공장	69×6=414개	414×5=2,070개

따라서 한 주당 생산 개수가 가장 많은 Z 공장이 신약 생산을 가장 먼저 끝마칠 수 있다.

42 수리능력 　　　　　　　　　정답 ④

시간 $= \dfrac{\text{작업량}}{\text{시간당 작업량}}$ 임을 적용하여 구한다.

A가 1시간 동안 한 일의 양을 x, B가 1시간 동안 한 일의 양을 y, 전체 일의 양을 1이라고 하면

A가 3시간 일한 다음 이어서 B가 10시간 동안 일하여 완료하므로

$3x + 10y = 1 \rightarrow 15x + 50y = 5 \cdots$ ⓐ

A와 B 두 사람이 처음부터 함께 진행하면 완료하는 데 5시간이 걸리므로

$5x + 5y = 1 \rightarrow 15x + 15y = 3 \cdots$ ⓑ

ⓐ − ⓑ에서 $35y = 2 \rightarrow y = \dfrac{2}{35}$

따라서 이 작업을 B가 혼자 진행해서 완료하는 데 걸리는 시간은 $1 \div \dfrac{2}{35} = \dfrac{35}{2} = 17.5$시간 = 17시간 30분이다.

43 자원관리능력 　　　　　　　　정답 ①

디자인팀의 회식 장소는 대표메뉴가 두 종류 이상이어야 하고 K 팀장이 해산물을 먹지 못하므로 대표메뉴가 해산물인 식당을 제외한 곳 중 평가가 가장 좋은 식당이어야 한다. 이에 따라 회식 장소로 가능한 식당은 La CASA와 Firenze이며, 두 식당의 평가점수의 합은 La CASA가 4+5+1+4=14점, Firenze가 3+5+2+3=13점으로 La CASA의 평가가 더 좋다.

따라서 디자인팀이 예약할 식당으로 가장 적절한 곳은 La CASA이다.

44 의사소통능력 　　　　　　　　정답 ②

ⓒ, ⓜ은 모두 동생이 까탈을 부리는 성격이라는 의미이다.
- ⓒ 강퍅하다: 성격이 까다롭고 고집이 세다
- ⓜ 까다롭다: 성미나 취향 따위가 원만하지 않고 별스럽게 까탈이 많다

오답 체크
- ㉠ 야무지다: 사람의 성질이나 행동, 생김새 따위가 빈틈이 없이 꽤 단단하고 굳세다
- ⓛ 명랑하다: 유쾌하고 활발하다
- ㉢ 걸걸하다: 성질이나 행동이 조심스럽지 못하고 거칠다

45 수리능력 　　　　　　　　　정답 ②

- ㉠ 제시된 식약청 중 2021년과 2024년의 부적합 건수가 같은 식약청은 A 식약청, C 식약청으로 총 2곳이므로 옳은 설명이다.
- ㉣ 2020년부터 2024년까지 수거검사 전체 건수의 평균은 B 식약청이 (750+1,354+1,311+1,503+1,794)/5=1,342.4건, D 식약청이 (683+1,440+1,406+1,344+1,893)/5=1,353.2건으로 B 식약청이 D 식약청보다 적으므로 옳은 설명이다.

오답 체크
- ⓛ E 식약청은 2023년 대비 2024년 수거검사 전체 건수 증가량이 1,421-1,376=45건으로 50건 미만이므로 옳지 않은 설명이다.
- ㉢ 2021년 지역별로 부적합 건수가 수거검사 전체 건수에서 차지하는 비중은 A 식약청이 (17/1,350)×100≒1.3%, D 식약청이 (20/1,440)×100≒1.4%로 A 식약청이 D 식약청보다 작으므로 옳지 않은 설명이다.

46 조직이해능력 　　　　　　　　정답 ③

농협은 화학이라는 명칭의 부정적 인식을 개선하고 무기질 비료의 적정 사용에 대한 오해를 바로잡기 위해 2019년부터 화학이라는 명칭 대신 무기질이라는 명칭을 사용해 화학비료를 공급하는 농정활동을 전개하고 있으므로 가장 적절하지 않다.

47 수리능력 　　　　　　　　　정답 ③

2016년에 수산물 어획량이 78,338천 M/T로 가장 큰 국가는 중국이고, 4,342천 M/T로 두 번째로 큰 국가는 일본이다. 2016년 중국의 수산물 어획량이 2016년 세계 수산물 어획량에서 차지하는 비중은 (78,338 / 198,654) × 100 ≒ 39.4%이고, 2016년 일본의 수산물 어획량이 2016년 세계 수산물 어획량에서 차지하는 비중은 (4,342 / 198,654) × 100 ≒ 2.2%이다.

따라서 2016년 중국과 일본의 수산물 어획량이 2016년 세계 수산물 어획량에서 차지하는 비중의 차이는 39.4−2.2 ≒ 37.2%p이다.

⏱ 빠른 문제 풀이 Tip

두 나라의 어획량 비중의 차이는 두 나라의 어획량 차이의 비중과 같음을 이용하여 계산한다.

2016년 두 나라 어획량 차이의 비중은 (78,388−4,342)/198,654 ≒ 37.2%p임을 알 수 있다.

48 의사소통능력 　　　　　　　　정답 ④

고대 이집트의 태양력은 실제 지구의 공전주기와 차이가 있어 윤년의 개념이 필요했다고 하였으므로 이집트인들이 사용했던 태양력이 결점 없는 완벽한 달력이었던 것은 아님을 알 수 있다.

오답 체크
- ① 고대 이집트의 나일강은 주기적으로 홍수가 일어났으며, 다음 홍수가 일어날 때까지 평균적으로 365일이 걸렸다고 하였으므로 적절한 내용이다.
- ② 고대 이집트에서는 윤년의 개념을 도입하여 실제 지구의 공전주기와 태양력의 오차를 바로잡으려 했다고 하였으며, 이것이 오늘날 윤년 제도의 시초라고 하였으므로 적절한 내용이다.
- ③ 그레고리력을 고안한 그레고리우스는 400년을 주기로 4년마다 윤년을 두되, 100으로 나눌 수 있는 해는 윤년에서 제외하는 방식으로 미래에 발생할 오차를 줄였다고 하였으므로 적절한 내용이다.

49 문제해결능력   정답 ④

'4. 채용 일정 및 절차'에 따르면 서류 접수 마감일은 6월 14일이며, 최종 합격자 발표는 6월 28일이므로 옳은 내용이다.

[오답 체크]

① '2. 근무 조건'에 따르면 근무 기간은 7월 1일 목요일부터이므로 옳지 않은 내용이다.
② '5. 참고사항 – 2)'에 따르면 인턴 과정 수료자를 대상으로 수료일 기준 2년 이내 1회에 한하여 가점을 부여하므로 옳지 않은 내용이다.
③ '4. 채용 일정 및 절차 – 1)'에 따르면 서류 점수는 지원자의 자기소개서 항목 점수에 각 가중치를 곱한 값으로 산출되어 A가 지원동기 0.4×8=3.2점, 직무역량 0.4×7.5=3점, 근무계획 0.2×7=1.4점으로 총 7.6점, B가 지원동기 0.4×8.5=3.4점, 직무역량 0.4×8=3.2점, 근무계획 0.2×8=1.6점으로 총 8.2점, C가 지원동기 0.4×7=2.8점, 직무역량 0.4×9=3.6점, 근무계획 0.2×9=1.8점으로 총 8.2점, D가 지원동기 0.4×7.5=3점, 직무역량 0.4×8.5=3.4점, 근무계획 0.2×10=2점으로 총 8.4점임에 따라 서류 점수가 가장 높은 지원자는 D이므로 옳지 않은 내용이다.

50 문제해결능력   정답 ②

'4. 채용 일정 및 절차 – 3)'에 따르면 최종 합격자는 서류 점수와 면접 점수를 모두 합산하여 최종 점수가 가장 높은 1명이 선발되므로 각 지원자의 서류 점수, 면접 점수, 최종 점수는 다음과 같다.

구분	서류 점수	면접 점수	최종 점수
A	7.6점	8+6+7+8=29점	7.6+29=36.6점
B	8.2점	7+9+10+5=31점	8.2+31=39.2점
C	8.2점	9+6+8+7=30점	8.2+30=38.2점
D	8.4점	6+9+7+8=30점	8.4+30=38.4점

따라서 지원자 네 명 중 최종 합격자는 B이다.

51 문제해결능력   정답 ②

A의 국외 여행 계약서 내용 중 특약(위약금/취소료 규정)에 따르면 특가 상품으로 국외 여행 표준약관이 아닌 여행사의 특별약관이 적용된다고 하였으므로 [미소 여행사 여행약관]의 '2 특별약관'을 적용하여 환불 금액을 확인한다. 2 특별약관 제7조 제2항에 따르면 여행 출발 10일 전 취소할 경우 여행 총경비의 30% 위약금을 제외하고 환불된다고 하였으며, 제7조 제5항에 따르면 항공, 현지 호텔, 선택 내역의 경우 미소 여행사가 규정한 국외 여행 특별약관을 적용하여 여행 출발 10일 전 취소할 경우 10%의 취소 위약금을 추가 징수한 뒤 환불된다고 하였으므로 A가 환불받은 금액은 (2,325,000 ×0.7)−{(115,000×6×0.1)+(49,000×6×0.1)+(128,500 ×6×0.1)}=1,452,000원이다.

52 수리능력   정답 ③

해상 운송 천 톤당 물류 비용은 2021년에 8,992/625≒14.4억 원, 2022년에 8,170/575≒14.2억 원으로 2022년에 전년 대비 감소하였으므로 옳지 않은 설명이다.

[오답 체크]

① 2021~2024년 해상 운송량의 평균은 (625+575+765+875)/4 =710천 톤으로 700천 톤 이상이므로 옳은 설명이다.
② 제시된 기간 중 항공 물류 비용이 두 번째로 적은 2022년에 항공 물류 비용은 해상 물류 비용보다 10,750−8,170=2,580억 원 더 많으므로 옳은 설명이다.
④ 항공 운송량의 전년 대비 증가량은 2021년에 850−667=183천 톤, 2022년에 930−850=80천 톤, 2023년에 1,160−930= 230천 톤, 2024년에 1,350−1,160=190천 톤으로 가장 큰 해는 2023년이며, 2023년 항공 운송량은 해상 운송량의 1,160/765 ≒1.52배로 1.5배 이상이므로 옳은 설명이다.

53 수리능력   정답 ②

해상 운송량의 전년 대비 증감량은 2021년에 625−650=−25천 톤, 2022년에 575−625=−50천 톤, 2023년에 765−575= 190천 톤, 2024년에 875−765=110천 톤이므로 옳은 그래프는 ②이다.

[오답 체크]

① 2023년 항공 운송량은 1,160천 톤이지만, 이 그래프에서는 1,200천 톤보다 높게 나타나므로 옳지 않은 그래프이다.
③ 2024년 항공 물류 비용 대비 해상 물류 비용 비율은 21,730/26,500=0.820이지만, 이 그래프에서는 0.8보다 낮게 나타나므로 옳지 않은 그래프이다.
④ 해상 물류 비용은 2021년에 8,992억 원, 2022년에 8,170억 원으로 2021년이 2022년보다 크지만, 이 그래프에서는 2021년이 2022년보다 낮게 나타나므로 옳지 않은 그래프이다.

54 의사소통능력   정답 ④

1875년에 케이튼이 토끼와 원숭이의 대뇌피질 연구를 통해 발견한 전류를 검류계로 기록한 것이 뇌파 연구의 시초라고 하였으며, 1929년에 한스 베르거가 인간의 뇌 신경세포의 활동에서 나타나는 변화를 처음으로 외부에서 측정하여 기록했다고 하였으므로 한스 베르거가 동물의 뇌에서 나타나는 전류의 흐름을 최초로 발견한 것은 아님을 알 수 있다.

[오답 체크]

① 인간의 뇌는 일반적으로 0.5Hz에서 30Hz 사이의 주파수를 가진다고 하였으므로 적절한 내용이다.
② 세타파는 연구자들의 실험 방법 및 피실험자들의 특성이 정해지지 않아 정확한 연구 결과가 부족하다고 하였으므로 적절한 내용이다.
③ 프랑스에서 뇌-컴퓨터 인터페이스 기술을 이용해 뇌파를 음악으로 변환하는 소프트웨어를 개발했다고 하였으므로 적절한 내용이다.

[55 - 56]

55 자원관리능력   정답 ③

일반상품은 당일 출고되며 식품은 익일 출고되므로 가장 느린 배송 완료일을 기준으로 하면 식품을 주문해야 한다. 2월 8일 오전에 주문한 식품은 2월 8일 주문 건으로 등록되어 2월 9일 출고되며 주말에는 주문만 가능하다고 하였으므로 빠르면 2월 10일, 늦어도 2월 13일에는 배송이 완료되어 배송일을 맞출 수 있으므로 옳지 않은 내용이다.

① 오후 3시 이후 주문은 익일 주문 건으로 등록됨에 따라 2월 7일 오후 5시에 주문한 제품은 2월 8일 주문 건으로 등록되며, 일반상품의 주문 건은 당일에 출고됨에 따라 2월 8일 출고된다. 또한, 배송은 출고일부터 1~2일 후 완료된다고 하였으므로 2월 9일에서 2월 10일 사이에 배송이 완료되므로 옳은 내용이다.
② 오후 3시 이전 주문은 당일 주문 건으로 등록됨에 따라 2월 7일 오후 2시에 주문한 식품은 2월 7일 주문 건으로 등록되며, 식품의 주문 건은 주문 익일에 출고됨에 따라 2월 8일 출고된다. 또한, 배송은 출고일부터 1~2일 후 완료된다고 하였으므로 2월 9일에서 2월 10일 사이에 배송이 완료되므로 옳은 내용이다.
④ 일반상품은 당일 출고되며 식품은 익일 출고되므로 가장 빠른 배송 완료일을 기준으로 하면 일반상품을 주문해야 한다. 2월 9일 오전에 주문한 일반상품은 2월 9일 주문 건으로 등록되어 2월 9일 출고되며, 주말에는 주문만 가능하다고 하였으므로 빠르면 2월 10일, 늦어도 2월 13일에는 배송이 완료되므로 옳은 내용이다.

56 자원관리능력   정답 ①

• 음료수: 2월 13일 오후 4시에 주문한 음료수는 2월 14일 주문 건으로 등록되며, 식품의 주문 건은 익일에 출고되지만 배송중단 기간 및 주말에는 출고가 중단되므로 2월 20일에 출고된다. 배송 소요일이 2일이지만 배송지연 기간에 출고되는 물품은 배송에 2일이 더 소요되므로 2월 24일에 배송이 완료된다.
• 손 세정제: 2월 13일 오전 11시에 주문한 손 세정제는 2월 13일 주문 건으로 등록되며, 일반상품의 주문 건은 당일에 출고되므로 2월 13일 출고된다. 배송 소요일이 2일이지만 배송지연 기간에 출고되는 물품은 배송에 2일이 더 소요되며, 배송중단 기간 및 주말에는 배송이 중단되므로 2월 22일에 배송이 완료된다.
• 전자레인지: 2월 18일 오후 8시에 주문한 전자레인지는 2월 19일 주문 건으로 등록되며, 주말 주문 건은 모두 월요일에 출고된다고 하였으므로 2월 20일 출고된다. 배송 소요일이 1일이지만 배송지연 기간에 출고되는 물품은 배송에 2일이 더 소요되므로 2월 23일에 배송이 완료된다.
• 과자: 2월 20일 오후 1시에 주문한 과자는 2월 20일 주문 건으로 등록되며, 식품의 주문 건은 주문 익일에 출고되므로 2월 21일에 출고된다. 배송 소요일이 1일이므로 2월 22일에 배송이 완료된다.

따라서 가장 마지막으로 배송이 완료되는 물품은 '음료수'이다.

57 문제해결능력   정답 ③

사은품을 1등 고객은 3개, 2등과 3등 고객은 각각 2개씩 받았고, 2등 고객은 선풍기를 받았으므로 카메라와 그릇세트를 둘 다 사은품으로 받은 고객은 1등 또는 3등이다. 만약 3등 고객이 카메라와 그릇세트를 받았을 경우, 보조배터리를 받은 고객이 셀카봉을 받은 고객보다 예금액이 더 많아 보조배터리는 1등 고객이, 셀카봉은 2등 고객이 받으며, 카메라와 그릇세트는 1등 고객도 받게 되므로 카메라와 그릇세트를 둘 다 받은 고객은 1명뿐이라는 조건에 모순된다. 이에 따라 카메라와 그릇세트를 둘 다 받은 고객은 1등 고객이고, 같은 사은품을 2개 이상 받은 고객은 없었으므로 보조배터리는 1등 고객이, 셀카봉은 3등 고객이 받았으며, 3명의 고객이 받은 사은품 내역은 다음과 같다.

1등	2등	3등
카메라, 그릇세트, 보조배터리	선풍기, 카메라 또는 그릇세트	셀카봉, 카메라 또는 그릇세트

따라서 2등 고객은 선풍기와 카메라를 사은품으로 받았거나, 선풍기와 그릇세트를 사은품으로 받았으므로 항상 옳지 않은 설명이다.

① 1등 고객이 보조배터리와 그릇세트를 모두 받았으므로 항상 옳은 설명이다.
② 카메라는 1등과 2등이 받았거나, 1등과 3등이 받았으므로 항상 옳지 않은 설명은 아니다.
④ 3등 고객은 카메라와 그릇세트 중 1개를 받았으므로 항상 옳지 않은 설명은 아니다.

[58 - 59]

58 의사소통능력   정답 ②

제시된 글에서 IRP는 연간 새로 납입하는 금액에서 700만 원까지 세액공제를 해주지만, DB형의 경우 가입자가 추가로 납입할 수 없으므로 근로자가 매년 일정한 금액을 추가로 납입할 때 연말 정산을 고려한다면 IRP보다 DB형에 가입해야 하는 것은 아님을 알 수 있다.

① DB형은 퇴직하기 직전에 받는 30일분의 평균임금을 기준으로 근속 연수를 곱한 금액이 결정되며, 정년이 된 근로자가 임금을 삭감하면서 정년을 연장하는 임금피크제를 시행했을 경우 퇴직하기 직전에 받는 30일분 평균임금은 임금피크제를 시행하기 전보다 적다는 것을 추론할 수 있으므로 적절한 내용이다.
③ IRP는 다른 연금저축계좌와 합쳐 연간 1,800만 원을 납입할 수 있다고 했으므로 IRP에 800만 원을 납입했을 경우 같은 해 연금저축계좌에는 1,800-800=1,000만 원 이하의 금액을 납입할 수 있으므로 적절한 내용이다.
④ 근로자가 운용 권한이 있는 퇴직연금인 DC형과 IRP는 운용에 대한 성과 및 손실도 근로자가 떠안게 되므로 적절한 내용이다.

59 수리능력   정답 ①

김 상무는 DC형 퇴직연금에 가입하였으므로 회사는 김 상무의 퇴직연금계좌에 연간 임금총액의 1/12에 해당하는 금액을 납입해야 하며, 첫해 적립금은 250만 원이고, 급여상승률과 DC형 퇴직연금 운용 수익률은 매년 2% 복리이다. 이때 1년 차 적립금을 매년 수익률 2% 복리로 19년 동안 운용한 금액은 250×1.02^{19}만 원, 1년 차보다 2% 증가한 2년 차 적립금을 매년 수익률 2% 복리로 18년 동안 운용한 금액은 $250 \times 1.02^1 \times 1.02^{18}$만 원, 2년 차보다 2% 증가한 3년 차 적립금을 매년 수익률 2% 복리로 17년 동안 운용한 금액은 $250 \times 1.02^2 \times 1.02^{17}$만 원임을 알 수 있다. 이에 따라 $n-1$년 차보다 2% 증가한 n년 차 적립금을 매년 수익률 2% 복리로 $20-n$ 동안 운용할 경우 DC형 퇴직연금계좌에 적립된 세전 금액은 $250 \times 1.02^{n-1} \times 1.02^{20-n} = 250 \times 1.02^{19}$이다.

따라서 20년 후 김 상무의 DC형 퇴직연금계좌에 적립된 세전 금액은 $250 \times 1.02^{19} \times 20 = 250 \times 1.02^{20-1} \times 20 = (250 \times 1.5 / 1.02) \times 20 ≒ 7,353$만 원이다.

60 자원관리능력   정답 ②

⊙은 능동성, ⓒ은 전략적 자원, ©은 개발가능성에 대한 설명이다.

4회 실전모의고사

바로 채점 및
성적 분석 서비스

정답

p.158

01	④	문제해결능력	16	④	의사소통능력	31	③	조직이해능력	46	②	의사소통능력
02	③	조직이해능력	17	④	자원관리능력	32	③	자원관리능력	47	④	문제해결능력
03	②	수리능력	18	②	문제해결능력	33	④	문제해결능력	48	③	자원관리능력
04	②	의사소통능력	19	③	수리능력	34	①	자원관리능력	49	③	의사소통능력
05	④	조직이해능력	20	③	수리능력	35	③	수리능력	50	①	자원관리능력
06	①	조직이해능력	21	③	의사소통능력	36	④	의사소통능력	51	②	의사소통능력
07	③	수리능력	22	④	문제해결능력	37	②	자원관리능력	52	④	자원관리능력
08	③	수리능력	23	④	자원관리능력	38	③	자원관리능력	53	④	문제해결능력
09	①	자원관리능력	24	①	수리능력	39	④	수리능력	54	③	의사소통능력
10	③	문제해결능력	25	④	수리능력	40	④	의사소통능력	55	④	조직이해능력
11	②	의사소통능력	26	④	의사소통능력	41	①	의사소통능력	56	②	수리능력
12	①	문제해결능력	27	③	조직이해능력	42	②	수리능력	57	③	문제해결능력
13	③	자원관리능력	28	③	문제해결능력	43	②	자원관리능력	58	①	문제해결능력
14	④	문제해결능력	29	①	문제해결능력	44	④	조직이해능력	59	②	수리능력
15	④	수리능력	30	③	조직이해능력	45	④	수리능력	60	④	수리능력

취약 영역 분석표

영역별로 맞힌 개수와 정답률을 적고 나서 취약한 영역이 무엇인지 파악해 보세요.
정답률이 60% 미만인 취약한 영역은 틀린 문제를 다시 풀어보면서 확실히 극복하세요.

영역	의사소통능력	수리능력	문제해결능력	자원관리능력	조직이해능력	TOTAL
맞힌 개수	/12	/15	/13	/12	/8	/60
정답률	%	%	%	%	%	%

※ 정답률(%) = (맞힌 개수/전체 개수) × 100

해설

01 문제해결능력
정답 ④

교통량이 많은 어떤 곳이 대기의 질이 나쁘다는 것은 대기의 질이 나쁘면서 교통량이 많은 곳이 적어도 한 곳이 존재한다는 것이므로, 교통량이 많은 곳이 인구가 적다면 인구가 적으면서 대기의 질이 나쁜 곳이 적어도 한 곳 존재하게 된다. 따라서 '교통량이 많은 곳은 인구가 적다.'가 타당한 전제이다.

오답 체크
교통량이 많은 곳을 A, 대기의 질이 나쁜 곳을 B, 인구가 적은 곳을 C라고 하면
① 교통량이 많은 어떤 곳이 대기의 질이 나쁘고, 인구가 적은 곳이 교통량이 많으면 대기의 질이 나쁜 모든 곳은 인구가 적지 않을 수도 있으므로 결론이 반드시 참이 되게 하는 전제가 아니다.

② 교통량이 많은 어떤 곳이 대기의 질이 나쁘고, 인구가 적은 곳이 교통량이 많지 않으면 대기의 질이 나쁜 모든 곳은 인구가 적지 않을 수도 있으므로 결론이 반드시 참이 되게 하는 전제가 아니다.

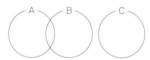

③ 교통량이 많은 어떤 곳도 인구가 적지 않다는 것은 교통량이 많은 모든 곳이 인구가 적지 않다는 것이고, 교통량이 많은 어떤 곳의 대기의 질이 나쁘면 대기의 질이 나쁜 모든 곳은 인구가 적지 않을 수도 있으므로 결론이 반드시 참이 되게 하는 전제가 아니다.

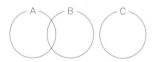

02 조직이해능력
정답 ③

범농협 윤리경영협의회의 주요 업무는 정보공유 및 협력강화, 공동 추진과제 추진이며, 지원부서에는 상호금융기획부가 속한다.
따라서 A에는 '공동 추진과제 추진', B에는 '상호금융기획부'가 들어가야 한다.

03 수리능력
정답 ②

2022년 매출액경상이익률은 전년 대비 $2.8-(-1.5)=4.3\%p$ 증가하였으므로 옳은 설명이다.

오답 체크
① 제시된 기간 동안 매출액이 다른 해에 비해 가장 큰 해는 2023년이고, 경상이익이 다른 해에 비해 가장 큰 해는 2022년이므로 옳지 않은 설명이다.
③ 2021년 이후 경상이익과 당기순이익의 전년 대비 증감 추이는 감소, 증가, 감소, 증가로 모든 해에 서로 같으므로 옳지 않은 설명이다.
④ 매출액경상이익률=(경상이익/매출액)×100, 총자본회전율=총자본경상이익률/매출액경상이익률임을 적용하여 구한다. 2023년 매출액경상이익률은 (51,754/7,621,225)×100≒0.7%임에 따라 총자본회전율은 0.6/0.7≒0.86회로 0.8회 이상이므로 옳지 않은 설명이다.

04 의사소통능력
정답 ②

A가 '이번 여름에 휴가를 갈 예정인가요?'라고 말했으므로 '이번 여름은 너무 더워요.'는 B의 대답으로 적절하지 않다.

오답 체크
① A가 '점심은 몇 시에 먹나요?'라고 말했으므로 '2시 전에 준비될 거예요.'는 B의 대답으로 적절하다.
③ A가 '전화를 받지 못해 죄송합니다.'라고 말했으므로 '괜찮아요, 바쁘셨나요?'는 B의 대답으로 적절하다.
④ A가 '당신에게 여러 번 전화했습니다. 왜 전화를 받지 않았나요?'라고 말했으므로 '아, 저는 친구와 통화 중이었어요.'는 B의 대답으로 적절하다.

05 조직이해능력
정답 ④

농가 자산에 해당하는 것은 ㉠, ㉡, ㉢, ㉣, ㉤, ㉥으로 총 6개이다.

 알아보기

농가 자산
농업을 경영하는 데 있어 용역편익을 제공하는 일체의 경제적 자원으로, 크게 고정자산과 유동자산으로 구분함

고정자산	유형자산	토지, 건물, 기계, 대식물, 대동물
	무형자산	경작권, 어업권, 영업권 등
유동자산	당좌자산	현금, 예금, 보험금, 유가증권, 미수금, 선급금 등
	재고자산	미처분 농축산물, 미사용 구입자재, 소동물

06 조직이해능력   정답 ①

첫 번째는 프로젝트 조직, 두 번째는 매트릭스 조직에 대한 설명이다.

 알아보기

사업부제 조직	단위적 분화의 원리에 따라 제품별·지역별·고객별 등으로 사업 단위를 편성하고 각각에 독립성을 부여하는 조직 형태
네트워크 조직	핵심적인 부문에만 조직의 활동을 집중시키고 나머지 부문에 대해서는 아웃소싱이나 전략적 제휴 등을 통해 외부의 전문가에게 맡기는 조직 형태
직능부제 조직	생산, 판매, 재무, 구매 등 유사한 업무를 묶어 같은 종류 및 부문의 일을 하나의 관리자 아래에 집단화시킨 조직 형태

07 수리능력   정답 ③

각 행과 열의 합계를 식으로 정리하면 다음과 같다.

- 첫 번째 행: A+B+2C=45
- 두 번째 행: A+2B+D=56
- 세 번째 행: B+2C+D=51
- 네 번째 행: A+B+2D=71
- 첫 번째 열: 3B+D=47
- 두 번째 열: 2A+C+D=67
- 세 번째 열: A+2C+D=60
- 네 번째 열: 2B+C+D=49

두 번째 행에서 첫 번째 행을 빼면 B−2C+D=11 … ⓐ
ⓐ에서 세 번째 행을 더하면 2B+2D=62 … ⓑ
ⓑ에서 첫 번째 열에 ×2한 것을 빼면 −4B=−32 → B=8
B=8이므로 ⓑ에 의해 2×8+2D=62 → 2D=46 → D=23
D=23이므로 ⓐ에 의해 8−2C+23=11 → −2C=−20 → C=10
C=10이므로 첫 번째 행에 의해 A+8+(2×10)=45 → A=17
따라서 A=17, B=8, C=10, D=23이므로 A+B+C+D의 값은 17+8+10+23=58이다.

🕐 **빠른 문제 풀이 Tip**

A+B+C+D의 값을 구하고자 하면 A, B, C, D 각각의 값을 구하지 않고 (A+B+C+D)×k의 형태로 계수를 동일하게 맞춰 계산할 수 있다. 두 번째 열과 네 번째 열을 이용하면
두 번째 열에서 2A+C+D=67 … ⓐ
네 번째 열에서 2B+C+D=49 … ⓑ
ⓐ+ⓑ에서 2A+2B+2C+2D=116 → A+B+C+D=58

08 수리능력   정답 ③

갑은 가입기간 18개월인 정기예금에 1천만 원을 예치하여 월이자지급식으로 가입했으며, 가입기간 중 우대조건 1개를 충족하여 연이율 0.5+0.2=0.7%의 금리를 적용받는다. 이때 월이자지급식은 총이자를 월수로 나눠 매월 지급하고, 가입기간은 18개월이므로 갑은 가입기간 동안 10,000,000 × $(0.007 × \frac{18}{12})$=105,000원의 이자를 지급받는다.

을은 가입기간 24개월인 정기예금에 6백만 원을 예치하여 만기일시지급식으로 가입했으며, 만기일지급식은 만기에 일시 지급하고 가입기간 중 우대조건 3개를 충족하여 연이율 0.65+0.4=1.05%의 금리를 적용받는다. 이때 가입기간이 24개월이므로 을은 가입기간 동안 6,000,000 × $(0.0105 × \frac{24}{12})$ =126,000원의 이자를 지급받는다.

따라서 두 사람이 각자 지급받는 총이자의 차는 126,000− 105,000=21,000원이다.

09 자원관리능력   정답 ①

제시된 조건에 따르면 팀장 승인이 완료된 기기만 구매할 수 있으며, 성능이 동일하면 가격이 저렴한 기기로 구매해야 한다. 이에 따라 김형수 주임, 박지형 사원, 민지성 대리, 윤상현 사원이 신청한 사무기기만 구매할 수 있다. 김형수 주임이 신청한 모니터 2대는 가격이 가장 저렴한 F 제품으로 구매해야 하며, 비용은 154,000×2=308,000원이다. 박지형 사원이 신청한 모니터 1대는 화면이 크고 해상도가 높아야 하므로 E 제품을 구매해야 하며, 비용은 209,000원이다. 민지성 대리가 신청한 프린터 2대는 스캔이 가능해야 하므로 B 제품, C 제품 중 한 가지를 구매해야 한다. 이때, B 제품을 2대 구매할 경우의 비용은 10% 할인이 되어 149,000×2×0.9=268,200원이고, 이는 C 제품을 2대 구매할 경우의 비용인 135,000×2=270,000원보다 저렴하므로 B 제품을 구매해야 한다. 또한, 윤상현 사원이 신청한 프린터 1대는 무선 네트워크 연결이 가능해야 하므로 C 제품을 구매해야 하며, 비용은 135,000원이다.

따라서 프린터와 모니터를 구매하는 데 사용할 총비용은 308,000+209,000+268,200+135,000=920,200원이다.

10 문제해결능력   정답 ③

제시된 글에서 설명하고 있는 문제해결 절차의 단계는 핵심 이슈에 대한 가설을 설정한 후, 필요한 데이터를 수집, 분석하여 문제의 근본 원인을 도출해 나가는 '원인 분석' 단계에 해당한다.

11 의사소통능력   정답 ②

밑줄 친 단어는 나타나 보이는 현재의 상태라는 의미로 쓰였으므로 현재의 상황이라는 의미의 ②가 적절하다.

① 본질(本質): 사물이나 현상을 성립시키는 근본적인 성질
③ 현재(現在): 지금의 시간
④ 이면(裏面): 겉으로 나타나거나 눈에 보이지 않는 부분

12 문제해결능력 　　　　　　　　　　정답 ①

해진이가 이용할 이삿짐센터의 이사 소요 시간은 7시간을 초과해서는 안 되므로 이사 소요 시간이 8시간인 C 센터는 제외된다. 또한, 해진이는 금요일에 이사하므로 매주 금요일이 휴일인 D 센터도 제외된다.

따라서 위 조건을 만족하는 이삿짐센터인 A 센터와 B 센터 중 가격이 가장 저렴한 이삿짐센터를 이용하므로 해진이가 이용할 이삿짐센터는 'A 센터'이다.

13 자원관리능력 　　　　　　　　　　정답 ③

인사관리의 원칙 중 직장에서 신분이 보장되고 계속해서 근무할 수 있다는 믿음을 갖게 하여 근로자가 안정된 회사 생활을 할 수 있도록 하는 것은 인사관리 원칙 중 종업원 안정의 원칙에 해당하므로 적절하지 않은 것은 ③이다.

14 문제해결능력 　　　　　　　　　　정답 ④

제시된 조건에 따르면 학용품은 풀, 가위, 색연필, 볼펜, 지우개이고, 5명이 분실물 함에서 찾아간 학용품은 모두 다르다. 정은 가장 마지막 순서로 가위를 찾아갔고, 을과 무 사이에 학용품을 찾아간 사람은 2명이므로 을과 무는 각각 첫 번째 또는 네 번째로 학용품을 찾아갔다. 이에 따라 갑과 병은 각각 두 번째 또는 세 번째에 학용품을 찾아간 것을 알 수 있다. 이때, 을이 찾아간 학용품은 풀과 지우개가 아니므로 색연필 또는 볼펜이고, 무도 색연필 또는 볼펜을 찾아갔으므로 갑과 병은 풀 또는 지우개를 찾아갔다. 또한, 지우개를 찾아간 바로 다음 순서로 풀을 찾아갔으므로 두 번째로 지우개를, 세 번째로 풀을 찾아갔으며, 갑은 풀을 찾아가지 않았으므로 병이 세 번째에 풀을, 갑은 두 번째에 지우개를 찾아갔다. 이에 따라 가능한 경우는 다음과 같다.

구분	첫 번째	두 번째	세 번째	네 번째	다섯 번째
사람	을 또는 무	갑	병	을 또는 무	정
학용품	색연필 또는 볼펜	지우개	풀	색연필 또는 볼펜	가위

따라서 갑은 지우개를 찾아갔으므로 항상 참인 설명이다.

① 을이 찾아간 학용품은 볼펜일 수도 있으므로 항상 참인 설명은 아니다.
② 갑은 두 번째로 학용품을 찾아갔고, 병은 세 번째로 학용품을 찾아갔으므로 항상 거짓인 설명이다.
③ 무가 찾아간 학용품은 볼펜일 수도 있으므로 항상 참인 설명은 아니다.

15 수리능력 　　　　　　　　　　정답 ④

전력 판매금액 = 판매전력량 × 전력 판매단가임을 적용하여 구한다.

20X3년 한국의 전력 판매단가는 1kWh당 110원이므로 1GWh당 110×10^6원이다. 이때, 1원당 엔화의 환율은 $\frac{엔/달러}{원/달러}$이므로 20X3년 1원당 엔화의 환율은 $\frac{120}{1,160}$엔이다.

따라서 20X3년 일본의 전력 판매금액은 $800,000 \times 110 \times 10^6 \times \frac{120}{1,160}$ ≒ 91,034억 엔이다.

16 의사소통능력 　　　　　　　　　　정답 ④

이 글은 너무 비싸지도, 싸지도 않은 중간 가격의 제품을 사는 것이 오히려 합리적인 소비의 결과가 아닐 수도 있다는 내용이므로 이 글의 중심 내용으로 가장 적절한 것은 ④이다.

17 자원관리능력 　　　　　　　　　　정답 ④

[엔지니어링 업체 평가 점수 기준]에 따라 입찰 업체별 평가 점수를 계산하면 다음과 같다.

구분	신뢰도 점수	업체 실적 점수	시공 능력 점수	합계
가 업체	25,000 / 1,000 =25 20점	(420 / 600) × 100 =70% 10점	8점	38점
나 업체	13,000 / 1,000 =13 13점	(216 / 240) × 100 =90% 16점	8점	37점
다 업체	40,000 / 1,000 =40 20점	(1,060 / 1,500) × 100 ≒ 71% 16점	8점	44점
라 업체	18,000 / 1,000 =18 18점	(360 / 390) × 100 ≒ 92% 20점	8점	46점

따라서 평가 점수가 가장 높은 업체를 선정한다고 할 때, 평가 점수가 46점으로 가장 높은 '라 업체'가 선정된다.

18 문제해결능력 정답 ②

제시된 조건에 따르면 모든 혈액형이 적어도 1명 존재하므로 1개의 혈액형은 2명, 3개의 혈액형은 각각 1명이고, 갑과 을의 예측이 대조되므로 둘 중 한 명의 예측은 진실이고, 다른 한 명의 예측은 거짓이다.

먼저, 갑의 예측이 진실인 경우 갑은 A형 또는 B형이고, 갑의 혈액형이 AB형이라고 예측한 을의 예측은 거짓이다. 또한, 병은 을의 혈액형이 B형이라고 예측하였으므로 병의 예측도 거짓이다. 을의 예측에 따라 AB형은 2명이 되고, 병의 예측에 따라 을과 병은 혈액형이 같은 AB형이어야 하지만, 갑의 예측에서 정도 AB형이므로 모순이 발생한다.

갑의 예측이 거짓인 경우 정의 혈액형이 AB형이 아니고, 정과 무의 혈액형이 같으므로 을의 예측은 진실이고, 갑의 혈액형은 AB형이며 정과 무를 제외한 모두 혈액형이 다르다. 이때, 병의 예측도 진실이 되어 을의 혈액형은 B형이고, 병의 혈액형은 A형이다. 이에 따라 정과 무의 혈액형이 O형이 된다.

따라서 사람과 혈액형이 올바르게 연결된 것은 ②이다.

[19 - 20]

19 수리능력 정답 ③

직거래 참여 농가 수가 두 번째로 많은 2022년에 곡물류 직거래 판매액은 86,580백만 원으로 과일류 직거래 판매액의 2배인 43,280 × 2 = 86,560백만 원 이상이므로 옳은 설명이다.

오답 체크

① 전체 직거래 판매액이 두 번째로 적은 2020년에 직거래 참여 농가 1호당 평균 직거래 판매액은 165,850/26,750 = 6.2백만 원 = 620만 원이므로 옳지 않은 설명이다.

② 과일류 직거래 판매액은 2022년에 전년 대비 증가하였으므로 옳지 않은 설명이다.

④ 2024년 곡물류 직거래 판매액의 4년 전 대비 감소율은 {(95,500 − 78,600)/95,500} × 100 ≒ 17.7%로 20% 미만이므로 옳지 않은 설명이다.

20 수리능력 정답 ③

온라인 직거래 판매액과 오프라인 직거래 판매액의 차이는 2020년에 92,500 − 73,350 = 19,150백만 원, 2021년에 105,680 − 69,200 = 36,480백만 원, 2022년에 100,800 − 72,200 = 28,600백만 원, 2023년에 98,700 − 63,800 = 34,900백만 원, 2024년에 99,550 − 66,850 = 32,700백만 원으로 2021년에 가장 크다.

따라서 2021년 전체 직거래 판매액에서 채소류 판매액이 차지하는 비중은 (21,860/174,880) × 100 = 12.5%이다.

[21 - 22]

21 의사소통능력 정답 ③

'3. C 카드'에서 매월 적립 내용에 대한 결제 금액을 합산하여 합산 금액의 5%가 에어머니로 적립된다고 하였지만, 적립 내용에 영화관 매점은 포함되지 않는다고 하였으므로 C 카드로 한 달간 영화관 매표소에서 13,000원, 영화관 매점에서 4,000원을 결제하고, 동영상 스트리밍 서비스에 7,900원만을 결제했다면 익월에 적립되는 에어머니가 1,200원 이상이라는 것은 가장 적절하지 않은 내용이다.

오답 체크

① '1. A 카드'에서 1개 업종 선택 시 매 결제별 20%씩, 2개 업종 선택 시 매 결제별 15%씩 할인되며, 주유 업종 선택 시 1개의 업종을 추가로 선택해야 한다고 하였으므로 적절한 내용이다.

② '2. B 카드'에서 추가 포인트 적립은 대상 가맹점에 한해 제공된다고 하였으므로 적절한 내용이다.

④ '4. D 카드'에서 가입 월에는 국제공항 라운지 무료 이용 서비스가 제공되지 않는다고 하였으므로 적절한 내용이다.

22 문제해결능력 정답 ④

'5. E 카드'에 따르면 연회비는 국내 전용 카드가 1만 2천 원, 해외 겸용 카드가 1만 3천 원이므로 옳지 않은 내용이다.

23 자원관리능력 정답 ④

글을 바탕으로 하였을 때 〈보기〉에서 긴급하고 중요한 일은 마감이 내일인 프로젝트와 다운된 회사 서버 복구이며, 긴급하지는 않지만 중요한 일은 장기적 투자 계획 수립과 자기 계발을 위한 독서이며, 긴급하지만 중요하지는 않은 일은 쌓인 이메일 확인과 진행중인 업무와 무관한 회의 참석이며, 긴급하지도 중요하지도 않은 일은 인터넷 서핑과 SNS 게시물 작성이다.

따라서 ⑦~㉣에 해당하는 내용을 적절하게 연결한 것은 ④이다.

24 수리능력 정답 ①

유통 물량 1톤당 유통 비용은 2021년에 329,520/137,300 = 2.40만 원, 2022년에 387,045/164,700 = 2.35만 원, 2023년에 439,671/188,700 = 2.33만 원, 2024년에 495,264/214,400 = 2.31만 원이다.

따라서 친환경농산물 유통 물량 1톤당 유통 비용이 가장 비싼 해는 2021년이다.

25 수리능력   정답 ④

A 산 수익금이 전년 대비 가장 많이 증가한 해는 281,145 - 233,814 = 47,331만 원이 증가한 2021년이므로 옳지 않은 설명이다.

① 2022년 수익금이 전년 대비 증가한 국립공원은 B 산, G 산, H 산, I 산, J 산으로 총 5곳이므로 옳은 설명이다.
② 2019년 E 산 수익금의 2016년 대비 증가율은 {(34,462 - 31,100) / 31,100} × 100 ≒ 10.8%이므로 옳은 설명이다.
③ F 산 수익금은 2021년에 8,445만 원, 2016년에 846만 원으로 2021년에 2016년 대비 8,445 / 846 ≒ 10.0배이므로 옳은 설명이다.

26 의사소통능력   정답 ④

'요청 배경'에 따르면 금융감독원이 공문에서 언급한 주민등록번호 암호화 개념 오인 사례가 당사에서도 벌어졌는지에 대한 현황 파악이 필요하다고 하였으므로 당사에서 주민등록번호 암호화 개념을 어떻게 이해하고 적용하였는지 확인하는 것이 가장 적절하다.

27 조직이해능력   정답 ③

농협이 선가격 할인제도를 도입한 시기는 2020년이므로 가장 적절하지 않다.

[28 - 29]

28 문제해결능력   정답 ③

약점인 부품을 규격화하여 기회인 경제 신흥국의 스마트팜 시장을 선점하는 것은 WO 전략이므로 옳은 설명이다.

구분	내용
강점 (Strength)	• 제조업 및 ICT 분야의 높은 기술력
약점 (Weakness)	• 스마트팜에 사용되는 부품의 비규격화 및 비표준화 • 농민들의 스마트팜 산업 반대 • 대기업의 투자와 기술개발 참여를 유도하지 못함
기회 (Opportunity)	• 정부의 적극적인 지원 확대 • 경제 신흥국의 스마트팜 관련 기술의 수요 증가 • 농업 강국 중 스마트팜 기술력이 초기 단계인 국가의 시장
위협 (Threat)	• 주변 국가의 대규모 투자와 기술개발

① 강점인 높은 기술력을 토대로 경제 신흥국에서 경쟁력을 확보하는 기회를 잡는 것은 SO 전략이므로 옳지 않은 설명이다.
② 약점인 농민의 반대를 농민과 기업이 상생할 수 있는 방안을 통해 대기업의 대규모 투자와 기술개발을 유도함으로써 주변 국가에 뒤처지지 않는 기술개발로 위협을 회피하는 것은 WT 전략이므로 옳지 않은 설명이다.
④ 약점인 대기업의 투자와 기술개발 참여를 유도하여 농업 강국 중 스마트팜 기술력이 초기 단계인 시장을 점유할 수 있는 기회를 잡는 것은 WO 전략이므로 옳지 않은 설명이다.

29 문제해결능력   정답 ①

약점인 스마트폰의 높은 가격대를 원가 절감 방안을 통해 보완하여 위협인 가속화되는 신흥국 시장의 중저가 스마트폰 가격에서 우위를 선점하는 것은 WT 전략이므로 옳은 내용이다.

② 강점인 세계 스마트폰 시장 점유율 1위 및 5G 첫 상용화 타이틀을 활용하여 기회인 일본의 5G 시장에 미리 진출하여 일본 시장을 선점하는 것은 SO 전략이므로 옳지 않은 내용이다.
③ 약점인 해외 기술에 의존하는 CPU 설계 기술 등 스마트폰 부품 제조 관련 산업에 투자하여 기회인 5G 주변 산업을 더욱 활성화하는 것은 WO 전략이므로 옳지 않은 내용이다.
④ 강점인 세계 최고 수준의 ICT 인프라를 활용하여 위협인 중국의 5G 인프라에 대규모 투자보다 먼저 수준 높은 5G 인프라를 구축하여 세계 국가들의 테스트 베드를 제공하는 것은 ST 전략이므로 옳지 않은 내용이다.

30 조직이해능력   정답 ③

'NH농협무역'은 농협 경제지주의 계열사에 해당한다.

 알아보기

농협 경제지주 계열사

유통	• 농협하나로유통/농협유통
제조	• 남해화학/농협케미컬/농우바이오/농협에코아그로 등
식품·서비스	• 농협양곡/농협홍삼/농협식품/농협물류/NH농협무역
축산	• 농협사료/농협목우촌 등

31 조직이해능력 정답 ③

신문 기사에 제시된 A 사는 지위고하를 막론하고 좋은 아이디어를 낼 수 있도록 파일럿 시스템과 맥나이트 정신을 중요하게 여기므로, 조직 구성원의 창의성과 혁신성을 중시하여 업무수행에 대한 자율재량권을 부여하고 조직의 성장과 발전에 관심이 높은 유형인 개발문화가 가장 적절하다.

오답 체크

① 집단문화: 관계지향적인 문화로, 조직 구성원 간 단결, 팀워크, 공유가치, 사기 등을 중시하고 조직내부의 통합과 유연한 인간관계를 강조하는 유형
② 합리문화: 과업지향적인 문화로, 조직의 목표를 명확하게 설정하고, 주어진 과업을 효과적이고 효율적으로 수행하기 위해 실적 달성과 직무 몰입 등을 강조하는 유형
④ 계층문화: 위계질서에 의한 명령과 통제가 이루어지는 문화로, 업무처리 시 규칙과 법을 준수하는 것을 중시할 뿐만 아니라 관행과 안정, 문서와 형식, 보고와 정보관리, 명확한 책임소재 등 조직내부의 통합과 안정성을 확보하기 위해 계층화되고 서열화된 조직구조를 강조하는 유형

32 자원관리능력 정답 ③

제시된 선물 세트 선정 기준에 따르면 최종점수가 가장 높은 선물 세트를 구매하고 최종점수가 동일한 경우 가격이 더 낮은 상품을 구매하므로 점수 부여 기준에 따라 계산한 최종점수는 다음과 같다.

구분	가격	품질	신선도	당도	유기농 인증 여부	최종점수
포도	8	6	6	8	1	$(8+6) \times 0.3 + (6+8) \times 0.2 + 1 = 8.0$
감귤	8	6	8	10		$(8+8) \times 0.3 + (6+10) \times 0.2 = 8.0$
배	10	6	8	10		$(10+8) \times 0.3 + (6+10) \times 0.2 = 8.6$
토마토	8	9	6	8	1	$(8+6) \times 0.3 + (9+8) \times 0.2 + 1 = 8.6$

따라서 갑이 구매할 선물 세트는 최종점수가 8.6점으로 가장 높은 배와 토마토 중 가격이 더 낮은 '배'이다.

33 문제해결능력 정답 ④

제시된 조건에 따르면 오토바이에 적재가 불가능한 경우에는 차량 퀵서비스를 제공하며, 차량 퀵서비스 이용 요금은 오토바이 퀵서비스 이용 요금의 두 배가 청구되고, 퀵서비스를 주말에 이용하는 경우에는 평일 이용 요금의 두 배가 청구된다. B 사의 팀별 퀵서비스 이용 내역에 따라 이용 요금을 계산하면, 인사팀은 주말에 오토바이 퀵서비스를 1번 이용했으므로 $19 \times 2 = 38$천 원, 영업팀은 평일에 차량 퀵서비스와 오토바이 퀵서비스를 각각 1번씩 이용했으므로 $(7 \times 2) + 9 = 23$천 원, 기획팀은 평일에 차량 퀵서비스를 1번 이용했으므로 $17 \times$

$2 = 34$천 원, 연구팀은 평일에 오토바이 퀵서비스를 2번 이용했으므로 $16 + 19 = 35$천 원, 개발팀은 주말에 차량 퀵서비스를 1번 이용했으므로 $8 \times 2 \times 2 = 32$천 원이 청구된다.
따라서 퀵서비스 이용 요금이 가장 많은 팀은 인사팀이고, 가장 적은 팀은 영업팀이다.

34 자원관리능력 정답 ①

제시된 자료에 따르면 여름 휴가는 8월 중에 모두 사용해야 하고, 과장급은 5일의 여름 휴가를 최대 2번까지 나누어 쓸 수 있으므로 M 과장은 8월 중에 여름 휴가를 5일 연속 또는 1일과 4일 연속 또는 2일과 3일 연속으로 나누어 쓸 수 있다. M 과장은 8월 11일과 21일에 출장을 가므로 여름 휴가를 쓸 수 없고, 공휴일 앞뒤로 여름 휴가를 붙여 쓸 수 없으므로 8월 14일과 16일에 여름 휴가를 쓸 수 없다. 또한, 근무지에 팀원이 3명 미만으로 출근하는 날에는 여름 휴가를 쓸 수 없고, 출장 업무는 외부 근무라서 근무지 출근으로 간주하지 않으므로 8월 3일, 7일, 25일에 여름 휴가를 쓸 수 없다. 이때, 한 팀 내에서 팀장과 과장급은 여름 휴가, 출장 등을 포함하여 같은 날 근무지를 비울 수 없으므로 8월 1일~2일, 24일, 28일에 여름 휴가를 쓸 수 없다. 이에 따라 M 과장은 8월 4일, 8일~10일, 17일~18일, 22일~23일, 29일~31일에 휴가를 쓸 수 있고, 이 중 한 번에 여름 휴가를 연속으로 쓸 수 있는 최대 일수는 8월 8일~10일 또는 29일~31일로 3일이므로 5일 연속 또는 1일과 4일 연속으로 나누어 여름 휴가를 쓸 수 없다.
따라서 M 과장이 여름 휴가를 쓸 수 없는 날짜는 8월 4일이다.

35 수리능력 정답 ③

비소비지출액＝총 가계지출액－소비지출액, 총 가계지출액＝(식료품 지출액/엥겔계수) × 100임을 적용하여 구한다.
제시된 기간 동안 의류 지출액이 가장 많은 2020년에 총 가계지출액은 $(3,445/13.0) \times 100 = 26,500$천 원임에 따라 비소비지출액은 $26,500 - 21,954 = 4,546$천 원이므로 옳은 설명이다.

오답 체크

① 2024년 주류 및 담배 지출액은 전년 대비 감소하였으므로 옳지 않은 설명이다.
② 2022년 소비지출액에서 주거 지출액이 차지하는 비중은 $(1,655/23,683) \times 100 = 7.0\%$로 5% 이상이므로 옳지 않은 설명이다.
④ 2024년 소비지출액은 3년 전 대비 $24,749 - 23,187 = 1,562$천 원 증가하였으므로 옳지 않은 설명이다.

36 의사소통능력 정답 ④

밑줄 친 단어는 간사하고 교활하다는 의미로 쓰였으므로 자기의 이익을 위하여 나쁜 꾀를 부리는 등 마음이 바르지 않다는 의미의 ④가 적절하다.

① 추악(醜惡): 더럽고 흉악함
② 비정(非情): 사람으로서의 따뜻한 정이나 인간미가 없음
③ 의뭉: 겉으로는 어리석은 것처럼 보이면서 속으로는 엉큼함

[37 ~ 38]

37 자원관리능력 　　　　　　　　　정답 ②

- 을: 예산서는 사업 및 프로젝트 수주 시 중요한 평가항목 중 하나로 직접비용과 간접비용을 모두 고려하여 전체 예산을 계획해야 하므로 적절한 내용이다.
- 정: 간접비용은 특정 제품이나 서비스에 직접 연결되지 않지만 사업이나 프로젝트의 전체 운영을 지원하므로 적절한 내용이다.

따라서 예산의 구성요소 및 예산서에 대해 바르게 이해한 사람은 을, 정으로 2명이다.

- 갑: 광고비는 간접 비용에 해당하므로 적절하지 않은 내용이다.
- 병: 업무가 수행되는 상황에 따라 다양하게 나타나며 비용을 예측하는 것이 어려운 것은 간접비용에 대한 설명이므로 적절하지 않은 내용이다.

 알아보기

직접비용	• 제품을 생산하거나 서비스를 창출하기 위해 직접 소비된 것으로 여겨지는 비용 예 재료비, 원료와 장비, 시설, 인건비, 출장 및 잡비 등
간접비용	• 직접비용을 제외한 비용으로 제품 생산 또는 서비스 창출에 소비된 비용 중 제품 생산에 직접적으로 관련되지 않은 비용 • 간접비용의 경우 업무나 업무가 수행되는 상황에 따라 매우 다양하며, 간접비용을 정확하게 예측하는 것이 어려움 예 보험료, 건물 관리비, 광고비, 통신비, 사무 비품비, 공과금 등

38 자원관리능력 　　　　　　　　　정답 ③

지역상생 프로젝트 운영비 예산서에 따라 프로젝트가 진행되었을 때, 예산서의 항목 중 직접비용에 해당하는 것은 원재료비, 포장재비, 운반 및 유통비, 제품 개발비, 인건비, 가공비이다.
따라서 지출한 직접비용의 총비용은 $(500 \times 20) + 250 + 200 + 400 + (400 \times 6) + (1,000 \times 4) = 17,250$만 원이다.

39 수리능력 　　　　　　　　　정답 ④

◇◇그룹의 작년 총매출액은 3억 원이었고, 그중 A 계열사 매출액은 1억 2천만 원이었으므로 A 계열사 매출액이 총매출액에서 차지하는 비중은 $\frac{12,000}{30,000} \times 100 = 40\%$이다. 또한, 올해 ◇◇그룹의 총매출액은 작년 대비 45% 증가하였으므로 $30,000 \times 1.45 = 43,500$만 원이고, 그중 총매출액에서 A 계열사 매출액이 차지하는 비중은 작년 대비 10%p 증가하였으므로 $40 + 10 = 50\%$이다.
따라서 올해 A 계열사의 매출액은 $43,500 \times 0.5 = 21,750$만 원이다.

40 의사소통능력 　　　　　　　　　정답 ④

원숭이가 직접 행동하지 않고 인간의 행동을 보기만 해도 뉴런이 활성화되는 것은 지각과 운동이 연동되어 있다는 사실을 나타내는 놀라운 발견이라고 하였으므로 원숭이 뇌의 뉴런이 직접 행동할 경우에만 활성화되는 것은 아님을 알 수 있다.

① 1966년에 원숭이를 대상으로 진행된 실험에서 거울뉴런이 발견되었고 이 연구를 토대로 인간에게도 거울뉴런이 있을 가능성이 제기되었다고 하였으므로 적절한 내용이다.
② 신경심리학자 콜이 거울뉴런계가 타인의 감정을 이해하는 데에도 중요한 역할을 한다는 것을 발견했다고 하였으므로 적절한 내용이다.
③ 공공장소에서 한 사람이 하품하면 주변 사람들도 따라하는 것과 같이 거울뉴런은 다른 행위자가 한 행동을 관찰하기만 해도 같은 행동을 하도록 만든다고 하였으므로 적절한 내용이다.

41 의사소통능력 　　　　　　　　　정답 ①

이 글은 여러 악재로 인해 프로축구 K 리그에서 2부 리그로 강등될 뻔한 위기에 처했던 A 팀이 마지막 경기에서 승리하여 1부 리그에 남을 수 있었던 상황에 대해 설명하는 글이다. 따라서 거의 죽을 뻔하다가 도로 살아난다는 의미의 '기사회생(起死回生)'과 관련 있다.

② 지피지기(知彼知己): 적의 사정과 나의 사정을 자세히 앎
③ 고육지책(苦肉之策): 자기 몸을 상해 가면서까지 꾸며 내는 계책이라는 뜻으로, 어려운 상태를 벗어나기 위해 어쩔 수 없이 꾸며 내는 계책을 이르는 말
④ 설상가상(雪上加霜): 눈 위에 서리가 덮인다는 뜻으로, 난처한 일이나 불행한 일이 잇따라 일어남을 이르는 말

42 수리능력   정답 ②

아빠의 나이를 x, 엄마의 나이를 y, 딸의 나이를 z라고 하면

$\frac{x+y}{2}=51 \rightarrow x+y=102 \cdots$ ⓐ

$3z-5=x \rightarrow -x+3z=5 \cdots$ ⓑ

$y+z=69 \cdots$ ⓒ

ⓐ-ⓒ에서 $x-z=33 \cdots$ ⓓ

ⓑ+ⓓ에서 $z=19$

따라서 딸의 나이는 19세이다.

43 자원관리능력   정답 ②

제시된 [발대식 관련 전달사항]에 따르면 행사장에서 음향 장비와 케이터링 서비스를 이용할 수 있어야 하므로 세미나실 1, 세미나실 2는 제외한다. 또한, 전체 참석 예정 인원은 대학생 서포터즈 103명, 행사 도우미 12명, 강연자 5명으로 총 103+12+5=120명이다. 이때, 발대식 당일 다른 임직원의 참석 가능성을 고려하여 행사장은 전체 참석 예정 인원의 10%를 추가로 수용할 수 있어야 하므로 120×1.1=132명을 수용할 수 없는 비전홀, 대회의실 2도 제외한다. 발대식은 7월 17일 오전 9시부터 7월 18일 오후 3시까지 진행되지만, 행사 준비를 위해 행사장은 발대식 시작일의 하루 전날 정오부터 이용할 수 있어야 하므로 7월 16일 오후 12시부터 7월 18일 오후 3시까지 이용할 수 있어야 한다. 이에 따라 7월 16일 오후에 예약 완료된 한빛홀 1과 7월 17일 오후에 예약 완료된 대회의실 1은 이용할 수 없다.

따라서 발대식을 위해 예약할 수 있는 행사장은 한빛홀 2이다.

44 조직이해능력   정답 ④

제시된 글에서 설명하고 있는 개념은 의사결정권과 책임을 조직의 하층부로 분산시켜 업무를 효율적이고 신속하게 진행할 수 있는 '분권화(Decentralization)'에 해당한다.

 알아보기

조직구조의 형태

집권화	조직 내 의사결정이 조직 상층부에 집중된 형태
분권화	조직 내 의사결정 권한이 조직 하층부로 이양된 형태
부문화	조직 내 수평적으로 유사한 직무끼리 집단화된 형태
전문화 (=분업화)	조직 구성원에게 하나의 주된 업무가 분담된 형태

45 수리능력   정답 ④

표준화(Z)는 변량이 평균을 중심으로 표준편차의 몇 배만큼 떨어져 있는지를 나타내는 값으로, 표준화(Z)=$\frac{변량-평균}{표준편차}$임을 적용하여 구한다. 합격한 C 지원자의 전공 점수가 91점이고 합격자의 전공 평균 점수가 88점, 전공 표준편차 점수가 8점이면, 합격자 중 C 지원자 전공 점수의 Z=$\frac{91-88}{8}=\frac{3}{8}$=0.375이므로 옳지 않은 설명이다.

[오답 체크]

① 표준편차는 분산의 제곱근 값이고, 분산은 각 변량과 평균의 차이의 제곱합을 변량의 개수로 나눈 값임에 따라 합격자 개개인의 전공 점수가 제시된다면 합격자의 전공 표준편차 점수를 구할 수 있으므로 옳은 설명이다.

② 지원자 개개인의 NCS 점수가 제시된다면 각 지원자 NCS 점수의 Z 크기에 따라 상대적 등수를 알 수 있으므로 옳은 설명이다.

③ 합격한 A 지원자의 NCS 점수가 82점이고 지원자 전체의 NCS 표준편차 점수가 12점이면, 지원자 전체 중 A 지원자 NCS 점수의 Z=$\frac{82-72}{12}=\frac{10}{12}$≒0.830이므로 옳은 설명이다.

[46 - 47]

46 의사소통능력   정답 ②

추진 배경에서 법률상 전기통신 금융사기가 아닌 대면편취형 금융사기는 2019년 1~8월 간 1,879건에서 2020년 동기 간 8,176건으로 급격히 상승했다고 하였으므로 법에 저촉되지 않는 대면편취형 금융사기 건수가 2020년 1~8월에 전년 동기간 대비 8,176건 증가했다는 것은 가장 적절하지 않은 내용이다.

[오답 체크]

① 세부 사항에서 방송 3사를 통한 TV·라디오 공익 캠페인 광고는 실제 보이스피싱 사기범과 피해자의 목소리를 활용하여 제작될 예정이라고 하였으므로 적절한 내용이다.

③ 참고 사항에서 보이스피싱 경고문자를 재난문자로 발송하려면 행정안전부와의 협의가 필요하기 때문에 경고 안내문자 발송 전까지 관련 협의를 진행하여 가능 여부를 확인할 예정이라고 하였으므로 적절한 내용이다.

④ 세부 사항에서 금융위원회에서는 홍보안과는 별도로 자체 추진 계획을 수립할 예정이며, 11월에 보이스피싱 피해 연령 이용 모바일앱 배너 광고를 진행할 예정이라고 하였으므로 적절한 내용이다.

47 문제해결능력   정답 ④

세부 사항에 따르면 관계부처·기관 합동으로 진행하는 보이스피싱 피해 예방을 위한 홍보는 ㉠이 10월 1일, ㉡이 9월 초순, ㉢이 10월 중순, ㉣이 9월 25일, ㉤이 9월 29일부터 시행될 예정이다.

따라서 ㉠~㉤이 시행되는 순서를 바르게 나열하면 '㉡ - ㉣ - ㉤ - ㉠ - ㉢'이 된다.

48 자원관리능력 정답 ③

2차 모델링 모형 제작에 추가로 필요한 재료는 현재 보유하고 있는 재료를 제외한 우드락 10장, 나무 54개, 잔디 20개, 벤치 18개, 사람 모형 10개이다.
따라서 2차 모델링 모형을 제작하기 위해 필요한 추가 재료비는 (10 × 850)+(54 × 2,400)+(20 × 1,600)+(18 × 3,200)+(10 × 400)=231,700원이다.

49 의사소통능력 정답 ③

이 글은 사회적 갈등이 일반적으로 부정적인 개념으로 받아들여지나, 해결하는 과정을 살펴보면 사회적 갈등이 오히려 사회 문제의 정확한 파악, 혁신적 및 창의적 사고, 사회 연대 강화 등의 긍정적인 기능을 한다는 내용이므로 이 글의 주제로 가장 적절한 것은 ③이다.

50 자원관리능력 정답 ①

생체인식은 사람의 측정 가능한 지문, 홍채, 얼굴 등의 신체적인 특성과 글씨체, 음성, 걸음걸이 등의 행동학적 특성 등 개별적인 생체 특성을 추출하여 본인 여부를 비교, 확인함으로써 보안시스템에 활용하는 기술이므로 자동 검표 시스템을 구축하는 데 필요한 물적자원관리 방법으로 가장 적절하지 않다.

 알아보기

RFID (전자태그)	무선 주파수를 이용하여 대상을 식별할 수 있도록 하는 기술로, 교통카드나 고속도로의 하이패스 등에 활용되며 기존에 근로자의 수작업을 통해 개별적으로 확인해야 했던 것들을 컴퓨터 시스템이 자동으로 확인할 수 있게 함
BAR CODE	컴퓨터가 판독할 수 있도록 굵기가 다른 검은 막대와 하얀 막대를 조합시켜 문자나 숫자를 코드화한 것으로, 효율적인 상품관리를 가능하게 함
QR CODE	흑백 격자무늬 패턴으로 정보를 나타내는 매트릭스 형식의 바코드로, 용량 제한에 따라 한정된 정보만 담았던 기존 바코드에 비해 넉넉한 용량으로 다양한 정보를 담을 수 있음

51 의사소통능력 정답 ②

달러를 엔화로 환전하기 위한 대화이며, B가 '환율은 1달러당 145엔입니다.'라고 대답했으므로 '환율이 어떻게 되나요?'가 A의 말로 적절하다.

오답 체크
① 수수료를 받나요
③ 비용은 얼마인가요
④ 어떻게 지불하면 되나요

52 자원관리능력 정답 ④

[별표 1]에 따르면 일반적인 사항에 관한 예산·회계 관련 문서의 보존 기간은 5년이다. 또한, 3문단에서 모든 문서는 문서를 생성한 담당부서에서 확인하고 폐기하여야 하며 보존 기간이 지났어도 대여한 부서에서 임의로 폐기할 수 없다고 하였으므로 제시된 문서는 회계부에서 폐기해야 한다.
따라서 제시된 문서의 보존 기간은 5년이고, 문서를 폐기해야 하는 부서는 회계부이다.

53 문제해결능력 정답 ④

제시된 지문은 '피라미드 구조화 방법'에 대한 설명이다.

오답 체크
① 3C 분석: 사업환경의 구성요소인 자사(Company), 경쟁사(Competitor), 고객(Customer)을 의미하며, 3C에 대한 체계적인 분석을 통해 환경 분석을 수행하는 방법
② So What 기법: "그래서 무엇이지?"하고 자문자답하는 것으로, 눈앞에 있는 정보로부터 의미를 찾아내어 가치 있는 정보를 이끌어 내는 사고 방법
③ Logic Tree 기법: 문제의 원인을 깊이 파고든다든지 해결책을 구체화할 때 제한된 시간 속에 넓이와 깊이를 추구하는 데 도움이 되는 기술로, 주요 과제를 나무 모양으로 분해·정리하는 기법

54 의사소통능력 정답 ③

표준어 규정 제5항에 따라 어원에서 멀어진 형태로 굳어져 널리 쓰이는 것을 표준어로 삼는다고 하였으므로 '사글세'로 고쳐 쓰는 것이 가장 적절하다.

오답 체크
① 표준어 규정 제17항에 따라 비슷한 발음의 형태 중 더 널리 쓰이는 것을 표준어로 삼아야 하므로 '널빤지'가 적절하다.
② 한글 맞춤법 제52항에 따라 한자어에서 본음으로도 나고 속음으로도 나는 것은 각각 그 소리에 따라 적어야 하므로 '시월'이 적절하다.
④ 부동산 업자가 제삼자로서 두 당사자 사이에 서서 일을 주선한다는 의미로 쓰였으므로 '중개(仲介)'가 적절하다.
  • 중계(中繼): 중간에서 이어 줌

55 조직이해능력 정답 ④

농업협동조합법 제1조에 따라 빈칸에 들어갈 말을 차례대로 나열한 것은 '경쟁력 – 국민경제의 균형 있는 발전'이다.

56 수리능력 정답 ②

세 번째 항부터 제시된 각 숫자는 앞의 두 숫자의 합 +2라는 규칙이 적용되므로 빈칸에 들어갈 알맞은 숫자는 '58'이다.

57 문제해결능력   정답 ③

'5. 아이디어 공모전 추진 일정'에 따르면 공모전 과제 선정은 2월 1일부터 2월 18일 사이에 진행되고, '6. 과제 선정 절차 및 기준 – 1)'에 따라 한국발명진흥회가 참가 기업의 과제 신청서를 검토하거나 인터뷰를 진행하는 것은 공모전 과제 선정 절차에 포함되므로 옳은 내용이다.

[오답 체크]
① '2. 과제 모집 유형'에 따르면 아이디어로 얻은 이익의 일부를 사회에 필수로 기부해야 하는 과제 모집 유형은 아이디어 나눔 유형이며, '3. 참가 대상'에 따라 사회적 기업·비영리법인 또는 ○○시가 투자·출연한 기관과 산하 기관에 한하여 참가 가능하므로 옳지 않은 내용이다.
② '7. 유의사항'에 따르면 공모전을 통해 참가 기업에 제공되는 아이디어에 대한 권리는 최종 계약이 이루어지기 전까지 아이디어 제안자에게 있으므로 옳지 않은 내용이다.
④ '4. 참가 신청 방법 및 접수처'에 따르면 참가 신청서는 우편접수가 불가하므로 옳지 않은 내용이다.

58 문제해결능력   정답 ①

제시된 자료에 따르면 기업에 귀속되는 이익은 전체 이익에서 보상 금액과 사회 기부 금액을 제외한 이익이고, '2. 과제 모집 유형'에 따라 아이디어 나눔 유형은 아이디어로 얻은 이익의 전부 또는 일부(2/3 이상)를 사회에 필수로 기부해야 한다. A 기업은 아이디어로 얻은 이익을 사회에 최소 금액으로 기부하므로 이익의 2/3를 사회에 기부한다. 이때 A 기업이 아이디어를 제공받아 1,200만 원의 이익이 발생했으므로 사회에 기부하는 금액은 $1,200 \times (2/3) = 800$만 원이고, 아이디어 제공자에게 보상하는 금액은 100만 원이다.

따라서 A 기업에 귀속되는 이익은 $1,200 - 800 - 100 = 300$만 원이다.

59 수리능력   정답 ②

2023년 4분기 구내통신시설 공사비지수 대비 정보통신시스템시설 공사비지수의 비율은 $109.3/148.0 = 0.74$로 0.75 미만이므로 옳은 설명이다.

[오답 체크]
① 2024년 4분기 선로시설의 공사비지수는 직전 분기 대비 감소하였으나, 정보통신시스템시설의 공사비지수는 직전 분기 대비 증가하였으므로 옳지 않은 설명이다.
③ 2024년 1분기 공사비지수의 전년 동분기 대비 증가량은 구내통신시설이 $137.1 - 120.7 = 16.4$, 철도통신시설이 $131.4 - 123.2 = 8.2$로 구내통신시설이 철도통신시설의 $16.4/8.2 = 2$배이므로 옳지 않은 설명이다.
④ 2023년 1분기~4분기 선로시설 공사비지수의 평균은 $(136.0 + 142.8 + 166.2 + 152.0)/4 = 149.3$으로 150 미만이므로 옳지 않은 설명이다.

60 수리능력   정답 ④

2024년 2분기 공사비지수의 전년 동분기 대비 증가량은 구내통신시설이 $148.4 - 136.8 = 11.6$, 선로시설이 $155.3 - 142.8 = 12.5$, 정보통신시스템시설이 $117.6 - 108.4 = 9.2$, 철도통신시설이 $142.3 - 133.6 = 8.7$, 기타 시설이 $140.9 - 130.4 = 10.5$로 선로시설이 가장 크다.

따라서 선로시설의 2024년 4분기 공사비지수의 직전 분기 대비 감소율은 $\{(158.5 - 135.5)/158.5\} \times 100 = 14.5\%$이다.

5회 실전모의고사

정답

p.202

01	①	의사소통능력	21	⑤	의사소통능력	41	②	수리능력	61	④	자원관리능력
02	④	의사소통능력	22	④	의사소통능력	42	②	문제해결능력	62	③	자원관리능력
03	①	의사소통능력	23	③	의사소통능력	43	⑤	문제해결능력	63	③	조직이해능력
04	③	의사소통능력	24	①	의사소통능력	44	②	문제해결능력	64	②	조직이해능력
05	⑤	의사소통능력	25	②	의사소통능력	45	②	문제해결능력	65	③	조직이해능력
06	⑤	의사소통능력	26	⑤	수리능력	46	⑤	문제해결능력	66	①	조직이해능력
07	③	의사소통능력	27	③	수리능력	47	⑤	문제해결능력	67	②	조직이해능력
08	②	의사소통능력	28	③	수리능력	48	⑤	문제해결능력	68	③	조직이해능력
09	②	의사소통능력	29	③	수리능력	49	③	문제해결능력	69	⑤	조직이해능력
10	①	의사소통능력	30	③	수리능력	50	③	문제해결능력	70	①	조직이해능력
11	⑤	의사소통능력	31	②	수리능력	51	③	문제해결능력			
12	④	의사소통능력	32	③	수리능력	52	④	문제해결능력			
13	⑤	의사소통능력	33	①	수리능력	53	①	문제해결능력			
14	④	의사소통능력	34	②	수리능력	54	③	문제해결능력			
15	③	의사소통능력	35	②	수리능력	55	②	문제해결능력			
16	④	의사소통능력	36	④	수리능력	56	⑤	자원관리능력			
17	②	의사소통능력	37	②	수리능력	57	④	자원관리능력			
18	④	의사소통능력	38	③	수리능력	58	③	자원관리능력			
19	①	의사소통능력	39	④	수리능력	59	①	자원관리능력			
20	④	의사소통능력	40	④	수리능력	60	④	자원관리능력			

취약 영역 분석표

영역별로 맞힌 개수와 정답률을 적고 나서 취약한 영역이 무엇인지 파악해 보세요.
정답률이 60% 미만인 취약한 영역은 틀린 문제를 다시 풀어보면서 확실히 극복하세요.

영역	의사소통능력	수리능력	문제해결능력	자원관리능력	조직이해능력	TOTAL
맞힌 개수	/25	/16	/14	/7	/8	/70
정답률	%	%	%	%	%	%

※ 정답률(%) = (맞힌 개수/전체 개수) × 100

01 의사소통능력　　　　　정답 ①

밑줄 친 단어는 마음의 상태라는 의미로 쓰였으므로 마음속이라는 의미의 ①이 적절하다.

오답 체크

② 사정(事情): 일의 형편이나 까닭
③ 목적(目的): 실현하려고 하는 일이나 나아가는 방향
④ 의견(意見): 어떤 대상에 대하여 가지는 생각
⑤ 상황(狀況): 일이 되어 가는 과정이나 형편

02 의사소통능력　　　　　정답 ④

밑줄 친 단어는 활기나 진취적 기상이 없게 된다는 의미로 쓰였으므로 적극적으로 나아가서 일을 이룩함이라는 의미의 ④가 적절하다.

오답 체크

① 안정: 바뀌어 달라지지 아니하고 일정한 상태를 유지함
② 전통: 어떤 집단이나 공동체에서, 지난 시대에 이미 이루어져 계통을 이루며 전하여 내려오는 사상·관습·행동 따위의 양식
③ 협력: 힘을 합하여 서로 도움
⑤ 침체: 어떤 현상이나 사물이 진전하지 못하고 제자리에 머무름

03 의사소통능력　　　　　정답 ①

제시된 단어 세상과 누리는 모두 사람이 살고 있는 모든 사회를 뜻하므로 유의관계이다.
따라서 사라져 없어진다는 의미의 '소멸'과 유의관계의 단어인 '소실'이 적절하다.

04 의사소통능력　　　　　정답 ③

ⓐ 빈칸 뒤의 문장에서 우리나라 청소년들의 역사 인식이 부족하다고 하였으므로 마땅히 있어야 할 것이 빠져서 없거나 모자라다는 의미의 '결여'가 적절하다.
ⓑ 빈칸 뒤의 단어인 정답과 함께 쓸 수 있으며 알고자 하는 바를 얻기 위해 묻는다는 의미의 '질문'이 적절하다.
ⓒ 빈칸이 있는 문장에서 야스쿠니 신사의 '신사(神社)'가 '신사(紳士)'를 의미하는 것이 아니냐고 답변한 학생도 있었다고 하였으므로 말이나 행동 따위가 참되지 않고 터무니없다는 의미의 '황당한'이 적절하다.
ⓓ 빈칸이 있는 문장에서 한국사가 대학수학능력시험의 필수 과목 중 하나가 되었다고 하였으므로 어떤 사물이나 현상 가운데 함께 들어 있거나 함께 넣어진다는 의미의 '포함'이 적절하다.

05 의사소통능력　　　　　정답 ⑤

'남의 집에서 안잠자며 생활하던 습관이 몸에 배었다.'에서 '안잠자다'는 남의 집에서 먹고 자며 그 집안일을 도와줌을 의미한다.
• 빌어먹다: 남에게 구걸하여 거저 얻어먹다
　예 생활고에 시달려 빌어먹다 보니 항상 배고픔에 시달려야 했다.

06 의사소통능력　　　　　정답 ⑤

빈칸 앞에서는 사람들이 스트레스를 부정적인 것으로 여겨 스트레스가 완전히 사라지기를 바란다는 내용을 말하고 있고, 이와는 반대로 빈칸 뒤에서는 스트레스가 아예 없는 상태는 오히려 병을 유발하며 적당한 스트레스가 건강에 도움이 된다는 내용을 말하고 있으므로 앞의 내용과 뒤의 내용이 상반될 때 사용하는 연결어인 ⑤가 적절하다.

07 의사소통능력　　　　　정답 ③

존대말(X) → 존댓말(O)
• 한글 맞춤법 제30항에 따라 순우리말과 한자어로 된 합성어로서 앞말이 모음으로 끝난 경우, 뒷말의 첫소리 'ㄴ, ㅁ' 앞에서 'ㄴ' 소리가 덧나는 것은 사이시옷을 받치어 적는다.

08 의사소통능력　　　　　정답 ②

밑줄 친 단어는 무더운 여름을 잘 버틸 수 있었다는 의미로 쓰였으므로 어려움이나 고비 따위를 겪어 지나게 한다는 의미의 ②가 적절하다.

오답 체크

① 물건, 권리, 책임, 일 따위를 맡기다
③ 종이, 책장 따위를 젖히다
④ 일정한 시간, 시기, 범위 따위에서 벗어나 지나게 하다
⑤ 높은 부분의 위를 지나가게 하다

09 의사소통능력　　　　　정답 ②

올바른 경청 방법에 따르면 상대방과 의견이 다르더라도 일단 상대방의 의견을 수용해야 하므로 상대방의 의견을 수용하기보다는 먼저 자신의 의견을 피력한다는 것은 경청 교육 내용을 토대로 한 소감으로 가장 적절하지 않다.
①, ③, ④, ⑤는 모두 올바른 경청 방법과 관련 있는 소감이다.

[10-12]

10 의사소통능력   정답 ①

이 글은 3D 프린팅 기술에 시간의 축을 추가한 4D 프린팅 기술이 자가조립 기술과 자가 변형 기술의 원리에 따라 자동차, 의료, 건설 등 다양한 분야에서 이용될 것이라는 내용이므로 이 글의 제목으로 가장 적절한 것은 ①이다.

11 의사소통능력   정답 ⑤

6문단에서 4D 프린팅 기술의 발전은 아직 초기 단계이고, 타국과의 경쟁에서 주도권을 잡기 위해서는 정부 차원에서 적극적으로 투자할 필요가 있다고 하였으므로 4D 프린팅 기술이 여러 나라의 경쟁으로 인해 빠르게 발전하여 안정기에 접어든 것은 아님을 알 수 있다.

오답 체크

① 4문단에서 비전 넥스트 100이 4D 프린팅 기술을 활용한 대표적인 자동차로, 험준한 도로를 달릴 때 환경에 걸맞게 바퀴의 모양이 달라진다고 하였으므로 적절하다.
② 3문단에서 4D 프린팅에는 모양을 변형할 수 있도록 프로그래밍이 된 스마트 재료가 사용되며, 나무와 종이같이 부분 변형이 가능한 소재도 사용할 수 있다고 하였으므로 적절하다.
③ 2문단에서 온도, 습도, 진동 등의 자극을 받으면 형태가 바뀌는 스마트 재료를 3D 프린터로 출력하는 것이 4D 프린팅 기술이라고 하였으므로 적절하다.
④ 1문단에서 빌딩보다 큰 3D 프린터를 만드는 데 매우 큰 비용이 들어서 경제적 유인이 거의 없다고 하였으므로 적절하다.

12 의사소통능력   정답 ④

밑줄 친 단어는 주의나 흥미를 일으켜 꾀어낸다는 의미로 쓰였으므로 사람이나 물건을 목적한 장소나 방향으로 이끈다는 의미의 ④가 적절하다.

오답 체크

① 반응(反應): 자극에 대응하여 어떤 현상이 일어남
② 성과(成果): 이루어 낸 결실
③ 진전(進展): 일이 진행되어 발전함
⑤ 경과(經過): 어떤 단계나 시기, 장소를 거침

13 의사소통능력   정답 ⑤

• 잊힐만도 한데(X) → 잊힐 만도 한데(O)
한글 맞춤법 제42항에 따르면 의존 명사는 띄어 쓴다. 따라서 의존 명사로 사용된 '만'은 띄어 써야 하므로 '잊힐 만도 한데'라고 써야 한다.

오답 체크

①, ③ 조사로 사용된 '만'은 붙여 써야 한다.
②, ④ 의존 명사로 사용된 '만'은 띄어 써야 한다.

14 의사소통능력   정답 ④

지문은 친구들이 마라톤 대회에 나간다고 하자 덩달아 동참하기로 했다가 후회했다는 내용의 글이다. 따라서 줏대 없이 남의 의견에 따라 움직인다는 의미의 '부화뇌동(附和雷同)'이다.

오답 체크

① 고진감래(苦盡甘來): 쓴 것이 다하면 단 것이 온다는 뜻으로, 고생 끝에 즐거움이 옴을 이르는 말
② 근묵자흑(近墨者黑): 먹을 가까이하면 사람은 검어진다는 뜻으로, 나쁜 사람과 가까이 지내면 나쁜 버릇에 물들기 쉬움을 이르는 말
③ 자중지란(自中之亂): 같은 편끼리 하는 싸움
⑤ 전전긍긍(戰戰兢兢): 몹시 두려워서 벌벌 떨며 조심함

15 의사소통능력   정답 ③

〈보기〉의 네 번째 단어는 자연환경이며, 나머지 단어들은 그 안에서 나타나는 요소들을 나열한 것이므로 단어 간의 관계가 〈보기〉와 다른 것은 ③이다.

16 의사소통능력   정답 ④

제시된 안내문의 '실적별 혜택'에 전월 실적이 10만 원 이상인 경우 쿠폰이 제공된다는 내용은 언급되어 있으나, 전월 실적이 10만 원 이상인 이용자 모두에게 기타 혜택도 제공한다는 내용은 언급되어 있지 않다.
따라서 기타 혜택의 제공 조건이 이미 앞에 제시되어 있으므로 이를 삭제하라는 피드백은 가장 적절하지 않다.

17 의사소통능력   정답 ②

㉠ 한글 맞춤법 제47항에 따라 보조 용언은 띄어 씀을 원칙으로 하되, 경우에 따라 붙여 씀도 허용한다. 따라서 '올 성싶다'를 원칙으로 하고 '올성싶다'를 허용하므로 맞춤법에 맞는 문장이다.
㉣ 한글 맞춤법 제41항에 따라 조사는 그 앞말에 붙여 쓴다. 따라서 어떤 상황이 이루어지거나 어떻다고 말하기에는 부족한 조건이지만 아쉬운 대로 인정됨을 나타내는 보조사인 '나마'는 앞말에 붙여 써야 하므로 맞춤법에 맞는 문장이다.

오답 체크

㉡ 실증(X) → 싫증(O)
• 한글 맞춤법 제27항에 따라 둘 이상의 단어가 어울리거나 접두사가 붙어서 이루어진 말은 각각 그 원형을 밝히어 적는다. 따라서 싫은 생각이나 느낌 또는 그런 반응을 의미하는 '싫증'이라고 써야 한다.
㉢ 내가(X) → 냇가(O)
• 한글 맞춤법 제30항에 따라 순우리말로 된 합성어로서 앞말이 모음으로 끝나며 뒷말의 첫소리가 된소리로 나는 경우에는 사이시옷을 받치어 적는다. 따라서 '내'와 '가'의 합성어인 냇가는 뒷말의 첫소리 '가'가 [내까] 또는 [낻까]와 같이 된소리로 나므로 '냇가'로 써야 한다.

18 의사소통능력   정답 ④

글 전체에서 안동 하회마을 벽 낙서 사건 사례를 통해 관광지에서의 부족한 시민의식에 대한 문제를 제기하고 해결방안을 제시하는 서술방식을 사용하고 있다.

19 의사소통능력   정답 ①

'특이사항'에 따르면 회의에 필요한 자료를 정리하는 것은 회의를 시작하기 전까지 완료하여야 한다.

따라서 3/5(화) 12시에 진행되는 법무팀과의 협업 회의에 참석하기 전에 '근로계약서 검토 시 활용되는 법령 등을 정리하여 인사총무팀과 법무팀 팀원 모두에게 해당 내용을 전달하는 업무'를 제일 먼저 완료하는 것이 가장 적절하다.

20 의사소통능력   정답 ④

금리는 계산 방법에 따라 단리와 복리로 구분된다고 하였으며, 일정한 금액에 같은 이율의 단리와 복리를 적용하면 원리금에 차이가 생긴다고 하였으므로 똑같은 금액의 자본에 같은 이율을 적용해도 금리 계산 방법에 따라서 원리금에 차이가 있음을 알 수 있다.

> 오답 체크

① 단리로 이자를 받을 때의 원리금을 계산하는 공식이 (원금) × {1 + n(이율)}이라고 하였으며, 200만 원의 원금을 5년 동안 연간 3%의 이율로 저축하면 원리금으로 230만 원을 받을 수 있으므로 적절하지 않은 내용이다.

② 복리가 채무자의 입장에서는 시간이 경과할수록 부채가 엄청나게 증가한다는 점에서 불행이 된다고 하였으므로 적절하지 않은 내용이다.

③ 단리로 이자를 받을 때 원리금을 계산하는 공식이 (원금) × {1 + n(이율)}, 복리로 이자를 받을 때 원리금을 계산하는 공식이 (원금) × {1 + (이율)}^{n}이라고 하였으며, 500만 원의 원금을 2년 동안 연간 5%의 이율로 저금하면 단리일 때 원리금은 550만 원, 복리일 때 원리금은 551만 2,500원을 받게 되므로 적절하지 않은 내용이다.

⑤ 단리는 일정 기간의 원금에만 약정 이율로 계산한 이자로, 이전 기간의 이자를 원금에 더하여 계산하는 것이 아니라서 이자에 대한 이자는 생기지 않는다고 하였으므로 적절하지 않은 내용이다.

21 의사소통능력   정답 ⑤

이 글은 모든 칭찬이 상대에게 긍정적인 영향을 주는 것으로만 알려져 있지만, 연구 결과를 통해 지성 자체를 칭찬하는 것보다는 결과를 얻는 과정에서의 노력을 칭찬하는 것이 상대의 성장에 긍정적인 영향을 줄 수 있다는 사실이 밝혀졌다는 내용이므로 이 글의 주제로 가장 적절한 것은 ⑤이다.

22 의사소통능력   정답 ④

이 글은 명품 악기 스트라디바리우스 소리의 비밀을 알고자 여러 과학자가 펼친 주장과 그중 신빙성을 얻고 있는 소빙하기 이론에 대해 설명하는 글이다.

따라서 '(라) 17~18세기에 제작된 명품 악기 스트라디바리우스 → (나) 바이올린 소리의 결정 방법 및 스트라디바리우스 소리의 특징 → (가) 스트라디바리우스 소리의 비밀을 밝히고자 여러 주장을 제기한 과학자들 → (다) 소빙하기가 스트라디바리우스 음색에 영향을 미친 근거(1): 소빙하기 시기에 생성된 밀도가 높은 목재 → (마) 소빙하기가 스트라디바리우스 음색에 영향을 미친 근거(2): 스트라디바리우스와 비슷한 시기에 같은 재료로 제작된 유명 현악기' 순으로 연결되어야 한다.

23 의사소통능력   정답 ③

이 글은 스마트화로 인해 기업 경영에 있어 소비자 불만의 영향력이 점차 강화되고 있으므로 소비자 불만 발생 시 적절히 대응하는 것이 매우 중요하다는 내용의 글이므로 제품의 판매량 증가를 위해서는 소비자와 꾸준히 소통하려는 노력이 필요하다는 내용의 (다)는 삭제되어야 한다.

[24 - 25]
24 의사소통능력   정답 ①

이 글은 인공지능이 오랜 연구 끝에 4차 산업혁명의 주요 요소로 떠올라 적용 분야가 확산되어 빠르게 일상 속에 자리 잡고 있으며, 아직 강한 인공지능 수준에 이르기에는 기술적 한계가 있으나 계속해서 발전하고 있는 인공지능의 영향력 예측의 어려움과 분야별 인공지능 정의와 개발 양상이 달라 추후 인공지능의 향상이 인류에 미칠 잠재적 위험성 및 이에 대한 윤리적 논의가 필요하다는 내용이므로 이 글의 중심 내용으로 가장 적절한 것은 ①이다.

> 오답 체크

② 일상 속 깊숙이 자리한 인공지능에 대해서는 서술하고 있지만, 글 전체를 포괄할 수 없으므로 적절하지 않다.

③ 분야별 인공지능을 정의하고 개발하는 양상이 달라 정확한 기술 발달 수준을 파악할 수 없다는 내용에 대해서는 서술하고 있지만, 분야마다 상이한 발달 수준으로 인해 예견되는 문제들에 대해서는 다루고 있지 않으므로 적절하지 않다.

④ 머신러닝 구현이 가능해지면서 인공지능이 4차 산업혁명의 핵심 요소로 부상하게 되었다는 내용에 대해서는 서술하고 있지만, 머신러닝의 발전 양상에 대해서는 다루고 있지 않으므로 적절하지 않다.

⑤ 오늘날 글로벌 기업들이 인공지능을 미래의 최대 성장 동력으로 여기고 있으며 앞으로 인공지능 산업은 더욱 다양한 양상으로 발전할 예정이라는 내용에 대해서는 서술하고 있지만, 인공지능 활용 분야에 대한 글로벌 기업의 투자 사례에 대해서는 다루고 있지 않으므로 적절하지 않다.

25 의사소통능력   정답 ②

오래전부터 연구되었던 인공지능 개발은 기술적 한계로 인해 침체기를 겪었으나 1990년대 인터넷 발전과 함께 부활하였으며, 클라우드 컴퓨팅의 발전과 빅데이터를 바탕으로 딥러닝이 구현되자 4차 산업혁명의 핵심 요소로 부상했다고 하였으므로 가장 적절하지 않다.

오답 체크

① 특정 영역의 문제를 해결하는 인공지능은 약한 인공지능이라고 한다고 하였으므로 적절하다.
③ 인공지능이 인류의 위협이 되지 않을 것이라고 말하는 사람들은 인공지능을 안전하게 관리하기 위해 인류 스스로 도덕적이고 이상적인 사회로 발전해야 함을 주장한다고 하였으므로 적절하다.
④ 인공지능이 인간의 비윤리적인 부분마저 학습하기 때문에 윤리적으로 올바른 데이터를 학습시키는 것이 중요하다고 하였으므로 적절하다.
⑤ 영역을 제한하지 않아도 문제 해결이 가능한 인공지능을 강한 인공지능이라고 하며 아직까지 강한 인공지능에 이르기에는 기술적 한계가 있다는 것이 전문가들의 일반적인 견해라고 하였으므로 적절하다.

26 수리능력   정답 ⑤

50원짜리 동전과 5,000원짜리 지폐를 제외하고 낼 수 있는 동전과 지폐는 각각 10원짜리 동전 2개, 100원짜리 동전 3개, 500원짜리 동전 1개, 1,000원짜리 지폐 2장이다. 이때, 10원짜리 동전은 2개이므로 10원짜리 동전으로 낼 수 있는 금액의 경우는 동전을 한 개 또는 두 개를 내는 경우와 두 개 모두 내지 않는 경우로 총 3가지이다. 이에 따라 각각의 동전과 지폐를 낼 수 있는 경우는 2+1=3가지, 3+1=4가지, 1+1=2가지, 2+1=3가지이며, 이때 지갑에 있는 동전과 지폐를 모두 내지 않는 경우는 제외해야 한다.
따라서 50원짜리 동전과 5,000원짜리 지폐를 제외하고 지갑에 있는 돈으로 낼 수 있는 금액의 경우는 $3 \times 4 \times 2 \times 3 - 1 = 71$가지이다.

27 수리능력   정답 ②

중앙값은 변량을 크기순으로 배열했을 때 정중앙에 위치하는 값으로 자료의 개수가 짝수일 때 $\frac{\text{자료의 개수}}{2}$번째 변량과 $(\frac{\text{자료의 개수}}{2}+1)$번째 변량의 평균이고, 분산은 각 변량과 평균 차이의 제곱합을 변량의 개수로 나눈 값임을 적용하여 구한다.
미영이의 기말고사 점수의 중앙값인 p는 $\frac{79+80}{2}=79.5$점이고, 미영이의 기말고사 점수의 평균은 $\frac{79+86+79+80+82+74}{6}=80$점이므로 분산인 q는

$\frac{(79-80)^2+(86-80)^2+(79-80)^2+(80-80)^2+(82-80)^2+(74-80)^2}{6}$
$=\frac{1+36+1+0+4+36}{6}=13$이다.
따라서 p-q의 값은 $79.5-13=66.5$이다.

28 수리능력   정답 ③

$7 \square 4 - 8 \square 12 = 32$
$\rightarrow 7 \times 4 - 8 + 12 = 32$

29 수리능력   정답 ③

x시간 동안 전체 일을 마쳤을 경우, 전체 일의 양을 1로 놓으면 1시간 동안 한 일의 양은 $\frac{1}{x}$임을 적용하여 구한다.
수지가 1시간 동안 할 수 있는 일의 양은 $\frac{5}{2}$이고, 지아가 1시간 동안 할 수 있는 일의 양은 $\frac{5}{3}$이다.
이때 두 명이 1시간 동안 함께 할 수 있는 일의 양은 $\frac{5}{2}+\frac{5}{3}=\frac{25}{6}$이므로, 이 일을 두 명이 함께 하는 데 걸리는 시간은 $\frac{6}{25}$이다.

30 수리능력   정답 ②

기수불 복리 적금 상품 만기 시 받는 원리금은 $\frac{\text{원금}(1+\text{이자율})\{(1+\text{이자율})^{\text{기간}}-1\}}{(1+\text{이자율})-1}$임을 적용하여 구한다.
윤서는 매월 2%의 복리 이자를 주는 2년 만기 비과세 적금 상품에 가입하여 매월 1일에 70만 원씩 24개월 동안 적립하므로 매월 1일에 적립하는 원금은 70만 원, 월 이자율은 2%, 기간은 24개월이다.
따라서 윤서가 만기 해지 시 받을 수 있는 총금액은
$\frac{70(1+0.02)\{(1+0.02)^{24}-1\}}{1+0.02-1} = \frac{70 \times 1.02 \times 0.6}{0.02} = 2,142$만 원이다.

31 수리능력   정답 ②

원의 반지름의 길이를 r이라고 할 때, 원의 둘레는 $2\pi r$임을 적용하여 구한다.
세영이가 공원의 중심 지점에 앉아 휴식을 취한 뒤, 바깥을 향해 일직선으로 40m를 걸었더니 원형의 트랙에 도착하였으므로 세영이가 뛴 원형 트랙의 반지름의 길이는 40m임을 알 수 있다. 이에 따라 원형 트랙의 총 길이는 반지름의 길이가 40m인 원의 둘레와 같으므로 원형 트랙의 총 길이는 $2 \times 3.14 \times 40 = 251.2$m이다. 이때, 세영이는 원형 트랙 전체 길이의 40%를 뛰었으므로 세영이가 원형 트랙에서 뛴 거리는 $251.2 \times 0.4 = 100.48$m이다.
따라서 세영이가 원형 트랙에서 뛴 거리는 100.48m이다.

32 수리능력   정답 ③

$8 \square 4 + 6 \square 3 = 34 \rightarrow 8 \times 4 + 6 \div 3 = 32 + 2 = 34$
따라서 빈칸에 들어갈 연산기호가 바르게 짝지어진 것은 '×, ÷'이다.

오답 체크

① $8 - 4 + 6 \times 3 = 8 - 4 + 18 = 22$
② $8 + 4 + 6 \times 3 = 8 + 4 + 18 = 30$
④ $8 \times 4 + 6 - 3 = 32 + 6 - 3 = 35$
⑤ $8 \div 4 + 6 \times 3 = 2 + 18 = 20$

33 수리능력   정답 ①

제시된 각 숫자 간의 값이 +2, ×2, +3, ×3, +4, ×4, …로 변화하므로 빈칸에 들어갈 알맞은 숫자는 '285'이다.

34 수리능력   정답 ②

제시된 각 숫자 간의 값이 앞의 두 값의 합이므로 빈칸에 들어갈 알맞은 숫자는 '68'이다.

35 수리능력   정답 ②

제시된 숫자를 세 개씩 한 군으로 묶었을 때, 각 군의 첫 번째 숫자 간의 값이 +1, 두 번째 숫자 간의 값이 +2, 세 번째 숫자 간의 값이 ×3으로 반복되므로 빈칸에 들어갈 알맞은 숫자는 '7'이다.

36 수리능력   정답 ③

2015년 대비 2017년 출생아 수의 증가율은 $\{(2017년 출생아 수 - 2015년 출생아 수) / 2015년 출생아 수\} \times 100 = \{(493.1 - 435.0) / 435.0\} \times 100 ≒ 13.4\%$이므로 옳은 설명이다.

오답 체크

① 2014년 대비 2020년 기대수명 증가율 $= \{(2020년 기대수명 - 2014년 기대수명) / 2014년 기대수명\} \times 100$이므로 여자의 기대수명 증가율은 $\{(84 - 81.3) / 81.3\} \times 100 ≒ 3.3\%$이고, 남자의 기대수명 증가율은 $\{(79.2 - 74.5) / 74.5\} \times 100 ≒ 6.3\%$이다. 따라서 여자의 기대수명 증가율이 남자의 기대수명 증가율보다 작으므로 옳지 않은 설명이다.
② 2015~2016년과 2016~2017년 모두 출생률이 증가할 때 출생아 수도 함께 증가하므로 옳지 않은 설명이다.
④ 남자의 기대수명은 꾸준히 증가하고 있지만 출생아 수는 감소하거나 증가하므로 옳지 않은 설명이다.
⑤ 남녀 기대수명의 평균 $= (남자 기대수명 + 여자 기대수명) / 2$임을 적용하여 구한다. 2019년의 남녀 기대수명의 평균은 $(76.9 + 83.7) / 2 = 80.3$세이므로 남녀 기대수명의 평균이 처음으로 80세를 넘는 해는 2019년이다. 따라서 2019년의 출생률과 사망률의 차이는 $9.2 - 5.1 = 4.1\%$p이므로 옳지 않은 설명이다.

[37 - 38]
37 수리능력   정답 ②

2024년 외국인 근로자 수가 3년 전 대비 증가한 지역은 B 지역, C 지역, D 지역, E 지역이며, 2024년 외국인 근로자 수의 3년 전 대비 증가량은 B 지역이 $74,189 - 45,076 = 29,113$명, C 지역이 $30,981 - 8,067 = 22,914$명, D 지역이 $1,627 - 687 = 940$명, E 지역이 $129,632 - 114,085 = 15,547$명으로 B 지역이 가장 크다.
따라서 B 지역의 2020년부터 2024년까지 외국인 근로자 수의 평균은 $(28,778 + 45,076 + 57,085 + 61,847 + 74,189) / 5 = 53,395$명이다.

38 수리능력   정답 ③

2024년 C 지역의 근로자 수는 전년 대비 $\{(30,981 - 20,878) / 20,878\} \times 100 ≒ 48.4\%$ 증가하였으므로 옳은 설명이다.

오답 체크

① 2020년 G 지역 외국인 근로자 수는 같은 해 F 지역 외국인 근로자 수보다 $77,493 - 73,126 = 4,367$명 더 적으므로 옳지 않은 설명이다.
② 2023년에 외국인 근로자 수가 많은 지역 3순위는 F 지역, 4순위는 B 지역이지만 2024년에 외국인 근로자 수가 많은 지역 3순위는 B 지역, 4순위는 F 지역이므로 옳지 않은 설명이다.
④ 2024년 D 지역 외국인 근로자 수는 전년 대비 증가하였으나 2024년 E 지역 외국인 근로자 수는 전년 대비 감소하였으므로 옳지 않은 설명이다.
⑤ 2021년 B 지역의 외국인 근로자 수는 같은 해 A 지역의 외국인 근로자 수의 $45,076 / 769 ≒ 58.6$배이므로 옳지 않은 설명이다.

39 수리능력   정답 ④

c. 전체 농가 인구수에서 청년이 차지하는 비중은 2015년에 $(283 / 2,569) \times 100 ≒ 11.0\%$, 2005년에 $(540 / 3,434) \times 100 ≒ 15.7\%$로 10년 전 대비 $15.7 - 11.0 ≒ 4.7\%$p 감소하였으므로 옳은 설명이다.
e. 전체 농가 인구수에서 65세 이상 연령대의 농가 인구수가 차지하는 비중이 $(973 / 3,063) \times 100 ≒ 31.8\%$로 처음으로 30%를 넘는 2010년에 70세 이상 연령대의 남성 농가 인구수는 300천 명을 넘지 않으므로 옳은 설명이다.

오답 체크

a. 2015년 농가 수는 20년 전 대비 $\{(1,501 - 1,089) / 1,501\} \times 100 ≒ 27.4\%$ 감소하였으므로 옳지 않은 설명이다.
b. 2015년 60~69세 농가 인구수는 5년 전 대비 감소하였으므로 옳지 않은 설명이다.
d. 2015년 50세 미만 연령대에서 여성 농가 인구수가 남성보다 더 적으므로 옳지 않은 설명이다.

[40 - 41]
40 수리능력   정답 ④

어음교환 금액 = 1장당 어음교환 금액 × 어음교환 장수임을 적용하여 구한다.
제시된 기간 중 어음교환 장수가 가장 많은 7월에 1장당 어음교환 금액은 4.50십억 원, 어음교환 장수는 45,000장이므로 7월 어음교환 금액은 $4.50 \times 45,000 = 202,500$십억 원 = 2,025천억 원이다.

41 수리능력　　　　　　　　　정답 ②

4월부터 8월까지 어음교환 장수의 평균은 (38,750 + 41,000 + 43,750 + 45,000 + 40,000)/5 = 41,700장이므로 옳은 설명이다.

[오답 체크]
① 7월 부도 장수는 4월 부도 장수의 171/124≒1.38배로 1.4배 미만이므로 옳지 않은 설명이다.
③ 부도 장수가 처음으로 200장을 넘은 6월에 어음부도율은 전월 대비 0.48 - 0.40 = 0.08%p 증가하였으므로 옳지 않은 설명이다.
④ 5월부터 8월까지 1장당 어음교환 금액이 전월 대비 감소한 5월, 7월에 어음교환 장수의 합은 41,000 + 45,000 = 86,000장이므로 옳지 않은 설명이다.
⑤ 8월 어음교환 장수의 2개월 전 대비 감소율은 {(43,750 - 40,000)/43,750} × 100≒8.6%로 10% 미만이므로 옳지 않은 설명이다.

42 문제해결능력　　　　　　　　　정답 ②

제시된 조건에 따르면 영업팀이 획득한 메달은 5 + 5 + 7 = 17개이고, A, B, C 각 상자에는 금, 은, 동메달이 최소 1개씩 들어있으므로 각 상자에는 최소 3개의 메달이 들어있으며, 상자에 들어있는 총 메달은 A 상자가 가장 많고, B 상자, C 상자 순으로 많으므로 각 상자에 들어있는 메달 개수의 조합을 (A, B, C)로 나타내면 (10, 4, 3), (9, 5, 3), (8, 6, 3), (8, 5, 4), (7, 6, 4)이다. 박 부장은 A 상자를 보고 A 상자에 들어있는 메달 개수가 짝수인 것을 확인했으므로 (9, 5, 3), (7, 6, 4)의 조합은 불가능하다. B, C 상자에 들어있는 메달 종류에 따른 각 개수를 모두 알 수 없다고 했으므로 C 상자에 3개의 메달이 있어 메달 종류별로 각 1개씩 있음을 알 수 있는 (10, 4, 3), (8, 6, 3)의 조합도 불가능하다. 이에 따라 각 상자에 들어있는 메달 개수는 (8, 5, 4)만 가능하다. 이때, 세 사람 모두 각 상자를 확인하고 다른 상자에 들어있는 메달 종류에 따른 각 개수를 알 수 없다고 하였는데, 한 상자에 금메달 3개가 들어있는 경우 다른 두 상자에는 금메달 1개씩 들어있게 되므로 예측이 가능하다. 은메달 3개와 동메달 5개도 마찬가지이다. 이에 따라 어떤 상자에 금메달 3개, 은메달 3개, 동메달 5개가 들어있는 경우는 존재할 수 없다. C 상자에 메달이 4개 있으므로 금메달, 은메달, 동메달 개수의 조합을 (금, 은, 동)으로 나타내면 (2, 1, 1), (1, 2, 1), (1, 1, 2)이다. C 상자에 2개 있는 메달 종류에 따라 가능한 경우는 다음과 같다.

경우 1. C 상자에 금메달이 2개 들어있는 경우

구분	A	B	C	합계
금	2	1	2	5
은	2	2	1	5
동	4	2	1	7
합계	8	5	4	17

경우 2. C 상자에 은메달이 2개 들어있는 경우

구분	A	B	C	합계
금	2	2	1	5
은	2	1	2	5
동	4	2	1	7
합계	8	5	4	17

경우 3. C 상자에 동메달이 2개 들어있는 경우

구분	A	B	C	합계
금	2	2	1	5
은	2	2	1	5
동	4	1	2	7
합계	8	5	4	17

따라서 A 상자에 들어있는 메달의 개수는 금메달이 2개, 은메달이 2개, 동메달이 4개이다.

43 문제해결능력　　　　　　　　　정답 ⑤

세 번째 명제의 '대우'와 네 번째 명제를 결합하면 다음과 같다.
- 세 번째 명제(대우): Q의 선호도가 높아지면 P의 판매량이 증가한다.
- 네 번째 명제: Q의 선호도가 높아지면 P의 선호도가 높아지지 않는다.
- 결론: Q의 선호도가 높아지면 P의 판매량은 증가하고 P의 선호도는 높아지지 않는다.

따라서 P의 선호도가 높아지지 않아도 Q의 선호도가 높아지면 P의 판매량이 증가하므로 'P의 선호도가 높아지지 않아도 P의 판매량이 증가할 수 있다.'는 항상 참인 결론이다.

44 문제해결능력　　　　　　　　　정답 ②

제시된 조건에 따르면 홀수 중 두 번째로 큰 숫자 뒤에 적혀있는 알파벳은 B이므로 홀수 1, 3, 5 중 두 번째로 큰 3 뒤에 B가 적혀 있다. 또한, 짝수 뒤에 적혀 있는 알파벳은 A, E, F이므로 짝수인 2, 4, 6 뒤에는 각각 A 또는 E 또는 F가 적혀 있고, 홀수 1, 5 뒤에는 각각 C 또는 D가 적혀 있다. 이때, D가 적혀 있는 카드는 E와 F가 적혀 있는 카드 사이에 있으며, 가장 큰 숫자인 6 뒤에 적혀 있는 알파벳은 F가 아니므로 1 뒤에 C가 적혀 있고, 5 뒤에 D가 적혀 있으며, 6 뒤에는 E가 적혀 있음을 알 수 있다. 이에 따라 A는 2 뒤에 적혀 있지 않으므로 2 뒤에는 F가 적혀 있고, 4 뒤에는 A가 적혀 있다.

앞면	1	2	3	4	5	6
뒷면	C	F	B	A	D	E

따라서 4와 5 뒤에 적혀 있는 알파벳은 순서대로 A, D이다.

45 문제해결능력   정답 ②

서로 관련이 없어 보이는 것들을 조합하여 새로운 것을 도출해 내는 집단 아이디어 발상법은 시네틱스법이며, 대상과 비슷한 것을 찾아내 그것을 힌트로 새로운 아이디어 등을 생각해 내는 방법은 NM법이므로 가장 적절하지 않다.

따라서 창의적 사고 개발방법에 대해 잘못 설명한 사람은 '희정'이다.

창의적 사고 개발방법

자유연상법	어떤 생각에서 다른 생각을 계속해서 떠올리는 작용을 통해 어떤 주제에서 생각나는 것을 계속해서 열거해 나가는 방법 예 브레인스토밍
강제연상법	각종 힌트에서 강제로 연결 지어 발상하는 방법 예 체크리스트
비교발상법	주제와 본질적으로 닮은 것을 힌트로 하여 새로운 아이디어를 얻는 방법 예 NM법, 시네틱스(synectics)

46 문제해결능력   정답 ⑤

제시된 조건에 따르면 벽에 낙서한 사람은 D라는 B의 진술과 벽에 낙서한 사람은 D가 아니라는 C의 진술이 서로 모순되므로 B와 C 중 1명의 진술이 거짓임을 알 수 있다. 먼저 B의 진술이 진실인 경우 C의 진술은 거짓이며, C의 진술이 모두 진실이라는 A의 진술도 거짓이다. 이때, 3명의 진술은 모두 진실이라는 조건에 의해 D와 E의 진술도 진실이어야 하지만, D의 진술은 모두 거짓이라는 E의 진술이 거짓이 되어 조건에 모순된다. 다음으로 B의 진술이 거짓인 경우 C의 진술이 진실이고, C의 진술은 모두 진실이라는 A의 진술도 진실이다. 이때, B의 진술에 따라 B는 벽에 낙서한 사람을 보았으므로 B는 벽에 낙서한 사람을 보지 못했다는 D의 진술은 거짓이며, D의 진술은 모두 거짓이라는 E의 진술은 진실이다.

따라서 A의 진술에서 벽에 낙서한 사람은 B가 아니고, B와 C의 진술에서 벽에 낙서한 사람은 D가 아니며, D의 진술에서 벽에 낙서한 사람은 A가 아니고, E의 진술에서 벽에 낙서한 사람은 C가 아님을 알 수 있으므로 아파트 벽에 낙서한 사람은 E이다.

47 문제해결능력   정답 ⑤

제시된 조건에 따르면 A는 여자이고, 여자는 서로 이웃하여 앉지 않았으므로 A의 양옆에는 남자만 앉았다. 또한, 남자는 4명 중 1명만 떨어져 앉았으므로 A의 오른쪽으로 첫 번째, 두 번째, 세 번째 자리에는 모두 남자가 앉았거나 A의 왼쪽으로 첫 번째, 두 번째, 세 번째 자리에는 모두 남자가 앉았다. 이때, A는 E와 정면으로 마주 보는 자리에 앉았으므로 E는 남자임을 알 수 있다. 또한, C와 E 사이에는 1명이 앉았으므로 C가 앉는 위치에 따라 가능한 경우는 다음과 같다.

경우 1. C가 A의 오른쪽 첫 번째 자리에 앉았을 경우

경우 2. C가 A의 왼쪽 첫 번째 자리에 앉았을 경우

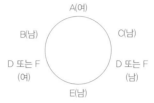

따라서 C는 남자이므로 항상 거짓인 설명이다.

오답 체크

① C는 A의 오른쪽 또는 왼쪽 첫 번째 자리에 앉았으므로 항상 참인 설명이다.
② B와 D는 정면으로 마주 보고 앉았거나 서로 이웃하여 앉았으므로 항상 거짓인 설명은 아니다.
③ B는 남자, F는 남자 또는 여자이므로 항상 거짓인 설명은 아니다.
④ F의 양옆에는 B와 E가 앉았거나 C와 E가 앉았고, B, C, E는 모두 남자이므로 항상 참인 설명이다.

48 문제해결능력   정답 ⑤

출산 가정 B는 소득 분위 하위 10% 가정이므로 기저귀 구매 비용 64,000원을 지원받는다. 출산 가정 C는 임신 기간이 35주 6일로 조산아 가정에 해당되므로 청구진료비의 90%를 감면받는다. 출산 가정 D는 태아 수가 2명이므로 출산지원금 200,000원과 출산진료비 80,000원을 지원받는다. 출산 가정 E는 출생 체중이 2.48kg로 저체중 출산아 가정에 해당되므로 청구진료비의 90%를 감면받는다. 또한, 출산 가정 A, D, E는 전기세의 30%가 감면 한도액을 초과하므로 전기세에서 16,000원을 감면받는다. 이에 따라 다섯 가정이 출산 혜택 제도를 통해 받는 이번 달 혜택 금액은 다음과 같다.

구분	출산 지원금	진료비	전기세	기저귀 구매 비용	총액
A	100,000원	60,000원	16,000원	−	176,000원
B	100,000원	60,000원	40,000 ×0.3= 12,000원	64,000원	236,000원
C	100,000원	180,000 ×0.9= 162,000원	50,000 ×0.3= 15,000원	−	277,000원
D	200,000원	80,000원	16,000원	−	296,000원
E	100,000원	210,000 ×0.9= 189,000원	16,000원	−	305,000원

따라서 S 시 출산 혜택 제도를 통해 받는 이번 달 혜택의 총액이 가장 많은 출산 가정은 E이다.

ⓒ 아직 발생하지 않은 미래 상황에 어떻게 대처할 것인지를 다루는 것이므로 '설정형 문제'에 해당한다.

오답 체크

㉠ 현재는 문제가 없지만 앞으로 일어날 수 있는 문제가 보여 미리 개선하기 위한 것이므로 '탐색형 문제'에 해당한다.
ⓒ 현재 직면한 문제를 해결하기 위해 고민하는 것이므로 '발생형 문제'에 해당한다.

알아보기

문제의 유형

발생형 문제 (보이는 문제)	• 이미 일어난 문제 • 현재 직면하여 걱정하고 해결하기 위해 고민하는 문제 • 원인 지향적 문제
탐색형 문제 (찾는 문제)	• 눈에 보이지 않는 문제 • 방치하면 손실이 생기거나 해결할 수 없는 문제
설정형 문제 (미래 문제)	• 미래 상황에 대응하기 위한 장래 경영 전략 문제 • 목표 지향적 문제

[50 - 51]

50 문제해결능력   정답 ③

[T 레스토랑 운영 방침]에 따라 그룹별 레스토랑 입장 결과를 정리하면 다음과 같다.

입장 시간	입장 인원수	식사 중인 인원수	사용 중인 테이블 수	사용할 테이블
11시 00분	1명 (A 그룹)	0명	0개	2인용
11시 30분	2명 (B 그룹)	1명(A 그룹)	2인용 1개	2인용
12시 10분	3명 (C 그룹)	3명 (A, B 그룹)	2인용 2개	4인용
13시 30분	4명 (D 그룹)	5명 (B, C 그룹)	2인용 1개, 4인용 1개	4인용
13시 45분	4명 (E 그룹)	9명 (B, C, D 그룹)	2인용 2개, 4인용 2개	입장 불가
14시 40분	7명 (F 그룹)	4명(D 그룹)	4인용 1개	8인용
15시 10분	5명 (G 그룹)	11명 (D, F 그룹)	4인용 1개, 8인용 1개	입장 불가
16시 00분	2명 (H 그룹)	7명 (F 그룹)	8인용 1개	2인용
16시 55분	2명 (I 그룹)	9명 (F, H 그룹)	2인용 1개, 8인용 1개	2인용
17시 15분	3명 (J 그룹)	4명 (H, I 그룹)	2인용 2개	4인용

따라서 14시 10분에 T 레스토랑에서 식사 중인 인원은 입장한 지 150분이 경과한 A 그룹 1명, B 그룹 2명과 입장이 불가한 E 그룹 4명을 제외한 C 그룹 3명, D 그룹 4명으로 최대 7명이 식사 중일 수 있으므로 옳지 않은 내용이다.

오답 체크

① [T 레스토랑 운영 방침]에 따르면 레스토랑 이용 가능 시간은 최대 150분임을 안내하며, 그룹별로 같은 테이블에 앉힌다. 이때 [일일 입장 손님]에 따르면 C 그룹이 입장한 12시 10분에 식사 중인 인원수는 3명으로 A 그룹, B 그룹이 식사 중임을 알 수 있고, D 그룹이 입장한 13시 30분에 식사 중인 인원수는 5명으로 B 그룹, C 그룹이 식사 중임을 알 수 있어 T 레스토랑에 손님이 앉아 있는 테이블은 12시 10분에서 13시 30분 사이인 13시에 식사 중일 수 있는 A 그룹, B 그룹, C 그룹이 앉아 있는 테이블로 최대 3개이므로 옳은 내용이다.
② D 그룹은 13시 30분에 T 레스토랑에 입장하였으며, G 그룹이 입장하고자 했던 15시 10분에 식사 중인 인원수가 11명인 것으로 보아 해당 시간까지 식사 중이었으므로 옳은 내용이다.
④ [T 레스토랑 운영 방침]에 따르면 레스토랑에 동일 그룹 내 입장 인원은 인원수에 맞춰 한 번에 모두 같이 음식을 주문해야 하며 1인당 1메뉴씩만 주문할 수 있음을 안내해야 하므로 최대 인원이 입장하는 F 그룹 7명이 한 번에 주문하는 메뉴의 개수가 가장 많으므로 옳은 내용이다.
⑤ T 레스토랑에서 식사 중인 사람이 가장 많을 때는 D 그룹 4명, F 그룹 7명이 식사할 경우와 F 그룹 7명, H 그룹 2명, I 그룹 2명이 식사할 경우로 총 11명이므로 옳은 내용이다.

51 문제해결능력   정답 ③

[T 레스토랑 운영 방침]에 따르면 레스토랑은 2인용 테이블 2개와 4인용 테이블 2개, 8인용 테이블 1개로 운영하고, 그룹별로 같은 테이블에 앉히며, 그룹별 입장 인원수에 맞춰 2인용 테이블에는 1명 이상 2명 이하, 4인용 테이블에는 2명 이상 4명 이하, 8인용 테이블에는 5명 이상 8명 이하인 경우에만 앉힌다. 또한, 입장 인원수에 맞춰 앉힐 수 있는 테이블이 2개 이상일 때는 테이블의 수용 인원이 더 적은 테이블에 앉힌다. [일일 입장 손님]에 따르면 E 그룹 4명 입장 당시 T 레스토랑에서 식사 중인 인원수는 총 9명이므로 B 그룹 2명, C 그룹 3명, D 그룹 4명이 식사 중임을 알 수 있다. 이때, 레스토랑 내 빈자리가 없을 때 입장한 그룹에는 대기 안내가 아닌 다음에 방문해 줄 것을 안내하므로 E 그룹 4명은 레스토랑에 입장할 수 없다. 또한, G 그룹 5명 입장 당시 식사 중인 인원수는 11명으로, D 그룹 4명, F 그룹 7명이 아직 식사 중이므로 G 그룹 5명은 레스토랑에 입장할 수 없다.
따라서 T 레스토랑에 입장하지 못한 그룹을 모두 고르면 'E 그룹, G 그룹'이 된다.

52 문제해결능력   정답 ④

교육 자료를 준비하는 데 소요되는 시간은 자료 조사 8시간, 조사 자료 분석 및 정리 8시간, 강의용 PPT 제작 6시간, 강의용 스크립트 제작 4시간으로 총 8+8+6+4=26시간이 소요되고 해당 업무를 하루 4시간씩 진행하므로 교육 자료 준비는 근무일 기준 총 7일이 소요된다. 김 사원은 9월 1일부터 교육 자료를 준비하므로 휴무를 제외하면 해당 업무를 시작한 지 7일째 되는 11일에 교육 자료를 완성하고 다음 근무일인 14일부터 출장 교육을 진행한다. 본사에서 출발하여 3개 지역의 교육을 마친 뒤 다시 본사로 복귀하는 경로별 전체 이동 거리는 다음과 같다.

구분	이동 경로	이동 거리
경로 1	본사 → A → B → C → 본사	20+45+30+30=125km
경로 2	본사 → A → C → B → 본사	20+45+30+45=140km
경로 3	본사 → B → A → C → 본사	45+45+45+30=165km
경로 4	본사 → B → C → A → 본사	45+30+30+20=140km
경로 5	본사 → C → A → B → 본사	30+45+45+45=165km
경로 6	본사 → C → B → A → 본사	30+30+45+20=125km

이때 경로 1과 경로 6의 전체 이동 거리가 125km로 가장 짧고, 이 중 첫날 이동 거리가 더 짧은 경로는 경로 1이다. 또한, 하루에 한 지역에서 출장 교육을 진행하므로 14일에 A 지역, 15일에 B 지역, 16일에 C 지역에서 출장 교육을 진행한다. 따라서 C 지역에서 출장 교육을 진행하는 날짜는 16일이다.

⏱ **빠른 문제 풀이 Tip**

출발하는 지역과 도착하는 지역이 동일하므로 이동 경로별 이동 거리를 구할 때 서로 반대되는 경로는 제외하고 구한다.

53 문제해결능력 　　　　　　　　　　　 정답 ①

제시된 [대화 내용]에 따르면 을이 등산할 산은 거리가 집에서 80km 이상 떨어져 있어야 하며, 높이는 1,600m 이상이면서 코스 난이도는 중 이하를 만족해야 한다. 이에 따라 A~E 산이 조건별로 만족하는 사항은 다음과 같다.

구분	거리	높이	코스 난이도
A 산	O	O	O
B 산	O	O	X
C 산	O	O	O
D 산	X	O	O
E 산	O	X	O

이때, 조건을 모두 만족하면서 주변 숙소 비용이 저렴한 산에서 하룻밤 자고 올 것이라고 하였으므로 조건을 모두 만족하는 A 산과 C 산 중 주변 숙소 비용이 더 저렴한 산을 등산할 산으로 결정하게 된다.
따라서 을이 부모님과 등산할 산은 A 산과 C 산 중 숙소 비용이 100,000원으로 C 산보다 10,000원 더 저렴한 A 산이다.

⏱ **빠른 문제 풀이 Tip**

대화 내용 중 조건이 되는 내용만을 선별하여 적용하면 오답이 되는 선택지를 빠르게 소거할 수 있다. 제시된 대화에서 등산할 산에 대해 거리, 높이, 코스 난이도, 주변 숙소 비용 순으로 조건을 한정하고 있으므로 조건에 부합하지 않는 산을 차례대로 소거한다.

54 문제해결능력 　　　　　　　　　　　 정답 ③

다섯 번째 명제의 '대우', 두 번째 명제의 '대우', 네 번째 명제, 세 번째 명제의 '대우'를 차례로 결합한 결론은 다음과 같다.
- 다섯 번째 명제(대우): 스페인어 강의를 수강하는 사람은 자격증 시험을 준비하지 않는다.
- 두 번째 명제(대우): 자격증 시험을 준비하지 않는 사람은 일본어 강의를 수강하지 않는다.
- 네 번째 명제: 일본어 강의를 수강하지 않는 사람은 스터디에 참여한다.
- 세 번째 명제(대우): 스터디에 참여하는 사람은 단어장을 구매한다.
- 결론: 스페인어 강의를 수강하는 사람은 단어장을 구매한다.

오답 체크

① 독일어 강의를 수강하는 사람이 스터디에 참여하지 않는지는 알 수 없으므로 항상 참인 설명은 아니다.
② 자격증 시험을 준비하는 사람이 단어장을 구매하지 않는지는 알 수 없으므로 항상 참인 설명은 아니다.
④ 스페인어 강의를 수강하지 않는 사람이 스터디에 참여하지 않는지는 알 수 없으므로 항상 참인 설명은 아니다.
⑤ 일본어 강의를 수강하는 사람은 자격증 시험을 준비하고, 자격증 시험을 준비하는 사람은 스페인어 강의를 수강하지 않고, 스페인어 강의를 수강하지 않는 사람은 독일어 강의를 수강하므로 항상 거짓인 설명이다.

55 문제해결능력 　　　　　　　　　　　 정답 ②

산업재해 감소에 최대의 효과를 내기 위해서는 발생 비율이 가장 높은 부분을 보완해야 하며, 이에 따라 '이동 중 부상'을 예방할 수 있는 미끄럼 방지 시설을 최대한 많이 설치해야 한다. 미끄럼 방지 시설 설치를 요청한 모든 팀에 시설을 설치하면 남은 예산은 78,500−(450+150+210)×30=54,200천 원이고, '기계 끼임'을 예방하기 위해 안전센서 설치를 요청한 모든 팀에 시설을 설치하면 남은 예산은 54,200−(10,080+9,600+1,500)×2.5=1,250천 원이다. 그 다음 '물체 추락'을 예방하기 위해 안전망을 설치해야 하는데, 남은 예산이 충분하지 않으므로 설치 우선 순위에 따라 생산팀을 품질팀보다 먼저 설치한다. 생산팀에 안전망을 설치하면 남은 예산은 1,250−(510+450)×1.2=98천 원이고, 품질팀에 안전망을 모두 설치하려면 예산이 150×1.2=180천 원 필요하지만 안전시설은 팀 내 일부에만 설치할 수 없으므로 품질팀은 안전망을 설치할 수 없다.
따라서 산업재해 감소에 최대의 효과를 내기 위해서 생산팀은 미끄럼 방지 시설 450㎡, 안전센서 19,680개, 안전망 960㎡를 설치하고, 품질팀은 미끄럼 방지 시설 360㎡, 안전센서 1,500개를 설치해야 한다.

56　자원관리능력　　정답 ⑤

제시된 자료에 따르면 선호도가 가장 높은 상위 4개 종목은 탁구, 축구, 농구, 배드민턴이므로 배드민턴장이 없는 A 대운동장, 농구장이 없는 C 대운동장은 이용할 수 없다. 또한, 수용 인원수를 고려하면 체육대회 참가 인원수는 120+80+150+100+50=500명이므로 B 대운동장은 이용할 수 없고, 수용 차량 대수를 고려하면 이용 차량 대수는 15+10+19+13+6=63대이므로 A 체육관도 이용할 수 없다. 따라서 체육대회 장소로 가장 적절한 곳은 B 체육관이다.

57　자원관리능력　　정답 ④

물품의 효과적인 관리를 위해서는 '사용 물품과 보관 물품의 구분 – 동일 및 유사 물품으로의 분류 – 물품 특성에 맞는 보관 장소 선정' 과정을 거쳐 물품을 구분하여 보관해야 하므로 빈칸에 들어갈 과정은 동일 및 유사 물품으로의 분류이다. 따라서 빈칸에 들어갈 요소로 가장 적절한 것은 유사성의 원칙이다.

오답 체크

①, ③ 물품 특성에 맞는 보관 장소 선정 단계에서 고려해야 할 요소에 대한 설명이므로 적절하지 않다.
②, ⑤ 사용 물품과 보관 물품의 구분 단계에서 고려해야 할 요소에 대한 설명이므로 적절하지 않다.

[58 - 59]

58　자원관리능력　　정답 ③

제시된 [제품 제작 단계별 소요 시간]에 따르면 100개당 제작 소요 시간은 아트지 제작이 39분, 무광 코팅이 12분, 리본끈 제작이 13분, 조립이 15분, 품질 검사가 15분이므로 제품 100개당 총 제작 소요 시간은 94분이다. 이에 따라 쇼핑백 2,500개의 총 제작 소요 시간은 94×25=2,350분으로 약 39.2시간이 소요된다.
따라서 제품 제작은 5월 10일부터 주말을 제외하고 39.2/8 ≒5일이 소요되므로 쇼핑백 제작이 완료되는 날짜는 5월 16일이다.

59　자원관리능력　　정답 ①

업체로부터 전달받은 견적서에는 아트지 사이즈 및 단가에 오류가 있다. 제시된 [제품 제작 가격 정보]에 따르면 기본 사이즈에서 5mm씩 늘릴 때마다 기본 가격에서 50원씩 추가되고 220×100×180mm 사이즈의 아트지 기본 가격은 550원이므로 225×105×180mm 사이즈의 아트지 가격은 650원이다. 이에 따라 아트지 2,500개의 금액은 650×2,500=1,625,000원이다.
따라서 실제 총액과 견적서 총액의 차이는 1,625,000−1,375,000=250,000원이다.

60　자원관리능력　　정답 ④

제시된 자료에 따르면 빔 프로젝터는 재고가 없으므로 1대를 구매해야 하고, 프린터는 스캔 기능이 없는 재고만 1대 있어 스캔 기능이 있는 1대를 추가로 구매해야 한다. 또한, 두 물품의 신청 일자는 동일하지만 빔 프로젝터는 외부 대관 및 내부 회의용 대회의실에 설치하기 위해 필요하다는 점에서 외부인이 함께 사용하는 물품이고, 프린터는 스캔 가능한 부서용 프린터가 필요하다는 점에서 직원이 함께 사용하는 물품이기 때문에 빔 프로젝터를 먼저 구매해야 하므로 가장 적절하다.

오답 체크

① 17인치 노트북은 재고가 1대 있고 신청한 직원도 없어 구매할 필요가 없으므로 적절하지 않다.
② 전화기는 재고가 4대 있고 직원이 신청한 전화기는 1대로 구매할 필요가 없지만, 직원이 신청한 36인치 모니터는 재고가 없어서 구매해야 하므로 적절하지 않다.
③ 직원이 신청한 정수기는 2대이지만, 정수기는 재고가 1대 있어 추가로 1대만 구매하면 되므로 적절하지 않다.
⑤ PC의 신청 일자가 9월 7일로 가장 이르지만, 직원이 신청한 PC는 2대이고 PC의 재고가 2대 있어서 구매할 필요가 없으므로 적절하지 않다.

61　자원관리능력　　정답 ④

A 지역 9세 미만의 아동 중에서 아동 인구수가 가장 많은 연령대는 6세 이상 9세 미만이고, 6세 이상 9세 미만 연령대의 상품 선호도가 높은 세 가지 상품은 블록, 퍼즐, 드론이다. 세 가지 상품의 개당 판매 이익은 블록이 120,000×0.08=9,600원, 퍼즐이 24,000×0.09=2,160원, 드론이 260,000×0.05=13,000원이므로 동일 개수를 판매했을 때, 최대의 판매 이익을 얻을 수 있는 상품은 드론이다.
따라서 판매부서 직원들이 선정한 판촉 행사 상품은 드론이다.

62　자원관리능력　　정답 ③

K 은행 신입 행원들의 근무 평가 평균 점수는 (75+75+60+78+76+86)/6=75점이다.
따라서 K 은행 신입 행원들의 근무 평가 평균 점수의 등급은 B 등급이다.

63　조직이해능력　　정답 ③

유기적 구조에서는 비공식적인 경로를 통한 구성원 간의 수평적인 의사소통이 이루어지므로 가장 적절하다.

① 업무가 유동적이고 조직의 하부 구성원에게 많은 권한이 위임되는 것은 유기적 구조이므로 적절하지 않다.
② 안정적인 환경 내에서 반복적인 업무를 하는 조직에 효율적인 것은 기계적 구조이므로 적절하지 않다.
④ 조직에 요구되는 규칙과 규제의 정도가 약한 것은 유기적 구조이므로 적절하지 않다.
⑤ 다른 구성원과의 상호작용을 통해 업무를 조정할 수 있는 것은 유기적 구조이므로 적절하지 않다.

 알아보기

기계적 구조와 유기적 구조

구분	기계적 구조	유기적 구조
업무와 권한	조직 구성원의 업무와 권한이 분명하게 구분되고 각 역할에 명확한 책임이 부여됨	조직 내 하부 구성원에게 권한이 위임되고 업무가 유동적임
조직 환경	안정적인 환경 내에서 반복적인 업무를 하는 조직에 효율적임	시장 및 기술 환경 등이 급변하는 조직에 효율적임
의사 소통	공식적인 경로를 통해 상하 간 수직적인 의사소통이 이루어짐	비공식적인 경로를 통해 상호 간 수평적인 의사소통이 이루어짐
업무 조정	상사의 조정에 따라 개인의 업무가 달라지며 상사는 그 조정에 대한 책임을 짐	다른 구성원과의 상호작용을 통해 개인의 업무가 조정됨
규칙의 정도	조직에 요구되는 규칙과 규제의 정도가 높음	조직에 요구되는 규칙과 규제의 정도가 낮음

64 조직이해능력　　　　　　　정답 ②

제시된 지문은 '로컬푸드직매장'에 대한 설명이다.

① 농협몰: 농협이 2017년 오픈한 국산 농축산물 전문 온라인쇼핑 플랫폼으로, 산지 농협·농업인들이 직접 판매상품을 등록하고 고객 주문 시 산지에서 직접 배송이 이루어지도록 해 생산자와 소비자 간 유통단계와 물류비용을 최소화한 온라인쇼핑몰
③ 하나로마트: 농협하나로유통이 지도 및 지원하는 농식품 전문매장으로, 생산자에게는 적정 가격을 보장하고, 소비자에게는 안전하고 품질 좋은 우수한 농·축·수산물을 공급하는 판매장
④ 산지유통센터: 농산물의 상품화를 위해 집하, 선별, 세척, 포장, 저장 등의 기능을 수행하여 대형 유통업체 및 도매 시장에 판매하는 산지 유통 시설
⑤ 농산물 공판장: 농산물 유통 과정에서 중간상인을 배제하고 유통 경로를 단축해 유통 비용을 절감하기 위한 소비지 유통 시설

65 조직이해능력　　　　　　　정답 ③

제시된 내용은 'GDP'에 대한 설명이다.

① GNP(국민총생산): 국경에 관계없이 한 나라의 국민이 일정 기간 국내와 국외에서 생산한 최종 재화와 서비스의 시장 가치
② GNI(국민총소득): 국경에 관계없이 한 나라의 국민이 일정 기간 생산활동에 참여하여 벌어들인 소득
④ GDI(국내총소득): 한 나라의 국경 내에서 일정 기간 생산된 최종생산물의 실질구매력을 나타내는 지표
⑤ GPI(참진보지수): GNP, GDP 등에 대한 대안으로 등장한 것으로 인간과 사회에 이로움을 주는 시장 외 활동과 환경오염 등을 고려하여 측정하는 지수

66 조직이해능력　　　　　　　정답 ①

• 진희: 식사의 진행 여부를 종업원에게 알리는 기능을 하는 냅킨은 식사 중 자리를 잠시 비울 때는 의자에 두고 식사를 마치면 냅킨을 접어서 테이블 위에 올려놓아야 하므로 적절하지 않다.
• 미경: 종업원이 와인을 따라 줄 때 와인잔을 들어서 받으면 흘릴 수 있기 때문에 와인잔을 테이블 위에 그대로 놓고 받아야 하므로 적절하지 않다.

67 조직이해능력　　　　　　　정답 ②

AGRI With You 캠페인은 농민존중(Admire), 농업성장(Growth), 농촌재생(Revive), 농협혁신(Innovation)의 4대 농사가치를 기반으로 농업인·국민과 공감하고 함께하는 도농상생 활동을 다양하게 전개하는 캠페인으로 농민수당 도입, 제도개선 등 농업인 권익을 위한 지자체 대상 활동은 해당하지 않으므로 적절하지 않다.

68 조직이해능력　　　　　　　정답 ③

매트릭스 조직은 명령 일원화 원칙이 적용되지 않기 때문에 조직 내에 혼란이나 모호성이 야기될 수 있으므로 가장 적절하지 않다.

 알아보기

매트릭스 조직의 장단점

장점	• 정보 공유의 속도가 빠르기 때문에 특정 프로젝트에서 얻은 정보를 다른 프로젝트에 활용하기가 수월함 • 자원의 최적 배분을 통해 전문 인력을 효과적으로 배치함으로써 인적자원관리의 효율성을 꾀할 수 있음 • 시장과 고객의 요구에 유연하고 적극적으로 대응할 수 있음
단점	• 명령 일원화 원칙이 적용되지 않기 때문에 조직 내에 혼란이나 모호성이 야기될 수 있음 • 기존의 조직 부문과 프로젝트 조직의 영역 간의 갈등 및 권력 투쟁이 발생할 수 있음 • 조직 관리를 위한 비용 증가 문제가 발생할 수 있음

69 조직이해능력   정답 ⑤

IT전략본부에 IT기획부, IT경제개발단, IT상호금융부, IT디지털정보부가 속하고, 상호금융사업지원본부에 상호금융수신지원부, 상호금융여신지원부가 속한다.

따라서 A에는 'IT전략본부', B에는 '상호금융사업지원본부'가 들어가야 한다.

70 조직이해능력   정답 ①

농협의 인재상은 시너지 창출가, 행복의 파트너, 최고의 전문가, 정직과 도덕성을 갖춘 인재, 진취적 도전가이다.

따라서 A에는 '최고의 전문가', B에는 '정직과 도덕성을 갖춘 인재', C에는 '진취적 도전가'가 들어가야 한다.

6회 실전모의고사

정답

p.248

01	①	의사소통능력	21	⑤	의사소통능력	41	②	수리능력	61	③	자원관리능력
02	①	의사소통능력	22	⑤	의사소통능력	42	③	문제해결능력	62	⑤	조직이해능력
03	②	의사소통능력	23	③	의사소통능력	43	①	문제해결능력	63	③	조직이해능력
04	①	의사소통능력	24	④	의사소통능력	44	②	문제해결능력	64	③	조직이해능력
05	①	의사소통능력	25	③	의사소통능력	45	⑤	문제해결능력	65	⑤	조직이해능력
06	④	의사소통능력	26	③	수리능력	46	①	문제해결능력	66	②	조직이해능력
07	④	의사소통능력	27	③	수리능력	47	②	문제해결능력	67	③	조직이해능력
08	③	의사소통능력	28	⑤	수리능력	48	②	문제해결능력	68	②	조직이해능력
09	③	의사소통능력	29	④	수리능력	49	①	문제해결능력	69	④	조직이해능력
10	②	의사소통능력	30	③	수리능력	50	⑤	문제해결능력	70	③	조직이해능력
11	④	의사소통능력	31	②	수리능력	51	⑤	문제해결능력			
12	①	의사소통능력	32	②	수리능력	52	②	문제해결능력			
13	⑤	의사소통능력	33	②	수리능력	53	⑤	문제해결능력			
14	⑤	의사소통능력	34	①	수리능력	54	③	문제해결능력			
15	④	의사소통능력	35	⑤	수리능력	55	②	문제해결능력			
16	⑤	의사소통능력	36	③	수리능력	56	⑤	자원관리능력			
17	⑤	의사소통능력	37	③	수리능력	57	③	자원관리능력			
18	③	의사소통능력	38	③	수리능력	58	⑤	자원관리능력			
19	①	의사소통능력	39	④	수리능력	59	②	자원관리능력			
20	①	의사소통능력	40	④	수리능력	60	④	자원관리능력			

취약 영역 분석표

영역별로 맞힌 개수와 정답률을 적고 나서 취약한 영역이 무엇인지 파악해 보세요.
정답률이 60% 미만인 취약한 영역은 틀린 문제를 다시 풀어보면서 확실히 극복하세요.

영역	의사소통능력	수리능력	문제해결능력	자원관리능력	조직이해능력	TOTAL
맞힌 개수	/25	/16	/14	/6	/9	/70
정답률	%	%	%	%	%	%

※ 정답률(%) = (맞힌 개수/전체 개수) × 100

01 의사소통능력 　　　　　　　　 정답 ①

제시된 단어 필기구와 학용품은 필기구가 학용품의 일종이
므로 포함관계이다.
따라서 그림의 일종인 '수채화'가 들어가야 한다.

02 의사소통능력 　　　　　　　　 정답 ①

제시된 한자어는 부지런히 일한다는 의미의 '근로'이고, 반대
의미의 한자어는 하던 일을 멈추고 잠깐 쉰다는 의미의 '休息
(쉴 휴, 쉴 식)'이다.

오답 체크

② 名譽: 이름 명, 기릴 예
③ 契約: 맺을 계, 맺을 약
④ 映像: 비칠 영, 모양 상
⑤ 勞動: 일할 노, 움직일 동

03 의사소통능력 　　　　　　　　 정답 ②

익숙치(X) → 익숙지(O)
• 한글 맞춤법 제40항에 따라 어간의 끝음절 '하'가 아주 줄
적에는 준 대로 적는다.

04 의사소통능력 　　　　　　　　 정답 ①

밑줄 친 부분은 태도나 성질이 부드럽고 친절하다는 의미
로 쓰였으므로 마음씨가 부드럽고 상냥하다는 의미의 ①이
적절하다.

오답 체크

② 박한: 마음 씀이나 태도가 너그럽지 못하고 쌀쌀하다
③ 익살맞은: 남을 웃기려고 일부러 우스운 말이나 행동을 하는
　태도가 있다
④ 공평한: 어느 쪽으로도 치우치지 않고 고르다
⑤ 옹졸한: 성품이 너그럽지 못하고 생각이 좁다

05 의사소통능력 　　　　　　　　 정답 ①

밑줄 친 단어는 그의 보살핌 아래에 있는 자녀가 셋이라는 의
미로 쓰였으므로 ①이 가장 적절하다.

오답 체크

②는 산하(傘下), ③은 수하(手下), ④는 목하(目下), ⑤는 문하(門
下)의 의미이다.

06 의사소통능력 　　　　　　　　 정답 ④

'문 안에 한 발 들여놓기 기법(foot-in-the-door technique)'은
설득해야 할 때 사용하는 의사표현법이며, 말하는 이가 요청
하고 싶은 도움이 100이라면 처음에는 상대방이 'Yes'라고 할
수 있도록 50 정도로 부탁을 하고 점차 도움의 내용을 늘려
서 상대방의 허락을 유도하는 방법이므로 적절한 내용이다.

오답 체크

① 샌드위치 화법은 상대방의 잘못을 지적할 때 사용하는 의사표
　현법이며, '칭찬의 말', '질책의 말', '격려의 말'의 순서로 질책
　을 가운데 두고 칭찬을 먼저 한 다음 끝에 격려의 말을 하는
　것이므로 적절하지 않은 내용이다.
② 청유식 표현을 사용하는 것은 업무상 지시와 같은 명령을 할
　때 사용하는 의사표현법이며, 강압적 표현보다는 청유식 표현
　이 훨씬 효과적이므로 적절하지 않은 내용이다.
③ 사정을 이야기하고 구체적으로 부탁하는 것은 상대방에게 요
　구해야 할 때 사용하는 의사표현법이며, 거절을 당해도 싫은
　내색을 해서는 안 되므로 적절하지 않은 내용이다.
⑤ 칭찬은 상대방을 기분 좋게 만들 때 사용하는 의사표현법이
　며, 상황과 상관없이 별 의미 없는 내용을 칭찬하면 빈말이나
　아부로 여겨질 수 있어 상대에게 정말 칭찬해 주고 싶은 중요
　한 내용을 칭찬해야 하므로 적절하지 않은 내용이다.

[07 - 09]

07 의사소통능력 　　　　　　　　 정답 ④

이 글은 조선 시대 초기, 중기, 후기, 말기에 따라 바뀐 영모
화 화풍과 변해 온 역사를 설명하는 내용이므로 이 글의 주제
로 가장 적절한 것은 ④이다.

오답 체크

① 영모화의 기원 및 등장 배경에 대해서는 서술하고 있지만, 글
　전체를 포괄할 수 없으므로 적절하지 않은 내용이다.
② 조선 시대 영모화의 대표 작품과 화가에 대해서는 서술하고
　있지만, 글 전체를 포괄할 수 없으므로 적절하지 않은 내용이다.
③ 고려 시대에 영모화가 유행한 이유에 대해서는 다루고 있지
　않으므로 적절하지 않은 내용이다.
⑤ 수묵몰골풍이 현대 미술에 끼치는 영향력에 대해서는 다루고
　있지 않으므로 적절하지 않은 내용이다.

08 의사소통능력 　　　　　　　　 정답 ③

3문단에서 조선 중기(1550~1700)의 영모화는 음영 부위를
짙고 옅은 먹으로 물들여 양감을 강조하고, 흑백 대비의 양식
화 현상이 두드러진 화풍이 주류로 자리 잡았다고 하였으므
로 1600년대 영모화가 세밀한 붓놀림과 화려한 색감을 특성
으로 하는 화풍이 유행한 것은 아님을 알 수 있다.

① 5문단에서 조선 말기 정통화 분야에서의 화단 정체 현상으로 영모화 또한 크게 성행하지 못했다고 하였으므로 적절한 내용이다.
② 2문단에서 영모화는 삼국 시대부터 그려졌으나, 조선 시대와 함께 전성기를 맞이했다고 하였으므로 적절한 내용이다.
④ 1문단에서 원래 영모화는 새 그림만을 가리켰으나, 현재는 화조화와 동물화 모두를 일컫는다고 하였으므로 적절한 내용이다.
⑤ 4문단에서 정선의 〈국일한묘〉는 수준 높은 사실성을 보인다고 하였으므로 적절한 내용이다.

09 의사소통능력   정답 ③

ⓒ은 시험을 보아 인재를 뽑는다는 의미로 쓰였으므로 시적인 정취라는 의미의 ③은 적절하지 않다.

① ⓐ: 서로 뜻이 맞음
② ⓑ: 실물이나 경치를 있는 그대로 그리는 일
④ ⓓ: 조상의 전통이나 문화유산. 업적 따위를 물려받아 이어나감
⑤ ⓔ: 부려서 씀

10 의사소통능력   정답 ②

이 문서는 특정한 일에 관한 현황이나 그 진행 상황 또는 연구 결과 등을 보고하고자 할 때 작성하는 보고서이므로 가장 적절한 것은 ②이다.

① 회사 외부로 전달되는 문서로 육하원칙이 드러나도록 작성하는 문서는 공문서이므로 적절하지 않은 내용이다.
③ 상대가 채택하게끔 설득력을 갖춰야 하므로 요구사항을 고려하여 작성해야 하는 문서는 기획서이므로 적절하지 않은 내용이다.
④ 회사의 업무에 대한 협조를 구하거나 의견을 전달할 때 작성하며 흔히 사내 공문서로 불리는 문서는 기안서이므로 적절하지 않은 내용이다.
⑤ 개인의 가정환경과 성장과정. 입사 동기와 근무자세 등을 구체적으로 기술하여 자신을 소개하는 문서는 자기소개서이므로 적절하지 않은 내용이다.

11 의사소통능력   정답 ④

빈칸이 있는 문장에서 새로운 도전을 피하고 안정에 초점을 둔다고 하였으므로 어떤 목표로 뜻이 쏠리어 향한다는 의미의 ④가 적절하다.

① 유지(維持): 어떤 상태나 상황을 그대로 보존하거나 변함없이 계속하여 지탱함
② 편중(偏重): 한쪽으로 치우침
③ 지양(止揚): 더 높은 단계로 오르기 위하여 어떠한 것을 하지 아니함
⑤ 편향(偏向): 한쪽으로 치우침

12 의사소통능력   정답 ①

제시된 지문은 같거나 유사한 효용을 가지고 있어 서로 대체할 수 있는 관계에 있는 재화인 대체재에 대한 설명이다. 따라서 제시된 경제 용어와 관련 있는 속담은 적당한 것이 없을 때 그와 비슷한 것으로 대신하는 경우를 이르는 의미의 ①이다.

더 알아보기

수요의 교차탄력성: 한 재화의 가격 변화가 다른 재화의 수요량에 미치는 영향을 나타내는 수치로, 대체재의 교차탄력성은 양(+), 보완재의 교차탄력성은 음(−)의 값을 갖게 됨

13 의사소통능력   정답 ⑤

이 글은 기근을 해결하기 위한 근본적인 농업 개혁 대신 당장의 굶주림만을 해결하는 일시적인 대처에 급급한 관리의 태도를 보여주는 글이다.
따라서 우선 당장 편한 것만을 택하는 꾀나 방법으로 한때의 안정을 얻기 위하여 임시로 둘러맞추어 처리하거나 이리저리 주선하여 꾸며 내는 계책을 이르는 '고식지계(姑息之計)'와 관련 있다.

① 사면초가(四面楚歌): 아무에게도 도움을 받지 못하는, 외롭고 곤란한 지경에 빠진 형편을 이르는 말
② 순망치한(脣亡齒寒): '입술이 없으면 이가 시리다.'는 뜻으로, 서로 이해관계가 밀접한 사이에 어느 한쪽이 망하면 다른 한쪽도 그 영향을 받아 온전하기 어려움을 이르는 말
③ 타산지석(他山之石): 다른 산의 나쁜 돌이라도 자신의 산의 옥돌을 가는 데에 쓸 수 있다는 뜻으로, 본이 되지 않은 남의 말이나 행동도 자신의 지식과 인격을 수양하는 데에 도움이 될 수 있음을 이르는 말
④ 견강부회(牽強附會): 이치에 맞지 않는 말을 억지로 끌어 붙여 자기에게 유리하게 함

14 의사소통능력   정답 ⑤

기획 배경에서 첫 번째 문장은 최근 원격 근무가 증가함에 따라 새로운 기술적 접근이 요구되고 있다는 내용으로 기획 배경에 해당하므로, 해당 문장을 기획 목적으로 이동하는 것은 적절하지 않다.

① 기획서 내용 작성 시에는 효과적인 내용전달을 위해 내용과 적합한 표나 그래프를 활용하여 시각화하도록 해야 하므로 프로젝트 일정을 표를 활용하여 수정하는 것이 적절하다.
② 프로젝트 일정에서 최종 원격 근무 시스템 적용 및 전사 시행일이 20X5년 8월 1일로 시범 운영 기간 중인 20X5년 5월 25일부터 20X5년 8월 31일 사이에 실시되므로 20X5년 8월 31일 이후에 진행되도록 일자를 수정하는 것이 적절하다.
③ 프로젝트 내용의 '3) 업무 툴 통합'과 상반되게 상세 내용은 기존의 업무 툴과 VR 플랫폼을 별개로 작동하게 한다고 되어있으므로 '기존의 업무 툴과 VR 플랫폼을 통합하여 작동하게 함'

으로 수정하는 것이 적절하다.
④ 박△△ 과장의 프로젝트에 대한 직책이 Project Manager이며, 직급은 과장이므로 직책과 직급을 수정하는 것이 적절하다.

15 의사소통능력 정답 ④

ⓐ 빈칸이 있는 문장에서 대기오염물질이 지역을 넘어 상호 영향을 미친다고 하였으므로 어떠한 한계나 표준을 뛰어넘는다는 의미의 '초월'이 적절하다.
ⓑ 빈칸이 있는 문장에서 물류 이동 및 산업단지의 대기오염도와 주변 지역의 영향 조사, 고농도 미세먼지와 오존 유발 원인 분석 및 기여도 평가에 중요도를 두어 공동 연구를 시행한다고 하였으므로 가장 중요하게 여겨야 할 점이라는 의미의 '중점'이 적절하다.
ⓒ 빈칸이 있는 문장에서 앞선 두 가지 연구 중 물류 이동 및 산업단지의 대기오염도와 주변 지역의 영향 조사를 시행할 예정이라고 하였으므로 처리하거나 해결해야 할 문제라는 의미의 '과제'가 적절하다.
ⓓ 빈칸이 있는 문장에서 광역 대기질을 개선하기 위한 대기오염물질을 줄이는 대책 수립에 활용한다고 하였으므로 낮추어 줄인다는 의미의 '저감'이 적절하다.

오답 체크
• 추월: 뒤에서 따라잡아서 앞의 것보다 먼저 나아감
• 방점: 글 가운데에서 보는 사람의 주의를 끌기 위하여 글자 옆이나 위에 찍는 점
• 성과: 이루어 낸 결실
• 삭감: 깎아서 줄임

16 의사소통능력 정답 ⑤

ⓜ은 미세먼지가 실내로 들어올 수 없도록 창문을 막아야 한다는 의미로 쓰였으므로 열고 닫는다는 의미의 '개폐해야'는 적절하지 않다.

오답 체크
① 다양하다: 모양, 빛깔, 형태, 양식 따위가 여러 가지로 많다
② 생겨나다: 없던 것이 있게 되다
③ 유입되다: 병원균 따위가 들어오게 되다
④ 되도록: 될 수 있는 대로

[17-18]

17 의사소통능력 정답 ⑤

이 글은 4차 산업혁명으로 인해 발생 가능한 대량 실업 및 신기술 인력 부족 현상에 대비하여 리스킬링과 업스킬링이 도입되어야 하며, 기업은 리스킬링과 업스킬링의 전략적 방향을 제시하고 직원 개개인은 기업의 가이드라인에 따라 적극적으로 참여해야 한다는 내용이므로 이 글에 나타난 필자의 의견으로 가장 적절한 것은 ⑤이다.

오답 체크
① 4문단에서 DBS 은행, 딜로이트, NAB, K 마트가 리스킬링과 업스킬링의 일환으로 직원 대상 교육을 시행하고 있다는 내용

은 서술하고 있지만, 시행 효과가 미미한지에 대해서는 다루고 있지 않으므로 적절하지 않은 내용이다.
② 1문단에서 4차 산업혁명으로 인해 큰 실업이 유발될 것이라는 내용은 서술하고 있지만, 노동자들을 위해 국가 차원에서 리스킬링과 업스킬링 관련 교육 프로그램을 마련해야 하는지에 대해서는 다루고 있지 않으므로 적절하지 않은 내용이다.
③ 1문단에서 인류가 1~3차 산업혁명을 겪으며 일자리가 사라진 사람들이 생겨났다는 내용은 서술하고 있지만, 시간의 흐름에 따라 실업 문제가 자연스럽게 해결되는지에 대해서는 다루고 있지 않으므로 적절하지 않은 내용이다.
④ 2문단에서 4차 산업혁명으로 유발될 대량 실업 및 신기술 인력 부족 현상을 해결하기 위한 방안으로 리스킬링과 업스킬링의 필요성이 대두되고 있다는 내용은 서술하고 있지만, 외국의 성공 사례를 벤치마킹해 그대로 시행해야 하는지에 대해서는 다루고 있지 않으므로 적절하지 않은 내용이다.

18 의사소통능력 정답 ③

'뿐'은 '그것만이고 더는 없음' 또는 '오직 그렇게 하거나 그러하다는 것'을 나타내는 조사로 한글 맞춤법 제5장 제1절 제41항에 따라 조사는 그 앞말에 붙여 쓰므로 ⓒ은 맞춤법에 맞다.

오답 체크
① 위협받게될(X) → 위협받게 될(O)
 • '위협받다'는 파생어로 하나의 동사로 인정되어 붙여 쓰며, '게'와 '될'은 각각 조사와 보조용언으로 띄어 써야 한다. 따라서 ㉠은 '위협받게 될'이라고 써야 한다.
② 수 백명(X) → 수백 명(O)
 • '수'는 '몇, 여러, 약간'의 뜻을 더하는 접두사이므로 수백은 붙여 써야 하고, 사람을 세는 단위인 의존명사 '명'은 앞말과 띄어 써야 한다. 따라서 ㉡은 '수백 명'이라고 써야 한다.
④ 손 쉽게(X) → 손쉽게(O)
 • '어떤 것을 다루거나 어떤 일을 하기가 퍽 쉽다'는 의미의 형용사이므로 한 단어로 취급하여 붙여 써야 한다. 따라서 ㉣은 '손쉽게'라고 써야 한다.
⑤ 수 많은(X) → 수많은(O)
 • '수효가 매우 많다'는 의미의 형용사이므로 한 단어로 취급하여 붙여 써야 한다. 따라서 ㉤은 '수많은'이라고 써야 한다.

[19-20]

19 의사소통능력 정답 ①

U 인턴의 카테고리에 따라 질문을 분류하면 다음과 같다.

금융상품	질문6, 질문14, 질문16, 질문17, 질문18, 질문22
인터넷 뱅킹	질문1, 질문2, 질문3, 질문12, 질문13, 질문19, 질문20
스마트 뱅킹	질문4, 질문8, 질문9, 질문26
자동화기기	질문10, 질문21, 질문23, 질문24, 질문25
외환	질문5, 질문7, 질문11, 질문15

따라서 인터넷 뱅킹과 관련한 질문19는 ㉠에 들어갈 질문으로 적절하지 않다.

20 의사소통능력   정답 ①

질문14는 펀드의 종류에 대한 질문이므로 대출과는 관련이 적다.
따라서 질문14를 [금융상품] – [대출]로 분류하는 것은 적절하지 않다.

21 의사소통능력   정답 ⑤

수에즈 운하의 구조가 지중해 생태계에 미치는 영향에 대해서는 확인할 수 없다.

> **오답 체크**
> ①은 2문단, ②는 1문단, ③은 3문단, ④는 2문단에서 확인할 수 있는 내용이다.

22 의사소통능력   정답 ⑤

이 글은 탱고가 라틴 아메리카 항구 도시에 살던 구성원들의 문화와 풍습이 합쳐져 탄생하였으며, 오랜 시간 다양한 모습으로 발전하다가 국제적으로 가치를 인정받기에 이르렀다는 내용이므로 이 글의 주제로 가장 적절한 것은 ⑤이다.

> **오답 체크**
> ① 항구지역 기후가 음악에 미치는 영향에 대해서는 다루고 있지 않으므로 적절하지 않은 내용이다.
> ② 탱고가 처음에는 바일리 꼰 꼬르떼로 불렸다고 하였지만, 글 전체를 포괄할 수 없으므로 적절하지 않은 내용이다.
> ③ 20세기 중반에 세계적으로 등장한 매스미디어에 의해 사람들의 취향이 바뀌어 대대로 전승되던 탱고가 잠시 주춤한 시기가 있었다고 하였지만, 글 전체를 포괄할 수 없으므로 적절하지 않은 내용이다.
> ④ 유럽 탱고인 콘티넨털 탱고가 본래 탱고인 라틴 탱고의 다소 우울하고 격렬한 감성보다 화려하고 귀족적인 느낌이 강했다고 하였지만, 글 전체를 포괄할 수 없으므로 적절하지 않은 내용이다.

23 의사소통능력   정답 ③

3문단에서 브랜드를 모르는 상태에서 콜라를 마셨을 때 어느 브랜드의 콜라인지 상관없이 전두엽이 활성화되었으며, 유명 브랜드의 콜라를 보여주며 콜라를 마시게 했을 때 뇌에서 전두엽 외에 측좌핵 등 쾌감 관장 영역도 활성화되었다고 하였으므로 유명 브랜드 제품 소비자의 뇌에서 전두엽의 작용이 중단되는 것은 아님을 알 수 있다.

> **오답 체크**
> ① 4문단에서 사람의 뇌가 특정 브랜드를 매력적으로 느낀다는 신호를 받으면 곧장 뇌의 브랜드 보상 예견 경험을 자극하여 도파민 분비를 유도하는 유명 브랜드의 효과는 소비자가 선택할 수 있는 대안이 많을수록 유의미하게 작용한다고 하였으므로 적절한 내용이다.

② 5문단에서 특정 브랜드에 대한 신체 외부로부터의 자극과 신체 내부에서 발원한 감정 신호가 함께 나타날 때마다 뇌가 그 신호들을 연결해서 신경 브랜드 네트워크를 활성화한다고 하였으므로 적절한 내용이다.
④ 6문단에서 유명 브랜드는 덜 매력적인 브랜드보다 뇌에서 신경 브랜드 네트워크가 활성화되어 기억, 감정, 의사결정 등을 관할하는 뇌 영역에 폭넓게 영향을 미치고 소비자들로부터 더 수월하게 호감을 얻게 된다고 하였으므로 적절한 내용이다.
⑤ 1문단에서 유명 브랜드의 로고가 붙은 제품을 그렇지 않은 제품보다 월등히 비싸게 판매해도 소비자들은 흔쾌히 구매한다고 하였으며, 이처럼 소비자들은 특정 제품을 평가할 때 직접적인 경험보다 브랜드 평판에 의존하는 경향을 보인다고 하였으므로 적절한 내용이다.

24 의사소통능력   정답 ④

이 글은 플라스틱 쓰레기가 전 세계적으로 문제시되고 있는 가운데, 최근 이러한 플라스틱 쓰레기를 분해하여 완전한 재활용을 가능하게 하는 효소가 발견되었음을 설명하는 글이므로 우리나라는 밀웜을 통한 플라스틱 분해 기술 연구와 더불어 생분해 플라스틱 개발을 통해 관련 시장을 선점하기 위해 노력하고 있다는 내용의 (라)는 삭제되어야 한다.

25 의사소통능력   정답 ③

이 글은 수요와 공급의 상호작용에 의한 시장 가격의 결정 원리를 제시하고, 정부의 의도적인 가격 규제 정책의 종류와 부작용에 대해 설명하는 글이다.
따라서 시장에서 상품의 가격이 형성되는 원리와 균형 가격의 특징에 대해 설명한 〈보기〉에 이어질 내용은 '(나) 수요와 공급에 영향을 주는 변수에 의한 균형 가격의 변화 → (라) 시장에서 형성된 균형 가격보다 낮게 상한선을 정하고 규제하는 최고가격제 → (가) 시장에서 형성된 균형 가격보다 높게 하한선을 정하고 규제하는 최저가격제 → (다) 가격 규제 정책의 부작용' 순으로 연결되어야 한다.

26 수리능력   정답 ③

정가 = 원가 × (1 + 이익률)임을 적용하여 구한다.
다이어리 1개의 원가를 x라고 하면
현준이가 책정한 정가는 $x × (1 + 0.25) = 1.25x$이고, 미지가 책정한 정가는 현준이가 책정한 정가보다 20% 더 높으므로 $1.25x × 1.2 = 1.5x$이다.
이때 미지가 다이어리를 1,000개 판매하고 남은 이익이 400만 원이므로
$1,000 × (1.5x - x) = 4,000,000 → 500x = 4,000,000$
$→ x = 8,000$
따라서 다이어리 1개의 원가는 8,000원이다.

27 수리능력 　　　　　　　　　　　　정답 ③

작업량=시간당 작업량 × 시간임을 적용하여 구한다.
전체 일의 양을 1이라고 하면
갑이 혼자 청소하는 데 걸리는 시간은 5시간이므로 갑이 1시간 동안 할 수 있는 일의 양은 $\frac{1}{5}$이고,
을이 혼자 청소하는 데 걸리는 시간을 x라고 하면 을이 1시간 동안 할 수 있는 일의 양은 $\frac{1}{x}$이다.
처음 3시간 동안은 갑과 을이 같이 청소하고, 그 후 20분 동안은 갑이 혼자 청소하여 청소가 끝났으므로
$(\frac{1}{5}+\frac{1}{x}) \times 3 + \frac{1}{5} \times \frac{20}{60}=1 \rightarrow \frac{3}{5}+\frac{3}{x}+\frac{1}{15}=1 \rightarrow \frac{3}{x}=\frac{1}{3}$
$\rightarrow x=9$
따라서 A 건물을 을이 혼자 청소하는 데 걸리는 시간은 9시간이다.

28 수리능력 　　　　　　　　　　　　정답 ⑤

평균=$\frac{변량의 총합}{변량의 개수}$임을 적용하여 구한다.
A 기업의 평균 점수는 $\frac{50+95+80+90+85}{5}=80$점이며, B 기업의 평균 점수가 85점임에 따라 5가지 평가 점수의 총합은 85×5=425점이므로 윤리성 점수는 425−(100+90+95+85)=55점이다. 또한, C 기업의 평균 점수는 $\frac{90+85+65+60+100}{5}=80$점이며, D 기업의 평균 점수가 80점임에 따라 5가지 평가 점수의 총합은 80×5=400점이므로 투명성 점수는 400−(75+90+95+50)=90점이고, E 기업의 평균 점수는 $\frac{85+95+90+100+80}{5}=90$점이다. 이때, 각 공사의 최종 점수는 최고점을 받은 항목과 최저점을 받은 항목을 제외한 나머지 3개 항목의 평균 점수로 구한다. 이에 따라 A~E 기업의 평균 점수와 최종 점수는 다음과 같다.

구분	A 기업	B 기업	C 기업	D 기업	E 기업
평균 점수	80점	85점	80점	80점	90점
최종 점수	(80+90 +85)/3 =85점	(90+95 +85)/3 =90점	(90+85 +65)/3 =80점	(75+90 +90)/3 =85점	(85+95 +90)/3 =90점

따라서 평균 점수와 최종 점수가 동일한 공사는 C 기업과 E 기업이다.

29 수리능력 　　　　　　　　　　　　정답 ④

수익=(판매가−원가)×판매개수임을 적용하여 구한다.
판매가를 x, 전년도 원가를 y, 올해 원가를 z, 전년도 판매개수를 n이라고 하면
전년도 수익은 총 매출액의 30%이므로 $(x-y)$n=0.3xn $\rightarrow$ $x-y=0.3x \rightarrow y=0.7x$이고
올해의 수익은 전년도 수익과 같아야 하므로 $(x-z)0.6$n= 0.3xn $\rightarrow$ 0.6x−0.6z=0.3x $\rightarrow$ z=0.5x이다.
따라서 전년도와 같은 수익을 남기기 위해서는 올해 원가는 전년도 원가의 $\frac{5}{7}$배가 되어야 한다.

30 수리능력 　　　　　　　　　　　　정답 ③

이자=원금×$\frac{이자율}{100}$임을 적용하여 구한다.
은행의 연이율을 x라고 하면
$11 \leq 200 \times \frac{x}{100} < 12 \rightarrow 11 \leq 2x < 12 \rightarrow 5.5 \leq x < 6$
따라서 은행의 연이율은 최소 5.5%이다.

31 수리능력 　　　　　　　　　　　　정답 ②

해당 연도 세금=(해당 연도 총소득액−해당 연도 소득공제액)×해당 연도 세율임을 적용하여 구한다.
임규의 작년 총소득액은 3,400만 원, 소득공제액은 800만 원, 세율은 20%이므로 임규가 작년에 낸 세금은 (3,400−800)×0.2=520만 원이며, 임규의 올해 총소득액은 작년 대비 30% 증가하여 3,400×(1+0.3)=4,420만 원, 소득공제액은 작년 대비 45% 증가하여 800×(1+0.45)=1,160만 원, 세율은 작년 대비 25% 증가하여 20×(1+0.25)=25%이므로 임규가 올해에 낸 세금은 (4,420−1,160)×0.25=815만 원이다.
따라서 임규가 올해에 낸 세금과 작년에 낸 세금의 차이는 8,150,000−5,200,000=2,950,000원이다.

32 수리능력 　　　　　　　　　　　　정답 ②

홀수항에 제시된 각 숫자 간의 값이 +2, +3, +4, …와 같이 +1씩 변화하고, 짝수항에 제시된 각 숫자 간의 값이 ×(−2)로 반복되므로 빈칸에 들어갈 알맞은 숫자는 '7'이다.

33 수리능력 　　　　　　　　　　　　정답 ②

세 번째 항부터 제시된 각 숫자는 '앞의 두 숫자의 합−1'이라는 규칙이 적용되므로 빈칸에 들어갈 알맞은 숫자는 '21'이다.

34 수리능력 　　　　　　　　　　　　정답 ①

제시된 각 문자를 알파벳 순서에 따라 숫자로 변경한다.
　E　F　H　(L)　T　J
　5　6　8　12　20　36
각 숫자 간의 값이 $+2^0$, $+2^1$, $+2^2$ …으로 변화하므로 빈칸에 들어갈 알맞은 문자는 숫자 12에 해당하는 'L'이다.

35 수리능력 　　　　　　　　　　　　정답 ⑤

제시된 각 문자를 알파벳 순서에 따라 숫자로 변경한다.
　C　F　L　H　K　V　R　(U)
　3　6　12　8　11　22　18　21
제시된 각 숫자 간의 값이 +3, ×2, −4로 반복되므로 빈칸에 들어갈 알맞은 문자는 숫자 21에 해당하는 'U'이다.

36 수리능력 정답 ①

ⓒ 탈지분유 소비량의 전년 대비 증감 추이는 2019년부터 '증가, 감소, 증가, 감소' 형태를 띠고 있으며, 이와 정반대의 '감소, 증가, 감소, 증가' 형태를 띠고 있는 D가 조제분유이다.

ⓔ. ⓐ 매년 버터와 연유 소비량의 합이 조제분유 소비량을 넘지 못하므로 매년 조제분유 소비량보다 낮은 수치를 기록한 B와 E가 각각 버터와 연유 중 하나이고, 2022년 B와 E의 소비량의 전년 대비 증가율을 비교하면 B가 {(1,728−1,611)/1,611} × 100 ≒ 7.3%, E가 {(10,446−9,800)/9,800} × 100 ≒ 6.6%이므로 B가 연유, E가 버터이다.

ⓖ 발효유 소비량은 3년 연속 증가하였으므로 2020년, 2021년, 2022년 소비량이 모두 전년 대비 증가한 C가 발효유이다.

ⓒ 2021년 소비량이 3년 전 대비 증가한 유제품은 A, 탈지분유, C, E지만 C는 발효유, E는 버터이므로 A가 치즈이다.
따라서 A는 치즈, B는 연유, C는 발효유, D는 조제분유, E는 버터이다.

[37 - 38]
37 수리능력 정답 ③

2017년 4개 산업의 총매출액 53,226 + 27,980 + 1,260 + 499,055 = 581,521십억 원에서 교육 서비스업 매출액이 차지하는 비율은 (27,980 / 581,521) × 100 ≒ 4.8%로 5% 미만이므로 옳은 설명이다.

오답 체크

① 2017년 이후 제조업의 사업체 수는 매년 전년 대비 감소하였지만, 2018년 이후 폐기물 처리·원료 재생업의 사업체 수는 매년 전년 대비 증가하였으므로 옳지 않은 설명이다.
② 2018년 금융·보험업 매출액의 전년 대비 감소율은 {(499,055−470,366) / 499,055} × 100 ≒ 5.7%이므로 옳지 않은 설명이다.
④ 2017년 제조업의 종사자 수는 894,000 × 0.310 = 277,140명, 교육 서비스업의 종사자 수는 894,000 × 0.381 = 340,614명으로 종사자 수의 차이는 340,614 − 277,140 = 63,474명이므로 옳지 않은 설명이다.
⑤ 제시된 기간 동안 연도별 금융·보험업 사업체 수의 평균은 (11,010 + 11,160 + 11,220 + 11,440)/4 = 11,207.5개로 11,210개 미만이므로 옳지 않은 설명이다.

🕐 빠른 문제 풀이 Tip

④ 2017년 제조업과 교육 서비스업의 종사자 수 비중의 차이를 먼저 계산한다.
2017년 4개 산업의 총종사자 수에서 제조업과 교육 서비스업의 종사자 수가 차지하는 비중의 차이는 0.381 − 0.310 = 0.071이므로 2017년 제조업과 교육 서비스업 종사자 수의 차이는 894,000 × 0.071 = 63,474명임을 알 수 있다.

38 수리능력 정답 ③

제시된 그래프에 따르면 제시된 서울시 일부 산업 중 2017년에 종사자 수가 가장 많은 산업은 비중이 38.1%로 가장 높은 교육 서비스업이고, 교육 서비스업의 2018년 전년 대비 사업체 수 증가량은 35,370 − 34,760 = 610개, 2019년 전년 대비 사업체 수 증가량은 35,760 − 35,370 = 390개이다.
따라서 교육 서비스업의 2018년과 2019년 전년 대비 사업체 수 증가량의 차이는 610 − 390 = 220개이다.

[39 - 40]
39 수리능력 정답 ④

2020년 2분기 비알코올 음료점업 중 커피 전문점의 외식산업 경기전망지수의 직전 분기 대비 증가량 63.90 − 58.72 = 5.18과 기타 비알코올 음료점업의 직전 분기 대비 증가량 56.36 − 55.62 = 0.74의 차이는 5.18 − 0.74 = 4.44로 5.00 이하이므로 옳지 않은 설명이다.

오답 체크

① 2020년 1분기 기타 간이 음식점업의 외식산업 경기전망지수 평균은 (66.32 + 71.98 + 68.79 + 58.56 + 54.46) / 5 = 320.11 / 5 ≒ 64.02이므로 옳은 설명이다.
② 2021년 1분기 한식 음식점업 외식산업 경기전망지수의 전년 동 분기 대비 증가율이 가장 낮은 외식 업종은 면 요리 전문점이며, 면 요리 전문점의 2021년 1분기 외식산업 경기전망지수는 61.28 × 1.055 ≒ 64.65이므로 옳은 설명이다.
③ 2020년 4분기 외식산업 경기전망지수가 직전 분기 대비 증가한 외식 업종은 즉석식 음식점업 1개 업종이므로 옳은 설명이다.
⑤ 2020년 분기별 외식산업 경기전망지수는 외국식 음식점업 중 중식 음식점업이 서양식 음식점업보다 매분기 더 높으므로 옳은 설명이다.

40 수리능력 정답 ④

ⓐ 2020년 3분기 한식 음식점업 중 일반 음식점업의 외식산업 경기전망지수는 전 분기 대비 60.21 − 59.41 = 0.80 감소하였으므로 옳은 설명이다.
ⓒ 2020년 2분기 이후 주점업 중 무도 유흥 주점업, 생맥주 전문점, 기타 주점업의 외식산업 경기전망지수는 전 분기 대비 증감 추이가 증가, 감소, 감소로 같고, 일반 유흥 주점업의 외식산업 경기전망지수는 전 분기 대비 증감 추이가 감소, 증가, 감소로 달라 증감 추이가 같은 업종은 총 3개이므로 옳은 설명이다.
ⓔ 2020년 즉석식 음식점업의 외식산업 경기전망지수는 1분기에 71.98, 2분기에 78.57, 3분기에 69.83, 4분기에 71.82로 매 분기 모두 가장 높으므로 옳은 설명이다.

오답 체크

ⓒ 2020년 1분기 육류 요리 전문점의 외식산업 경기전망지수는 60.12이고, 2021년 1분기 육류 요리 전문점의 외식산업 경기전망지수는 전년 동 분기 대비 15.0% 증가한 60.12 × 1.15 ≒ 69.14로 70.00 미만이므로 옳지 않은 설명이다.

41 수리능력 　　　　　　　　　　　　　　　　정답 ②

어떤 사건 A가 일어날 확률을 p라고 할 때, 사건 A가 일어나지 않을 확률은 1−p임을 적용하여 구한다.

R 씨가 팀 회의에 참석하지 못하고 그다음 주에 또다시 참석하지 못할 확률이 $\frac{1}{2}$이므로, R 씨가 팀 회의에 참석하지 못하고 그다음 주에 참석할 확률은 $1-\frac{1}{2}=\frac{1}{2}$이다. R 씨가 지난주 팀 회의에 참석하지 못했을 때, 이번 주와 다음 주 모두 참석할 확률은 $\frac{1}{2}\times\frac{3}{4}=\frac{3}{8}$이고, 이번 주에는 참석하지 못하고 다음 주에 참석할 확률은 $\frac{1}{2}\times\frac{1}{2}=\frac{1}{4}$이다.

따라서 R 씨가 지난주 월요일 팀 회의에 참석하지 못했다면 다음 주 월요일 팀 회의에 참석할 확률은 $\frac{3}{8}+\frac{1}{4}=\frac{5}{8}$이다.

42 문제해결능력 　　　　　　　　　　　　　　　정답 ③

주관성은 비판적 사고를 개발하기 위한 태도에 해당하지 않는다.

 알아보기

비판적 사고를 개발하기 위한 태도

지적 호기심	여러 가지 다양한 질문이나 문제에 대한 해답을 탐색하고 사건의 원인과 설명을 구하기 위하여 '누가, 언제, 어디서, 무엇을, 어떻게, 왜' 등에 관한 질문을 제기하는 태도
객관성	결론에 도달하는 데 감정적, 주관적 요소를 배제하고 경험적 증거나 타당한 논증을 근거로 하는 태도
개방성	편견이나 선입견에 의한 결정을 내리지 않는 태도
융통성	특정한 신념의 지배를 받는 고정성, 독단적 태도, 경직성을 배척하는 태도
지적 회의성	적절한 결론이 제시되지 않는 한 결론을 참이라고 받아들이지 않는 태도
지적 정직성	어떤 진술이 자신의 신념과 대치되는 것이라도 충분한 증거가 있으면 그것을 진실로 받아들이는 태도
체계성	결론에 이르기까지 논리적 일관성을 유지하는 태도
지속성	쟁점의 해답을 얻을 때까지 끈질기게 탐색하는 인내심을 갖는 태도
결단성	증거가 타당할 때는 결론을 맺는 태도
다른 관점에 대한 존중	내가 틀릴 수 있으며 내가 거절한 아이디어가 옳을 수 있다는 것을 기꺼이 받아들이는 태도

43 문제해결능력 　　　　　　　　　　　　　　　정답 ①

제시된 조건에 따르면 4명 모두 세 과목 중에서 영어 점수가 가장 높으며, D의 영어 점수는 80점이다. C의 프랑스어 점수는 D의 영어 점수와 같아 80점이고, C의 영어 점수는 80점을 초과한다. 이때, C의 영어 점수와 A의 프랑스어 점수는 같다.

구분	A	B	C	D
영어			P	80
프랑스어	P	Q	80	
독일어	Q			

따라서 A의 영어 점수는 C의 영어 점수보다 높으므로 항상 옳은 설명이다.

오답 체크

② B와 C의 영어 점수를 비교할 수 없으므로 옳은지 그른지 파악할 수 없다.
③ C의 영어 점수, 독일어 점수를 알 수 없으므로 옳은지 그른지 파악할 수 없다.
④ B의 영어 점수가 80점 미만일 수도 있으므로 항상 옳은 설명은 아니다.
⑤ 주어진 조건만으로 옳은지 그른지 파악할 수 없다.

44 문제해결능력 　　　　　　　　　　　　　　　정답 ②

세 번째 명제의 대우와 두 번째 명제를 차례로 결합하면 다음과 같다.
- 세 번째 명제(대우): 날씨가 따뜻해지면 봄이 온다.
- 두 번째 명제: 봄이 오면 벚꽃이 핀다.
- 결론: 날씨가 따뜻해지면 벚꽃이 핀다.

45 문제해결능력 　　　　　　　　　　　　　　　정답 ⑤

제시된 조건에 따르면 부장끼리는 같은 팀이 될 수 없고, A 부장과 D 과장은 같은 팀이 아니므로 A 부장과 B 부장은 각각 C 차장 또는 D 과장과 한 팀이다. 이때, 각 팀은 한 층씩 담당하여 면접에 들어가고, C 차장은 201호에서 지원자 4명의 면접을 보므로 A 부장과 C 차장이 2층의 면접에 들어가면, B 부장과 D 과장은 1층의 면접에 들어가고, B 부장과 C 차장이 2층의 면접에 들어가면, A 부장과 D 과장은 1층의 면접에 들어간다. 또한, 지원자는 총 18명이고 모든 조의 지원자 수는 최소 3명, 최대 7명으로 서로 다르므로 네 개의 조는 각각 3명, 4명, 5명, 6명의 지원자로 이루어져 있다. 이때, 201호에서 면접을 보는 지원자 수는 4명이고 1층과 2층 모두 1호에서 면접을 보는 지원자 수는 2호에서 면접을 보는 지원자 수보다 많으므로 101호의 지원자 수는 6명, 102호의 지원자 수는 5명, 202호의 지원자 수는 3명이다.

따라서 202호에서 면접을 보는 지원자 수는 102호에서 면접을 보는 지원자 수보다 적으므로 항상 옳지 않은 설명이다.

구분	사업 구성	총 기간당 단가
7개월, 5개월, 5개월, 4개월, 3개월	G, B, C, E, F	(108+100+90+72+48) /(7+5+5+4+3) ≒ 17.42백만 원
7개월, 5개월, 4개월, 4개월, 3개월	G, C, A, E, F	(108+90+76+72+48) /(7+5+4+4+3) ≒ 17.13백만 원
6개월, 5개월, 5개월, 4개월, 3개월	D, B, C, E, F	(126+100+90+72+48) /(6+5+5+4+3) ≒ 18.96백만 원
6개월, 5개월, 4개월, 4개월, 3개월	D, C, A, E, F	(126+90+76+72+48) /(6+5+4+4+3) ≒ 18.73백만 원
5개월, 5개월, 4개월, 4개월, 3개월	B, C, A, E, F	(100+90+76+72+48) /(5+5+4+4+3) ≒ 18.38백만 원

따라서 총 기간당 단가가 가장 저렴한 G, C, A, E, F 5개의 사업을 진행하므로 귀하가 선정할 내년 추경예산은 108+90+76+72+48=394백만 원이다.

오답 체크

① A 부장이 1층의 면접에 들어가면, A 부장과 C 차장은 같은 팀이 아니므로 항상 옳지 않은 설명은 아니다.

② 102호에서 면접을 보는 지원자 수는 5명이므로 항상 옳은 설명이다.

③ B 부장은 1층 또는 2층의 면접에 들어가므로 항상 옳지 않은 설명은 아니다.

④ A 부장이 1층의 면접에 들어가면, 101호에서 면접을 보는 지원자 수는 6명, 102호에서 면접을 보는 지원자 수는 5명으로 면접을 보는 총 지원자 수는 11명이므로 항상 옳지 않은 설명은 아니다.

46 문제해결능력 · 정답 ①

제시된 조건에 따르면 '로봇 3'은 로봇 5에게 사진촬영 기능이 있는 것이 확실하다고 진술하고 있으나 '로봇 5'는 자신은 사진촬영 기능이 없다고 진술하고 있다. 로봇 3과 로봇 5의 진술이 서로 모순이므로 둘 중 하나의 진술은 거짓이고, 로봇 1, 로봇 2, 로봇 4의 진술은 모두 진실이다. '로봇 1'은 자신 또는 로봇 4에게 사진촬영 기능이 있다고 진술하였고, '로봇 4'는 자신과 로봇 2에게는 사진촬영 기능이 없다고 진술하였으므로 두 진술에 따라 사진촬영 기능이 있는 로봇은 '로봇 1'이다.

47 문제해결능력 · 정답 ②

주어진 명제가 참일 때, 그 명제의 '대우'만이 참인 것을 알 수 있다.

따라서 '손재주가 뛰어나지 못한 사람은 기계를 잘 활용하지 못한다.'는 첫 번째 명제의 '대우'이므로 항상 참인 문장이다.

48 문제해결능력 · 정답 ②

내년에 진행할 수 있는 사업은 A~G 7개이고, 동시에 진행할 수 있는 사업은 최대 2개이므로 총 12 × 2 = 24개월이 소요되는 사업을 진행할 수 있다.

A~G 7개 사업을 모두 진행할 경우 4+5+5+6+4+3+7=34개월이 소요되므로 진행할 수 없다. A~G 중 6개 사업을 진행할 경우 사업소요 기간이 7개월로 가장 긴 G 사업을 제외하더라도 4+5+5+6+4+3=27개월이므로 6개 사업도 진행할 수 없다. A~G 중 5개 사업을 진행할 경우 5개 사업소요 기간의 합이 24개월 이하인 사업 기간의 경우는 (7개월, 6개월, 4개월, 4개월, 3개월), (7개월, 5개월, 5개월, 4개월, 3개월), (7개월, 5개월, 4개월, 4개월, 3개월), (6개월, 5개월, 5개월, 4개월, 4개월), (6개월, 5개월, 5개월, 4개월, 3개월), (6개월, 5개월, 4개월, 4개월, 3개월), (5개월, 5개월, 4개월, 4개월, 3개월)이다. 이때 (7개월, 6개월, 4개월, 4개월, 3개월), (6개월, 5개월, 5개월, 4개월, 4개월)의 경우 사업소요 기간 합의 조합이 적어도 하나는 13개월 이상으로 구성되어 12개월을 초과하므로 진행할 수 없다. 이에 따라 가능한 경우는 총 5가지이며, 사업소요 기간이 동일할 경우 더 저렴한 사업으로 선정했을 때 총 기간당 단가는 다음과 같다.

49 문제해결능력 · 정답 ①

제시된 조건에 따르면 a 도시와 d 도시 간의 거리가 가장 멀고, b 도시와 c 도시 사이의 정확히 중간에 위치한 도시가 있으며, a 도시는 b 도시의 왼쪽에 위치하지 않는다. 이에 따라 5개의 도시가 좌우로 일직선상에 위치할 경우는 왼쪽부터 'd - b 또는 c - e - b 또는 c - a'이다.

① e 도시를 기준으로 볼 때, b 도시와 c 도시는 항상 좌우로 같은 거리에 위치하므로 결론 A는 옳으며, d 도시에서 거리가 가장 가까운 도시는 b 도시 또는 c 도시이므로 결론 B는 옳은지 그른지 파악할 수 없다.

50 문제해결능력 · 정답 ⑤

제시된 자료에 따르면 입찰 참가자 A~D는 각각 필요차량 조건이 충족되지 않으면 입찰서를 제출하지 않는다.

A의 경우, 전자자산처분시스템에 등록되어 입찰 참가자격을 만족한다. 이때, A의 필요차량은 배기량이 3,000cc 이상이고 운행거리가 40,000km 이하이므로 매각대상 차량 중 A의 필요차량 조건을 만족하는 차량은 존재하지 않는다. 이에 따라 A는 입찰서를 제출하지 않는다.

B의 경우, 전자자산처분시스템에 등록되지 않아 입찰 참가자격을 만족하지 못하므로 입찰서를 제출하지 못한다.

C의 경우, 전자자산처분시스템에 등록되어 입찰 참가자격을 만족한다. 이때, C의 필요차량은 배기량이 2,500cc 이상이고 운행거리가 50,000km 이하이므로 '가' 차량이 C의 필요차량 조건을 만족한다. 또한, '가' 차량 입찰예정금액의 5/100인 4,000,000 × 0.05 = 200,000원 이상 보유하고 있으므로 C는 '가' 차량에 입찰서를 제출한다.

D의 경우, 전자자산처분시스템에 등록되어 입찰 참가자격을 만족한다. 이때, D의 필요차량은 배기량이 3,800cc 이상이고 운행거리가 95,000km 이하이므로 '다' 차량이 D의 필요차량 조건을 만족한다. 또한, '다' 차량 입찰예정금액의 5/100인 3,000,000 × 0.05 = 150,000원 이상 보유하고 있으므로 D는 '다' 차량에 입찰서를 제출한다.

따라서 입찰서를 제출하는 참가자는 C와 D이다.

51 문제해결능력 정답 ⑤

위협 요소인 국내 공장 설립 관련 정부의 과도한 규제를 회피하고 약점 요소인 높은 가격대로 인한 소비자 부담을 최소화하고자 인건비가 낮은 해외 부지에서 저가 라인을 신규 런칭하여 가격으로 인한 소비자 부담을 완화하는 WT(약점-위협) 전략에 해당한다.

오답 체크

① 강점 요소인 국내 스마트폰 소비자 선호도 1위를 활용해 위협 요소인 대규모 신규 스마트폰 회사 출범에 대응하는 ST(강점-위협) 전략에 해당한다.
② 강점 요소인 전문성 있는 인공지능 인재를 통해 기회 요소인 인공지능 연관 수익 발생 가능성을 적극 활용하는 SO(강점-기회) 전략에 해당한다.
③ 강점 요소인 5G 모델 라인업 확충을 완료했다는 점을 활용해 글로벌 경기 둔화로 인한 스마트폰 신규 수요 감소에 대응하는 ST(강점-위협) 전략에 해당한다.
④ 약점 요소인 높은 가격대로 인한 소비자 부담 증가를 기회 요소인 베트남과의 FTA 체결을 통해 부자재 납품 공장을 설립함으로써 해결하는 WO(약점-기회) 전략에 해당한다.

52 문제해결능력 정답 ②

제시된 자료에 따르면 서 주임이 미리 예매해 놓은 10시 20분 출발 승차권은 12,300원으로 승차일 1일 전에 취소하면 승차권 1장당 승차권 요금의 10%의 수수료 12,300 × 0.1 = 1,230원이 발생한다. 이때, 오후 2시 이후의 승차권 요금은 8,500원과 12,300원 두 종류로 10시 20분 출발 승차권을 취소하고 8,500원의 승차권으로 다시 예매하면 승차권 1장당 8,500 + 1,230원 = 9,730원의 비용이 발생하므로 4매 모두 승차권을 취소하고 다시 예매하는 것이 가장 저렴하다. 이에 따라 서 주임과 가족들은 함께 14:40, 16:30에 출발하는 직행버스를 이용할 수 있다. 또한, 여행 마지막 날 최대한 여행지에서 늦게 출발하고 승차권이 8,500원인 직행버스는 19:10에 출발하는 직행버스이지만, 이 버스를 탈 경우에는 ●●시 터미널에 오후 9시 20분에 도착하므로 이보다 더 빠른 15:20에 출발하는 직행버스를 이용해야 한다.

53 문제해결능력 정답 ⑤

기부를 하는 어떤 사람은 봉사활동을 하므로, 기부를 하는 모든 사람이 마음이 따뜻한 사람이라면 기부와 봉사활동을 하는 어떤 사람은 마음이 따뜻한 사람이다.

따라서 '기부를 하는 모든 사람은 마음이 따뜻한 사람이다.'가 타당한 전제이다.

54 문제해결능력 정답 ③

제시된 조건에 따르면 5명은 모두 전자공학과 학생으로 한 학기 등록금은 500만 원이다. C는 소득 구간이 10구간으로 다자녀 가구 국가장학금을 받지 못하므로 3회차에 등록금 전액의 25%를 납부해야 한다.

따라서 C의 3회차 납부 금액은 5,000,000 × 0.25 = 1,250,000원이므로 경고 메일을 받는 학생은 C이다.

오답 체크

① A는 직전 학기 성적이 3등이며 장학금은 중복 지원이 불가능하므로 성적 우수 장학금만 받을 수 있다. 이에 따라 A의 실 납부 금액은 500 × 0.7 = 350만 원이므로 A의 3회차 납부 금액은 3,500,000 × 0.25 = 875,000원이다.
② B는 소득 구간이 3구간으로 다자녀 가구 국가장학금 250만 원을 받는다. 이에 따라 B의 실 납부 금액은 500 - 250 = 250만 원이며, B는 3회차에 4회차 납부 금액도 납부하여 실 납부 금액의 50%를 납부하므로 B의 3회차 납부 금액은 2,500,000 × 0.5 = 1,250,000원이다.
④ D는 소득 구간이 8구간으로 다자녀 가구 국가장학금 150만 원을 받는다. 이에 따라 D의 실 납부 금액은 500 - 150 = 350만 원이므로 D의 3회차 납부 금액은 3,500,000 × 0.25 = 875,000원이다.
⑤ E는 소득 구간이 9구간으로 다자녀 가구 국가장학금을 받지 못한다. 이에 따라 E의 실 납부 금액은 500만 원이며, E는 3회차에 4회차 납부 금액도 납부하여 실 납부 금액의 50%를 납부하므로 E의 3회차 납부 금액은 5,000,000 × 0.5 = 2,500,000원이다.

55 문제해결능력 정답 ②

자사 분석에서 저녁 시간대에 매출 비중이 치중되어 있다고 하였고, 경쟁사 분석에서 공격적인 마케팅을 통해 판매 채널을 다각화했다고 하였으므로 G 외식업체가 최근 침체된 매출 문제를 해결하기 위한 전략으로 기존 판매 채널을 적극 활용하여 저녁 시간대의 매출을 극대화하는 것은 적절하지 않다.

56 자원관리능력 정답 ⑤

업무를 효율적으로 수행하기 위해서는 필요한 정보를, 필요한 때에 사용해야 하므로 정리되어 있지 않은 번잡한 책상은 직장에서 발생할 수 있는 시간낭비 요인에 해당한다.

따라서 시간낭비 요인으로 가장 적절하지 않은 것은 '책상 정리'이다.

오답 체크

①, ②, ③, ④는 모두 시간낭비 요인에 해당한다.

57 자원관리능력 정답 ③

제시된 방안에 따르면 3조의 인원은 10명으로 동일하므로 1조와 2조의 인원에 따른 총 프로그램 비용을 비교한다.

1조가 30명, 2조가 20명인 〈1안〉을 선택할 경우, 1조의 비용은 {(18,000+3,000)×30×0.95}+{(25,000×25)+(23,000×5)}=1,338,500원이고, 2조의 비용은 (15,000×20)+(18,000×20×0.95)=642,000원이므로 총 1,338,500+642,000=1,980,500원이다. 1조가 20명, 2조가 30명인 〈2안〉을 선택할 경우, 1조의 비용은 {(18,000+3,000)×20×0.95}+(25,000×20)=899,000원이고, 2조의 비용은 {(15,000×25)+(13,000×5)}+(18,000×30×0.95)=953,000원이므로 총 899,000+953,000=1,852,000원이다.

따라서 둘 중 비용이 더 적게 드는 방안은 〈2안〉이고, 다른 방안을 선택했을 때와의 비용 차이는 1,980,500−1,852,000=128,500원이다.

58 자원관리능력 정답 ⑤

11월 28일(토)에 2조 정호석과 4조 이진기가 근무를 교체할 경우 정호석은 11월 28일(토)에 22시부터 6시까지 근무하고 11월 29일(일)에 14시부터 22시까지 근무하게 되어 근무 간격이 8시간이고, 이진기는 11월 27일(금)에 14시부터 22시까지 근무하고 11월 28일(토)에 6시부터 14시까지 근무하게 되어 근무 간격이 8시간으로 근무 간격은 최소 12시간 이상을 유지해야 한다는 [근무 규정] 3번 항목을 위배하게 되므로 적절하지 않다.

59 자원관리능력 정답 ②

자원관리계획을 수립하는 과정은 '필요한 자원의 종류와 양 확인 → 이용 가능한 자원 수집 → 자원 활용 계획 수립 → 계획대로 수행'이다.

따라서 시설계획처의 시설 설비 업무에 대한 자원관리계획 수립 과정으로 가장 적절한 것은 'ⓒ 시설 설비에 필요한 자원의 종류 및 수량 확인 → ㉠ 이용 가능한 장비 및 시설 관련 자원 수집 → ㉣ 장비 및 시설 관련 자원 활용 계획 수립 → ⓒ 계획에 따라 시설 설비 업무 수행'이다.

[60~61]

60 자원관리능력 정답 ④

'3. 등록 기간 및 절차'에 따르면 사전 등록은 사전 등록 기간에 홈페이지에서 신청서를 미리 작성해야 하며, 방문 당일 본인 확인 후 명찰을 수령하여 입장이 가능하므로 옳지 않은 내용이다.

오답 체크

① '1. 전시회 일정'에 따르면 4월 22일에는 2회차 전시회의 4일차로 대전 ☆☆홀에서 진행되고, '3. 등록 기간 및 절차'에 따라 회차별로 동일한 내용의 프로그램이 진행되며, '4. 주요 프로그램 및 내용'에 따라 전시회 4일차에는 해외 신제품 라인업이 전시되므로 옳은 내용이다.

② '3. 등록 기간 및 절차'에 따르면 사전 등록 후에 등록한 회차와 다른 회차에 방문을 원하는 경우 현장 등록으로 변경해야 하므로 2회차에 사전 등록한 2명이 4월 8일 1회차 전시회에 모두 방문하려면 현장 등록을 해야 하고, 방문 당일 현장 등록 입장료의 80%인 (20,000×2)×0.8=32,000원을 지불해야 하므로 옳은 내용이다.

③ '3. 등록 기간 및 절차'에 따르면 회차별로 동일한 내용의 프로그램이 진행되고, '4. 주요 프로그램 및 내용'에 따라 4월 5일과 4월 19일은 회차별 1일차로 국내·외 태양광 기술 동향 및 사례 소개가 동일하게 진행되므로 옳은 내용이다.

⑤ 1회차는 대전 ○○홀, 2회차는 대전 ☆☆홀에서 진행되므로 옳은 내용이다.

61 자원관리능력 정답 ③

[대전 소재 호텔별 정보]에 따르면 강 대리는 신입사원 2명과 함께 1박 2일로 전시회에 방문하기 위해 총 3명이 호텔에서 하루 동안 숙박해야 하며, 하루 숙박 요금은 한 객실당 요금에 해당한다. 또한, 모든 호텔은 예약 가능 객실 외 다른 객실을 예약할 수 없고, 한 객실에 인원을 초과하여 숙박할 수 없으며, 호텔의 숙박 가능 여부와 전시회 일정을 고려하여 숙박 가능한 날짜에 따라 1회 차 또는 2회차 전시회에 방문하려고 한다. 이에 따라 강 대리는 국내와 해외 태양광 모듈 신제품을 모두 확인할 수 있는 회차별 3~4일 차에 이틀 연속 전시회를 방문하므로 4월 7일이나 4월 21일에 숙박해야 한다. 먼저, A 호텔은 4월 21일에 숙박이 가능하며, 1인실 3개의 객실을 예약해야 하므로 전체 숙박 요금은 63,000×3=189,000원이고, B 호텔은 4월 7일과 21일 모두 숙박이 불가능하다. 또한, C 호텔은 4월 7일과 4월 21일에 모두 숙박이 가능하며, 2인실 2개의 객실을 예약해야 하므로 전체 숙박 요금은 96,000×2=192,000원이고, D 호텔은 4월 7일과 21일 모두 숙박이 불가능하며, E 호텔은 4월 7일에 숙박이 가능하여 3인실 1개의 객실을 예약해야 하므로 전체 숙박 요금은 174,000원이다. 이에 따라 숙박 가능한 업소는 A 호텔, C 호텔, E 호텔이며, 이 중 가장 저렴한 호텔은 E 호텔이므로 강 대리는 E 호텔을 예약해야 한다.

따라서 강 대리가 선입금할 예약금은 전체 숙박 요금의 30%인 174,000×0.3=52,200원이다.

62 조직이해능력 정답 ⑤

제시된 사례는 통상적인 수준을 벗어나 통제할 수 없을 정도로 물가가 상승하는 상태인 '하이퍼인플레이션'과 관련 있다.

오답 체크

① 디플레이션: 통화량이 줄어들어 물가 수준이 지속적으로 하락하고 경제 활동이 침체되는 상태

② 애그플레이션: 지구온난화 및 이상기후로 인한 곡물 생산 감소, 사료용·바이오 연료용 곡물 수요 증가 등으로 인하여 곡물 가격이 상승함에 따라 일반 물가도 상승하고 있는 상태

③ 바이플레이션: 상품가격은 상승하는데 자산가격은 하락하는 것처럼 지역별·제품별·산업별로 디플레이션과 인플레이션이 공존하는 상태

④ 스태그플레이션: 불황기에 물가가 계속 상승하여 경기 침체와 물가 상승이 동시에 일어나고 있는 상태

63 조직이해능력   정답 ③

제시된 대화를 통해 상반기 영업실적 보고서는 부장 전결 사항이나, 부장의 출장으로 차장 대결사항이 되었음을 확인할 수 있다.

따라서 영업실적 보고서의 경우 최고결재권자인 부장으로부터 전결사항을 위임받은 차장을 비롯한 이하 직책자의 서명을 표시하고, 전결자인 부장의 서명란에는 "전결"을, 대결자인 차장의 서명란에 "대결"을 표시한 ③이 가장 올바르다.

64 조직이해능력   정답 ③

농협의 4대 핵심가치는 다음과 같다.

국민에게 사랑받는 농협	지역사회와 국가경제 발전에 공헌하여 온 국민에게 신뢰받고 사랑받는 농협을 구현
농업인을 위한 농협	농업인의 행복과 발전을 위해 노력하고, 농업인의 경제적, 사회적, 문화적 지위 향상을 추구
지역 농축협과 함께하는 농협	협동조합의 원칙과 정신에 의거협동과 상생으로 지역 농축협이 중심에 서는 농협을 구현
경쟁력있는 글로벌 농협	미래 지속가능한 성장을 위하여 국내를 벗어나 세계 속에서도 경쟁력을 갖춘 농협으로 도약

따라서 농협의 핵심가치에 해당하는 것은 ⊙, ⓒ, ⓔ로 총 3개이다.

65 조직이해능력   정답 ⑤

민츠버그의 조직유형 중 기계적 관료제는 안정적이고 단순한 환경에서 나타나므로 가장 적절하지 않다.

알아보기

민츠버그(Mintzberg)의 5가지 조직유형 분류: 조직구성에 반드시 필요한 핵심 부문, 조직활동을 관리하는 조정기제, 조직구성에 영향을 미치는 상황요인(환경, 기술, 규모 등의 변수)을 기준으로 조직유형을 분류하였으며, 조직의 여러 부문을 종합적으로 파악할 수 있다는 점에서 객관성이 높음

조직유형		단순 구조	기계적 관료제	전문적 관료제	사업 부제	임시 체제
핵심 부문		최고 관리층	기술 구조	작업계층	중간 관리층	지원참모
조정기제		직접 감독	작업과정 표준화	작업기술 표준화	산출물 표준화	상호 조절
상황 요인	규모	소규모	대규모	다양	대규모	다양
	기술 체계	단순하고 비규제적	덜 복잡하고 규제적	복잡하고 규제적	덜 복잡하고 규제적	매우 복잡하고 가변적
	환경	단순/ 불안정	단순/ 안정	복잡/ 안정	단순/ 안정	복잡/ 불안정

66 조직이해능력   정답 ②

조직 문화는 구성원의 사고방식과 행동양식에 영향을 미쳐 조직이 처리하던 기존 방식대로 업무를 행하게 하며, 조직에 적응하도록 사회화하고 일탈 행동을 통제하는 기능을 하므로 조직 문화가 구성원의 창의적 사고방식을 자극하여 새롭고 다양한 방법으로 업무를 처리하도록 돕는 것은 가장 적절하지 않다.

67 조직이해능력   정답 ③

몽골에는 농협의 국외 사무소가 설치되어 있지 않으므로 적절하지 않다.

알아보기

• 농협의 국외 사무소: 미국, 중국, 베트남, 인도네시아, 인도, 미얀마, 일본, 프랑스, 영국, 튀르키예, 싱가포르, 캄보디아, 호주, 벨기에 총 14개국에 37개소가 설치되어 있음

68 조직이해능력   정답 ②

조직이 일차적으로 수행해야 할 과업인 운영목표에는 조직 전체의 성과, 자원, 시장, 인력개발, 혁신과 변화, 생산성에 관한 목표가 포함되므로 '시간'이 가장 적절하지 않다.

69 조직이해능력   정답 ④

지유: 커뮤니케이션 브랜드의 색상 시스템 중 초록색은 순수한 자연을 세상에 널리 전하는 농협의 건강한 이미지를 표현하고, 노란색은 풍요로운 생활의 중심, 근원이 되는 농협의 이미지를 계승하므로 가장 적절하지 않다.

70 조직이해능력   정답 ③

농협의 심벌마크에서 '농'자의 'ㄴ'을 변형한 [V]꼴은 싹과 벼를 의미하고, '업'자의 'ㅇ'을 변형한 [V]꼴 아랫부분은 협동 단결을, '협'자의 'ㅎ'을 변형한 마크 전체는 농가 경제의 발전을 상징한다.

따라서 A에는 '싹과 벼', B에는 '협동 단결', C에는 '농가 경제의 발전'이 들어가야 한다.

한국사능력검정시험 1위* 해커스!

해커스 한국사능력검정시험
교재 시리즈

빈출 개념과 **기출 분석**으로
기초부터 문제 해결력까지
꽉 잡는 기본서

해커스 한국사능력검정시험
심화 [1·2·3급]

스토리와 **마인드맵**으로 **개념잡고!**
기출문제로 **점수잡고!**

해커스 한국사능력검정시험
2주 합격 심화 [1·2·3급] 기본 [4·5·6급]

시대별/회차별 기출문제로
한 번에 합격 달성!

해커스 한국사능력검정시험
시대별/회차별 기출문제집 심화 [1·2·3급]

개념 정리부터 **실전**까지
한권완성 기출문제집!

해커스 한국사능력검정시험
한권완성 기출 500제 기본 [4·5·6급]

빈출 개념과 **기출 선택지**로
빠르게 합격 달성!

해커스 한국사능력검정시험
초단기 5일 합격 심화 [1·2·3급]
기선제압 막판 3일 합격 심화 [1·2·3급]

취업교육 1위 해커스 합격생이 말하는
지역농협 최종합격의 비법!

[1위] 주간동아 2024 한국고객만족도 교육(온·오프라인 취업) 1위

채용 공고 이후 한 달 반 만에
최종합격을 하는 결과를 이끌어냈습니다.

해커스 지역농협 NCS 기본서로 인터넷 강의와 병행하며 공부를 하였습니다.
해커스잡의 인터넷 강의는 지역농협에 맞춘 패키지 강의를 들었는데 **교재에 충실한**
강의로 군더더기 없는 설명과 핵심을 찌르는 강의로 이해도를 매우 높여주는 강의였습니다.
또한 이론에 맞는 예시 문제들과 동형 실전문제, 동형 모의고사 5회 등으로 구성되어 있어
각 지역구에 맞는 문제 수와 시간에 맞는 문제풀이를 할 수 있도록 구성되어 있기에
지역에 상관없이 많은 문제를 풀 수 있었습니다.
필기 시험 합격 후에는 면접 관련 인터넷 강의도 패키지로 들어있어서 면접 하루 전
강의를 보면서 기본적인 면접 복장부터 자세, 시선 등과 같이 기본 사항과 면접 질문
유형에 따른 답변을 포괄적으로 알 수 있어서 면접을 보는 데 큰 도움이 되었습니다.

지역농협 최종합격자
jj*****님 후기 중

지역농협 최종합격자
rnr*******님 후기 중

해커스 강의와 교재를 통해 공부하셨으면
무난하게 합격할 수 있을 거라 생각합니다.

지역농협의 경우 강의에서 자기소개서-필기-면접까지 모든 과정을 강의를 통해 배울 수 있어서
사실 경영이나 금융 관련 전공이 아닌데도 불구하고 합격하는 데 강의를 통해
많은 도움을 받았습니다. 일단 자기소개서 강의에서는 내가 어떤 식으로 어필을 해야 할지
방향성을 잡는 데 많은 도움을 받았습니다. 또한 필기 같은 경우는 지역농협이 NCS 기반이다 보니
해커스에서 그 전부터 다른 기업을 준비하면서 들었던 NCS강의와 더불어 지역농협 NCS강의를
수강한 덕분에 무난히 통과했습니다. 면접 또한 강의를 통해 어떻게 진행이 되는지 파악하고
어떻게 나를 어필할지 정하는 데 도움을 받았습니다.
결과적으로 해커스 강의를 선택한 것이 지역농협에 합격하는 길이었습니다.